U0949067

特大型铁路综合交通枢纽站房技术创新——铁路杭州东站

吴　飞　主　　审
金　睿　主　　编
浙江省建工集团有限责任公司　组织编写

中国建筑工业出版社

图书在版编目（CIP）数据

特大型铁路综合交通枢纽站房技术创新：铁路杭州东站/金睿主编；浙江省建工集团有限责任公司组织编写. —北京：中国建筑工业出版社，2019.12
ISBN 978-7-112-24375-4

Ⅰ.①特… Ⅱ.①金…②浙… Ⅲ.①铁路枢纽-站房-工程施工-研究-杭州 Ⅳ.①U291.7

中国版本图书馆 CIP 数据核字（2019）第 233365 号

本书以铁路杭州东站为例，介绍了特大型铁路枢纽站房的施工关键技术，内容共 7 章，分别是：工程综述、地基基础施工关键技术、主体结构施工关键技术、装饰装修施工关键技术、机电安装施工关键技术、地铁区间施工关键技术、智慧建造配套技术，通过详细介绍，希望为类似项目提供参考和借鉴。

本书适用于从事铁路和城市轨道交通工程交通枢纽站房的施工技术、管理人员参考使用。

责任编辑：张　磊　万　李
责任校对：李美娜

特大型铁路综合交通枢纽站房技术创新——铁路杭州东站

吴　飞　主　　审
金　睿　主　　编
浙江省建工集团有限责任公司　组织编写

*

中国建筑工业出版社出版、发行（北京海淀三里河路 9 号）
各地新华书店、建筑书店经销
北京科地亚盟排版公司制版
天津图文方嘉印刷有限公司印刷

*

开本：787×1092 毫米　1/16　印张：16¾　字数：413 千字
2020 年 5 月第一版　　2020 年 5 月第一次印刷
定价：**168.00** 元
ISBN 978-7-112-24375-4
（34878）

本书编委会

前　言

近年来，中国高铁迅猛发展，铸就了一张新的“国家名片”，一大批集高铁、公路、公交、地铁多种交通功能为一体、超大规模的铁路综合交通枢纽应运而生。该类超大型公建项目一般具有规模体态大、集成多种交通出行方式、涉及多种建（构）筑物的多向对接等特点。而这些特点正是项目施工难度大、要求高、组织困难的问题所在。同时，出于造型和功能的特殊要求，此类大型交通枢纽的设计往往会采用多种结构形式。不同形式的结构、复杂的功能需求、多方位的施工部署协调，都是施工中必须面对解决的关键问题。杭州东站作为亚洲最大的铁路枢纽站之一，展现了中国建筑一流的技术和质量水平，其施工组织的实践也是极具代表性的，可供类似超大型公建项目建设者参考与借鉴。

杭州东站不仅是全国铁路九大枢纽站之一，更是长三角重要的现代化综合交通枢纽，紧临钱塘江二桥，是杭州从西湖时代迈向钱塘江时代的标志性建筑，设计中充分体现杭州精致和谐、大气开放的城市形象，体现面向未来的时代精神。杭州东站各类交通方式无缝换乘，站房设15台30线，股道规模居全国第二，总建筑面积155569m^2。地下1层，地上2层，分别为出站通道、站台层、高架候车层、局部商业夹层。站台的基础采用桩承台，主体采用桥建合一多形式的混合结构；外立面为金属、玻璃幕墙，屋面采用铝镁锰金属屋面系统；光伏发电、地源热泵、冰蓄冷、电蓄热等四节一环保先进技术的应用，使得杭州东站成为一座绿色节能建筑。

基于杭州东站的建设特点，该项目的技术难度主要表现在施工部署的边界条件多，施工流程安排复杂，涉及大土木不同专业、物流通道不固定和深化设计方案要求高四个方面。深入了解剖析该工程后，发现这四个方面的技术难度可以细分为以下几点：受既有铁路和地铁影响的超大基坑分阶段施工、多形式大体态的异形结构施工、造型多变形式多样的建筑外表皮、大型铁路枢纽机电安装和调试、复杂场地和边界条件影响下的协调。针对所列的技术难点，施工技术创新、高效的管理、有力的保障措施都是必不可少的。为保障工程顺利实施，确保工程优质高效完成，从高起点的科研攻关创新、缜密可行的施工方案、成熟细致的工况分析到全面系统的过程监测和可靠到位的现场管理，每一步都要落实到位、有序开展。

本书正是基于杭州东站项目的施工亮点，分为七章讲述施工的关键技术。通过对地基基础、主体结构、装饰装修、机电安装、地铁区间以及智慧建造每一分部分项的详细介绍，展现特大型铁路枢纽项目的共同点和施工组织特点及模式，以便于为类似项目提供参考和借鉴。

2019年10月

目　录

第1章　工程综述
（特大型铁路综合交通枢纽项目施工组织的实践与探索）

1.1　前言

国家经济、社会的发展促进了人员的往来和交流，集成城市间和城市内部多种交通方式的综合交通枢纽应运而生，极大地方便了人们出行。国内已经出现了北京南站、上海虹桥枢纽、杭州东站等多个铁路综合交通枢纽。对于这类巨型项目的施工组织，需要有不同于常规的思路和安排。通过杭州东站工程的施工，我们对该类项目施工组织积累了经验体会，进行了归纳总结。

1.2　巨型铁路综合交通枢纽的建设特点

对于这类巨型枢纽，建设过程中一般具有以下几个特点。

1. 规模体态大

这类枢纽站房平面尺寸最大可达600m，最小也有200m，单层面积约10万m^2，总面积一般在二三十万平方米，钢材用量超过10万t，混凝土用量数十万立方米，总投资以十亿元计，可谓巨型。

2. 以铁路为核心，集成多种交通出行方式

综合交通枢纽集成了高铁、普速铁路、磁浮、公交、出租车、社会车辆、地铁、水运、航空等多种交通出行方式。其中，铁路由于其线路固定、交通封闭、客流量大等特点，往往作为枢纽的核心部分。

3. 涉及与多种交通方式、多种建（构）筑物的多向对接

基于无缝对接、零换乘的理念，各种交通方式及其相应的建（构）筑物间存在多向对接，包括跨线站房与铁路股道的对接；地下部分旅客出站与地铁、广场、出租车、社会车辆建筑功能的对接；地面部分与广场、公交、公路客运建筑功能的对接；地上部分与社会车辆建筑功能的对接等。铁路、地铁等多种交通的运营和保护各有其专业标准、管理程序、技术特点。

1.3　施工组织的难点与关键点

基于该类工程的建设特点，项目的施工组织存在较大难题，主要体现在以下几个方面。

1. 施工部署的边界条件多，施工流程安排复杂

巨型枢纽站房的多向对接、多种交通方式支持、多重专业要求制约，决定了施工部署中考虑的因素繁多，专业、工序安排复杂，仅靠单个合同段难以充分满足建设目标要求。

2. 涉及大土木不同专业

巨型枢纽集成了大土木内的不同领域，涉及建（构）筑物就有建筑工程、铁路工程、轨道交通工程、市政工程、道桥工程等不同专业。设计方面近年来出现较多的桥建合一、站桥合一等思路，就是为了解决这些不同功能需求而形成的。施工方面也要综合考虑大土木不同专业的技术特点、工艺要求、施工惯例，形成相对较优的施工方案。

3. 物流通道不唯一、不固定

枢纽站房的地位决定了其四周临边关系相对复杂。人员、材料、设备等物流进出的组织安排很难做到一劳永逸，需要根据不同建设阶段、不同工程重点、不同进度部位进行调整和优化。

4. 深化设计与方案要求高

该类工程基础涉及复杂地质与环境条件，结构涉及大跨重载，安装涉及多专业，装饰涉及多功能。这些对于深化设计和技术方案的要求也会比较高。

1.4 工程简况

杭州是沪杭、浙赣、宣杭、萧甬四条铁路干线交会点，沪杭、杭甬、宁杭、杭长客运专线等将相继引入，杭州东站是极其重要的控制工程，是汇集客运专线、普速铁路、地铁、磁浮、公交、运河水运等多种交通方式和配套服务设施于一体的现代化综合交通枢纽中心。杭州东站站房项目位于杭州市江干区新风东路以东、天城路以南、东宁路以西、新塘路以北所围合的区域。设计为 15 台 30 线，另预留磁浮 3 台 4 线。总建筑面积 155569m^2，建筑高度 39.3m。地上 2 层（站台层、高架层、商业夹层），地下 3 层（出站通道、地铁站厅层、地铁站台层）。合同总价约 28 亿元。站房东、西面与站前广场相连，南、北面与站场线路及地下出租车通道相连。站房全景及剖面见图 1-1、图 1-2。

图 1-1 铁路杭州东站全景

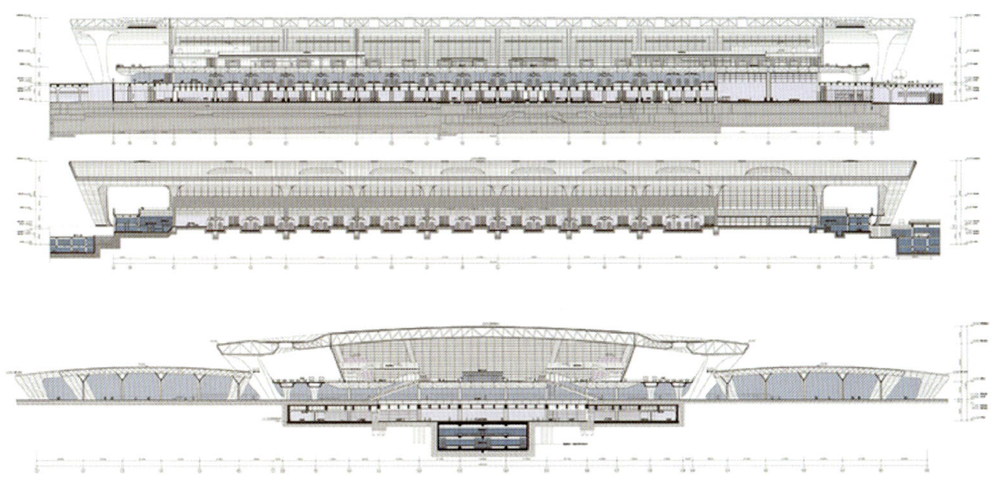

图 1-2　站房剖面

1.5　项目内外部制约因素分析

1. 杭州东站枢纽范围内相关单位众多

项目投资主体涉及铁道部、浙江省、杭州市。相关的建设单位 3 家，设计单位 6 家，总包施工单位 5 家。

2. 与周边建筑关系复杂

(1) 站房东西向与站前广场无缝对接

杭州东站的东西两侧设有广场地下室和部分上部构筑物作为站房的配套工程，广场地下室共有 3 层，局部 2 层，其地下 2 层楼面与站房无缝对接，利用站房过站通道沟通了东西广场，为市民提供了更好的交通出行条件。广场宽度近 400m，几近站房地下构筑物的一倍，其外侧紧邻待建的城市道路下穿通道，直接影响站房东西物流和施工组织安排（图 1-3、图 1-4）。

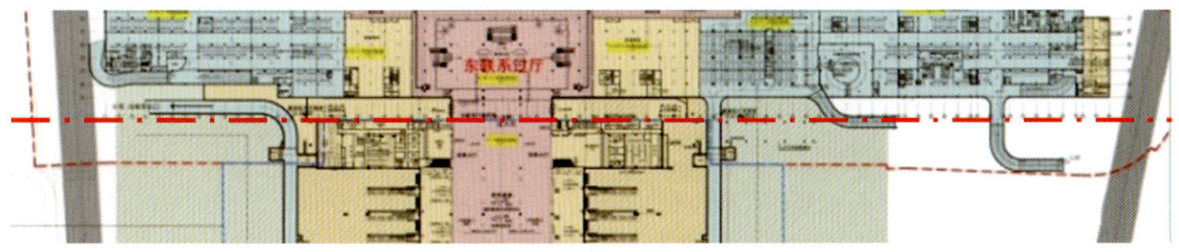

图 1-3　站房与东广场交接

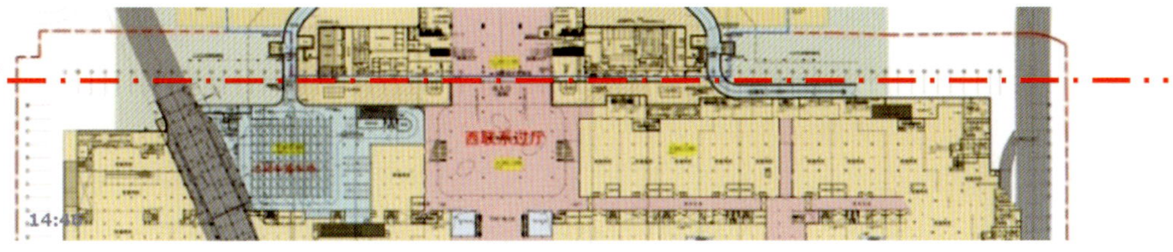

图 1-4　站房与西广场交接

(2) 站房南北向与站场、雨棚穿插连接

站房轨道层位于±0.000m标高，也是铁路到发线和正线位置，总长度为463m，其中330m区域需与站场路基、站台墙、轨道、接触网配合施工。由于站房主体结构外倾的建筑造型，站场雨棚进入站房屋盖投影线17m。造成该结合部施工通道、吊装场地、施工先后次序安排协调困难，各个施工工序必须服从大局，严格按照先高后低、先内后外、先主体结构后路基站台的原则进行施工（图1-5、图1-6）。

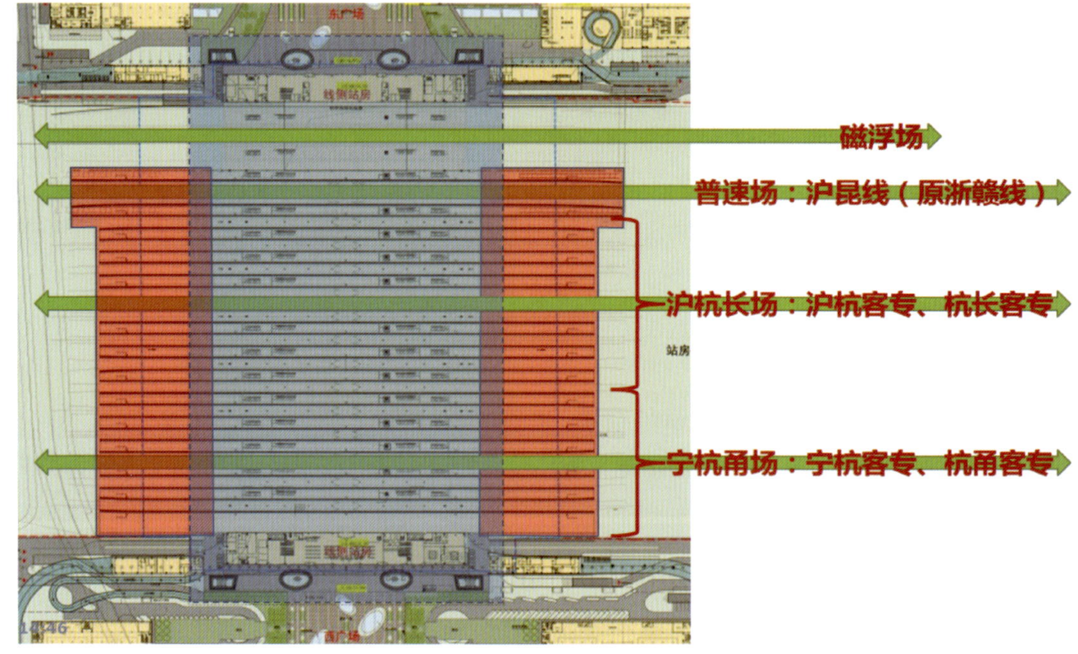

图1-5 站房与站场

图1-6 雨棚平面布置图

(3) 站房下与地铁“零换乘”

站房下部设有杭州地铁1、4号线，实现了国铁与地铁零换乘，地铁与站房部分共柱，也是站房基坑内的“坑中坑”，在地铁顶板结构完场前，站房在合理安排施工工作面的同时，特别需保障地铁必须的施工作业通道、排水路径、作业场地等各方面需求。

(4) 站房上覆光伏电站

光电建筑并网发电系统是城市太阳能发电的未来发展方向，杭州铁路东站枢纽 10MW 屋顶并网光伏电站将充分利用站房建筑的屋顶结构和面积，采用 BIPV 即太阳能光伏建筑一体化技术实现光伏发电与大型金属屋面系统集成的成套技术，保证了太阳能电池板与屋面的可靠连接，保证了热胀冷缩的变形要求，不影响屋面自身防水、保温和隔声等功能，还加强了屋面抗风揭能力。

本项目作为目前全球最大的光伏单体建筑发电系统，站房所采用的太阳能光伏电池组件为规格 1652mm×994mm、功率 230Wp、效率 14.4%的多晶硅光伏电池组件。共设置光伏电池组件 23480 块，标准直流输出功率 5400kWp。每年可实现光伏发电 981.86 万 kWh，每年可累计减少标准煤 3277t、减少排放二氧化碳 8095t、二氧化硫 66t、粉尘 32t（图 1-7）。

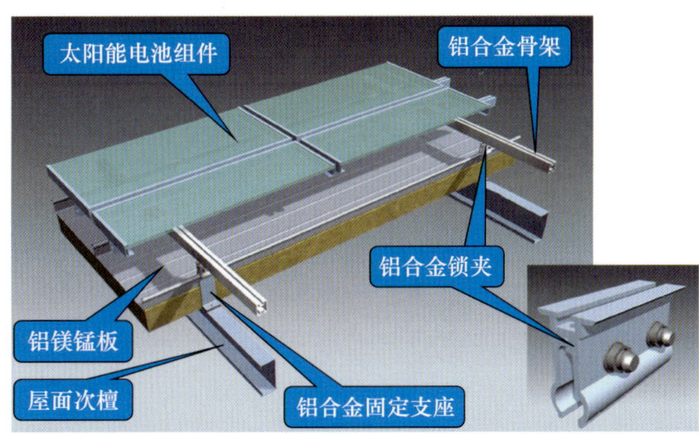

图 1-7　BIPV 系统连接构造及光伏屋面照片

3. 自身设计施工特点复杂

基于建筑造型与功能的要求，设计采用了大直径深嵌岩钻孔桩与地连墙、受既有线和地铁影响的超大面积分阶段实施深基坑、多形式大跨度钢结构、桥建合一结构、地铁区间房建内盖挖逆作、耐久性混凝土等，其他在铁路与地方测量系统、地勘、站场地基处理（泡沫混凝土）、铁路限界、既有线等方面也有自身特色。

(1) 结构形式多样，规模尺寸巨大

本工程站房下部地铁站厅采用地连墙内支撑双柱三跨混凝土结构，与站房上部结构共柱，地铁区间段采用盖挖逆作法区间隧道。站房基础采用大直径钻孔灌注桩承台，单个国铁承台一般为 12.2m×8.2m×5.5m，钢筋 45.2t，混凝土 521m^3。站房两侧 26m 设有 21.8m 宽出租车通道，为明挖隧道，顶板为预应力梁+空心楼板。出租车通道上部设有环站房高架桥，采用双箱单室，宽度为 28m。

站台层东西进站大厅采用预应力梁＋普通 RC 楼板结构、轨道层钢骨格构梁结构体系，磁浮区预留桥梁架设条件，国铁轨道层 24 条到发线采用大面积双向正交正放型钢混凝土梁式轨道层，6 条正线采用三座五跨刚构连续梁桥，三座正线桥将国铁轨道层整体结构分为 4 个部分。轨道层型钢混凝土大梁截面 1.8m×3m，135kN/m。

高架层为大面积大跨度的主次平面型钢桁架结构体系。高架层钢桁架结构在 H 轴、N 轴处设置了伸缩缝，将整个高架层楼层分成 3 部分。高架层桁架最大跨度 60m，桁架高度 2.6m。

商业夹层采用实腹钢梁主梁和蜂窝梁次梁组合，主梁高度 2.5m，为平行四边形，单段重量最大为 100t。

屋盖为大跨度大面积的钢管相贯桁架结构体系。屋面在 G 轴、P 轴处设伸缩缝，将其分为 3 部分。屋面桁架高度为 5～6m，平面尺寸为 285m×505m，近 15 万 m^2。

站台层及以下为钢管柱＋型钢混凝土组合结构，圆钢管柱的最大直径为 2m，厚度 4cm，方钢管柱最大截面为 1.7m×1.6m，厚度 4cm，其主要材质为 Q420GJC。高架层和屋盖由南北两侧对称的 6 排变椭圆截面斜钢柱形成的钢管柱支撑，屋盖东西立面采用 4 根结构拟合建筑的外倾格构柱作为支撑。变椭圆截面斜钢柱的最大椭圆截面达到 5.79m×4.828m，厚度 6cm。

(2) 钢结构截面形式多样，异形构件和各类节点复杂

整个钢结构工程杆件的截面有：箱形（箱形钢柱、箱形钢梁）、圆钢管柱、H 型钢梁、异形（斜截面）箱梁等多种截面形式，杆件截面数量众多。柱径 2m、梁高 3m 的型钢节点、上圆下方的铸钢节点、最大长轴与短轴分别为 5.79m 和 4.8m 的变椭圆截面斜钢柱等节点构件，形式复杂，部分国内未见，制作安装难度大（图 1-8）。

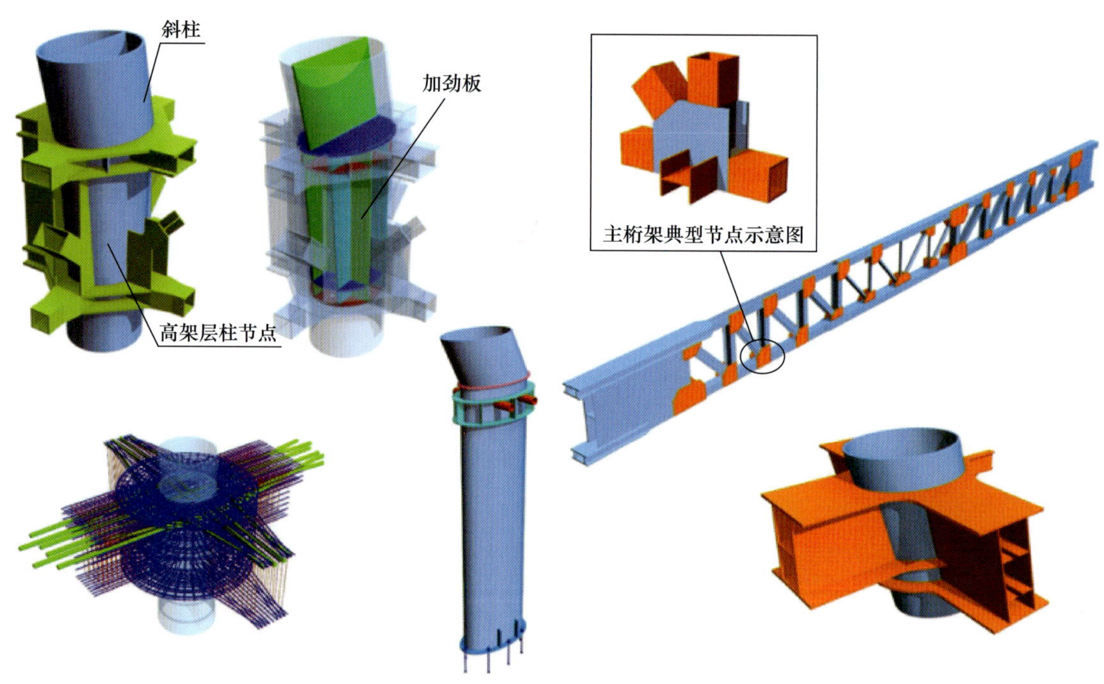

图 1-8　部分典型节点示意图

4. 铁道部、省、市建设要求明确

杭州东站站房、站场、广场和地铁基本同步进行施工，鉴于之前投产的枢纽工程各类市政配套落后于高铁站房的情况，按照原铁道部、省、市各级的建设要求，杭州东站作为九大枢纽站房的收官之作，必须保证铁路、市政和轨道交通同步高标准开通。

1.6　多因素动态制约，项目总体部署要求高

本项目施工部署的制约因素多，且限制条件动态变化。主要包括以下几方面。

1. 符合铁路运营要求，确保国家路网畅通

站房施工区域存在着既有沪昆正线，是国家路网大动脉之一，施工期间不允许中断。

根据站房实施和保证沪昆正线畅通的要求，铁路部门制定了专门的转线方案。提出了转线至宁杭甬场过渡和转线至普速场永久线位营运的要求，转线方式和时间节点明确。

相关的沪杭客专、宁杭客专、杭甬客专开通时间早于站房完工时间，需要为其通行提供条件。

站房完工节点涉及国家路网运行计划，一旦拖延影响面巨大。

既有线边作业必须符合铁路部门相关要求，确保安全。

2. 考虑地铁施工影响，满足地铁建设目标

(1) 地铁东站站施工影响

最主要的地铁影响区域在地铁东站站（K—U 轴）。由于地铁车站施工进度的滞后，导致站房施工时间与地铁施工时间的重合。原计划为地铁完成全部结构后移交站房施工，实际在地铁完成地连墙顶上部的土方大放坡开挖，即将进行地连墙内支撑和明挖施工时，站房就必须进场穿插施工，大量工作需同步实施。同时，站房施工必须兼顾地铁施工的安全，给施工组织带来了很大的难度。

(2) 盾构区间施工要求

地铁 1 号线采用盾构法东西向下穿 240m 长南侧站房，盾构线路位于国铁两排承台之间，最小距离为 2.1m。盾构线路还需穿越站房既有沪昆正线围护体系，站房围护体系的选择不能影响盾构机的掘进。盾构机在进入站房中部、地铁站厅南侧的出口后需分解吊出，该位置站房需空缺部分轨道层结构，预留 150t 起重机的工作场地和进出场道路。

(3) 地铁 4 号线区间交付节点及施工要求

地铁 4 号线区间段虽由明挖改为盖挖逆作法施工，减少了对站房上部结构施工的影响，但由于其土方开挖、材料物流运输均需利用站房过站通道，因此其主体结构施工时间影响到了站房后续装饰装修展开时间，特别是受到既有线影响的中部二期区间段，由于开挖时间晚，如施工协调管控不利，将直接影响站房总体施工工期。

3. 协调站前广场建设影响，配合枢纽整体开通

杭州东站东西两侧设有大型广场作为东站配套设施，东站过站通道连接东西广场。东西广场与站房结构边线距离 16m，中部设有 70m 大通道无缝连接。站房东西门柱结构位于 16m 间距内，屋盖投影线进入广场结构边线 12m。

东站主站房先行开工建设，东广场待站房东侧土方开挖和基础承台部分施工完成后全面进行土方开挖和支撑体系施工，并与站房、东端地铁站厅结构开始同步推进施工。其

中，由于东侧地铁影响站房竖向结构施工，导致站房东侧立面和屋盖无法在广场进行结构施工前完成，广场地下结构顶板无法满足重型吊装设备通行的要求，只能通过加固后作为材料堆场和拼装场地，使得站房东立面屋盖吊装成为站房屋面施工中最为受限和施工难度最大的部分。而该区域工期不但受到地铁影响，还受到广场地下室顶板结顶移交工作面影响，成为站房控制性关键线路工程。

西广场原为BT项目，但由于中标单位的退出，项目建设开工时间较计划有较大延迟，站房西立面得以利用待建广场的空地作为吊装场地，使得西立面较东立面提前2年成型，成为工程样板段。西广场建设经协调也在站房完成钢构吊装后移交作业场地，只保留部分斜柱独立支撑体系，不影响广场结构施工。

广场、地铁和站房三者之间在全建设过程中均彼此影响，互相制约而又互相依赖，通过合理的施工组织策划，制订切实可行的施工方案，最终实现了全国九大枢纽站房中唯一一个广场、地铁和国铁站房同步高标准开通的枢纽工程。

4. 协调站场施工影响，配合枢纽整体开通

东站站房南北两侧为站场铁路线，其包含了路基加固处理、路基回填、站台墙和站台回填、接触网、管涵和钢结构雨篷等一系列工程。

站场正常施工流程一般为路基加固、回填和雨棚结构先行施工，而由于东站站房特殊的结构形式，站房南北立面的斜柱和屋盖与站场雨棚有17m的交叉，必须利用站场区域作为结构吊装场地，因此雨篷、站场路基和站台墙均预留保障站房屋盖施工通道。站场施工作为铁路线最为重要的控制工程之一，其工期如何与作为站前工程的站房协调成为枢纽总体施工组织一条十分关键的线路。针对该结合部的具体情况，工程统筹考虑站房、站场施工的诉求，根据既有沪昆正线永久转场和各条股道线调试的节点要求，调整彼此施工方案和吊装措施，从总体上保障了该结合部建设的同步推进和最终节点工期目标的实现（图1-9）。

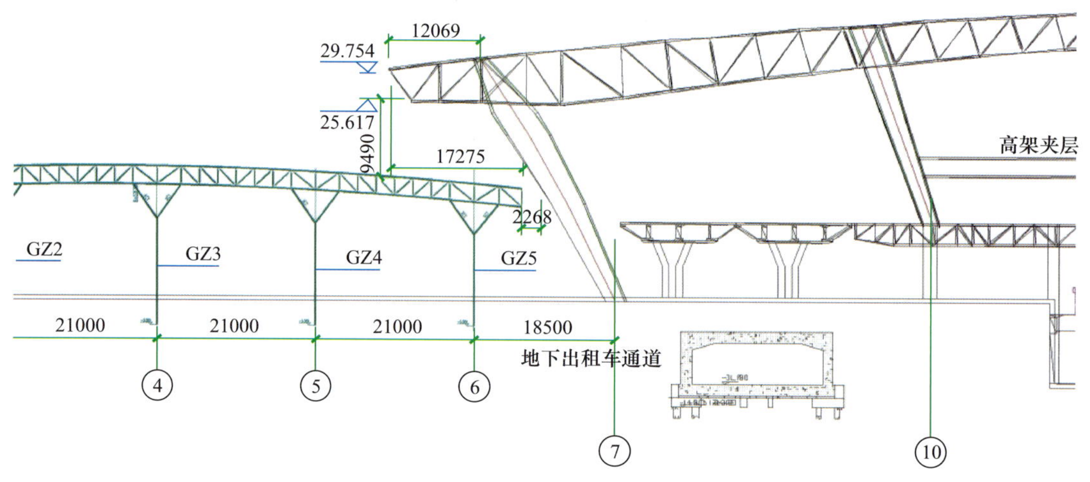

图1-9 站房南北立面与站场雨棚交叉示意图

5. 协调内部区域、类型结构施工，实现优化进度

既有沪昆正线将站房一分为二，先需采用临时转线在站房西侧轨道层结构上完成迁改，提供站房中部和地铁区间段二期工程施工作业场地。后待东侧地铁站厅结构完成，提供与站房共柱的沪昆正线永久线位区域竖向结构作业面，站房完成区域以上的全部结构体系后，方可完成既有线永久转场，至此站房方可打开全部施工作业面。站房总体施工组织也是围绕该既有线转线展开。

在确定施工围绕既有线迁改转线这一关键线路后，站房分为了东、中、西三大区块，根据轨道层正线采用的刚构连续梁混凝土桥的结构体系，又将以保障钢结构吊装为主的结构区块以正线桥为界，再划分为 6 个小区块，分区组织流水施工。待轨道梁和高架层主桁架结构体系施工完成后，再以转场后的既有线和西侧屋面为界重新划分为 3 个区块，并最终在中部合拢。其中，站台层到发线型钢梁柱和高架层主桁架主要利用履带式起重机安装，设备在中部雨棚和站场保留通道位置退场；屋盖南北向主桁架和部分高架层主次桁架利用行走式塔式起重机吊装，使得屋盖合拢时间提前，并仍利用雨棚和站场保留通道，采用履带式起重机拆除行走式塔式起重机，并补上屋盖边桁架，完成屋盖全部吊装作业，其余东西向桁架和次结构均采用整体提升，不再利用地面场地，提供站场和雨棚全部作业面。

除通过合理安排施工总体流程部署外，工程还通过一系列措施来加快单项工程施工进度。站房为独立承台基础，因此通道底板后做，使得钢结构吊装设备进场时间避开了混凝土底板施工和保养时间，得以提前 1 个月以上。通过临时顶撑和支座处理，使得行走式塔式起重机直接安装至发线钢骨梁上，同样避免了混凝土施工对吊装设备安装的影响。通过设置临时构件，使得行走式塔式起重机可以越过尚未施工的混凝土结构正线桥，减少了设备投入数量，也加快了钢结构推进工期。全力保障高架桥施工进度，在广场和市政配套匝道尚未建设的情况下，设置临时上高架层栈桥，使得原地面物流通道得以全部让出，交给站场和雨棚，站房物流通道转至环站房高架桥，加快了物流效率。高架层也通过合理的临时加固处理，提供了屋盖钢结构整体提升的拼装场地，使得 60%以上的屋面构件可通过整体提升完成安装，大大加快了大型设备退场时间，也使原屋盖施工的流水工期变为平行施工。

1.7　保障措施

通过对杭州东站建设的目标和面临的难题进行分析，我们成立了相应的指挥协调机构，采取了有力措施，形成了该类巨型项目的总包管理模式。

1. 组织保障

针对项目定位，搭建了项目组织架构。通过建立项目指挥部提高层级，加强内部资源调配能力和外部协调效果；通过管理线的部门设置和分块分专业的块区设置的条块管理，保证管理到边，不留死角；通过指挥部、项目部、岗位三级外部沟通联络机制的建立，争取外部理解支持，提高协调效果；通过分区包保机制的建立，确保职责落实到岗到人，绩效体现到位。

2. 大集团支撑、专业配套

从集团层面，对这类巨型项目进行重点关注。在人、财、物的资源保障之外，集团招采、合约、技术平台提供蹲点深度服务，体现有效支撑。同时，大集团长期以来集聚的核心、紧密、松散型专业配套单位，也在技术、资源、项目管理上可以给予有效的支撑。

3. 强化施组的重要地位

工程复杂性和难度提升了施组的地位和重要性。巨型枢纽工程由于其多功能和多专业的组合、超大的建筑规模、标志性建筑造型，决定了工程结构复杂，施工和协调难度大。必须制定统筹安排全局的施工组织设计作为纲领性文件以应对各个专业工程的施工方案的选择、节点目标的管控、人材机保障、边界条件的设定等问题，保证工程进度、质量、安全和成本受控，避免出现混乱。

施组的总体筹划中，必须坚持从整个大枢纽的总体规划及各部分建设要求出发，综合平衡各方需求。在场地运输组织中，也要贯彻大物流的理念。施工物流组织不只局限于场地内的道路和场地策划，而是需要与铁路路基工程、轨道交通工程、市政广场、道路或隧道工程等枢纽组成部分共同进行分阶段的物流策划和协调。大物流组织应兼顾各方不同施工阶段对施工场地和物流通道的需求，并根据所在城市的道路状况和行政法规，提前策划申请特殊车辆、材料和构配件的进出场道路。

4. 管理措施

巨型枢纽工程规模庞大，结构复杂，设计标准高，集房屋建筑及铁路建设于一体，涵盖系统繁多。工期紧、任务重、资源投入大，立体交叉作业多，施工组织、技术管理、安全管理要求高，需要以“质量、安全、工期、投资、环保、技术创新”六位一体为管理目标；以“1152”的人员配备模式为架子队组建重点；以工程进度为管理主线，以工序合理搭接平行作业相互协调为关键点，以“四个标准化”为准则，以“架子队”管理为重点，以工程进度为主线，以工序搭接为关键点，大力推进“铁路站房工程标准化管理”制度，精心组织、精细施工，确保工程按期竣工。以“四个标准化”强化总承包管理为管理重点准则，本着“镜头不换、纵深发展”的要求，全面推进“铁路站房工程标准化管理”制度，通过“精心组织、精心设计、合理安排、精细施工、精心管理”，做到“高标准起步、高质量建设、高效率推进”，确保整个工程的按期竣工有序开展。

第 2 章　地基基础施工关键技术

2.1　地基基础工程简介

1. 站房与周边道路关系及地下结构功能分区

本工程场地位置为火车东站及其东面空地。站房东侧为拆迁完成用于东站前广场建设的空地，西侧为现有东站配套城市交通设施，拆除完成后为西站前广场建设的用地，站房东西侧建筑外边线即为用地红线，与东西站前广场交接。站房南北两侧为铁路站场。站房效果图和具体关系见图 2-1。

站房地下结构工程分区如图 2-2 所示。

2. 站房与地铁东站站关系

本站房工程设一层地下室，其 K—U 轴基础底板下为二层的杭州东站地铁站，地铁基坑宽约为 50m（以地连墙为边界），长度为 286m，坑底相对标高为－10.700m（压顶梁标高），其地连墙两侧设有 12m 宽硬化施工便道，便道为与自然地坪标高设自然放坡，地铁基坑设 4～5 道支撑，开挖至相对标高约－27.000m。地铁与站房竖向关系图如图 2-3 所示。

而 A—K 轴为地铁 4 号线区间段和 1 号线盾构区间段，其中 1 号线盾构区间段位于两侧，4 号线位于中部，1 号线盾构需待站房基础完成后施工，与站房施工无较大影响，基坑围护、结构设计均已考虑避免站房施工对其的影响，而 4 号线区间段宽度为 14m，采用盖挖逆作法施工，需待站房地下结构完成后才能介入施工。具体详见图 2-3。

3. 站房与既有铁路线的关系

东站站房在既有东站区域还有两条沪昆正线，该两条营业线必须保留，待新建站房所需站台层转线线位完成后进行转线施工，才能进行该两条线位区域的后续结构施工。该既有营业线位于新建站房 G—K 轴区间。具体详见图 2-4～图 2-6。

4. 基坑工程安全等级

车站地下主体结构开挖深度为 5～6m，宽度约 120m，长度 450m。基坑规模大且开挖深度一般，地下水水位高，对施工影响严重；基坑破坏后果较严重。因此，本工程站房总体围护基坑工程安全等级为二级，既有铁路线围护根据铁路相关规范要求，基坑工程安全等级为一级。

5. 深基坑开挖稳定性分析

（1）基坑开挖影响范围内地基土特性

坑壁土层中①层填土性状差，③2～③5 层粉土、粉砂具饱水振动易液化的特性，无支护条件下坑壁易坍塌变形，自稳性差，易产生流砂现象。

坑底以下 10m 范围内土层主要为③2～③7 层粉土、粉砂土，10～30m 范围内主要为④3、⑥、⑧淤泥质土层及灰色黏性土。其中，③2～③7 层粉土、粉砂土具饱水振动易液化的特性，无支护条件下坑壁易坍塌变形，自稳性差，易产生流砂现象。④3、⑥、⑧淤泥质土层及灰色黏性土具有高含水量、高压缩性、易蠕变等特点，工程性质差。

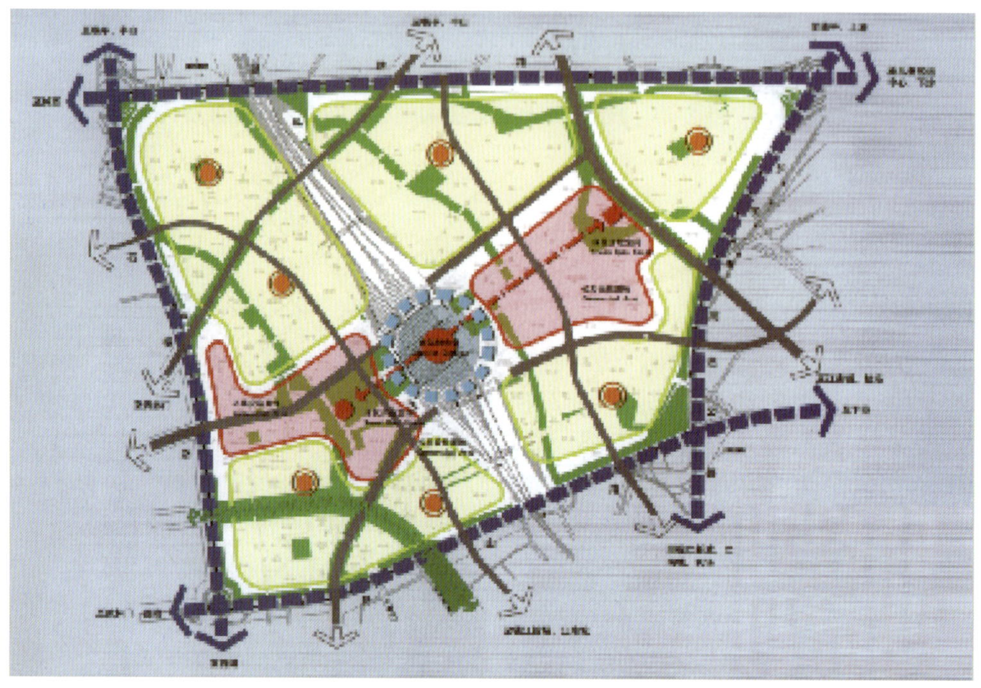

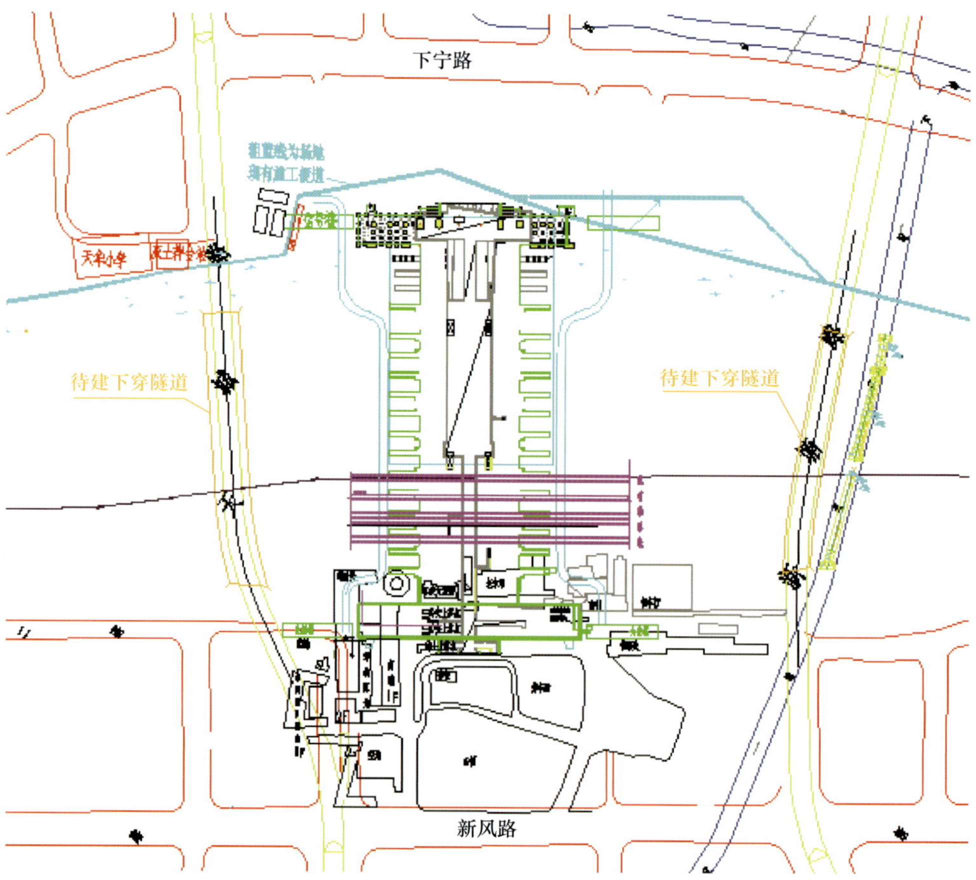

图 2-1　杭州东站周边环境图

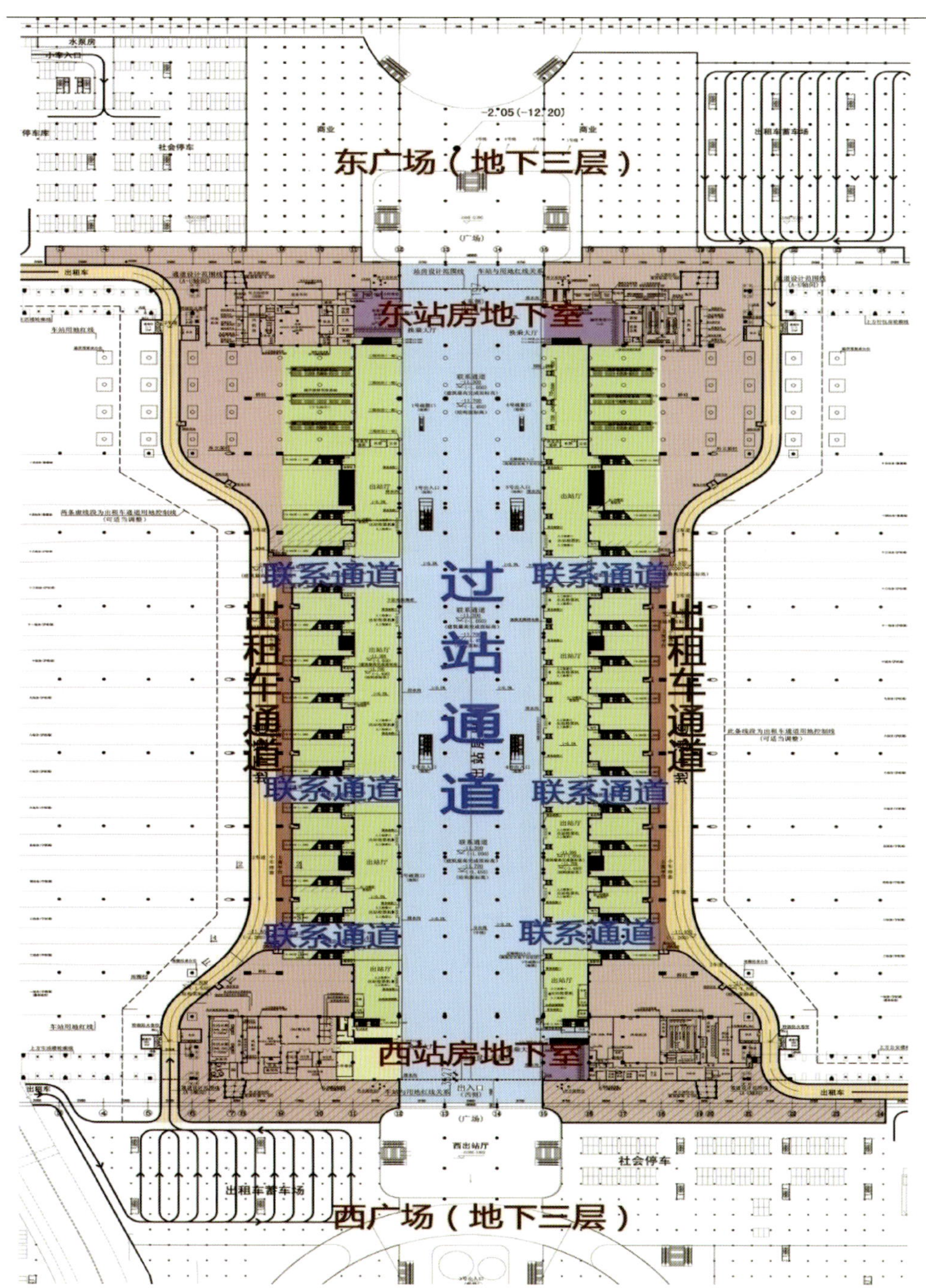

图 2-2　地下结构功能分区图

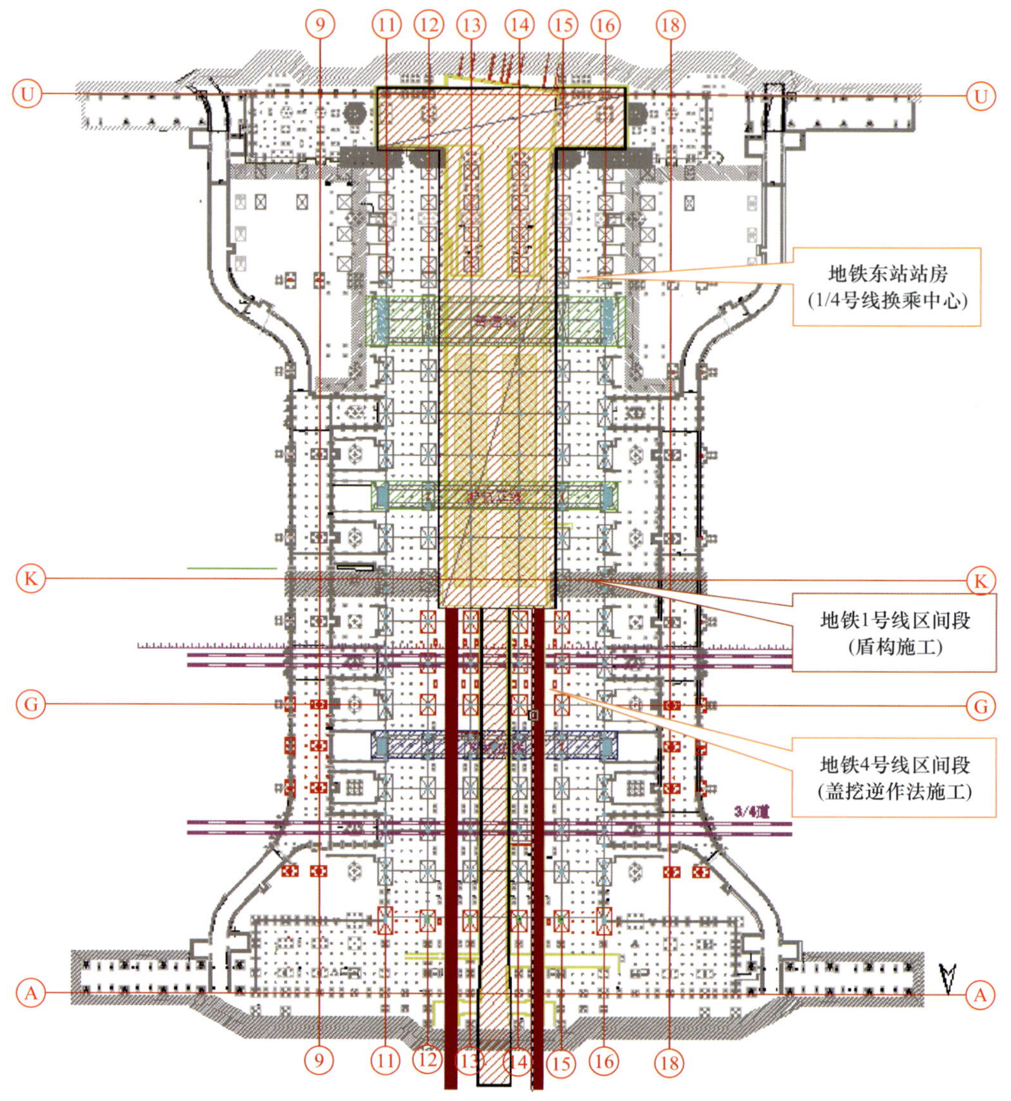

图 2-3 站房与地铁关系平面图

(2) 基坑产生流砂可能性分析

据详勘揭露，在基坑开挖范围内分布主要为①层填土、③2～③5 层粉土、粉砂。基坑开挖中，若不采取有效降（止）水措施，该层土在基坑内外水头差的作用下，易产生流砂或管涌现象，进而导致坑壁坍塌，坑底失稳，故在基坑开挖前应采取坑内降水措施，将地下水位降至基坑底部下 1～2m。由于地下室面积大，当降水有困难时可采用可靠的止水措施隔开基坑内外的水力联系。

(3) 站房基坑坑底抗渗流稳定性分析

站房基坑开挖时须进行基坑底抗渗流验算。

明挖基坑挖深 5～6m。⑫层粉砂性土、圆砾与⑭层圆砾层总体上是连续分布的，可以认为⑫、⑭层构成承压含水层。

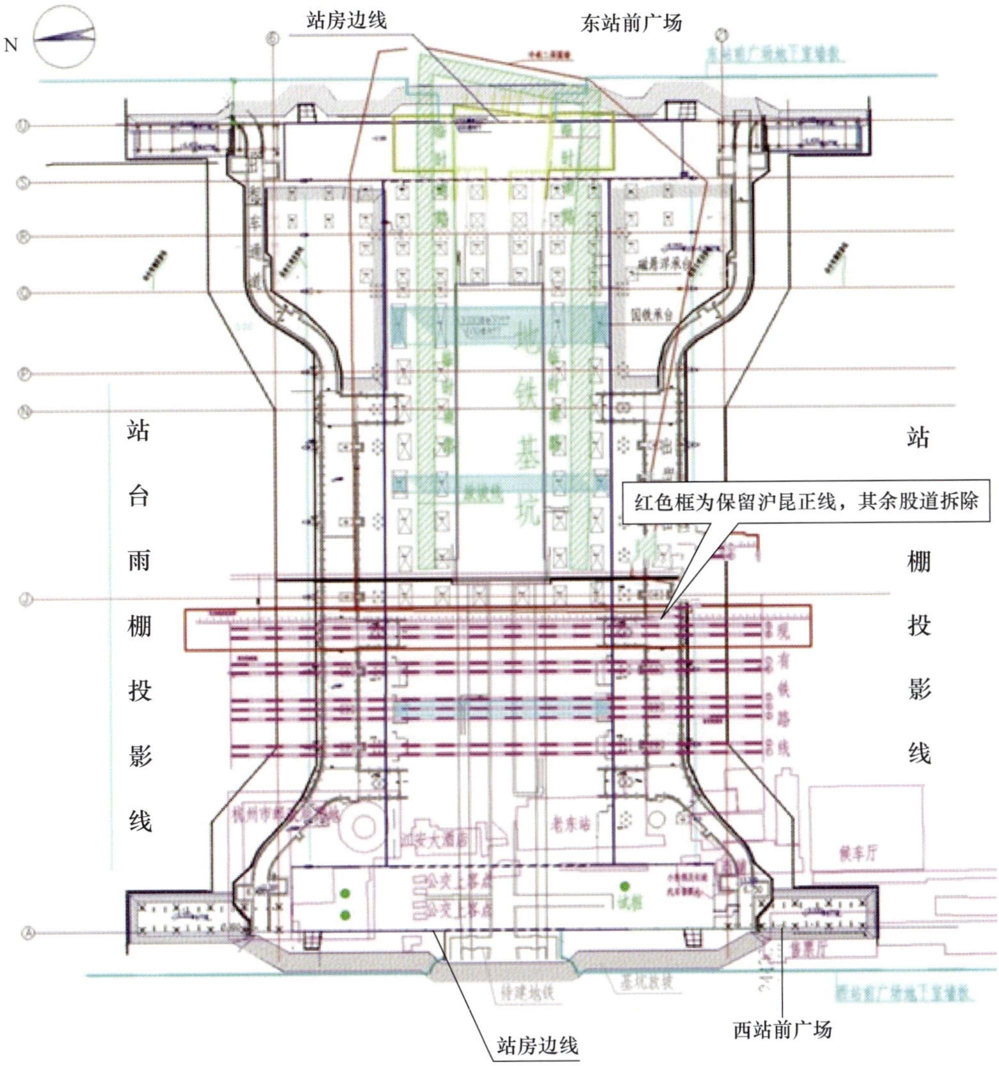

站房边线
东站前广场
站台雨棚投影线
站台雨棚投影线
红色框为保留沪昆正线，其余股道拆除
地铁基坑
站房边线
西站前广场

图 2-4　既有铁路线位置示意图

图 2-5　开工伊始场地情况（一）

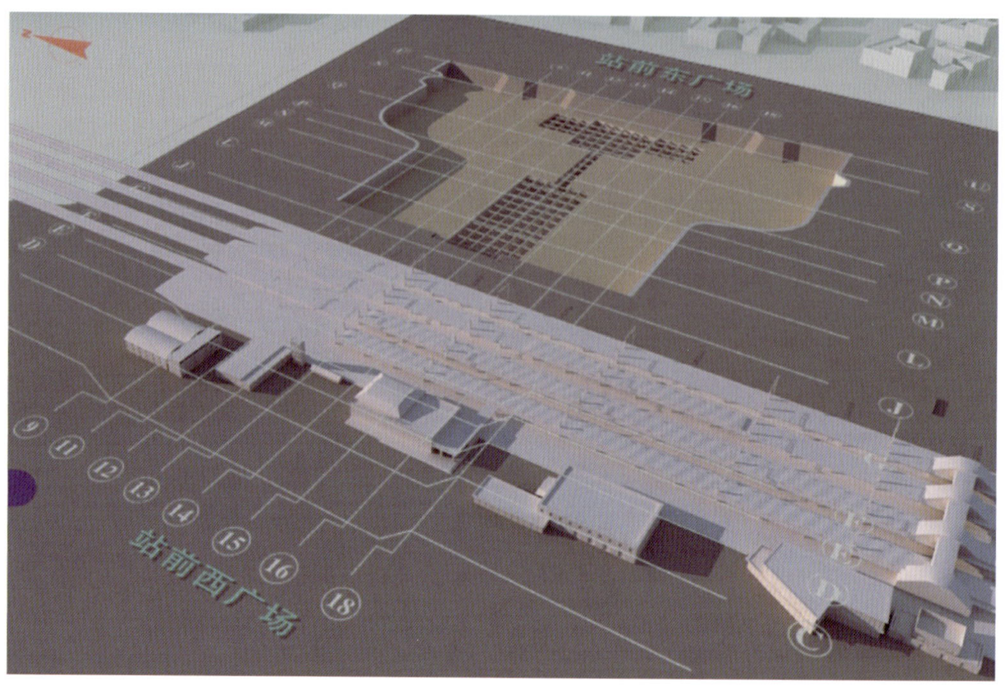

图 2-6 开工伊始场地情况（二）

⑫层顶部埋深最浅处的高程约−35m，上覆隔水层厚度约 35m。根据国标《建筑地基基础设计规范》GB 50007—2011 相关规定，验算公式为：

$$\gamma_m(t+\Delta t)/P_w \geqslant 1.1$$

式中 γ_m——透水层以上土的饱和重度（kN/m³），估算时取值 18.5kN/m³；

$t+\Delta t$——透水层顶面距基坑底面的深度（m），估算时取值 35m；

P_w——含水层水压力（kPa），估算时取值 340kPa（承压水水头按高程−1.23m 计算）。

估算结果为 $\gamma_m(t+\Delta t)/P_w=35\times18.5/340=1.9>1.1$，设计可不考虑基底突涌的可能性。

(4) 地铁盖挖区间基坑坑底抗渗流稳定性分析

地铁盖挖区间基坑开挖时须进行基坑底抗渗流验算，该部分计算时不考虑地连墙入岩后对地下承压水的阻断作用。

工程场地绝对标高 5.500m，基坑挖深为 28.683m，基底标高为−23.183m。基坑底承压水含水层水头标高为−1.230m。

根据地铁区间的地勘孔 Z081 进行复核，该点承压水含水层顶标高为−36.480m，基坑底到承压水含水层顶为 13.297m，中间包含⑥2、⑧1、⑧2、⑪层。各层厚度分别为 1.197、7.7、3.5、0.9m，重度为 17.8、17.5、17.2、19.7kN/m³。

验算公式如下：

$$\gamma_s p_{wk} \leqslant \frac{1}{\gamma_{RY}}\sum \gamma_i h_i$$

式中 γ_s——承压水作用分项系数，取 1.0；

p_{wk}——承压含水层顶部的水压力标准值（kPa）；

γ_i——承压含水层顶面至坑底间各土层的重度（kN/m³）；

h_i——承压含水层顶面至坑底间各土层的厚度（m）；

γ_{RY}——抗承压水分项系数，取 1.05。

估算结果为：1.0×9.8×[－1.23－(－36.48)]＝345.45＞1/1.1×(1.197×17.8＋7.7×17.5＋3.5×17.2＋0.9×19.7)＝212.71

因此，需进行减压设计，采用承压井进行降水。

(5) 深基坑坑底抗隆起稳定性分析

由于坑底以下 10m 范围内土层主要为③2～③7 层粉土、粉砂土，基坑开挖时为降水开挖，对粉土有较好的改良作用。基坑坑底 10～30m 处的淤泥质土层产生深层圆弧滑动的可能性较小。基坑支护设计时宜根据具体开挖形式具体计算后确定。

2.2　地基基础工程重难点分析

1. 东站枢纽工程多基坑围护形式选型

由于铁路工程的特殊性及周边环境的变化和站房建设总体施工进度的需要，原设计的基坑围护方式在实际进场施工后无法满足现场需要，因此本工程所有基坑围护均根据现场实际施工的需要重新进行了协商调整。调整后的基坑围护形式有 7 种类型，几乎涵盖了较为常见的所有基坑围护形式。

2. 复杂场地条件下的站房路基过渡段施工

杭州东站高铁路基过渡段受到出租车通道、上下站台通道、上部高架桥影响，存在着平面空间和竖向空间受限，场地标高复杂，路基基础软硬过渡多等不利影响，工后沉降及控制难度大，可能影响行车安全。杭州东站对此问题进行了专题研究，创新性地第一次在高铁站房过渡段施工中采用了泡沫轻质土作为路基填料。

3. 大直径深嵌岩工程桩施工

站房基础采用钻孔灌注桩，桩径 0.8～1.5m，总计 4000 余根，而 1.5m 直径的桩基为国铁线路基础，同时承担上部站房结构荷载，总计有 800 余根，是站房桩基施工控制的重点，该类桩不但自身施工难度较大，同时施工过程中还可能影响既有铁路线路基安全和正在施工的地铁围护体系的安全，需通过合理的技术措施来解决该类问题。

2.3　超大面积复杂因素影响深基坑分阶段实施综合技术

1. 工程概况

站房±0.000 相当于绝对高程 10.250m，现场自然地坪高程 5.500m，相对标高－4.750m。站房底板底标高－12.500m，实际挖深 7.75m，局部深承台开挖深度 10.05～14.05m；站房基坑南北宽约 217～297m，东西长约 480m，平面面积约 11.5 万 m³，开挖深度范围基本为粉砂土，站房土方量总计约 98 万 m³。地铁东站实际挖深约 25m，分为站房和区间段，土方总量约 45 万 m³。

站房南、北各有一条地下出租车通道连通东、西广场和站房地下室。出租车通道地下 1 层，底板底标高－12.500m，实际挖深 7.75m。

站房地下室与东、西广场地下室相连。广场地下2层，局部3层。实际挖深6.4m。

根据杭州市勘测设计研究院提供的《杭州火车东站站房及站台雨篷岩土工程勘察报告》，试桩场区地基土有10个工程地质层及若干亚层，开挖深度范围为粉砂土，渗透系数高。

本工程基坑规模大且开挖深度一般，地下水水位高，对施工影响严重；基坑破坏后果较严重。因此，本工程站房总体支护基坑工程安全等级为二级，既有铁路线支护根据铁路相关规范要求，基坑工程安全等级为一级。

2. 基坑工程特点

本工程基坑具有以下特点。

(1) 面积大

基坑长向尺寸465m，短向尺寸263m，平面面积约12.23万m^2。

(2) 周边均为在建工程，工程间相邻、交叉多

本工程周边分别与东西广场、站场线路、出租车通道相接。建设、设计、施工、监理等单位不统一。

基坑东、西两侧与站前广场相接，广场地下室深于站房出站通道，其结合部支护体系的选择需考虑日后广场支护施工的便利性。

出租车通道部分整体埋入站场路基中，南、北两侧基坑的边坡支护方式也影响今后铁路股道路基处理的工作量和方式。

地铁东站基坑位于本工程基坑内，开挖深度约25m，分为A、B、C区。采用地下连续墙结合4～5道内支撑的形式，南北宽约50m，东西长约273m，尚未施工完成。

(3) 项目建设安排复杂，相互制约多

杭州东站为原东站拆除重建而来，场地内通行的沪昆线为国家路网大动脉，不能中断和影响。此外，东西广场、地铁的建设安排都会对站房基坑设计与施工的环境条件产生影响。

(4) 基坑实施还需满足铁路既有线控制要求

本工程含有临近铁路既有线施工的桩基和基坑开挖工作，对既有线运营存在风险，因此对既有线进行围护的措施至关重要。同样，反映围护措施得力与否的各种监测手段也是不可或缺的，这些监测包括：深层土体位移监测、孔隙水压力监测、地表沉降和位移监测、既有铁路线路监测等。

(5) 场地土质条件尚可，渗透性好

场地开挖范围为粉砂土，渗透系数高，降水效果好。

坑壁土层中①层填土性状差，③2～③5层粉土、粉砂具饱水振动易液化的特性，无支护条件下坑壁易坍塌变形，自稳性差，易产生流砂现象。

坑底以下10m范围内土层主要为③2～③7层粉土、粉砂土，10～30m范围内主要为④3、⑥、⑧淤泥质土层及灰色黏性土。其中，③2～③7层粉土、粉砂土具饱水振动易液化的特性，无支护条件下坑壁易坍塌变形，自稳性差，易产生流砂现象。④3、⑥、⑧淤泥质土层及灰色黏性土具有高含水量、高压缩性、易蠕变等特点，工程性质差。

3. 总体部署对基坑支护的限制性要求

(1) 对支护设计的限制性要求

基于工程特点，经多方协商，形成了项目建设总体部署。由此形成了基坑支护设计的主要思路和要求：

1）考虑到出租车通道与站房间距离不大（最大约 26.2m），单独考虑支护措施不经济。将出租车通道加站房组成大基坑作为基坑支护设计对象。

2）考虑到地铁车站施工、老东站拆除、既有线保护及转线等因素，站房大基坑将会分阶段实施成型。因此，除要考虑阶段间临时支护措施外，支护措施应避免采用内支撑的形式。

3）考虑到总体进度要求，基坑支护结构的施工周期应尽量缩短。同时，还要尽量减少阶段转换、周边连通时的支护结构拆除工作量。

4）考虑到地铁基坑施工对站房建设进度的影响，对尚未实施的由我们施工的 A 区部分由明挖法改为盖挖逆作法。

(2) 基坑施工分区

结合站房结构形式，地铁施工的情况，考虑既有车场改造、既有线沪昆营业线的线位保护和后期转线的各方面因素，考虑在平面上将站房分为六个区块，由西向东分别为 A—C 轴区块、C—G 轴区块、G—K 轴区块、K—N 轴区块、N—R 轴区块、R—U 轴区块，并归集为如下三个施工段（图 2-7）：

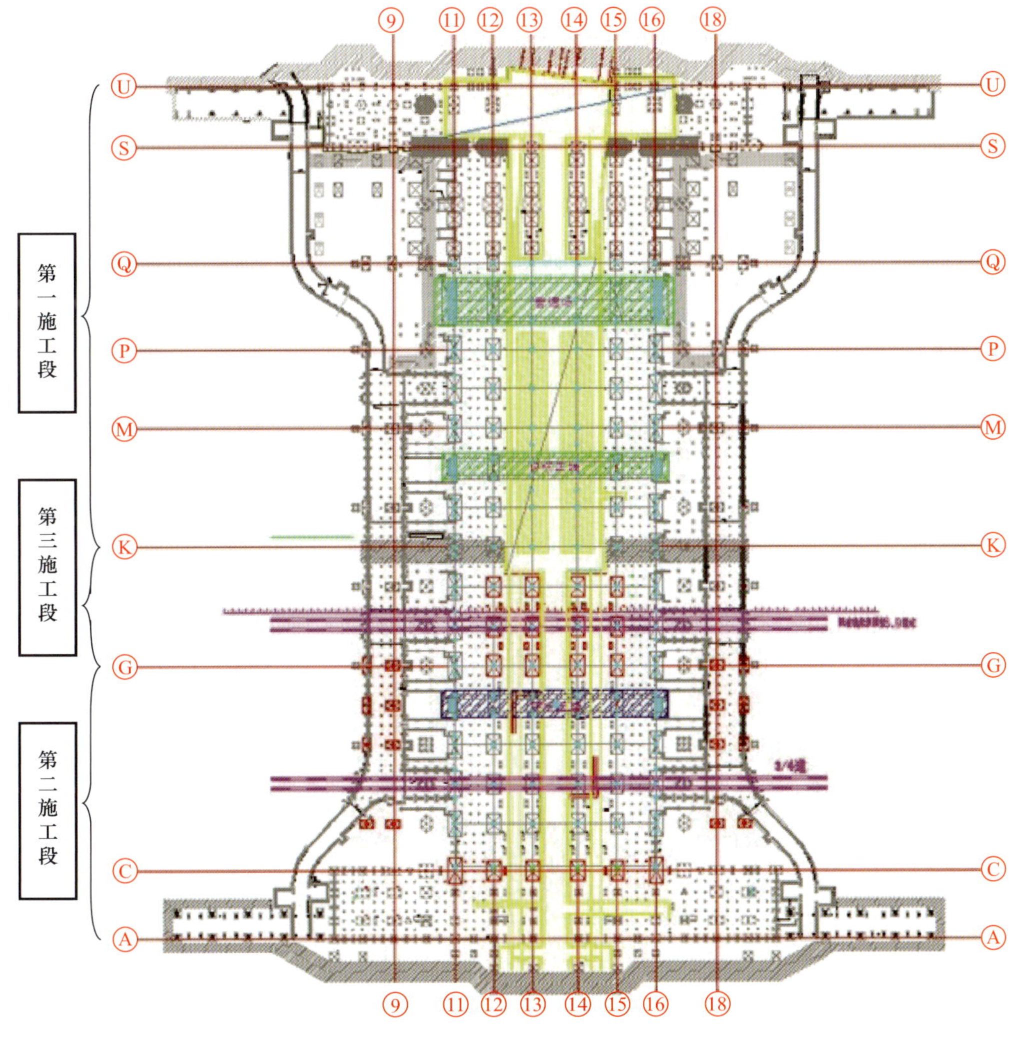

图 2-7　基坑平面分区图

第一施工段：K—N 轴区块、N—R 轴区块、R—U 轴区块；

第二施工段：A—C 轴区块、C—G 轴区块；

第三施工段：G—K 轴区块。

根据施工段的划分，本工程基坑分为三部分，即：A—G 轴区域、G—K 轴区域和 K—U 轴区域，并据此进行施工安排，其中 A—G 和 K—U 相当于两个单独的基坑支护开挖工程，而既有线所处的 G—K 区域为该两个基坑的连接区，需待沪昆正线完成转线后才能进行开挖施工。

4. 支护设计方案的比选与优化

(1) 基坑整体支护设计

1）方案一：大放坡开挖

对于这类超大面积的基坑工程，放坡开挖最便于现场施工，并且安全风险极小，施工费用相对较低。然而，本工程基坑南、北两侧为站场，放坡挖出的土方今后不仅要回填，还要加固达到高铁路基的要求（高铁路基沉降误差参考值是 30mm），并且还要避免路基与站房交界处容易沉降不一致造成的“跳车”现象。加固措施如图 2-8 所示。

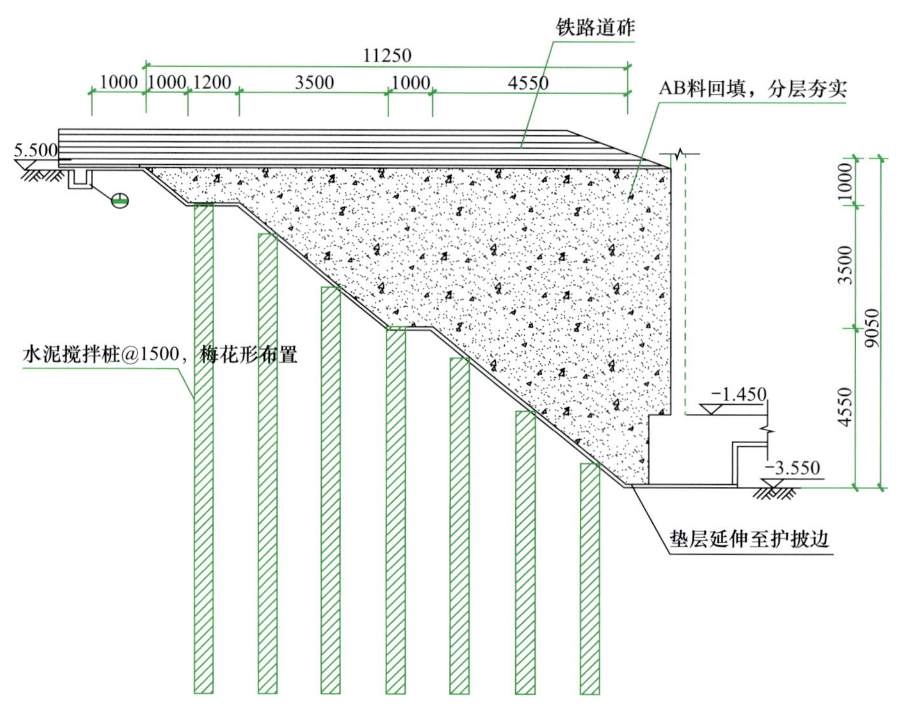

图 2-8　放坡面回填加固剖面图

2）方案二：工法桩复合土钉墙结合深井降水

相比方案一，由于基坑外原状土未被扰动，可适当减少日后路基下地基处理和加固工程量，降低施工造价，同时工法桩和结构面间空隙只有 1m 距离，可直接根据《客运专线路基技术标准与施工关键技术——高铁路基设计暂规》的要求采用低强度等级混凝土或掺入适量水泥的级配碎石填筑，相较而言，施工费用实际将大大增加。

确定的支护设计方案：南北侧采用工法桩复合土钉墙结合水泥搅拌桩止水帷幕的形式，其中站房南北侧 P 轴以东的地下出租车通道为独立基坑，所以通道两边各设置工法桩复合土钉墙，P 轴以西通道与站房基坑连成一体，单侧设置工法桩复合土钉墙；东西广场两侧采用大放坡形式；同时坑内设置自流深井降水的支护方案。具体支护平面图和剖面图见图 2-9、图 2-10。

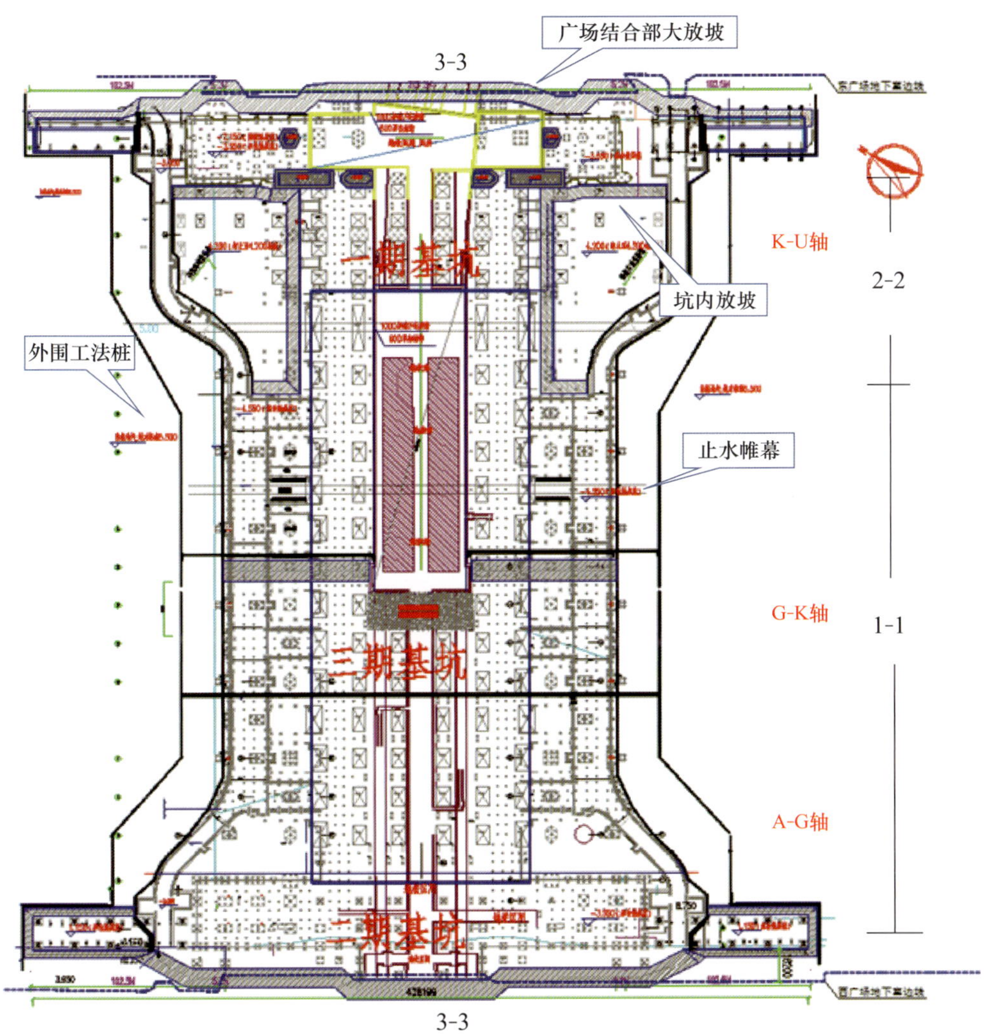

图 2-9　东站站房支护总体平面图

该方案施工相对便捷，并且适合东站地质情况，支护体系质量较易得到保证，大大降低了日后路基回填质量控制的难度和风险，并且能与东西广场较好地衔接，不影响已经实施的地铁基坑施工，综合比较施工费用并无增加，因此最终得以实施。

(2) 铁路既有线旁支护设计

本工程由于既有线的存在将站房一分为二，形成三个施工区块，为保证既有铁路线的安全，需对既有铁路线两侧基坑开挖采取安全、可靠的支护体系，同时也是基坑内临时增加的一道支护体系。

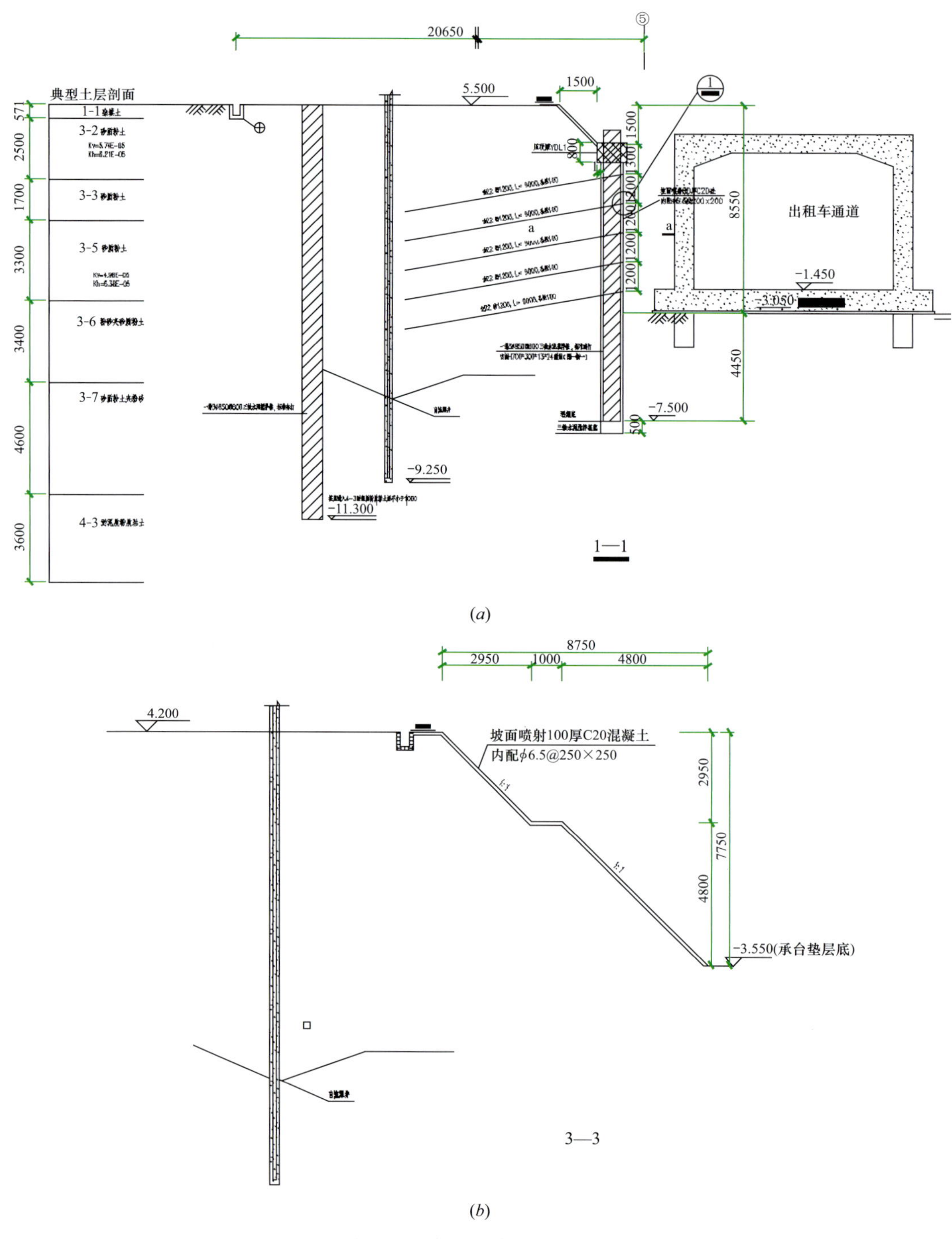

图 2-10　东站站房支护剖面图

(a) 外围总体支护 1-1 剖面图；(b) 与广场结合部放坡 3-3 剖面

1）支护设计依据

本基坑工程在运营中的沪昆正线（位于待建站房中部区域）东西两侧一期和二期基坑基本同时支护开挖，其中距离既有线西侧约 26m，东侧约 49m，基坑开挖深度主要为 8.55m，支护体系宽度为 217m。综合地质情况和周边环境，本基坑重要性等级为一级。

基坑周边施工条件复杂：上部有既有线以及附属构筑物，紧邻基坑支护存在大小不等的承台基坑；在东西通道基坑下部有地铁 1 号线和 4 号线，分别采用盾构穿越和盖挖逆作通过；在基坑东侧有在建的地铁杭州东站，其施工范围与本工程交错进行。

总体来说该段支护体系设计需考虑以下几个方面：

① 站房外围总体支护体系已经确定，并进行施工；

② 由于铁路线的沉降要求较高，过全程需控制在 20mm 以内，因此首先不能采用坑外降水的形式；

③ 除沉降控制要求外，铁路的运行有较大的振动荷载，并且根据铁路相关规范要求，基坑变形需控制在 2cm 以内，并且绝对不能突破该警戒值，否则将视为危及铁路运营线安全，需立即启动铁路抢险应急预案，后果十分严重；

④ 在自然地面以下 15m 左右（相对标高－20.250m）有盾构线路穿越，所选支护形式必须保证日后不成为地铁盾构穿越的障碍物；

⑤ 该支护为临时支护，待铁路线转线以后，该范围日后还需开挖和施工后续结构，特别是地铁 4 号线区间段地连墙支护与其垂直相交，因此支护体系还需保证不影响站房后续施工；

⑥ 由于需保留站台和雨篷，使得该段既有线支护在西侧空间受限，不能采用大放坡的形式。

2）设计方案比选

经分析，采用站房整体支护的 SMW 工法桩复合土钉墙的方式无法满足设计要求，因此必须进行适当调整。

方案一：工法桩加锚杆对拉（图 2-11）

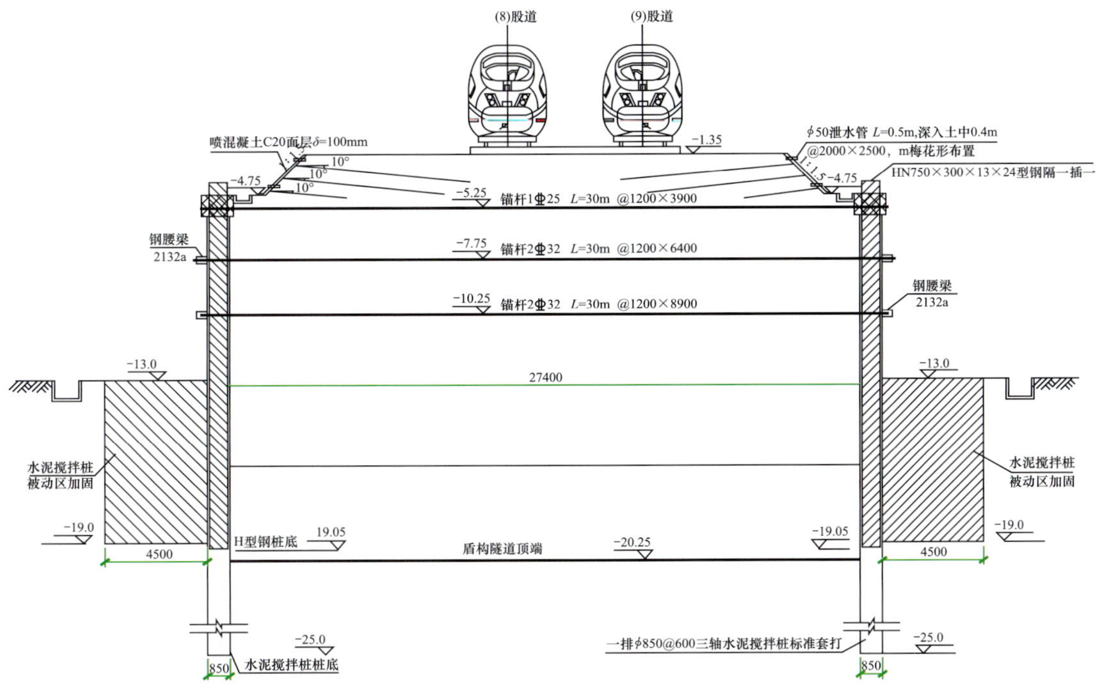

图 2-11　既有线支护方案一剖面图

该方案采用对拉的形式后，支护效果应较好，并且从设计方案自身而言，费用相对较低。但该方案的实施难度极大，其中方案设计的核心即 ϕ32 对拉锚杆施工十分难以控制。同时，由于采用对拉形式，两侧基坑均需同步开挖至基坑底，而地铁地连墙在西端头井局部顶标高为－4.750m，即位于自然地面，有一道支撑，主要为考虑地铁基坑开挖过程中对既有线的保护，该区域地铁尚未开挖，一旦台后土方移除，将导致地铁基坑失稳。如图 2-12 所示。

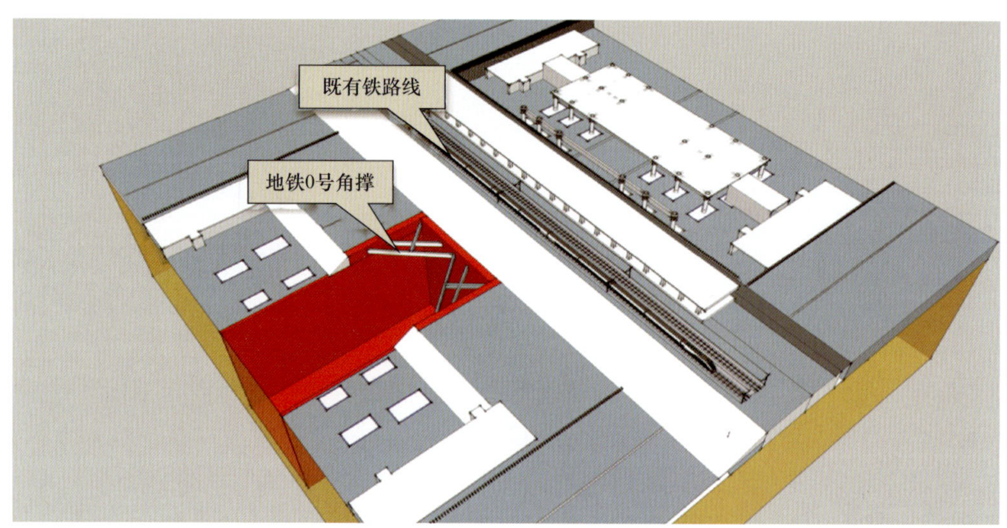

图 2-12　地铁西端头井支护示意图

方案二：工法桩加预应力锚索

对拉的支护形式无法实施，而内支撑或斜撑的方式又受到结构形式、场地条件、基坑尺寸和工期要求的影响也无法实施，因此，支护设计方案采用了西侧工法桩密插并加预应力锚索，东侧高压旋喷桩止水结合大放坡的支护形式（图 2-13～图 2-15）。

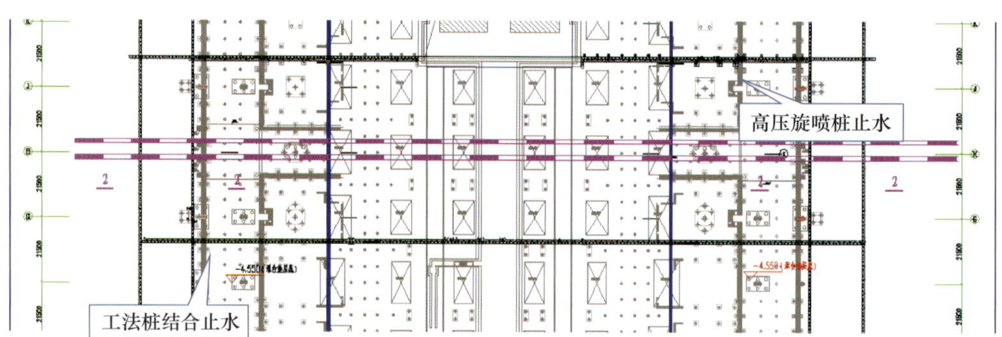

图 2-13　既有线支护平面图

(3) 其他特殊部位支护设计

1）深承台坑中坑支护

站房基坑支护底部存在大小不一的国铁桩基承台，承台底标高－16.200（绝对标高－5.950）～－17.200m（绝对标高－6.950m），比基坑底部低 3.2～4.2m，如直接开挖势必导致基坑失稳。为确保基坑稳定，严防大面积开挖，且考虑施工的便捷与资源的回收，此部分基坑采用 12m 拉森钢板桩支护形式。

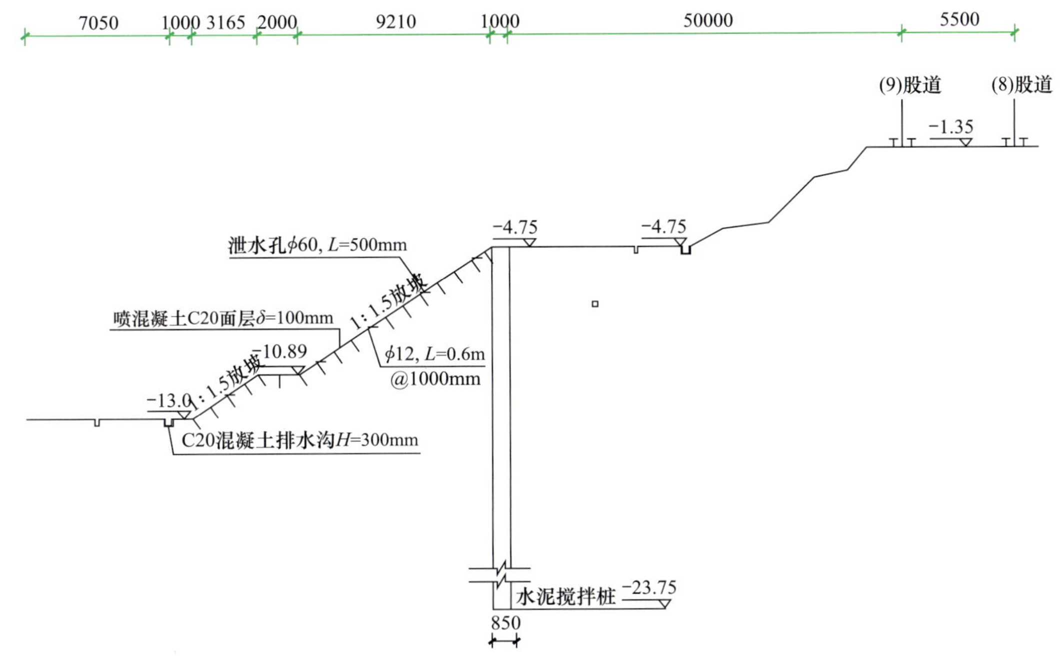

图 2-14　既有线东侧支护剖面图

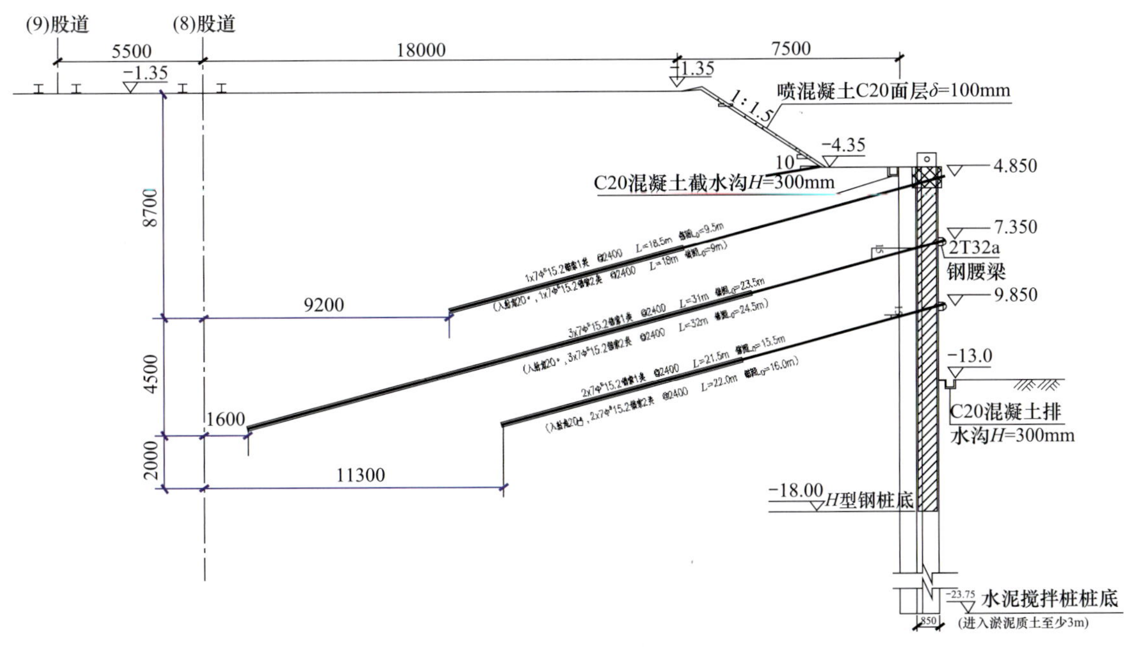

图 2-15　既有线西侧支护剖面图

2）大型起重机通行道路两侧加固

为尽早打开站房施工作业面，加快推进站房工程建设，站房轨道层钢结构吊装拟提前穿插施工。部分深承台坑边需通行 150t 履带式起重机，此时吊装区域基础承台、底板均未施工完成，且道路两侧与承台边有 2～3m 高差。为满足大型履带式起重机通行要求，对国铁承台两侧的道路进行加固。加固利用承台两侧钢板桩使用 $\phi28$ 钢筋对拉，然后硬化处理（图 2-16、图 2-17）。

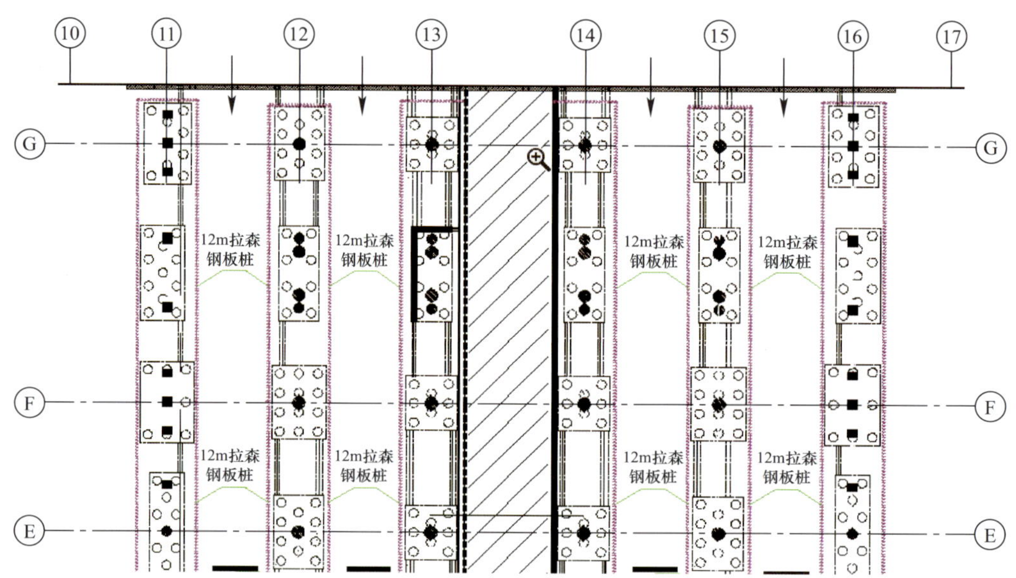

图 2-16　拉森钢板桩支护平面图

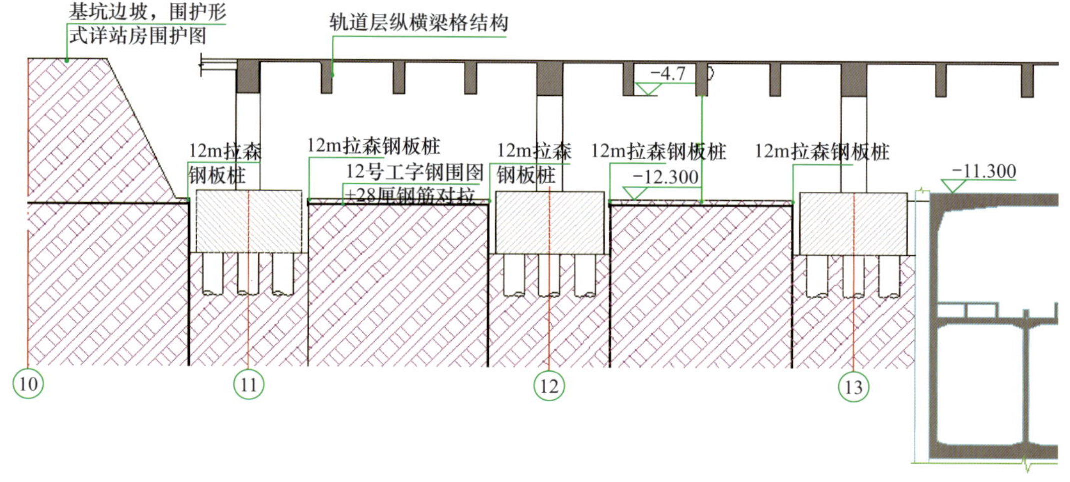

图 2-17　钢板桩支护与路基加固剖面图

5. 基坑工程施工组织

本工程体态大，周边情况复杂，存在既有铁路线，工期紧，质量要求高，在工期紧张的情况下，基坑施工必须在确保安全的前提下加快进度，为后续施工创造有利条件。

在进行本工程施工过程中，有两个最为关键的要素：一是如何根据各种周边环境和条件来安排现场物流组织；二是如何合理组织基坑开挖流程。

（1）运输物流通道

对于这些超大面积的基坑施工，对于这类周边关联复杂的枢纽工程，物流运输，始终是一个非常关键的问题。应当以“大物流”的观念来进行整体安排。

本工程分为三部分进行施工，并且三部分施工时序上有较大跨度，需根据每个区块的周边条件，结构情况布置运输道路。由于施工过程中需结合考虑地铁施工的实际情况，因此物流通道的布置需按现场实际情况进行调整，站房施工全过程总体物流组织安排如图 2-18～图 2-20 所示。

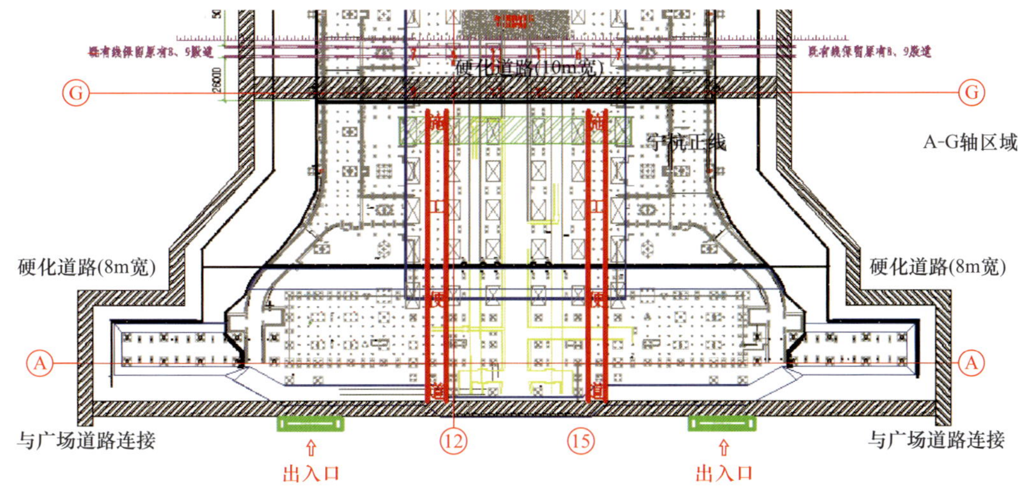

图 2-18　西端（A—G 轴）物流通道布置示意图（黑色斜线和红色粗线）

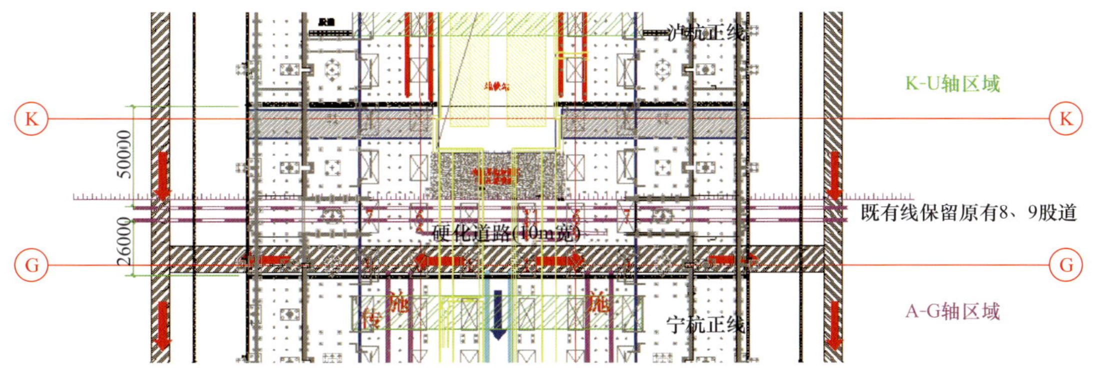

图 2-19　中部（G—K 轴）物流通道布置示意图

（2）施工流程安排

东站站房从单体支护项目而言，施工工序均较为常规，如地下连续墙、SMW 工法桩、预应力锚索等，但基坑开挖流程较为复杂，尤其以与地铁穿插施工的 K—U 轴区域为最。

该区域施工主要受制于地铁施工。由于进场时地铁施工尚未完成，实际在地铁完成地连墙顶上部的土方大放坡开挖，即将进行地连墙内支撑和明挖施工时，站房就必须进场穿插施工，大量工作需同步实施。同时，站房施工必须兼顾地铁施工的安全。这给施工组织带来了很大的难度。

总体而言，该区基础施工分为以下几个阶段：

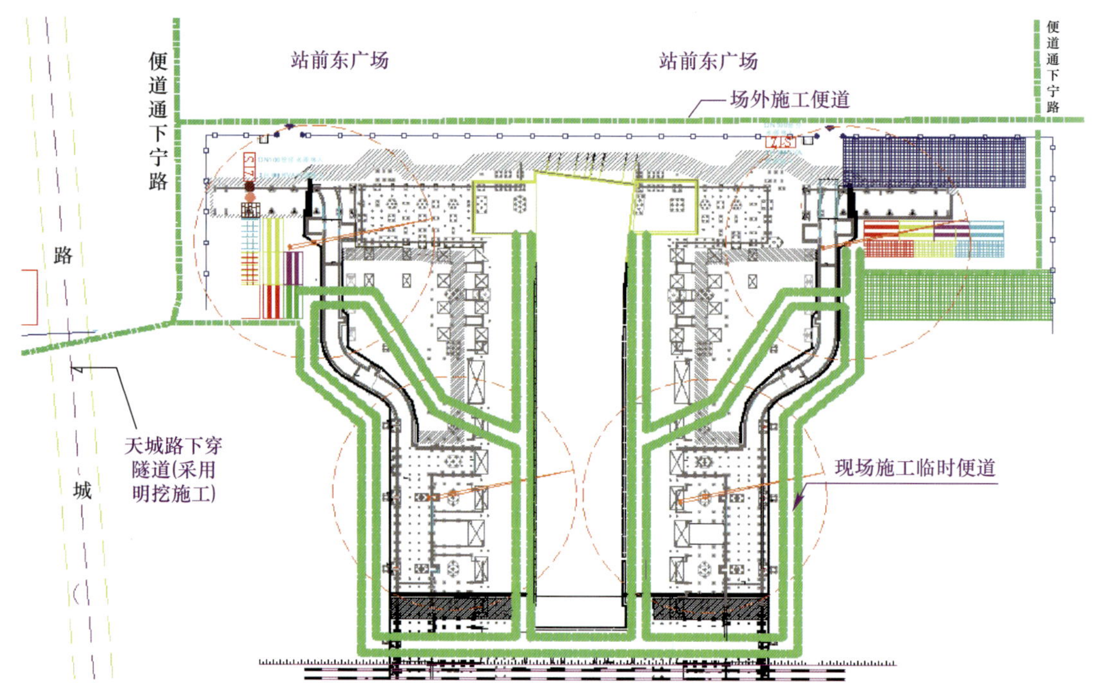

图 2-20　东端（K—U 轴）基础施工阶段物流通道布置示意图

1）第一阶段：进行站房外围总体工法桩支护施工，并同时施工地铁坑内具备作业面的 11、16 轴以外工程桩（图 2-21）。

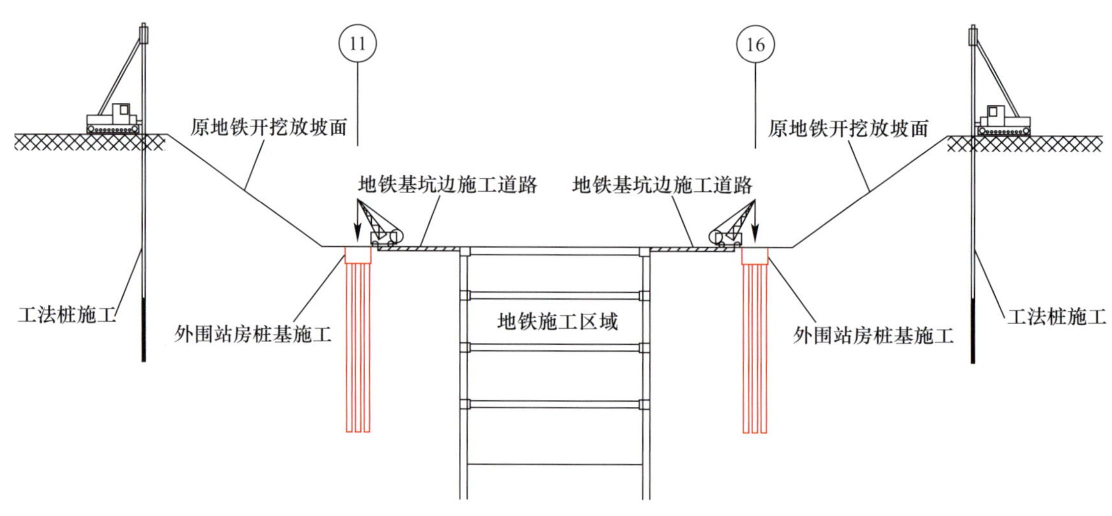

图 2-21　第一阶段施工剖面图

2）第二阶段：待工法桩施工养护完成后，进行站房大面积卸土施工，将基坑开挖至地铁地连墙顶，并进行地铁便道外桩基施工（图 2-22）。

3）第三阶段：待地铁外侧桩基完成后，进行后续结构施工，如出租车通道、站房地下室外墙等，并待地铁完成中板后进场施工地连墙两侧 12、15 轴桩基础（图 2-23）。

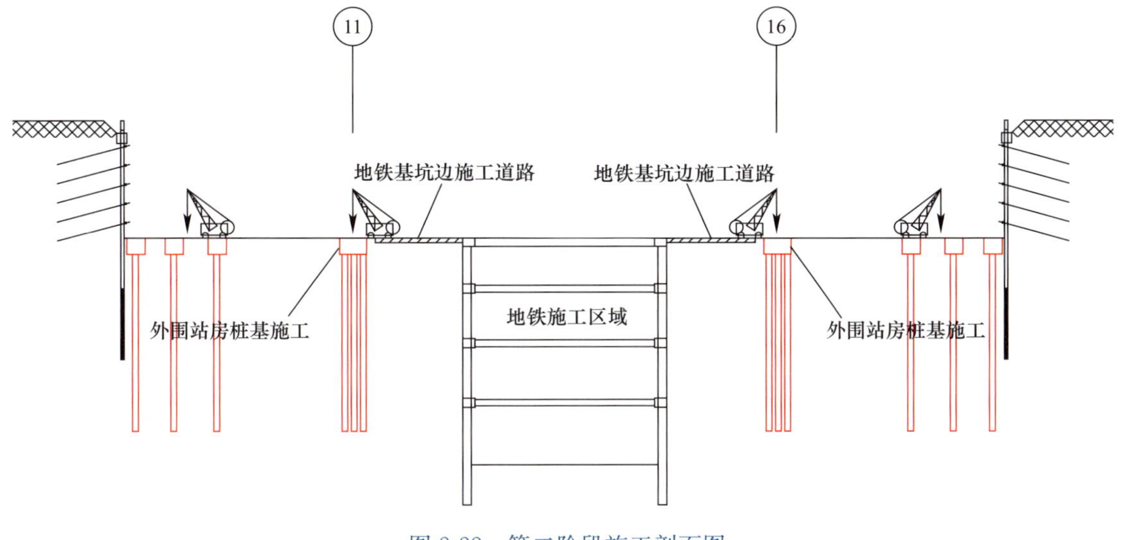

图 2-22　第二阶段施工剖面图

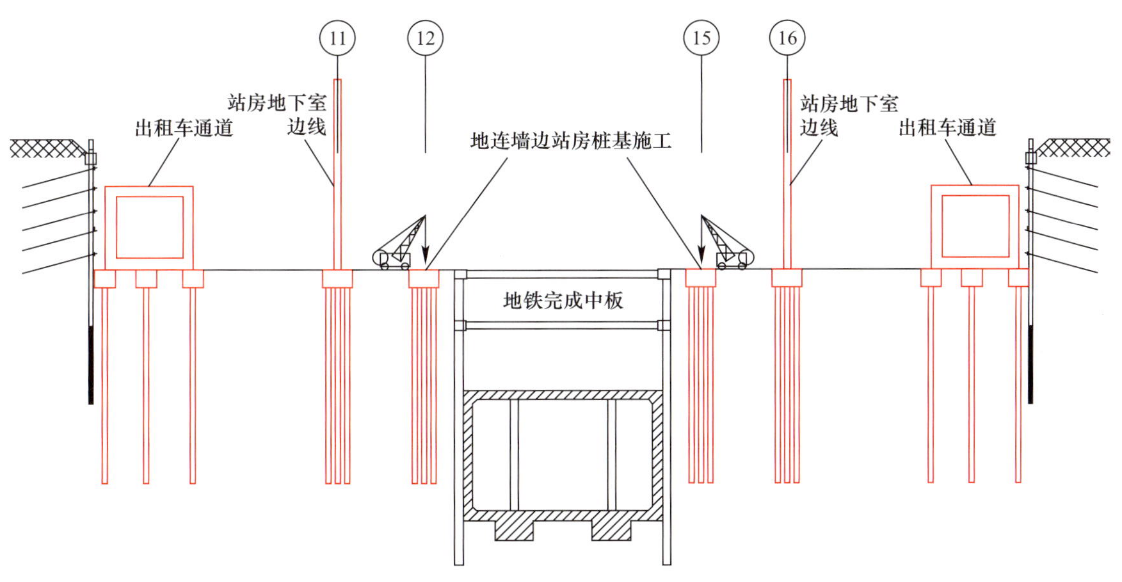

图 2-23　第三阶段施工剖面图

4）第四阶段：进行出租车通道与站房地下室之间的开挖面以下铁路路基加固，在地铁完成全部结构后，站房进行地下室结构全面施工（图 2-24）。

5）第五阶段：完成站房地下室结构，并按照铁路线路回填要求进行回填，配合施工附属自动扶梯和楼梯建筑，完成地下结构施工（图 2-25）。

6. 临近既有线基坑围护施工和试验

(1) 设计方案

本工程基坑临近既有铁路线，设计采用了 SMW 工法结合三道预应力锚索的复合支护形式，具体要求如下：

第一道预应力锚索长度为 19.5m，锚固段长 10.5m，自由段长 9.0m，成孔直径 150mm，杆芯材料采用 3ϕ11.1 钢绞线，锁定荷载为 70kN，标高为－4.850m。第二道预

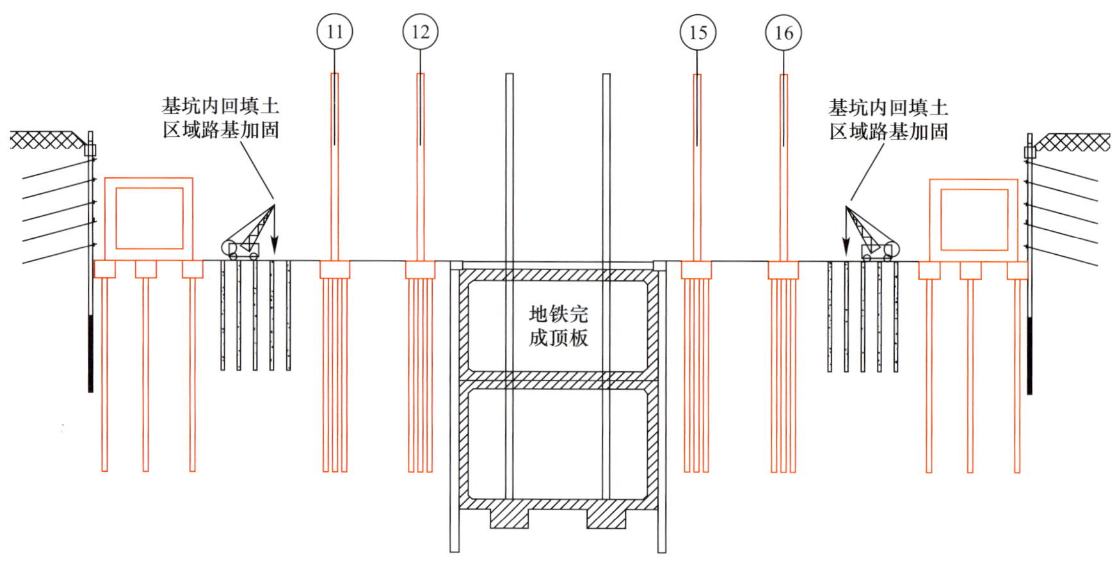

图 2-24　第四阶段施工剖面图

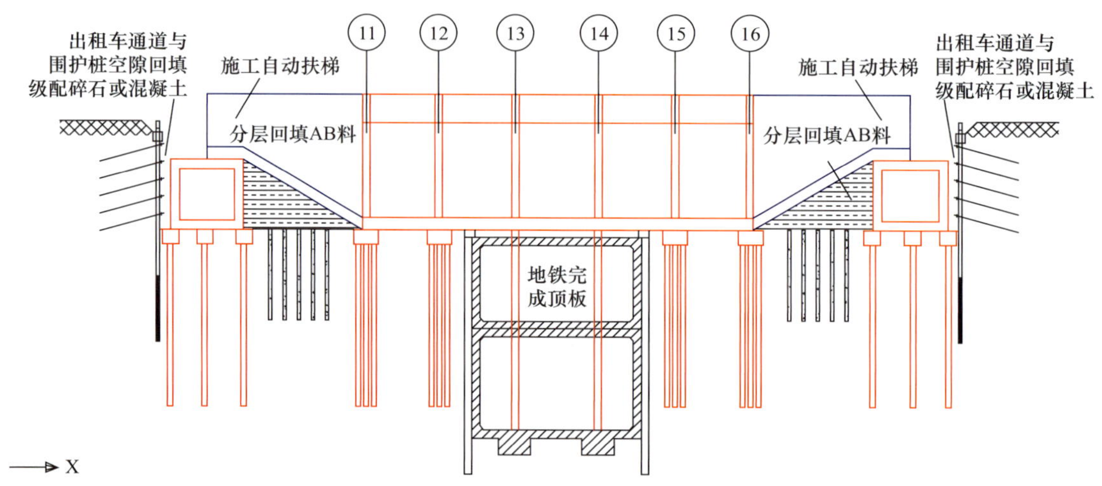

图 2-25　第五阶段施工剖面图

应力锚索采用拉力分散型锚索，锚固段长 10m，自由段长度分为 7.5m 和 17.5m 两种，成孔直径 150mm，杆芯材料采用 4ϕ15.2 的钢绞线，锁定荷载为 175kN，设置标高为－7.350m。第三道预应力锚索长度为 15.0m，锚固段长 9.0m，自由段长 6.0m，成孔直径 150mm，杆芯材料采用 3ϕ11.1 的钢绞线，设计锁定荷载为 70kN，设置标高为－9.850m。锚索水平夹角均采用 15°和 20°两种，沿水平向间隔 2400mm 间隔布置。如图 2-26 所示。

(2) 预应力锚索成孔

既有铁路线旁的预应力锚索施工需重点控制成孔质量和防止塌孔情况的发生。根据设计图，三道锚索端部距离铁路线中心水平距离分别为 9.2、1.6 和 11.3m，深度分别为 8.7、13.2 和 15.2m，直线距离分别为 12.5、12.9 和 17.1m，而列车运行将造成振动波传递，根据相关文献研究成果，位于地下 2m 深处振动加速度值为地表的 20%～50%；4m 深处为 10%～30%，据此推断，列车运行振动对成孔的影响应较小。

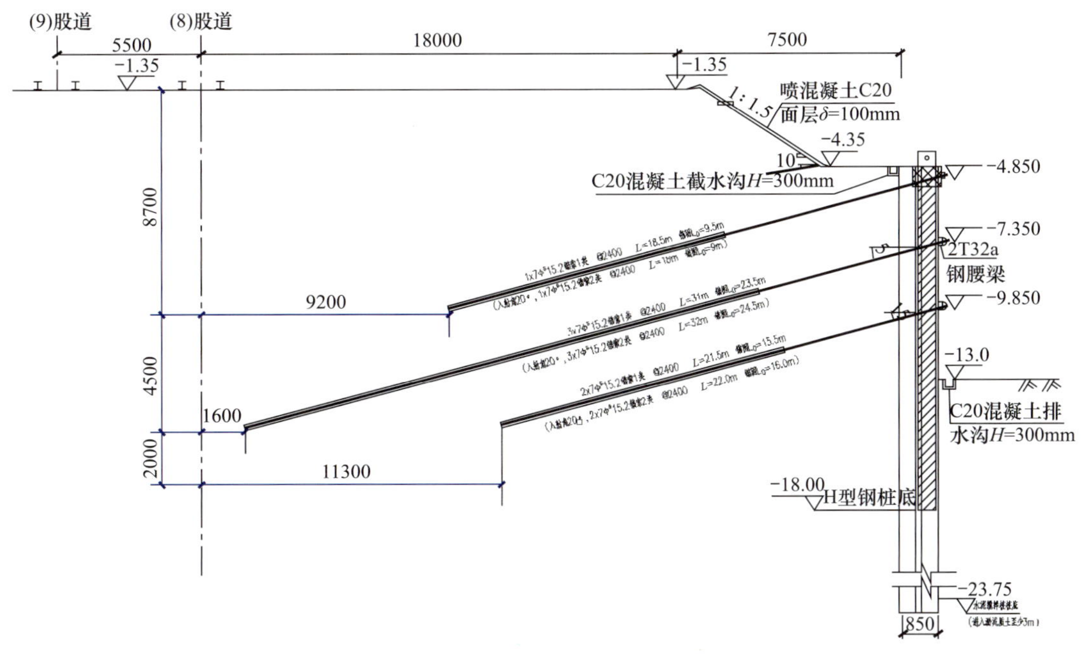

图 2-26　既有铁路线围护剖面图

预应力锚索在既有线西侧基坑支护中与工法桩共同形成复合围护体系：西侧开挖边界距离既有线中心约 26m，自然地坪相对标高约－1.350m（绝对标高 8.900，主要为原有站场自然地面高度较高，其余区域均为－4.750m），底板垫层设计标高－13.000m（绝对标高－2.750m），基坑深度约 11.65m。支护方式采用上部 3m 按 1∶1.5 放坡，挂网喷混，预留 3m 操作平台；下部实施三轴 ϕ850@600mm 水泥土搅拌桩，并间隔 1.2m 内插 HN750mm×300mm×13mm×24mm 型钢，在－4.85、－7.35、－9.85m 处分别放置三道预应力锚索，每排锚索与水平面夹角按 15°和 20°交错布置，且第二道锚索采用拉力分散型预应力锚索。桩顶采用 C30 钢筋混凝土压顶冠梁，第二、三道锚索处采用工字钢腰梁。

(3) 锚索施工工艺

1) 土层钻孔

采用湿作业法即压水钻进、全程套管跟进成孔工艺，钻出的土石用水冲刷出孔，具体工艺要领如下：

锚索施工紧接基坑土方开挖进行，基坑土方开挖采取分层开挖，当每层土方开挖至锚索孔位下 0.5m 左右高程时，平整开挖面后即移动钻机就位进行钻孔作业。

钻孔前，根据设计要求和土层条件，定出孔位，作出标记。

钻机就位后，应保持平稳，导杆或立轴与钻杆倾角一致，并在同一轴线上，严格按设计角度钻进，遇有个别工法桩高低参差不齐时，注意调整锚孔位置，防止相互交错。

为防止涌水涌砂现象，孔口采用止水装置。水压力控制在 0.15～0.30MPa，注水应保持连续；钻进速度以 300～400mm/min 为宜。

锚索钻孔直径 150mm，钻孔在水平方向误差不应大于 100mm，垂直方向不应大于 50mm，钻孔偏斜度不应大于 3%，孔深应超过设计深度 0.5～1.0m。

每次接钻杆时要上润滑油，先人工认扣，然后用机械上紧；不直接用机械认扣，以免将扣咬坏。

每节钻杆钻进后在进行接钻前，反复提插内钻杆，并用水冲洗，彻底清孔，至出水清澈后，接下一节钻杆。

在钻进过程中，合理掌握钻进参数，合理掌握钻进速度，防止埋钻、卡钻等各种孔内事故。一旦发生孔内事故，应争取一切时间尽快处理，并备齐必要的事故打捞工具。

钻至规定深度后，彻底清孔，用清水把孔底沉渣冲洗干净，直至孔口清水返出。

2）锚索制作与下放

第一、三道锚杆采用3根预应力钢绞线1×7－11.1－1860（《预应力混凝土用钢绞线》GB/T 5224—2014)，第二道锚索杆采用4根预应力钢绞线1×7－15.2－1860（《预应力混凝土用钢绞线》GB/T 5224—2014)。其中，第二道预应力锚索为拉力分散型锚索。

制作锚杆的钢绞线使用前，先进行拉伸破坏试验，检验是否满足设计强度要求。

钢绞线钢丝要求平直、顺直、出油除锈。插锚索前须对锚固段进行除脂处理，而自由段必须包裹塑料套管以与浆体隔离，达到“自由”的目的。

锚杆位置应按设计图纸准确定位，隔桩一锚，沿锚杆轴线方向每隔1.5m设置一个定位支架。每排锚杆倾角按15°和20°交错布置，同一竖向剖面的锚杆倾角一致。

锚索的制作应按设计尺寸下料，断好的钢绞线长度基本一致，每根钢绞线的下料长度误差不大于50mm。

按设计要求制作锚杆，钢绞线平直排列，为使锚杆处于钻孔中心，钢绞线沿杆体轴线方向每隔1.5m设置一个隔离架（定位器），注浆管和排气管与杆体绑扎牢固。

第二道锚索为拉力分散型锚索，故锚索体应先制成单元锚索，由2根锚索组成。每道锚索由2个单元锚索组成复合型锚索。绑好的钢绞线束端部用粗钢丝绑牢，避免参差不齐或散架。

杆体自用段套装塑料管，拉力分散型锚索自由段长度不同，施工中要区分开，各单元锚索的外漏端用不同颜色的油漆做好标记，在锚索张拉前标记不得损坏，以免弄混；锚索自由端套管注意加以保护，破损后水泥浆将进入套管，影响自由段长度从而影响拉力分配，与锚固段连接处用钢丝绑扎，避免自由段管内进浆。

安放锚杆杆体时，防止杆体扭曲、压弯，注浆管随锚索一同放入钻孔。杆体放入角度与钻孔倾斜角保持一致，安好后使杆体始终处于钻孔中心。

锚杆插入孔内的深度不应小于锚索长度的98%，钢绞线的外留量视使用的千斤顶而定，建议工法桩表面算起的外留量1.0m左右。

若发现孔壁坍塌，应重新透孔、清孔，直至能顺利送入锚杆为止。

3）注浆与拔管

注浆采用二次灌浆技术，一次注浆采用常压注浆工艺，二次注浆采用高压劈裂注浆工艺，一次注浆的同时拔出钻机管套。为提高锚索受力，一次注浆与二次注浆都使用纯水泥浆，水泥注浆体宜选用水灰比为0.5的M30水泥浆，水泥为P.O42.5普通硅酸盐水泥，注浆压力控制在2.5～5.0MPa之间，且应在一次注浆浆体强度达到5.0MPa后进行。

4）张拉与锁定

锚固强度大于15MPa且达到设计强度的70%后方可进行张拉，张拉前应对张拉设备进行标定。锚固体强度应根据现场取样标准养护的试块试压确定。

锚索张拉应间隔进行，考虑对相邻锚索的相互影响。锚杆宜张拉至设计荷载的 0.9～1 倍后，再按设计要求锁定；如锁定后发现有明显的预应力损失，应进行补偿张拉。

第二道拉力分散型锚索应先分次张拉各单元锚索，以消除在相同荷载作用下因自由段长度不等而引起的弹性伸长差。正式张拉前应取 0.1～0.2 倍拉力设计值 N_t 对锚索预张拉 1～2 次，使锚索完全平直，各部位接触紧密。张拉时分次张拉单元锚索，再同时张拉各单元锚索并锁定。

5）锚索基本试验及抗拔力验收试验

对锚索进行基本试验和抗拔力试验，以确定锚索的极限承载力，掌握锚索体在不同凝固期（3、7、14d）抵抗破坏的安全程度，锚索试验采用的地层条件、杆体材料和参数必须与工程锚索相同，且试验数量不应少于 3 根，锚索极限抗拉试验应采用分级循环加载。

6）锚杆的防腐

此处锚杆的防腐等级按二级考虑，锚头采用过渡管，锚具用钢罩保护或涂防腐油脂；自由段采用注入油脂的护套；锚固段已采用注浆保护。

7）锚索施工质量控制

质量控制依据：有关锚索施工的国家规范及行业标准；设计图纸、设计变更通知及有关设计技术要求。

质量控制要点：

钢绞线、张拉设备及锚具等均应有出厂合格证，钢绞线进场后应进行力学性能试验；

孔位、孔深、孔径和孔斜等均应符合设计及规范要求；

锚固段的固结灌浆应严格按《水工建筑物水泥灌浆施工技术规范》SL 62—2014 要求进行，灌后进行锚固段声波测试，平均波速不得小于 3000m/s；

剥除锚索内锚固段的塑料套管，钢绞线表面油脂应清洗洁净，彼此平行伸直、不扭曲；

锚孔注浆应从通至孔底的 PVC 注浆管开始，确保注浆密实，灌浆记录应准确、完整、清晰；

锚墩垫板孔道中心线应与锚孔轴线重合，锚墩钢筋混凝土施工应满足规范要求；

分级均匀施加张拉荷载，并控制加载速率，张拉设备必须配套标定并绘制相关曲线；

按锚索总数的 5%随机进行抽样验收试验，合格标准按应力控制为：实测值不大于设计值的 5%，或不小于设计值的 3%。

(4) 第一次锚索工艺试验

为检验施工工艺，以及施工过程对铁路线和站台等周边环境的影响，对预应力锚索按照现行《建筑基坑支护技术规程》JGJ 120—2012 进行锚索工艺试验，并为设计单位提供和验证相应设计参数。

1）试验方案

锚索试验场在原位施工，每种类型锚索施工 3 根，分别为 19.5m 的 3 根，27.5m 的 3 根（拉力分散型锚索），15m 的 3 根，共计 9 根。试验孔位较第一道锚索略深，较第二、三道锚索浅。成孔范围土质为粉砂土，由于前期地铁施工持续近一年的降水，既有铁路线下水位已经降至锚索施工作业面以下，地下水对锚索成孔基本无影响。

2）锚索工艺试验施工概况

锚索工艺试验选址于距离铁路线 20m 处开挖 15m×8m×5m 的土坑中进行，锚索钻孔口位于路基填料下的粉土层中。试验锚索位于同一高度上，水平间距 1.2m。

9 根锚索工艺试验历时三天，第一天完成 19.5、27.5m 两组 6 根锚索的造孔、下锚及第一次注浆，次日完成长度为 15m 的 3 根锚索的造孔、下锚及第一次注浆，并完成前一日 6 根锚索的第二次注浆施工。第三天对长度为 15m 的 3 根锚索进行了第二次注浆，至此锚索试验段施工完成。

成孔设备选用 XY-1 地质钻机，ϕ150 三翼钻头钻进至终孔，成孔和终孔直径均为 150mm。泥浆护壁钻进，膨润土现场配制泥浆。钻孔完成后立即安放锚索筋。试验锚索规格和构造按设计要求执行，锚索下端头用钢丝扎结，每间隔 2.0m 设置一个隔离支架。布置两根 ϕ20 注浆管，注浆管位于钢绞线中间，下管口距锚索端头 20cm，上管口与锚索端头同长；其中一根为二次注浆管，二次注浆管封闭下管口，自下管口 50cm 以上起，每隔 1m 开一个出浆口，共开 5 个出浆口，并用塑料胶带封闭。锚索自由段套上 ϕ16 塑料波纹管。主筋长度大于设计长度 1.5m。主筋置入孔内后，孔口外留钢绞线长度为 1.5m。

注浆材料为纯水泥浆，配合比为 1：0.55（重量比），在下锚完成后立即进行第一次注浆，至水泥浆溢出孔口结束，压力约 0.5MPa，第二次注浆隔日进行，在注入约 100kg 水泥后终止，最大压力约 1.0MPa。9 根锚杆总计注入水泥 4.25t，平均水泥用量为 22.8kg/m，水泥注入量较理论值大 5%。

3）锚索的抗拔试验

试验锚索等强 14d 后，对 9 根锚索进行了抗拔试验。加荷分级及位移测读时间如表 2-1 所示。

加荷分级及位移测读时间表　　表 2-1

加荷等级	0.1N_u	0.3N_u	0.5N_u	0.7N_u	0.8N_u	0.9N_u	1.0N_u
观测时间（min）	5	5	5	10	10	10	15

在每级加荷等级观测时间内，测量锚头位移量 3 次，加载至最大试验荷载后继续观测 15min，然后卸荷至最大试验荷载的 0.1 倍并测量锚头位移。

终止加载条件：锚头位移不稳定；锚索拉断；后一级荷载产生的锚头位移增量达到或超过上一级荷载位移增量的 2 倍。

极限承载力取值：取破坏荷载前一级的荷载值，在最大试验荷载作用下未达到破坏标准时，取最大荷载值为极限承载力。

4）抗拔试验结果

在长度为 15m 的预应力锚索中，1～3 号锚索极限抗拔力分别为 144、176、48kN。

在长度为 27.5m 的锚索中，试验结果如表 2-2 及图 2-27、图 2-28 所示。

抗拔试验结果　　表 2-2

编号	第一锚固单元抗拔力	第二锚固单元抗拔力	整体极限抗拔力
4 号锚索	80kN	160kN	160kN
5 号锚索	144kN	192kN	288kN
6 号锚索	80kN	80kN	160kN

在长度为 19.5m 的锚索中，7～9 号锚索的极限抗拔力分别为 144、160、192kN。

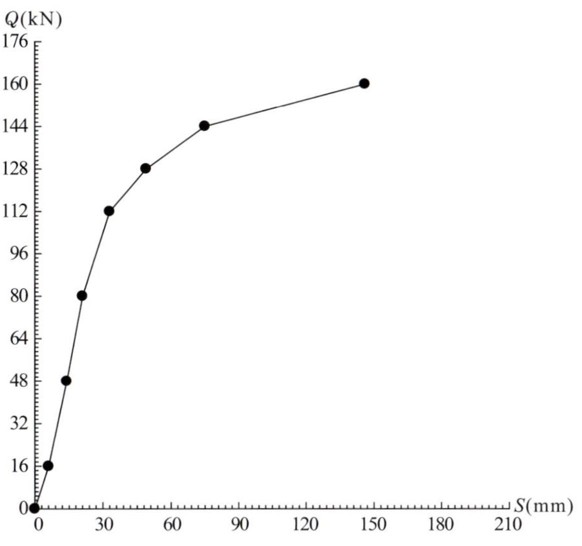

图 2-27　1 号锚索荷载与位移 $Q \sim S$ 曲线图

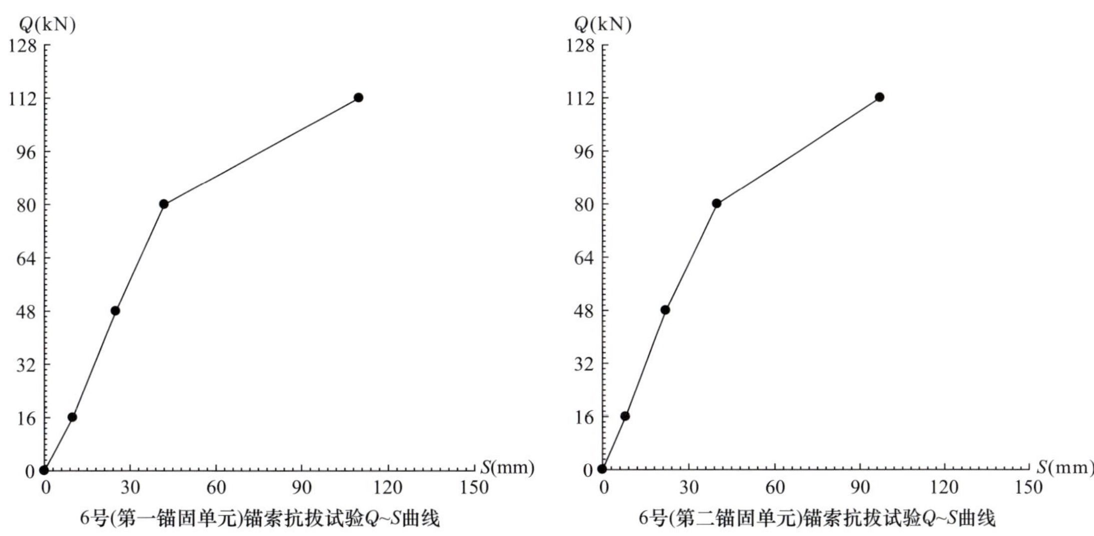

图 2-28　6 号锚索荷载与位移 $Q \sim S$ 曲线图

5）试验结论及分析

本次工艺试验选择的成孔方式、机械设备均可靠、高效，施工过程也未发现塌孔现象，施工前后坡顶铁路线区域沉降没有明显变化，差异沉降几乎忽略不计，成孔施工方案适合本工程地质条件。

抗拔试验结果表明，锚索间的抗拔力有较大差异，个别锚索抗拔力明显偏小，而锚头位移普遍偏大。对比抗拔力与锚索长度，发现彼此基本无关。由于试验锚杆施工条件完全相同，因此与地质条件、养护时间、工艺等也基本无关。所有钻孔施工过程均较为正常，注浆量和压力控制未发现明显偏差。

排除以上施工因素后分析认为，钢绞线置入钻孔内后，受重力作用，容易挂下后沉在孔壁下侧，造成钢绞线与水泥浆不能有效握裹，导致抗拔力出现较大差异。据此，将支架间距由原设计的 2.0m 加密至 1.0m，并加大支架直径，使主筋钢绞线抬高，增大钢绞线与孔壁下侧的距离，以保证水泥浆与钢绞线有效地握裹，保证锚索的抗拔力。

(5) 第二次锚索工艺试验

1）试验方案

根据第一次预应力锚索试验情况，在调整了部分做法和工艺后，对预应力锚索进行第二次试验，本次试验针对第一排及第二排锚索，试验锚索参数与第一次相同。

2）第二次锚索工艺试验施工概况

第二次锚索工艺试验施工时间为 2d，共计完成试验锚索 6 根，长度为 19.5m 的 3 根，27.5m 的 3 根。本次试验上进行了两个方面改进：一是隔离支架加密至 1m 间距，锚索下端头用钢丝扎结，确保钢绞线在注浆后有效握裹于注浆体中。二是注浆量适当提高，第二次注浆在第一次注浆完成 24h 后进行，在浆液溢出孔口或注入 150kg 水泥后终止，若在 2MPa 稳定压力下注入 2min 仍不能满足上述两个条件，也可终止注浆。

3）第二次锚索试验成果及结论

第二次锚索试验采用了循环加载进行检测。试验结果表明，在改进施工工艺和修改设计参数后，锚索抗拔承载力有显著提高，1～3 号锚索极限抗拔力均大于 160kN；4～6 号锚索极限抗拔力均大于 350kN。试验成果详见表 2-3、表 2-4 及图 2-29。

1 号和 6 号锚索各级荷载作用下的锚头位移量表 **表 2-3**

1 号锚索　　锚索长：19.5m　　测试日期：2010-09-24

16	0	1.00	3.73	6.61	10.97	15.90	22.44	30.39
48	2.60	4.08	5.77	9.00	12.87	18.15	24.41	31.58
64		7.39	8.51	10.83	14.21	19.34	25.53	32.36
80			11.89	13.93	16.46	20.82	27.01	33.76
96				18.29	19.84	23.70	29.47	35.45
112					25.25	27.64	32.43	37.91
128						34.04	36.37	41.15
144							42.91	45.58
160								54.00
144								53.60
128							42.42	52.61
112						33.91	41.96	51.35
96					25.19	33.27	40.94	50.00
80				18.22	24.27	31.58	39.11	48.53
64			11.82	17.30	22.65	29.47	37.21	46.71
48		6.75	10.62	15.55	20.61	27.43	34.89	44.74
16	1.00	3.73	6.61	10.97	15.90	22.44	30.39	39.88

6 号锚索各级荷载作用下的锚头位移量表 **表 2-4**

6 号锚索　　锚索长：27.5m　　测试日期：2010-09-24

35	0	1.61	3.34	6.57	11.72	15.85	22.42	30.2
105	2.35	4.00	5.63	9.00	13.13	18.38	24.67	32.83
140		6.37	8.35	10.83	14.16	19.88	26.17	34.23

续表

175			10.97	13.69	16.23	21.57	27.67	35.73
210				17.54	19.84	23.7	29.54	37.33
245					24.76	27.64	32.17	39.02
280						33.01	36.00	41.64
315							42.95	46.42
350								55.00
315								54.58
280							42.61	53.36
245						32.95	42.07	52.15
210					25.13	32.29	41.27	50.83
175				17.29	23.92	31.14	39.86	49.61
140			10.89	16.79	22.51	29.54	38.17	48.21
105		6.08	10.34	15.38	20.63	27.76	35.92	46.33
35	1.61	3.34	6.57	11.72	15.85	22.42	30.20	41.83

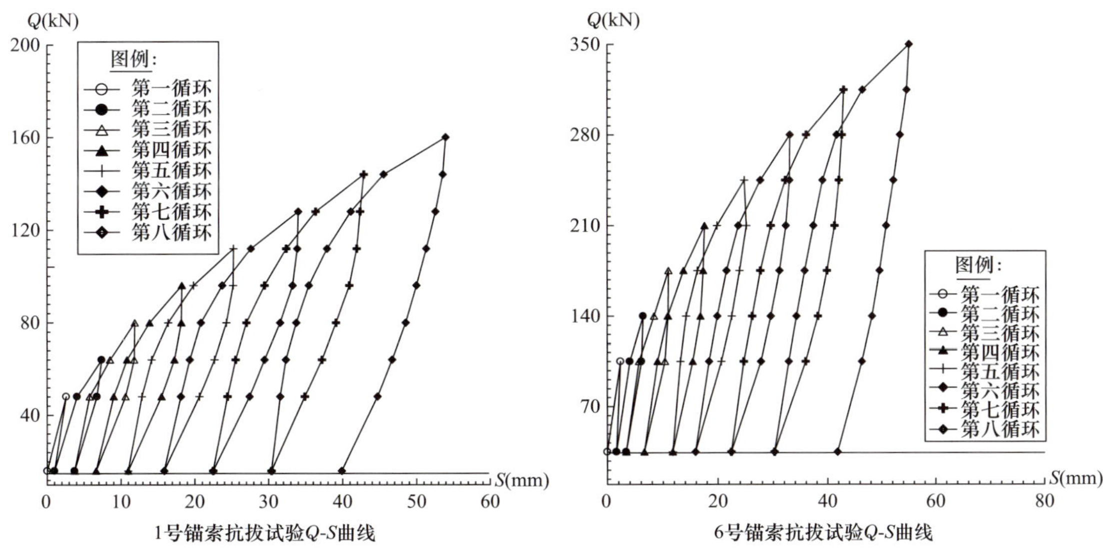

图 2-29　荷载与位移 Q-S 曲线图

(6) 第三次锚索工艺试验

1) 试验方案

根据前两次锚索试验情况及设计单位意见，为更好地验证工艺改进效果，本工程进行了第三次锚索工艺现场试验，试验锚索和各项参数同第二次锚索试验。

2) 第三次锚索试验成果及结论

第三次锚索试验结果表明，改进工艺后的锚索抗拔力性能稳定，检测数据高于第二次锚索试验，最终极限承载力试验结果如下：1、3 号锚索为 330kN；2 号锚索为 300kN；4 号锚索为 520kN；5 号锚索为 480kN；6 号锚索为 400kN。

(7) 试验结论

本工程的既有铁路线旁预应力锚索工艺试验一方面验证了设计效果，另一方面可以指导后续施工，工艺试验出现的问题也可在实际施工中予以改进，避免大面积施工后因工艺问题而出现无法挽回的质量安全问题。通过本次工艺试验和施工方法的改进，预应力锚索张拉力大大增强，完全满足设计要求。

7. 实施效果

铁路杭州东站基坑施工于2010年2月20日逐步开挖，2011年3月10日基坑开挖基本完成。本工程基坑施工过程中对周边土体、周边地下水以及临近既有线基坑支护应力变化等进行施工全过程跟踪监测。监测数据反映，基坑施工过程中，支护体系安全稳定，为施工提供了安全保证（图2-30）。

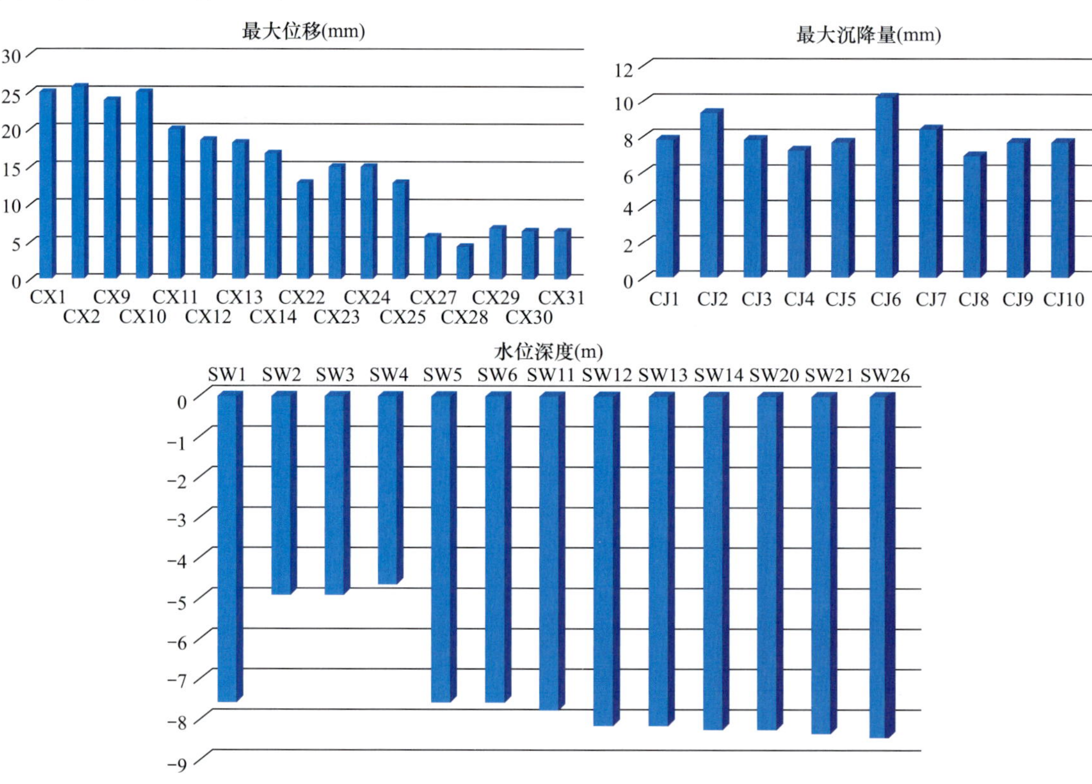

图2-30 主要围护监测数据

站房基坑围护体系的合理选择，解决了与地铁、广场穿插平行施工的难题，保证了既有铁路线的运营安全的同时，降低了其对施工的干扰程度。总体而言，杭州东站及附属工程的基坑围护设计通过综合策划比选，协调了各建设方的各自利益诉求，为最终实现站房、广场和地铁同步投产打下了坚实的基础。

2.4 大型跨线站房高铁路基过渡段泡沫轻质土填筑施工技术研究

1. 工程概况

杭州东站站房共计30股道，分为普速场和高速场，站房和站场结合部因存在出租车通道和出站的自动扶梯结构，结构形式复杂，标高变化多样，存在软（站场路基）→硬（出租车通道结构）→软（回填路基）→硬（站房结构）的多次过渡，该类情况的过渡段共涉及 26 条轨道，设计创新性地首次在高铁路基上采用了泡沫轻质土回填的方式来解决过渡段沉降不均匀的问题，共用泡沫轻质土回填约 2 万 m^3。如图 2-31 所示。

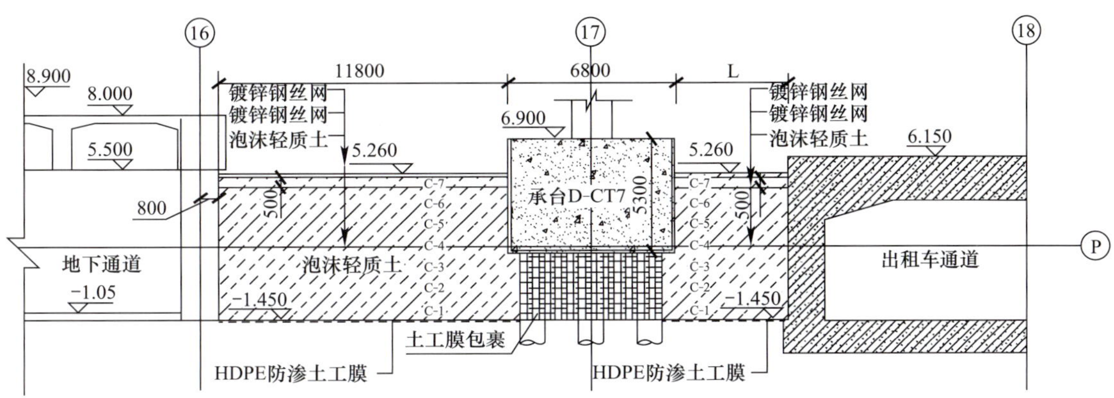

图 2-31　路基回填泡沫轻质土区典型断面设计图

2. 泡沫轻质土技术特点

1）集成式泡沫轻质土制备，采用全自动化泡沫轻质土设备：行星式搅拌站制浆＋发泡混合输送站成套设备，实现了发泡技术和混合技术的多步骤、联动式自动化控制，实现了泡沫密度和流量、轻质土密度和流量的实时自动化控制，并同步实现了高产能化，单套设备产能高达 $90m^3/h$ 以上，避免了传统设备的缺陷，大大提高了泡沫轻质土填筑工程的施工进度与工程质量。

2）泡沫轻质土拌制方便，且采用联动式自动化控制技术，保证了泡沫轻质土的发泡技术与混合技术，提高了泡沫轻质土密度的稳定性和均匀性。

3）采用泵送浇筑泡沫轻质土，填筑快捷、方便。

4）泡沫轻质土具有轻质性、密度和强度可调节性、高流动性、直立性等特点。

3. 施工工艺流程及操作要点

（1）施工工艺流程（图 2-32）

（2）泡沫轻质土搅拌站布置

行星式搅拌站（图 2-33）是在现场搭设的，在现场较空旷位置搭设上述行星式搅拌机组、制作蓄水池、配电房、材料堆场等，搅拌站占地面积不小于 $300m^2$。施工时，保持搅拌站不动，输送站随浇筑工区的变化而移动。为保证泡沫轻质土施工连续性，应尽量少对管路进行搬运，并避免现场大型机械对管路的碾压破坏等，应合理地布置管路。为确保水泥浆的质量，考虑材料分离、泵管压力等损耗的最大距离为管道输送 600m。因此，为保证水泥浆质量的正常输送，施工场所的距离设在 600m 以内。如果输送距离超过标准，必须采用中转站。因设备产能较大，泵送高差宜在 30m 以内，超过此高度采用中转站。

（3）基槽施工与验收

1）基槽开挖施工

基槽采用机械结合人工的方式开挖，根据填筑基槽的典型剖面，首先应快速开挖至垫层底以上 0.3m 的位置，然后采用人工配合机械后退式开挖、修土和运土的方式挖至垫层底标高，尽量避免机械在基槽底标高面上行走。

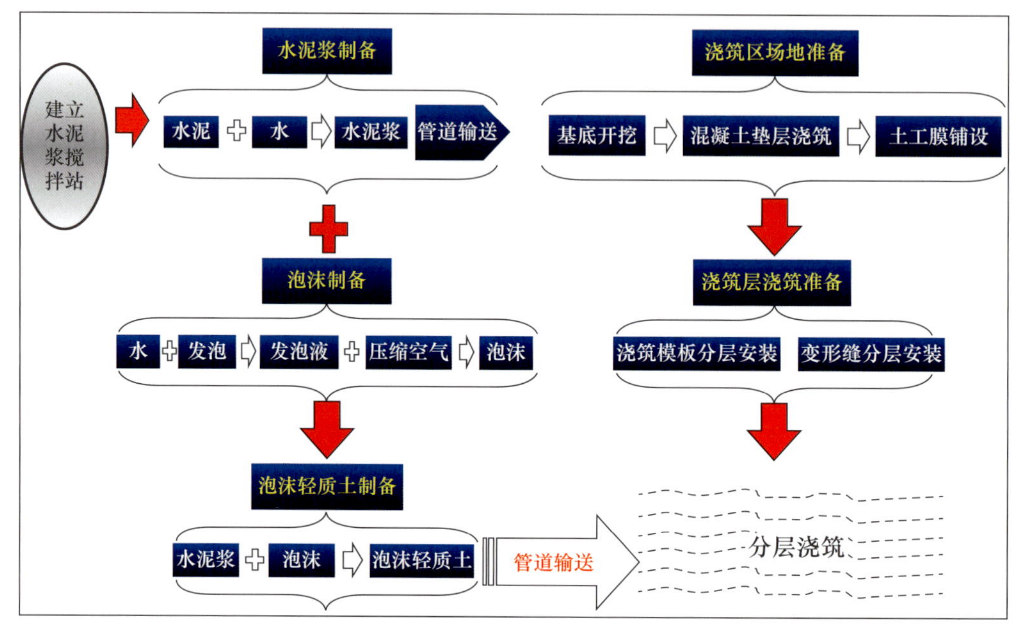

图 2-32　施工工艺流程

图 2-33　行星式搅拌站

2）基槽验收

基槽垫层施工前，基底不应有明显积水和杂物。浇筑区平面尺寸应不小于设计，基底高程与设计值的偏差不应超过±0.1m。浇筑施工前，应以浇筑区为单位，进行浇筑场地验收。

设计单位对基槽底承载力有明确要求的，垫层浇捣前还应对地基土进行静力触探试验（图 2-34）。（静力触探是指利用压力装置将有触探头的触探杆压入试验土层，通过量测系统测土的贯入阻力，可确定土的某些基本物理力学特性；静力触探试验适用于软土、一般黏性土、粉土、砂土和含少量碎石的土。静力触探可根据工程需要采测定比贯入阻力（p_s）、锥尖阻力（q_c）、侧壁摩阻力（f_s）和贯入时的孔隙水压力（u）。）

3）垫层浇捣与复合土工膜铺设

垫层施工前，应确保基槽无积水。注意垫层纵向施工应至泡沫轻质土浇筑分区边界外不下于 0.5m。为便于模板支撑，可在泡沫轻质土纵向浇筑边界位置预留 3cm 宽、5cm 深的沟槽。垫层采用商品混凝土泵送的方式进行浇捣，类同普通结构混凝土施工方案。为不破坏轻质土底部的复合土工膜，垫层顶部宜进行刮平处理，以不留突起骨料为准。垫层顶部土工膜铺设时，应注意预留不同浇筑区间的搭接宽度（图 2-35）。

图 2-34　现场静力触探试验照片

图 2-35　复合土工膜铺设照片

(4) 泡沫轻质土制备

首先将发泡液倒入输送泵内，与压缩空气混合，压缩空气和发泡液在发泡装置中混合，并以发泡液和压缩空气的输送动力为动力，形成一定的泡沫流。再将水泥浆通过输送管送至泵内混合搅拌充分，形成泡沫轻质土通过 4 寸输送管输送至填筑现场。

(5) 泡沫轻质土浇捣

施工前应结合设备生产能力、工期要求等对设计的浇筑体进行区块与层的划分，为浇捣施工做好规划，一般采用由内向外分块，由下向上分层。施工前应清除浇筑区内杂物，尤其应排清基地的积水，当在地下水位以下浇筑时，应有降水措施，严禁在基底有水的状态下浇筑施工。

1）填筑分区及沉降缝的设置

轻质土浇筑前，根据工点工程地质条件及边界条件，先进行浇筑分区。浇筑区的划分应符合以下要求：

① 单个浇筑区顶面面积最大不应超过 $400m^2$。

② 单个浇筑区长轴方向长度不宜超过 50m。

③ 相邻浇筑区用 2cm 厚的沥青木板支挡间隔分缝，沥青木板为临时支挡模板并兼作沉降缝（图 2-36）。

图 2-36　分区、分层浇捣示意

2）保护壁施工处理

填筑泡沫轻质土路基应设置保护壁，保护壁的选择应满足耐久性、强度和外观质量要求，宜选择混凝土类、石材类砌体或直接采用薄壁式混凝土挡墙。建筑结构边墙处理：常在轻质土与已建建筑结构边墙接触部位分别设一条宽 2cm 的通长沉降缝，内设沥青木板。

3）轻质土浇筑施工要点

本工法泡沫轻质土采用泵送的方式浇筑，浇筑时出料口宜埋在轻质土内，当无法满足要求时出料口离浇筑点的高差宜控制在 1m 以内。

① 泡沫轻质土浇筑施工前，应确保混凝土垫层已经终凝。

② 泡沫轻质土单层浇筑厚度按 0.3～1.0m 控制；同一区段上下相邻浇筑层，当施工期气温不低于 15℃时，最短浇筑间隔时间可按 8h 控制；否则，浇筑间隔时间应不低于 12h。

③ 泡沫轻质土单个浇筑区浇筑层的浇筑施工时间应控制在 2h 内。

④ 应沿浇筑区长轴方向自一端向另一端浇筑；如采用一条以上浇筑管浇筑时，则可并排地从一端开始浇筑，或采用对角的浇筑方式。

⑤ 浇筑过程中，当需要移动浇筑管时，应沿浇筑管放置的方向前后移动，而不宜左右移动浇筑管；如确实需要左右移动浇筑管，则应将浇筑管尽可能提出当前已浇筑轻质土表面后再移动。

⑥ 扫平表面时，应尽量使浇筑口保持水平，并使浇筑口离当前浇筑轻质土表面尽可能低。

⑦ 尽量减少在已浇完尚未固化的轻质土里来回走动（图 2-37、图 2-38）。

图 2-37 泡沫轻质土浇捣示意

图 2-38 浇捣完成泡沫轻质土示意

图 2-39 泡沫轻质土养护示意

⑧ 泡沫轻质土浇捣至设计标高后，宜在表面覆盖塑料薄膜进行保湿养护（图 2-39）。

(6) 轻质土顶部处理施工

路基回填泡沫轻质土完成后，顶部常需铺设改良土与道砟等材料。以新建杭州东站站房工程轨道路基轻质土顶面处理示意，如图 2-40 所示。

1）金属网铺设与复合土工膜

① 当轻质土填至标高 5.000m 时（轻质土顶部设计标高 5.500m），铺设一层镀锌钢丝网，镀锌钢丝网采用 ϕ1～2mm@5cm×5cm 规格。

② 金属网铺设时，应采用 U 形钉进行锚固，纵向锚固间距 2m、横向锚固间距 1.0m。金属网平面位置应重叠搭接，搭接宽度不低于 5cm，搭接处用钢丝绑扎并用 U 形钉锚固。

③ 在沉降缝位置，金属网应断开铺设。

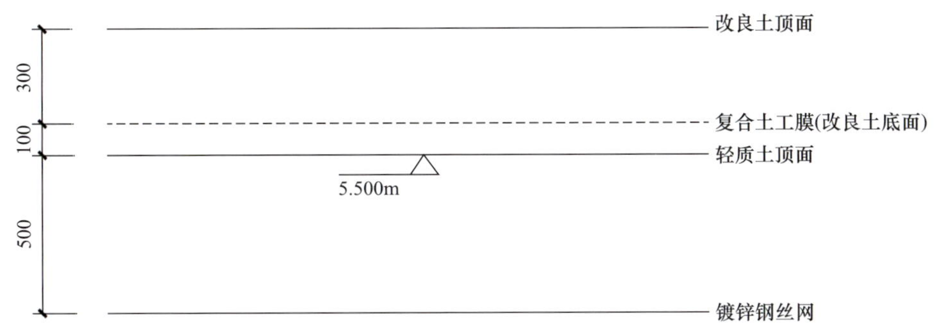

图 2-40 轻质土顶部处理示意图

④ 顶部改良土底部土工膜铺设时，应注意尽量贴紧下承层，且应采用 U 形钉进行锚固，纵向锚固间距 5m，横向锚固间距 2m（图 2-41）。

2）轻质土上部结构层施工

改良土施工前，应确保泡沫轻质土顶部同条件养护强度不低于 0.5MPa 时方能展开；且在改良土施工前，应采用塑料薄膜对泡沫轻质土顶部进行保湿养护，直至改良土开始施工（图 2-42）。

图 2-41 轻质土顶部钢丝网铺设示意图

图 2-42 轻质土顶部改良土与道砟填筑示意图

轻质土回填至原地面后，在轻质土顶层铺设一层 30cm 厚 5%水泥改良土，并在其间夹铺一层复合土工膜。

4. 实施效果

通过检测，完成后路基的动态变形模量 E_{vd} 达到 160MPa 以上，地基系数 K30 达到 216MPa/h 以上，满足了高铁路基性能要求。且在 2013 年 7 月 1 日站房正式通车后，对路基工后沉降进行了持续观测，观测沉降稳定，最大沉降约 8mm，远小于《铁路路基设计规范》TB 10001—2016 规定不超过 2cm 的要求，很好地保证了线路的顺平，并取得了良好的质量、安全、经济效益。目前，泡沫轻质土在铁路路基回填、软基桥台背填筑、公路路基填筑等工程，特别是地下大跨度结构覆土减荷、空洞及狭小空间充填工程中，应用较广。对泡沫轻质土回填施工工艺、质量控制等方面也在逐渐完善。

2.5 临近铁路既有线的大直径深嵌岩钻孔灌注桩施工技术

1. 工程概况

杭州东站站房为桥建合一的结构形式，其中铁路正线桥和到发线轨道梁与上部主体站房结构共用承台和桩基，该类桩设计称为国铁桩，直径 1.5m，采用嵌岩端承桩，设计要求双控，有限桩长不小于 55m，以中风化安山玢岩作为持力层，入岩深度 3m 以上。桩数总计为 895 根，为站房直径最大，入岩最深，施工难度最大的工程桩。

东站站房地质条件较差，地面下 0～15m 左右为一套钱塘江晚期沉积的粉土、粉砂层；15～42m 左右为一套海进时期沉积的饱和软土层；42～51m 左右为一套河流相沉积的粗颗粒圆砾层，其中圆砾层顶部有厚约 1.5m 细砂（局部分布），其下为一套中生界侏罗系凝灰岩。

该地区临近周边城市河道，上部粉砂土透水性好，地下水位高，多年最高地下水位埋深 0.5～1.0m，对桩基成孔不利。

2. 工程难点

杭州东站站房为高铁站房，又为既有火车站改造工程，原址是老杭州东站，施工前需拆除既有车站，并且由于地铁线路横穿整个站房，因此桩基施工面临以下几个难点问题。

(1) 大直径深嵌岩的桩基施工工艺选择

高铁站房地基基础设计标准高，沉降控制严格，而 1.5m 直径的国铁桩，是桥建合一的站房结构主要桩基受力构件，既承担上部主体结构荷载，还需承担列车运行荷载，对成桩工艺控制和质量要求严格。

(2) 地下障碍物影响桩基正常实施

既有车站拆除后，原铁路路基的松散堆叠块石路基填料（A 料）厚度达到 3m，并且老站房下部存在较多障碍物，如预制方桩、条形基础、地道等地下构筑物。

(3) 桩基成孔过程可能影响既有铁路线安全

既有车站拆除后，仍需保留 2 条原车场范围的既有铁路线，该线路为沪昆正线，24h 不间断运营，站房施工组织始终需伴随该线路的转线和转场，并防护线路的安全。国铁桩施工临近既有铁路线最小距离为 11.5m（图 2-43）。

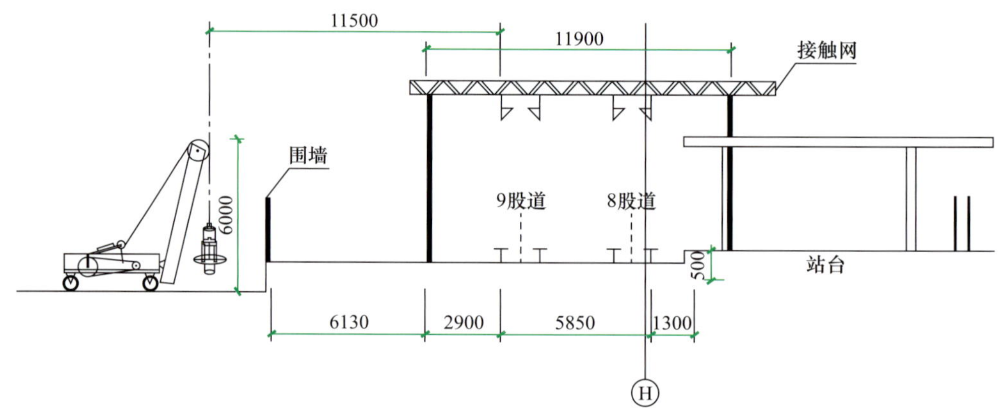

图 2-43 既有线东侧国铁桩基施工剖面示意图

(4) 站房国铁承台紧邻地铁结构

站房结构底板下的地铁结构横穿站房，与站房结构发生关系的区域长度为 480m，沿线站房基础承台均紧邻地铁结构。其中，站房东侧底板下有地铁东站站厅，长度为 240m，约占站房总长一半，开挖深度 27m，采用地连墙结合混凝土内支撑支护体系，站房桩基进场前，已进行开挖施工，站房国铁桩中心距离地连墙只有 2.7m 和 5m。

站房西侧底板下有地铁 4 号线区间段和 1 号线盾构线路，其中 4 号线区间段为箱涵结构，采用地连墙支护，盖挖逆作法施工。站房国铁桩中心距离地连墙只有 1m 和 1.5m（图 2-44）。

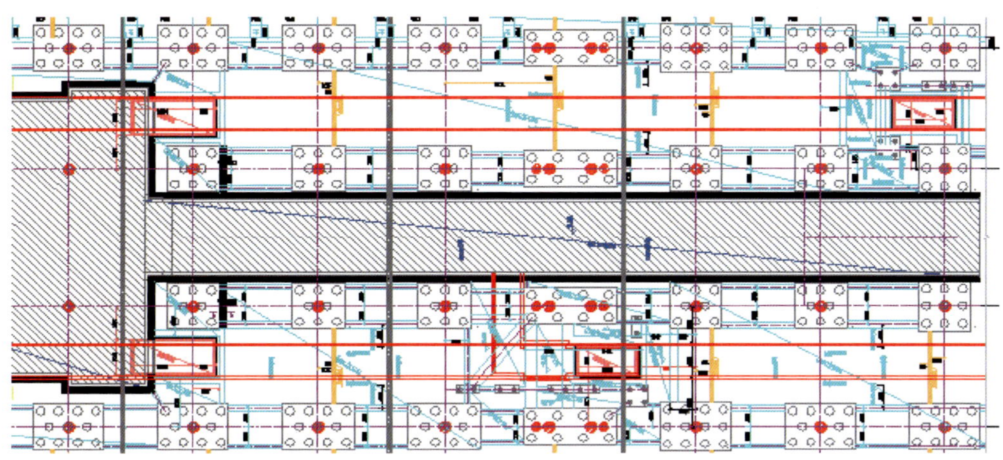

图 2-44　站房与地铁结构关系（局部）

3. 桩基设备和工艺选择

本工程桩基施工工艺选择和设备选型主要考虑三个方面因素，首先是地质条件，桩基成孔主要面对三种类型土，首先是 40m 左右的软土层，之下是 10m 左右的圆砾层，最后是桩基以中风化安山玢岩作为持力层，基岩强度约为 28～116MPa；其次是桩基直径较大，国铁桩均为 1.5m 直径；最后是工期因素和场地因素。根据以上边界条件，对该类桩施工进行对比分析，如表 2-5 所示。

桩基施工工艺选择和设备选型比较　　表 2-5

桩机选型		回转钻机	旋挖钻机	冲击钻机
1.5m 直径桩施工能力		较差	可行	可行
施工场地和配合要求		较低	较高	普通
软土层	钻进工效	普通	较高	较差
	成孔质量	砂土层成孔容易塌孔	需单独配置泥浆，易塌孔	较优，但需控制冲程
卵石层	钻进工效	普通	较高	较差
	成孔质量	普通	较差	较优
基岩	钻进工效	较差	—	普通

根据以上对比可知，回转钻机对大直径嵌岩工程桩施工较为困难，特别是进入基岩以后，桩径过大，则进尺十分缓慢。因此，其较为适合 1.2m 以下直径的桩型，本工程其余

1.2m以下工程桩均采用了最为常见的回转钻机施工。旋挖钻机在软土层工效较高，卵石层钻进虽有一定难度，但仍可实施，但针对高强度基岩无能为力。冲击钻机虽然工效较低，但施工能力和质量控制较为优秀。

从工期角度考虑，为发挥各类钻机优势，工程曾采用旋挖钻机开挖软土层和卵石层，后采用冲击钻机进行基岩成孔的方法，但实际施工中发现，单桩施工周期未见缩短，主要由于受到场地限制，旋挖机、挖土机和运土车辆配合工效降低，一个承台无法布置两套以上设备同时施工。并且受到桩机移位、调整等影响，又造成工期延长。更换成孔方式后，上部软土和卵石未经长时间冲击压密，反而容易塌孔，因此最终仍采用冲击成孔的工艺，桩机为乌卡斯冲锤桩作业，锤头重量为6t。

常规墩台为8～10根桩，根据墩台尺寸和桩间距，配置2台桩机同时作业，考虑作业面限制，其中1号桩机负责6根桩施工，2号桩机负责4根桩施工。单桩成桩周期为6～7d，其中软土和圆砾成孔约需3d，基岩日进尺约1m，入岩至终孔需3～4d。

4. 既有车站障碍物清理

既有东站建造时属于临时建筑，并且年代久远，设计图纸已经无法找全，只有部分建筑有下部桩基和基础设计图纸，其余只能根据当年施工人员和维管人员口述了解结构形式。据此情况，清障处理分为两步实施，首先仔细研究已有图纸，对原结构工程桩采用全套管全回转拔桩工艺进行大面积清除。随后先进行土方大面积卸土开挖，开挖深度为直至清理完全部路基块石填料及露出所有已有构筑物基础为止，再根据已有地下构筑物与待建工程的关系进行必要的破除和清障工作，而桩基施工也全部由自然地面施工改为在基坑内进行作业。

5. 桩基施工与既有铁路线安全

临近既有铁路线施工是铁路工程施工的一个特点，特别是进行既有车站改造的项目，若既有铁路迁改困难，将使得后续施工存在很多临近既有铁路线的作业内容。杭州东站共有6个墩台、60根大直径国铁桩属于临近既有线作业，其中距离线路中心最小距离为11.5m。施工过程中需做好以下几点安全卡控措施。

(1) 机械设备安全

由于冲锤桩机较矮，因此桩基倾覆不影响到既有线行车安全。但进行钢筋笼吊运时需注意起重机站位，确保倾覆方向远离铁路线。钢筋笼吊运就位时必须设置与铁路线反向的缆风绳，避免钢筋笼倒伏入铁路线。

(2) 铁路路基安全

该场地下部有较厚的淤泥层和卵石层，其自身整体性较差，在冲孔施工的外力作用下，若泥浆质量不过关，会造成该部分土层的孔壁不稳定，易发生塌孔情况。列车通过的振动和多台冲锤桩同时施工的振动容易造成和加剧上部30m厚度的软土压缩变形和粉砂土的液化，并导致软土失去支撑而加速变形缩孔，甚至发生塌孔。而塌孔情况的发生容易造成路基沉降超标，影响线路安全。

针对临近既有铁路线的大直径桩基施工，本工程选用了适当加大钻头直径（一般加大3～5cm），保持孔内水压，使用4m深护筒，配置优质泥浆等措施，采用冲击正循环施工，小冲程开孔、重锤低放等工艺来保证成孔质量，同时加快清孔后的下放钢筋笼和灌混凝土速度，避免桩孔长时间暴露。

6. 地铁结构旁的国铁桩施工

地铁东侧站厅结构宽度为 50m，共有 2 层，基坑面即为站房底板底，向下挖深 17m，并采用地连墙内支撑支护，第一、二道为混凝土支撑，剩下三道为钢支撑。

站房大直径冲孔灌注桩施工过程对土体有较大的挤压力，并且大量冲锤桩同时作业造成的振动感十分强烈，若在地铁开挖过程中进行地连墙外的国铁桩冲击成孔施工，对地铁基坑围护体系必然存在一定的影响，而这种影响将随着地铁的挖深而加大，乃至导致其钢支撑体系失稳。

为保证地铁施工过程的安全，经多次研究论证，确定站房冲击成孔的大直径国铁桩让位于地铁施工需要，待地铁施工至中板结构后，上部剩余 2 道混凝土支撑，此时站房可进场施工国铁桩，但需控制施工设备作业数量，每个墩台只能布置 1 台桩基进行作业，并加强了支撑体系的监控措施，确保施工过程的安全受控。

7. 实施效果

杭州东站由于桩基工程量巨大，并且受到各类外部环境和边界条件影响，施工难度极大，工程通过一系列措施和手段，保证了桩基施工过程的安全有序、质量受控和进度合理。混凝土充盈系数控制到位，桩基各类检测符合国家验收标准。通过对桩孔旁边既有铁路路基的沉降观测，也未发现既有路基有沉降现象，地铁围护体系变形和内力在国铁桩进场施工后也未超出设计允许安全值。实施效果符合设计和施工预期目标。

2.6　总结

杭州东站地下部分施工受到既有铁路线的影响，分成了三个施工段，因此整体施工跨度极大，项目自 2009 年 9 月进场，2012 年 10 月方全部完成地下部分结构施工。期间伴随着既有线的多次转线，地铁、广场、站场平行施工等因素的影响，给施工管理、质量安全控制带来了很大的挑战，通过合理的施工组织，优秀的方案策划和精心的施工管理，杭州东站的地下结构施工全过程质量安全受控，进度目标与施工进度策划基本相符，周边配套工程的施工也受东站有序的施工影响，得到稳步推进，为最终目标的实现打下了坚实的基础。

第3章　主体结构施工关键技术

近年来，我国高铁建设迅速推进，全国建成了一大批集高铁、公路、公交、地铁等多种交通功能为一体，规模超大的铁路综合交通枢纽。该类工程出于造型、功能的特殊要求，设计往往会采用多种结构技术。不同形式的结构、复杂的功能需求、多方位的施工部署协调，构成了施工中面对的关键问题。

3.1　结构工程简介

杭州东站是全国九大枢纽站房的收官之作，结合了之前枢纽站房设计中的很多特点：如跨线站房、下穿地铁、无柱雨棚和站台、桥建合一的结构、大体态多形式钢结构等。枢纽站房竖向分为五层，从下到上分别为地铁、过站通道、站台层、高架层（含高架夹层）、屋盖。其中，站台至屋盖均采用了钢结构体系。

1. 站台层

站台由正线桥和型钢混凝土梁格两种形式组成。站房内设三座正线桥，均为五跨连续刚构，跨度分别为 2×21.7m＋24.8m＋2×21.7m。桥长 120m，宁杭、沪杭正线桥宽 9.26m，浙赣正线桥宽 21.4m。

2. 高架层结构

高架层主要由中部候车大厅和周边的高架桥及高架平台组成。

高架桥设计七车道，桥面宽 30m，跨度 25.55、43、46.55m。采用单箱单室斜腹板等高度连续箱梁＋钢筋混凝土单柱墩的形式。箱梁高 2.60m，顶板宽 15.00（12.7）m，底板宽 6.6m。

高架桥和匝道连接平台采用预应力梁板结构。

3. 屋盖结构

屋盖采用双向钢结构立体桁架结构。

4. 出租车通道结构

出租车通道采用预应力箱涵结构。

5. 地铁结构

地铁分为两部分，J 轴以东为地铁站厅层，采用地连墙内支撑体系明挖施工，J 轴以西 4 号线区间段采用盖挖逆作的涵洞结构，1 号线采用盾构（图 3-1～图 3-3）。

3.2　技术难、特点与边界条件

工程施工组织与技术方案的确定与工程技术特点相关，也与各种边界限制条件相关。

1. 结构技术难、特点

作为巨型铁路综合交通枢纽站房，从其建筑造型和功能来看，有空间及尺寸上的要求

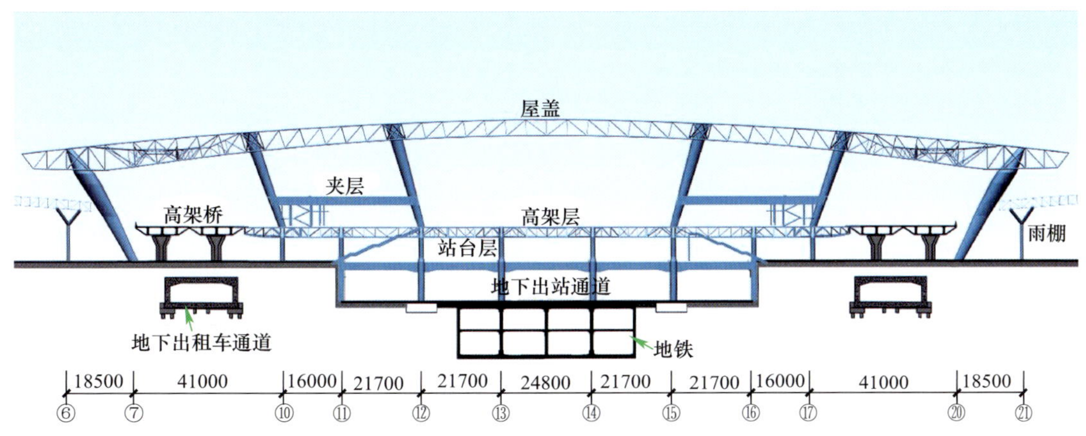

图 3-1 J—U 轴站房剖面（东）

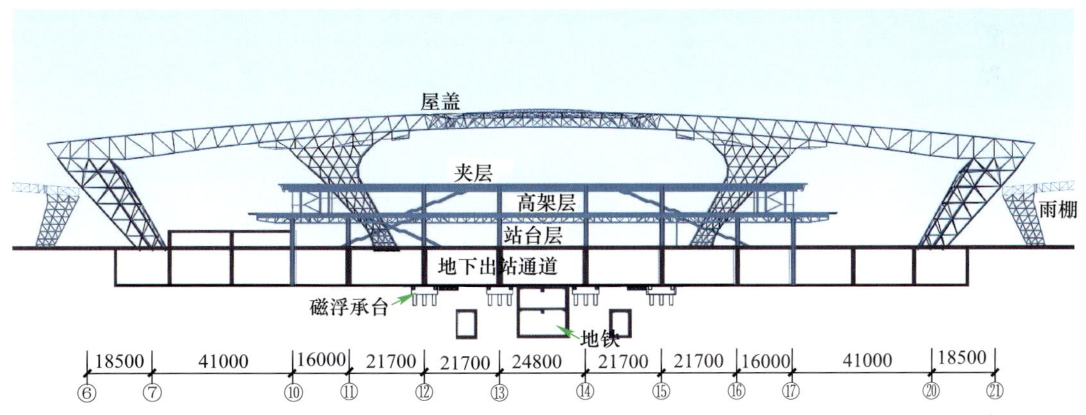

图 3-2 A—J 轴站房剖面（西）

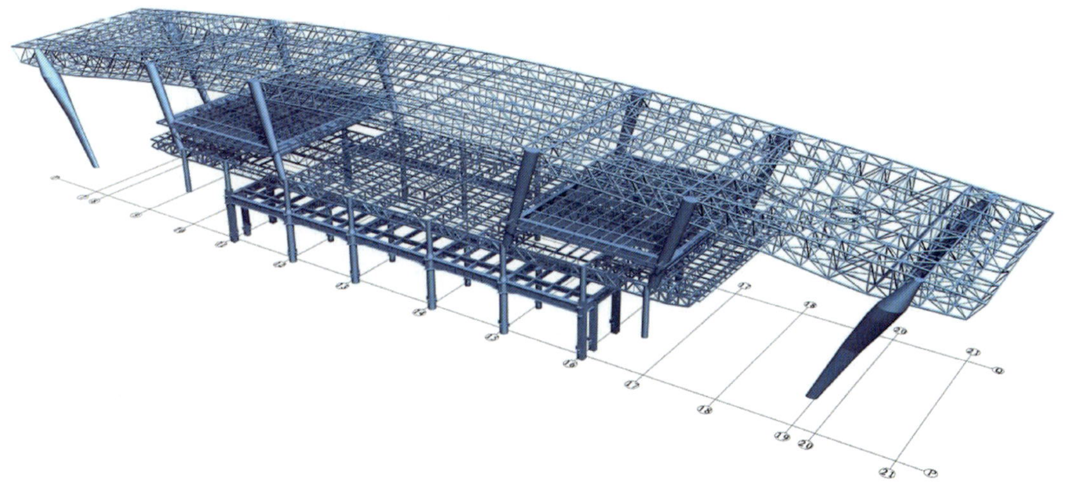

图 3-3 杭州东站站房钢结构轴测图

（如：大跨度大空间、铁路限界等），有承载及变形上的要求（如：轨道层、正线桥），有结构耐久性和安全性的要求（如：100 年耐久性混凝土、钢结构节点试验、缩尺模型试验、施工应力应变监测），有环境及人性化的要求（如：节能、幕墙）。综合这些要求，本工程主体结构方面具有以下技术特点。

（1）结构形式多样

本工程主要采用了钢结构、钢筋混凝土组合结构、钢筋混凝土结构、预应力钢筋混凝土结构四种结构类型。主要区域应用情况如下：

1）国铁站房与磁浮站房东西楼区域（A—C 轴，U—S 轴，±0.000m 标高以下）：现浇钢筋混凝土框架结构；楼面设双向预应力混凝土梁，柱为钢管混凝土柱或钢筋混凝土柱、型钢混凝土柱。

2）站台：双向型钢筋混凝土梁式楼盖＋钢管混凝土柱；钢筋混凝土刚构—连续梁桥（箱梁＋桥台、墩柱）（图 3-4）。

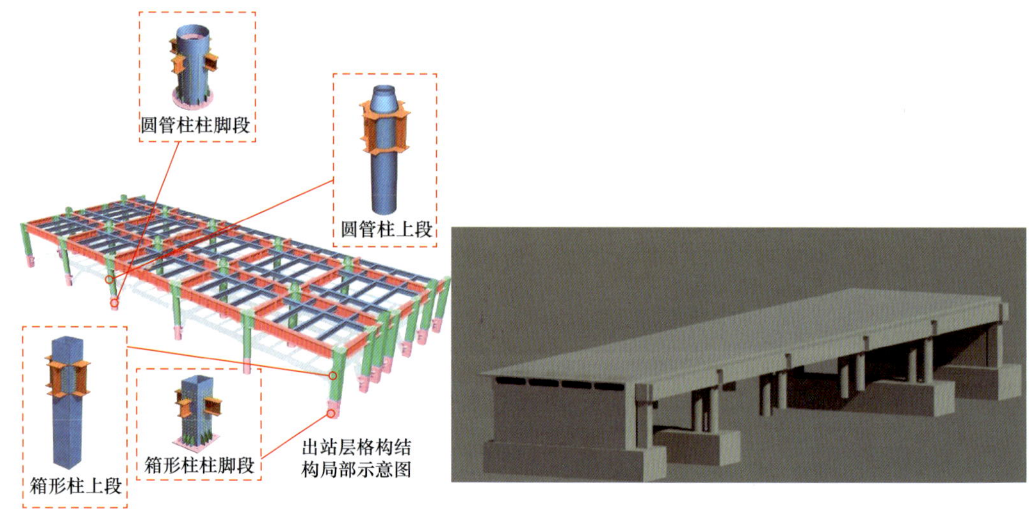

图 3-4　站台区域型钢混凝土纵横梁格与正线桥刚构—连续梁桥

3）高架层候车区域：双向正交正放钢桁架＋钢管柱＋压型钢板—混凝土组合楼板（图 3-5）。

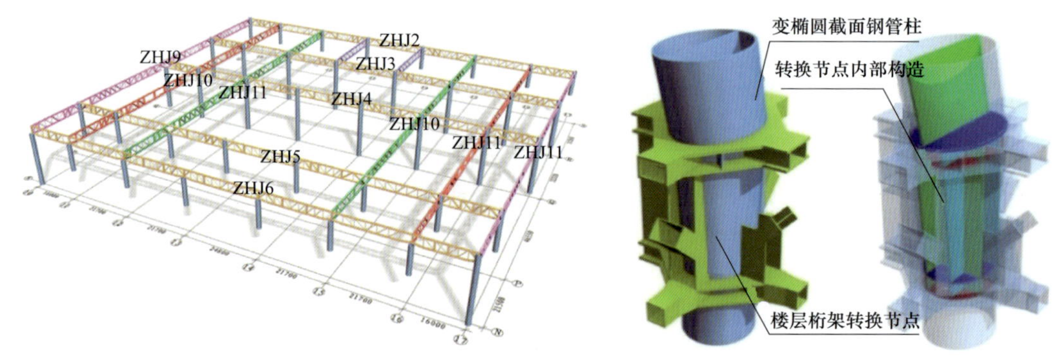

图 3-5　高架层候车区域楼盖结构及柱桁节点

4）高架夹层：异形截面实腹钢梁＋变椭圆截面梭形斜柱＋压型钢板混凝土组合楼板（图 3-6）。

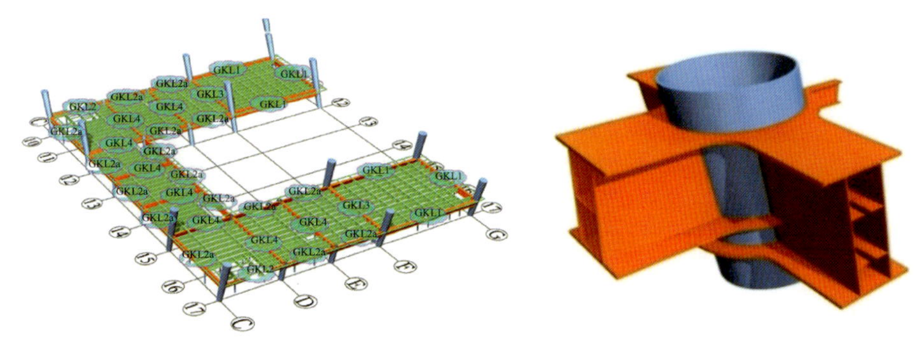

图 3-6　高架夹层楼盖结构及柱梁节点

5）屋盖：双向正交正放单向曲面钢管立体桁架＋曲面拟合格构式钢管斜柱、变椭圆截面锥管斜柱（图 3-7）。

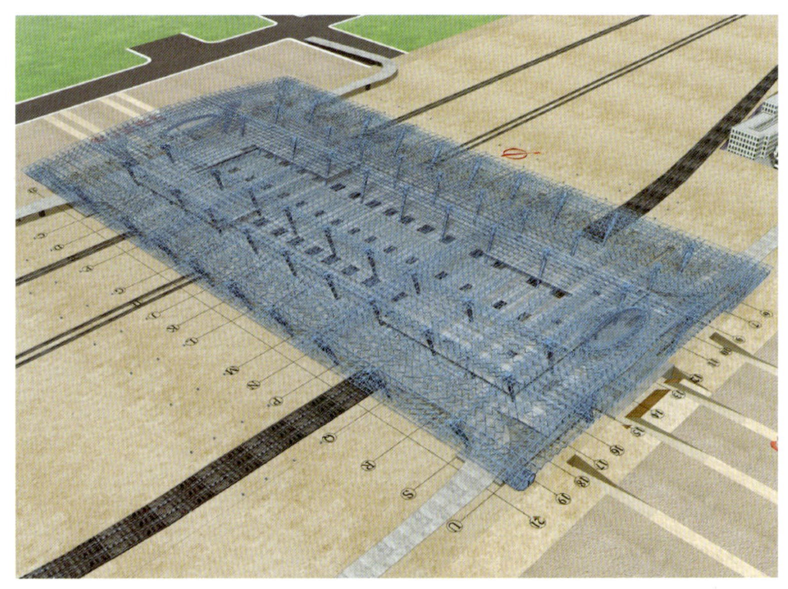

图 3-7　站房屋盖体系

(2) 桥建合一，房建、桥梁、铁路路基多专业穿插

站房结构设计采用了桥建合一的理念（图 3-8、图 3-9）。考虑到正线上列车高速通过对站房舒适度的影响，在浙赣普速场、沪杭长场、宁杭甬场各设一座正线桥。考虑到桥下出站通道净空的因素，采用了刚构—连续梁桥的结构形式。桥与周边到发线脱开。到发线采用型钢混凝土纵横梁格。站场线路路基、接触网等均延伸至轨道层。涉及房建、市政、路桥、铁路专业工程的穿插。

(3) 不同结构形式相互穿插

站房各区域平面关系见图 3-10。站房地下室、轨道层、高架、屋盖、地铁、出租车通道等区域重叠交织，其各自不同的结构形式也相互穿插。

(4) 结构施工难度大

站房局部结构施工难度较大。

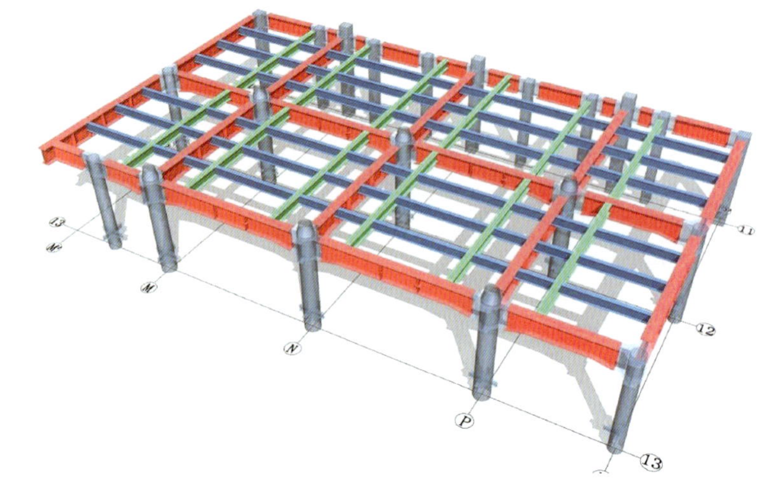

图 3-8　轨道层梁格典型桁架轴测图

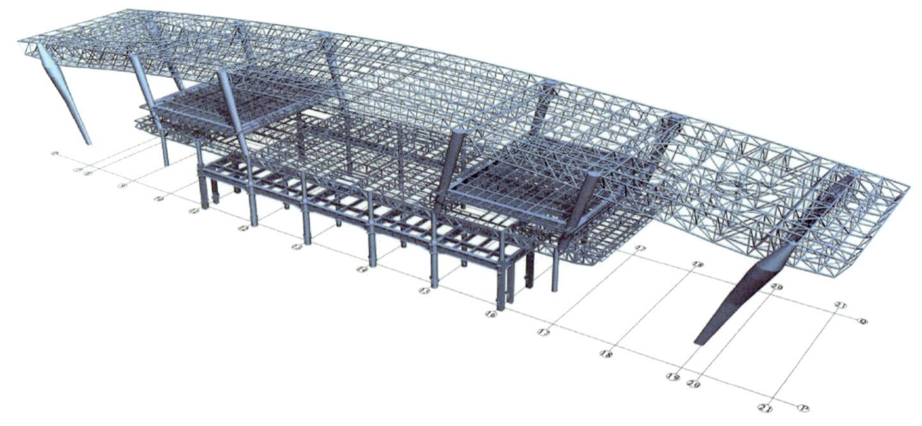

图 3-9　轨道层轴测图

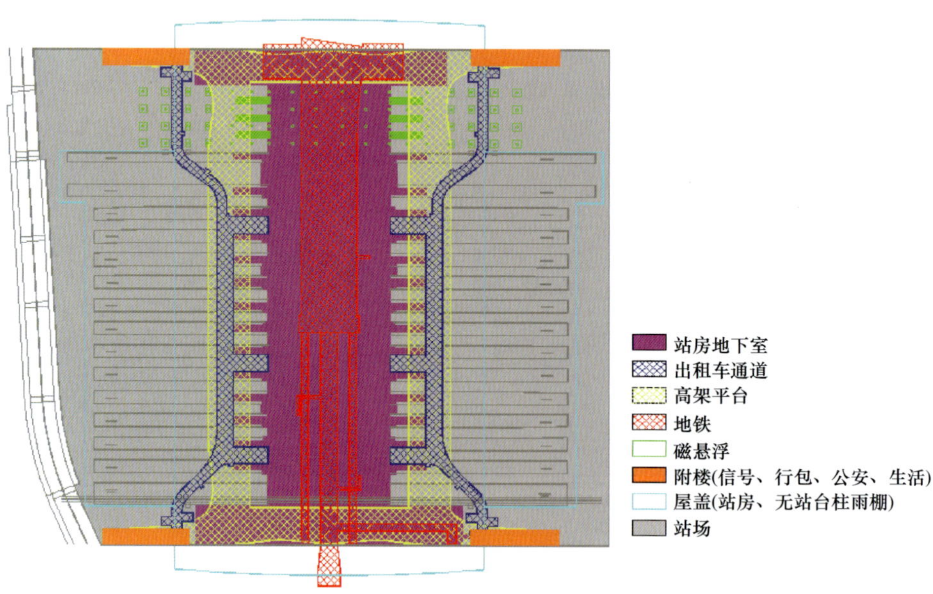

图 3-10　站房各区域关系示意

1）轨道层部分

站房轨道层铁路到发线采用型钢混凝土纵横梁格结构，钢骨梁采用桥梁钢 Q345qe，最大规格为 H2150mm×800mm×50mm，外包混凝土后梁截面为 2500mm×1200mm，总计用钢量为 1.8 万 t（图 3-11）。

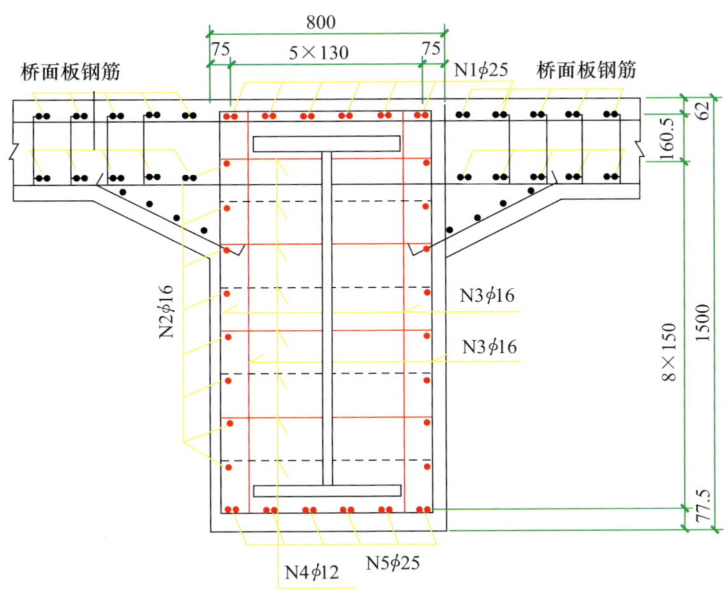

图 3-11　钢骨梁典型截面

到发线间的铁路正线采用桥梁结构，跨越 50m 地铁基坑，结构形式为五跨钢构连续梁桥，桥体截面高度为 2m（图 3-12）。

图 3-12　正线桥跨地铁施工

2）竖向支撑部分

站房南北两侧为从±0.000m 至屋面的椭圆形变截面斜柱，共计 18 根，为南北两侧立面造型的关键，其底部截面尺寸 2552mm×1270mm、顶部截面尺寸 2000mm×2000mm、最大截面尺寸 5790mm×4828mm、壁厚 25～40mm、倾角 60°（图 3-13）。

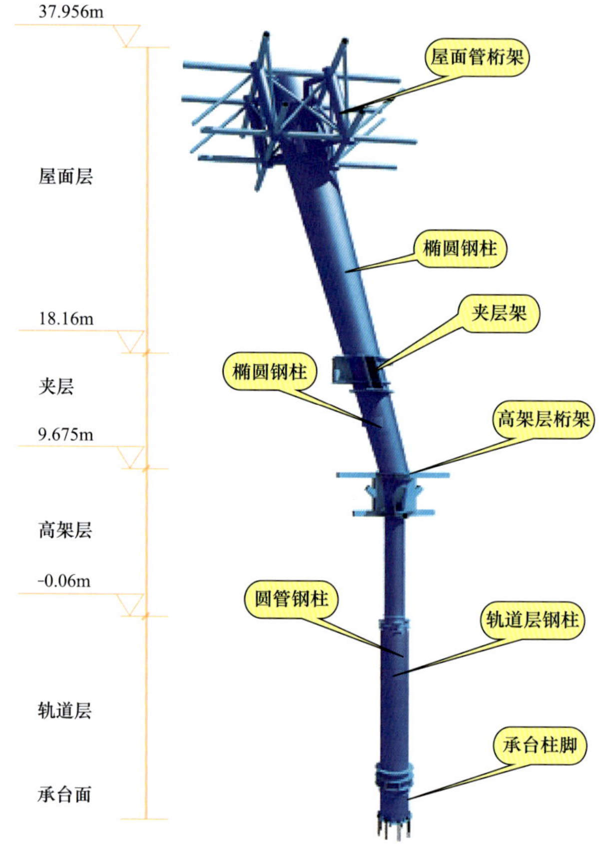

图 3-13　站房典型柱上下变化

东、西主立面采用钢管格构式大斜柱，其中 GZ4 花篮柱柱脚截面 5641mm×2040mm，柱顶花篮形伞盖截面 18492mm×6680mm。（图 3-14、图 3-15）。

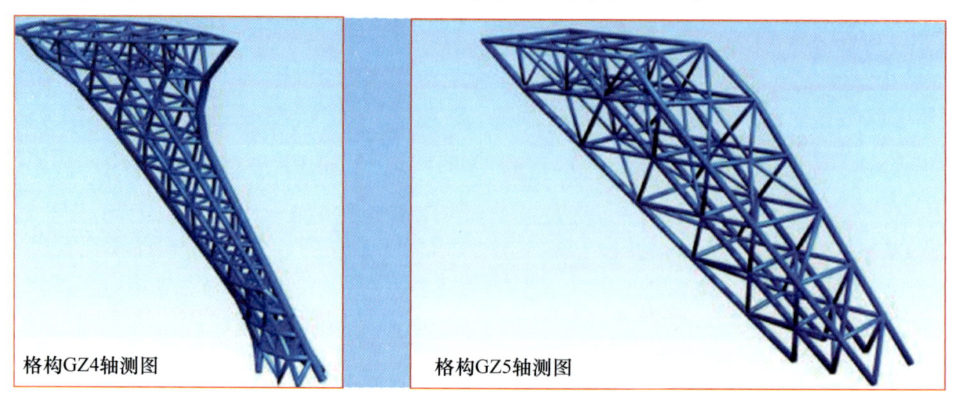

图 3-14　站房格构柱轴测图

3）屋盖部分

双向钢管立体桁架屋盖，主桁架跨度最大 81.1m，桁架梁高 5.4m，次桁架跨度最大 46.5m。

图 3-15　站房格构柱

4）其余附属构筑物

出租车通道采用预应力箱形顶板，梁高 2m，梁间设空腔降低结构自重（图 3-16）。

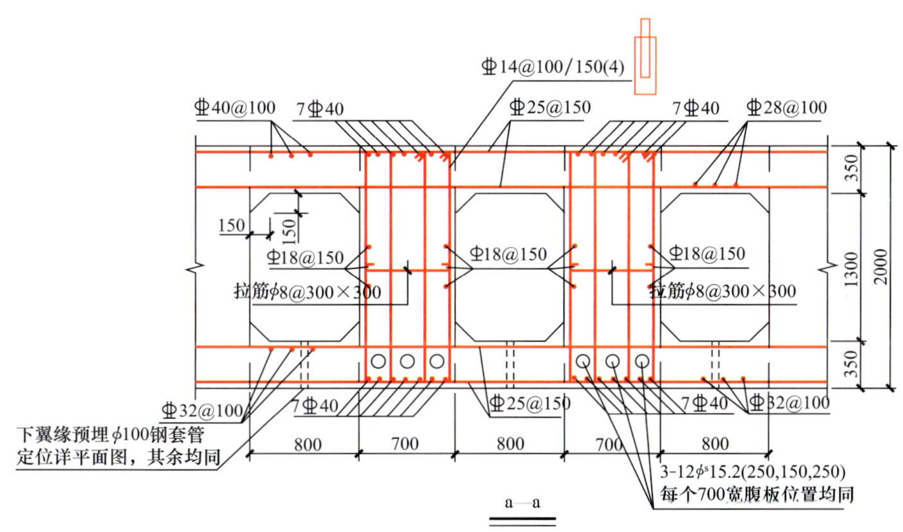

图 3-16　出租车通道预应力箱形顶板结构

以上这些结构在工程实践中较为少见，技术含量高。

(5) 构件尺寸大，工程量大

基于站房功能要求和多区域交织的特点，结构构件尺寸较大。柱截面尺寸一般在 1.9、2m 左右，地下室底板厚 600～800mm、外墙板厚 500mm，轨道层、高架层、高架夹层结构高度一般在 2.5m 左右。以单个国铁承台为例：尺寸（$l \times b \times h$）为 12.2m×8.2m×5.5m，钢筋用量 45.2t、混凝土 C40 用量 521m^3。

整个站房钢筋用量 8.7 万 t、混凝土用量 65 万 m^3、钢结构用量 7.8 万 t。

(6) 结构耐久性和安全性要求高

站房全部混凝土均采用 100 年耐久性混凝土，涵盖 C25～C60 各个强度等级，施工前进行了 2 个月的材料检测和工艺试验，确保混凝土达标。钢结构施工前会同浙江大学和中南院共同制订了试验、监测方案，对站房钢结构的复杂节点进行加载试验，对站房设计施工风险较大的正立面屋面和高架层结构进行了缩尺模型试验，并在施工过程中进行了实时应力应变监测，确保设计、加工和施工全过程的安全受控。

2. 施工边界条件

以上技术特点形成了施工技术难题。除此以外，基于整体建设进度安排的站房施工部署也存在很多限制性的边界条件，需要在实施中考虑。

(1) 站房与周边结构施工边界条件

站房与周边结构的相互关系：东西与站前广场无缝对接；南北与站场、雨棚穿插连接；下与地铁“零换乘”；上覆光伏电站。

1）站房屋盖东、西向悬挑 28m，伸入东、西广场上空 16m。广场也在同步实施。屋盖的构件安装方案、构件运输通道、堆场、起重机选型及行走路线等均受影响。

2）站房屋盖南、北向悬挑于站场上方，且与雨棚上方重叠约 17m。站场和雨棚也在同步实施。屋盖吊装应尽量在雨棚前施工完成，雨棚也要为站房钢构件运输和起重机进退场提供通道（图 3-17）。

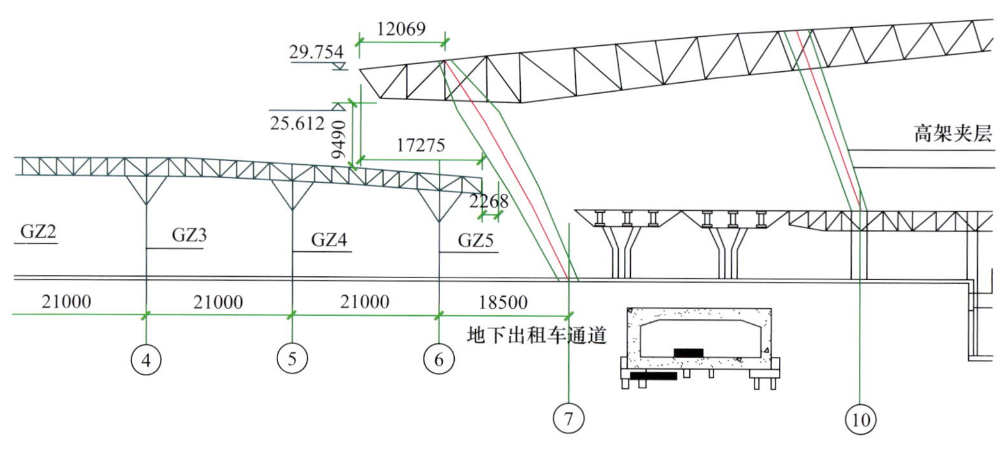

图 3-17 站房屋盖与雨棚、站场关系示意

3）站房中部地铁车站同步施工。结构施工应考虑地铁站基坑安全。地铁车站宽 50m、长 130m 范围内，限载仅 3kN/m^2，无法考虑施工承重措施的荷载。

4）站房中部地铁 1 号线区间采用盾构法施工。需在盾构通行区域提前完成底板，并且在站房内地铁接收井区域提供起重机进退场及吊运条件。

5）站房中部地铁 4 号线区间采用明挖法施工，限制要求基本与地铁车站部分相同。

6）站房内若干个地铁疏散通道、风井设施，需要为其保证施工条件。

7）站房轨道层完成后，站场进入实施股道和接触网施工。由于接触网带万伏高压，站房施工机械、人员空间受限。

8）站房建设全过程中，必须始终保证既有的沪昆正线不中断。在不同转线阶段，施工场地被分割为互不连通的两块。

(2) 站房内部结构施工边界条件

对于站房自身，单纯从某个剖面来看，不考虑地铁部分，结构施工工期约 600d。实际施工中，由于既有线的转线转场，无法进行理想化的一个方向或由中间向两边的流水施工。并且，施工工期有要求。由此产生了站房内部结构间的施工限制要求。

1）地下室施工时钢结构的提前穿插：既有线的临时转线和永久转场都需要尽快将部分结构提早施工，保证原有线位区域可以尽早拆除原有线路，开始后续施工。这就要求钢结构吊装应在基坑阶段、局部区域尽早穿插。

2）地铁车站基坑施工期间正线桥的提前穿插。

3）正线桥与钢结构吊装的关系：站房 P—Q、L—M、F—G 轴间分布了三座正线桥。如果正线桥提前完成，则起重机行走路线被切断；如果正线桥滞后完成，则其上方钢结构无法吊装，延误钢结构进度。

4）正线桥施工期间应注意东西向的施工通道。

5）工程结构跨度大，层高约 10m，无法通行大吨位起重机。因此，在流水施工尤其是钢结构吊装时，一个剖面上的大吨位结构应尽量一次施工完成。否则后续起重机无法上楼层补吊。

6）工程钢构件吨位较大且分布相对均匀。结构高度也不大。固定式起重机经济性不高。

7）轨道层型钢混凝土纵横梁格工程量大，施工周期长，影响关键线路工期且影响上方钢结构楼层吊装封闭。

8）高架桥施工后的净空无法满足起重机进退场。因此，施工通道区域的高架桥不能提前施工。

3.3　总体施工组织与技术措施

1. 总体思路与原则

基于工程周边、外部的制约和影响，以及建设进度的要求，本工程施工组织与技术措施安排的总体思路是：从涵盖路局东站枢纽、地方站前广场和地铁的东站大枢纽角度出发，综合房建、铁路、市政路桥、地铁专业要求，多方共同进行总体的施工组织和技术方案确定。以大格局、大思路来协调各方关系，以大枢纽的顺利实施确保站房的顺利完成。

此外，站房施工区域平面面积约 15 万 m^2，各区域施工节点相互关联。物料运输与施工通道应考虑大物流、大通道。否则，局部区域通道切断会影响整体工程进度。

对于加快工期进度，不能依靠无节制的人海战术。应当抢抓关键线路，对关键线路的施工工序进行分析，通过合理技术措施的采用，缩短施工时间或将部分工序移入非关键线路。

2. 重大施工组织技术措施

1）根据东站枢纽整体建设及既有沪昆线转线节点要求，确定总体施工顺序，综合考虑地铁、转线等各方因素。

2）在西广场建设间歇，利用其场地和外部通道。采用履带式起重机高空分段吊装的方案，解决站房 G 轴以西钢结构（包括屋盖悬挑部分）施工。

3）根据东广场实施进度，采用对东广场地下室结构进行加固、钢构件定点堆放、起重机定点吊装的方案，落实站房东端屋盖悬挑部分及门柱钢结构施工。

4）根据站房总体施工顺序，明确雨棚吊装在 J—L 轴间留设施工通道。待站房钢结构吊装完成，起重机退场后再行施工。

5）正线桥跨越地铁结构部分采用贝雷架组合平台，贝雷架支点利用桥墩加设牛腿。其他跨利用贝雷架设置施工通道。

6）地铁 4 号线区间改明挖法为盖挖逆作法，节约关键线路工期至少 7 个月。

7）对起重机行走路线的底板考虑后作，使钢结构吊装提前进场，缩短关键线路工期约 2 个月。

8）轨道层局部区域的型钢混凝土大梁采用挂模工法，减少下部荷载，保持施工通道。

9）站房屋盖钢结构采用桁架分段吊装，次要杆件按区域提升，少量高空补缺的吊装方案，满足现场条件，灵活性较强。

10）施工中对关键部位结构如正线桥贝雷平台、屋盖钢结构等采用物联网的手段进行施工过程的实时监测和短信报警，确保技术措施安全受控。

3.4 百年耐久性混凝土

1. 工程概况

混凝土的耐久性是指混凝土在实际使用条件下抵抗各种破坏因素的作用，长期保持强度和外观完整性的能力。影响混凝土耐久性的因素主要为结构自身因素与外部环境因素。自身因素主要分为两个方面：物理作用与化学作用。混凝土早期内部的应力、早期的自收缩、温度收缩、干燥收缩等属于物理作用，化学作用主要为碱—集料反应，混凝土中水泥所含的碱与碱活性集料发生的化学反应，可引起混凝土膨胀、开裂、甚至破坏。

站房结构均采用耐久性为 100 年的混凝土，根据铁路工程混凝土标准要求，项目需根据工程需求对耐久性混凝土原材料的选择、混凝土配合比设计、优化、试验以及施工过程进行控制。

2. 配合比设计

高铁耐久性混凝土配合比设计首先对原材料的选择有很高的要求，《铁路混凝土结构耐久性设计规范》TB 10005—2010 中对拌合水、水泥、矿物掺合料、细骨料、粗骨料、外加剂等原材料的各种性能提出了很高的要求。本文主要针对站房国铁线下结构部分纵横梁格构体系、五跨刚构连续梁桥的耐久性混凝土的配合比设计。国铁线下结构部分地质环境作用类别：氯盐环境，作用等级为 L1。

桥面板，纵、横梁外包混凝土及正线梁部：C50 混凝土。本部分为主体结构用材，为了提高混凝土抗裂、抗渗及耐久性能，混凝土配制中掺入增强密实抗裂剂。

（1）原材料的选择

本工程混凝土原材料除选用江西的赣江砂外，其他原材料均选择省内的生产厂家，遵循就近取材的原则。

1）细骨料

本工程选用赣江砂，属Ⅱ区天然中砂，细度模数 2.6，含泥量 0.6，氯离子含量 0.001，碱活性 0.05，各项性能检验结果参见表 3-1。

砂各项性能检验结果　　**表 3-1**

<table>
<tr><th rowspan="2">检验项目</th><th colspan="3">技术要求</th><th rowspan="2">检验结果</th></tr>
<tr><th><C30</th><th>C30～C45</th><th>≥C50</th></tr>
<tr><td>含泥量（%）</td><td>≤3.0</td><td>≤2.5</td><td>≤2.0</td><td>0.6</td></tr>
<tr><td>泥块含量（%）</td><td colspan="3">≤0.5</td><td>0</td></tr>
<tr><td>云母含量（%）</td><td colspan="3">≤0.5</td><td>0.1</td></tr>
<tr><td>轻物质含量（%）</td><td colspan="3">≤0.5</td><td>0.4</td></tr>
<tr><td>有机物含量</td><td colspan="3">浅于标准色</td><td>浅于标准色</td></tr>
<tr><td>吸水率（%）</td><td colspan="3">≤2</td><td>1.7</td></tr>
<tr><td>坚固性（%）</td><td colspan="3">≤8</td><td>2.4</td></tr>
<tr><td>硫化物、硫酸盐（%）</td><td colspan="3">≤0.5</td><td>未检出</td></tr>
<tr><td>Cl⁻含量（%）</td><td colspan="3">≤0.02</td><td>0.001</td></tr>
<tr><td>碱活性（%）</td><td colspan="3"><0.10</td><td>0.05</td></tr>
</table>

2）粗骨料

本工程粗骨料根据项目特点主要选用粒径为 5～16mm 的级配碎石，产地为余杭樟山，压碎值 6.7，针片状颗粒含量 2.6，含泥量 0.1，各项性能检验结果参见表 3-2。

碎石各项性能检验结果　　**表 3-2**

<table>
<tr><th rowspan="2" colspan="2">检验项目</th><th colspan="4">技术要求</th><th rowspan="2" colspan="2">检验结果</th></tr>
<tr><th><C30</th><th>C30～C45</th><th colspan="2">≥C50</th></tr>
<tr><td colspan="2">压碎指标值（%）</td><td>沉积岩</td><td>C60～C40</td><td colspan="2">≤10</td><td colspan="2">6.7</td></tr>
<tr><td colspan="2">针片状颗粒总含量（%）</td><td>≤10</td><td>≤8</td><td colspan="2">≤5</td><td colspan="2">2.6</td></tr>
<tr><td colspan="2">含泥量（%）</td><td>≤1.0</td><td>≤1.0</td><td colspan="2">≤0.5</td><td colspan="2">0.1</td></tr>
<tr><td colspan="2">泥块含量（%）</td><td colspan="4">≤0.2</td><td colspan="2">0</td></tr>
<tr><td colspan="2">吸水率（%）</td><td colspan="4"><2（普通环境）；<1（湿交替或冻融环境）</td><td colspan="2">0.9</td></tr>
<tr><td colspan="2">紧密空隙率（%）</td><td colspan="4"><40</td><td colspan="2">34</td></tr>
<tr><td colspan="2">坚固性（%）</td><td colspan="4">≤8（混凝土结构）；≤5（预应力混凝土结构）</td><td colspan="2">2.4</td></tr>
<tr><td colspan="2">硫化物、硫酸盐（%）</td><td colspan="4">≤0.5</td><td colspan="2">0.37</td></tr>
<tr><td colspan="2">Cl⁻含量（%）</td><td colspan="4">≤0.02</td><td colspan="2">0.002</td></tr>
<tr><td colspan="2">碱活性（%）</td><td colspan="4"><0.10</td><td colspan="2">0.08</td></tr>
<tr><td colspan="8">颗粒级配</td></tr>
<tr><td colspan="2">筛孔尺寸（mm）</td><td>2.36</td><td>4.75</td><td>9.50</td><td>16.0</td><td>19.0</td><td>26.5</td></tr>
<tr><td>标准颗粒级配范围累计筛余（%）</td><td>连续粒级（5～16）</td><td>95～100</td><td>85～100</td><td>30～60</td><td>0～10</td><td>0</td><td>—</td></tr>
<tr><td colspan="2">实际累计筛余（%）</td><td>99</td><td>91</td><td>50</td><td>7</td><td>0</td><td>—</td></tr>
</table>

3）水泥

本工程水泥选用浙江新都普通硅酸盐水泥 P.O52.5，各项性能检验结果参见表 3-3。

水泥性能检验结果　　**表 3-3**

<table>
<tr><th>检验项目</th><th colspan="2">单位</th><th>技术要求</th><th>检验结果</th></tr>
<tr><td>比表面积</td><td colspan="2">m^2/kg</td><td>≤300</td><td>276</td></tr>
<tr><td rowspan="2">凝结时间</td><td>初凝</td><td>min</td><td>≥45</td><td>154</td></tr>
<tr><td>终凝</td><td>min</td><td>≤600</td><td>236</td></tr>
</table>

续表

检验项目	单位		技术要求	检验结果
安定性	—		沸煮法合格	合格
强度	抗压	MPa	≥23.0（3d）	28.5
			≥52.5（28d）	59.6
	抗折		≥4.0（3d）	6.3
			≥7.0（28d）	9.2

4）粉煤灰

本工程选用华能玉环电厂的Ⅱ级粉煤灰，各项性能检验结果参见表3-4。

粉煤灰性能检验结果 **表3-4**

检验项目	技术要求			检验结果
	GB/T 1596—2017	TB 10424—2018		
	Ⅱ	C50及以上	C50以下	
细度（%）	≤25.0	≤12.0	≤25.0	20.7
需水量比（%）	≤105.0	≤95.0	≤105.0	99.0
三氧化硫含量（%）	≤3.0	≤3.0	≤3.0	1.06
烧失量（%）	≤8.0	≤5.0	≤8.0	1.76
含水量（%）	≤1.0	≤1.0		
游离氧化钙含量（%）	≤1.0（F类）	≤1.0		0.1
	≤4.0（C类）			0.91
氯离子含量（%）	—	≤0.02		0.02
氧化钙含量（%）	—	≤10		8.27

5）磨细矿渣粉

本工程选用杭州紫恒矿微粉有限公司的S95磨细矿渣粉，各项性能检验结果参见表3-5。

磨细矿渣粉性能检验结果 **表3-5**

检验项目	单位	技术要求		检验结果
		TB 10424—2018	GB/T 18046—2017	
密度	g/cm^2	≥2.8	≥2.8	2.98
比表面积	m^2/kg	350～500	≥400	402
流动度比	%	≥95.0	≥9.0	103
烧失量	%	≤3.0	≤3.0	0.40
MgO	%	≤14.0	—	13.15
SO_3	%	≤4.0	—	0.08
Cl^-	%	≤0.06	≤0.02	0.014
含水量	%	≤1.0	≤10.0	0.73
7d活性指数	%	≥75.0	≥75.0	79
28d活性指数	%	≥95.0	≥95.0	98

6）减水剂

本工程选用聚羧酸系高性能减水剂，各项性能检验结果参见表3-6。

聚羧酸高性能减水剂性能检验结果　　　　**表 3-6**

序号	检验项目	技术要求	检验数据
1	氯离子含量（%）	≤0.10	0.04
2	总碱量（%）	≤3.00	0.3
3	含固量（%）	8.50±0.50	8.72
4	密度（g/cm³）	1.020±0.020	1.023
5	pH 值	7.0±2.0	6.8
6	净浆流动度（mm）	≥240	263

（2）配合比设计与试验

配合比设计是确保混凝土耐久性最为重要的环节，同时原材料的品质，胶凝材料与聚羧酸系减水剂的适应性，水胶比与最小胶凝材料用量限值均是保证混凝土耐久性所需要的抗渗性与力学性能的重要技术参数。

耐久性混凝土设计技术指标及要求：设计强度等级 C50，56d 电通量小于 1000C（环境作用等级为氯盐环境 L1），设计坍落度 180～240mm，混凝土含气量不小于 2.0%等。根据设计图纸与规范要求，我们选择多种连续级配粗细骨料、水泥、外加剂等进行混凝土扩展度、坍落度、强度等试验，通过试验比配并结合现场施工特点，且充分考虑混凝土的耐久性以及力学性能，经过多次对比试验，最终确定 C50 耐久性混凝土配合比，配合比数据参见表 3-7～表 3-9。

耐久性混凝土配合比　　　　**表 3-7**

配合比编号	施工部位	强度等级	每立方米混凝土用量（kg/m³）							胶材总量	水胶比
			水泥	矿粉	粉煤灰	砂	碎石	减水剂	拌合用水		
044	纵横梁外包混凝土及正线梁	C50	358	92	76	700	986	7.9	163	526	0.31

耐久性混凝土拌合物性能测试结果　　　　**表 3-8**

配合比编号	表观密度（kg/m³）	坍落度（mm）	扩展度（mm）	含气量（%）	初凝时间（h∶min）	终凝时间（h∶min）
044	2360	220	560×560	2.1	10∶40	12∶30

耐久性混凝土性能测试结果　　　　**表 3-9**

配合比编号	电通量（C）		抗压强度（MPa）				总碱含量（kg/m³）	氯离子总含量（%）
044	28d	56d	3d	7d	28d	56d	2.39	0.06
	910	870	31.5	46	52.5	58.5		

3. 施工质量控制

（1）原材料要求

高铁耐久性混凝土在生产过程中必须保证材料来源和品质的稳定，并符合《铁路混凝土工程施工质量验收标准》TB 10424—2018 的要求。

（2）施工配合比要求

要求搅拌站进行严格的混凝土配合比的试配，在系列试配的基础上优选混凝土配合比，针对提出的实验室配合比，在实际生产中进行生产配合比的试拌，以满足施工要求的混凝土技术指标和施工过程中的工作要求。混凝土原材料均按重量计量，每盘混凝土计量允许偏差为水泥、矿物掺合料±1%，粗、细骨料±2%，拌合用水±1%，外加剂±1%。项目部派专人负责耐久性混凝土生产中的开盘鉴定，即时掌握耐久性混凝土的坍落度、扩展度、抗离析性等指标，确保拌制的混凝土不但满足设计性能，还应满足其施工性能。

(3) 混凝土输送

本工程混凝土采用混凝土搅拌车运输至施工现场，用汽车泵或者固定泵泵送至浇筑地点。搅拌车在装入混凝土前必须仔细检查，筒体内保持干净、潮湿，不得有积水、积浆。考虑耐久性混凝土的坍落、扩展度随时间增长而逐渐减小，特别在2h后坍落、扩展度将会产生大幅度降低，要求每辆混凝土运输车内的混凝土必须在60～70min内全部浇筑完。为此，项目部会同搅拌站组成协调、联络小组，统一协调自密实混凝土浇筑施工的全过程，通过施工现场与搅拌站的及时信息交流，密切结合现场施工速度，并充分考虑混凝土运输时间，混凝土的生产、运输、现场就位与浇筑进度充分衔接。

(4) 混凝土浇筑施工

1）混凝土入模前，测定混凝土的入模温度，入模温度应控制在10～30℃，当气温低于5℃时，应对混凝土中的原料进行加热搅拌或加强保温养生。原材料加热温度应遵守冬期施工的有关规定。在低温季节提高混凝土的入模温度，有利于混凝土的强度增长和提高结构物的抗裂能力。

2）混凝土浇筑时的自由倾落高度不大于2m；当大于2m时，采用滑槽、串筒、漏斗等器具辅助输送混凝土，保证混凝土不出现分层离析现象。

3）混凝土的浇筑采用分层连续推移的方式进行，浇筑间隙时间不超过混凝土的初凝时间，不得随意留置施工缝。

4）采用泵送混凝土时一次摊铺厚度不大于300mm，且不大于振动棒长的1.25倍。

5）在炎热季节浇筑混凝土时，避免模板和新浇混凝土直接受阳光照射，保证混凝土入模前模板、钢筋及附近的局部温度均不超过35℃。尽可能安排在傍晚或夜间浇筑混凝土。

6）混凝土拌合料在搅拌、浇筑入模后，采用二次振捣工艺。必须振动捣固，密实成型，使拌合料的颗粒之间以不同的振动加速度发生液化，破坏初始颗粒之间的不稳定平衡状态，骨料颗粒依靠自重达到稳定位置，游离水分挤压上升，气泡逸出表面，混凝土最终逐渐达到密实状态。从而大大提高混凝土的结构耐久性。

(5) 混凝土的养护

混凝土养护要注意湿度和温度两个方面。养护不仅是浇水保湿，还要注意控制混凝土的温度变化。在湿养护的同时，应该保证混凝土表面温度与内部温度和所接触的大气温度之间不出现过大的差异。采取保温和散热的综合措施，防止温降和温差过大。

1）混凝土养护要达到保湿的目的。保温能使混凝土表面温度不致过快散失，减少混凝土表面的热扩散和温度梯度，从而避免产生表面裂缝；保湿使混凝土在强度发展阶段保持湿润，防止混凝土表面脱水而产生干缩裂缝，使水泥水化顺利进行，提高混凝土的极限拉伸强度。

2）本工程混凝土养护，采用铺放塑料布后覆盖棉被或矿棉养护，保证塑料布内湿润。塑料布应叠缝、骑马铺放，以减少水分的散发。

3）为保证耐久性混凝土内部与混凝土表面温差小于 20℃，表面温度与大气温度之差小于 20℃，采用塑料薄膜覆盖养护的同时，还要根据实际施工时的气候、测温情况、混凝土内表温差和降温速率，通过热工计算来随时调整养护措施。

4）在养护过程中，如发现遮盖不好，表面泛白或出现干缩细小裂缝时，要立即仔细加以覆盖，采取措施加强养护工作，加以补救。

5）为了确保新浇筑的混凝土有适宜的硬化条件，防止在早期由于干缩而产生裂缝，混凝土浇筑完毕后，在 7h 内加以覆盖。混凝土养护时间不得少于 14d。

4. 工程实体检测

为保证耐久性混凝土的施工质量，我们对施工完成的纵横梁格构体系与正线桥耐久性混凝土结构进行了无损实体检测，检测分析如下。

(1) 钢筋保护层厚度的检测

本工程检测 2 类构件，共 32 件，检测点数为 226 点。梁的合格率为 92.6%，最大偏差为允许偏差值的 1.3 倍；板的合格率为 91.1%，最大偏差为允许偏差值的 1.4 倍；检测结论：钢筋保护层厚度合格。

(2) 回弹检测

轨道层纵横梁格构体系与正线桥耐久性混凝土检测结果如表 3-10 所示，所测混凝土强度均符合设计要求。

轨道层纵横梁格构体系与正线桥耐久性混凝土检测结果　　表 3-10

序号	部位	设计强度	平均值	推定值
1	C 轴/11 轴轨道梁	C50	58.6	56.9
2	D 轴/11～12 轴轨道梁	C50	58.9	57.7
3	F—G 轴/13 轴宁杭正线梁	C50	57.9	54.8
4	H 轴/12～13 轴轨道梁	C50	57.7	55.8
5	J 轴/14 轴轨道梁	C50	58.9	57.5
6	L 轴/12 轴轨道梁	C50	56.8	52.4
7	L—M 轴/13 轴沪杭正线梁	C50	62.3	60.1
8	N 轴/15～16 轴轨道梁	C50	60.7	59.2
9	P—Q 轴/15 轴浙赣正线梁	C50	57.4	55.3

5. 实施效果

耐久性混凝土具有显著的抗氯离子渗透性、抗裂性、护筋性、耐蚀性、抗冻性、耐磨性以及抗碱—骨料反应性等性能。为确保混凝土耐久性满足设计与规范要求，通过本工程实践，总结如下：

(1) 选择高品质的原材料，并始终保持原材料的品质；

(2) 选用与胶凝材料相适应的高效减水剂，掺入高活性矿物掺料，如粉煤灰、磨细矿渣粉；

(3) 配合比设计，合理确定胶结材料用量和低水胶比的配制思路，对配合比进行多次试配，优化施工配合比；

(4) 在施工中加强过程控制、养护以及对耐久性混凝土结构的跟踪监测。

3.5 桥建合一施工技术

1. 结构体系简介

杭州东站站房结构设计采用了桥建合一的结构体系，该体系是指在站房结构中间层或顶层架设轨道桥梁，轨道桥梁放在直接伸入地面的桥墩上，上层（候车大厅楼面、局部夹层、雨棚、屋面等）通过轨道桥梁上的竖向结构来支撑，下层（轨道桥以下）设置出站广场、出租车站等，是针对“轨道—站房一体化”的站房布局形式的一种全新的结构形式。采用该体系的站房投资相比桥建分离的站房投资低，防火分区更为合理，柱网布置灵活，节约了站房空间，整体性能好，抗震能力强。桥建合一的站房是桥梁与建筑结构的互相结合，形成有机整体，彼此密切相关又互相影响，另一方面，两种结构之间又互相独立，保持各自的特性。但桥建合一的结构体系将桥梁和站房结构受力结合考虑，结构设计和施工难度较大。

杭州东站站房属于跨线四层车站，其中站台层即为轨道桥梁结构，上部设有高架层、高架桥、夹层和屋盖，下部有过站通道、出租车通道和地铁等结构。

为了解决列车高速通过时的振动问题，站房站台层又根据线路的不同分为到发线和正线两类：到发线因列车为进站停靠和出站，不高速通过站房，振动较小，结构设计采用了型钢混凝土梁格，并与上下部结构共柱；正线为列车高速通过线路，杭州东站设计过站时速为不超过 160km/h，结构设计采用了刚构连续梁桥的结构形式，其与其余轨道梁共承台但不共柱，结构体系分离，减少了列车振动对站房结构和舒适度的影响（图 3-18）。

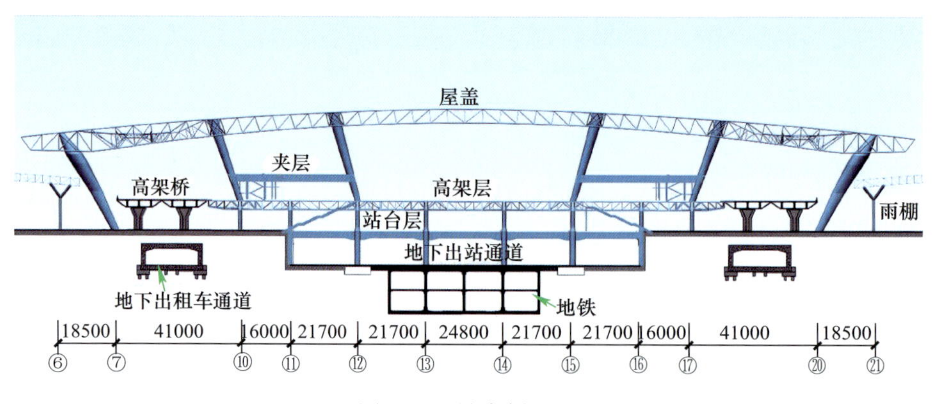

图 3-18 站房剖面图

(1) 正线刚构—连续梁桥

刚构连续梁桥纵向跨度采用（2×21.7+24.8+2×21.7)m，梁长 113.20m。

宁杭、沪杭正线（双线，线间距 5.0m）采用单箱双室全预应力混凝土箱梁，顶、底板宽 9.16m，梁高 1.6m，墩柱顶横隔板处梁高增至 2.5m。

浙赣绕行线上、下行线及 30 线处（四线）采用单箱四室预应力混凝土箱梁，顶面翼缘宽 21.66m，底板宽 21.16m，梁高 1.6m，墩柱横隔板处梁高增至 2.5m。

正线下柱拟采用直径 1.9m 的钢筋混凝土柱与梁刚性连接。

(2) 到发线纵横梁格构体系

纵横梁格构体系与正线相邻处设置温度缝，共分为三块（图 3-19）。

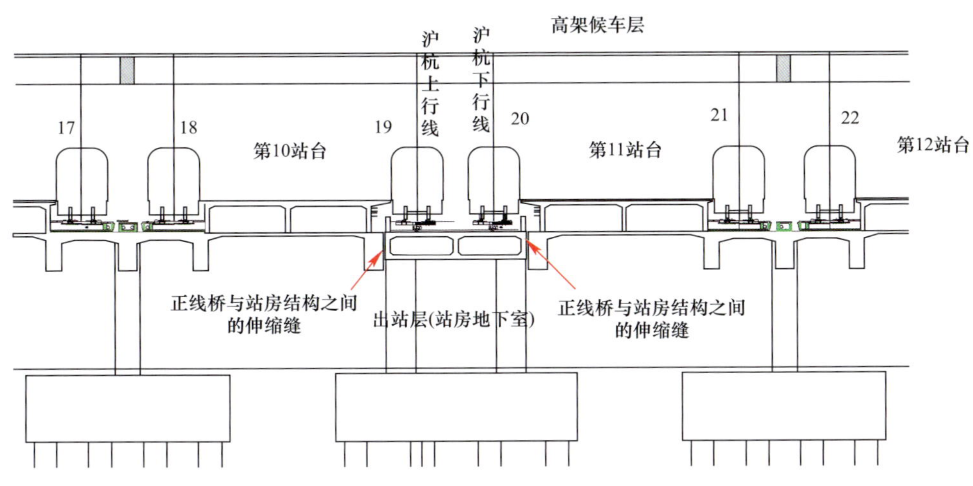

图 3-19　沪杭正线剖面示意图

纵横梁采用型钢外包混凝土结构。型钢上翼缘顶面、下翼缘底面混凝土厚度为 120mm。型钢采用 H 形充满型实腹型焊接型钢，材料为 Q345-C 级低合金高强度结构钢。混凝土采用 C50。

纵梁：双线轨道下设 3 片纵梁（KL2＋KL1＋KL2），纵梁中心距（4.8＋4.8）m，中间纵梁 KL1 宽度 1.2m，两边纵梁 KL2 宽度 1.0m，梁高 2.5～3.5m；中间站台设两根纵梁 L1，纵梁位置避开垂直电梯位置。西侧基本站台下设 4 根纵梁 L1，L1 总尺寸为宽 0.5m，高 1.5m。轨道下中间纵梁 KL1 型钢翼缘厚 50mm、宽 800mm，腹板厚 40mm。KL1 两边纵梁 KL2 在各纵向分缝最外侧型钢翼缘厚 50mm、宽 860mm，腹板厚 40mm。纵梁 L1 为钢筋混凝土结构。

横梁：主横梁 KL4、KL5 间距按纵向跨度布置，在主横梁间设三道次横梁 L2。KL5 为宽 1.6m × 高 2.5m，布置在 12—12 ～ 15—15 轴处。KL5 型钢翼缘厚 60mm、宽 1200mm，腹板厚 50mm、高 2140mm。KL4 为宽 1.2m×高 2.5m，布置在 11—11～16—16 轴处。KL4 型钢翼缘厚 60mm、宽 800mm，腹板厚 50mm、高 2140mm。L2 采用钢筋混凝土结构，尺寸为 0.5×1.5m。

梁板：采用钢筋混凝土结构，轨道范围内板厚为 0.35m，其他区域为 0.1m。

站台梁：采用钢筋混凝土结构。板厚为 0.25m，与桥面连接板厚为 0.3m。

(3) 高架桥

南北高架桥 QA（北侧）和 QB（南侧）起点桩号为 K0＋000（C 轴），终点桩号为 K0＋394.42（S 轴），设计七车道，桥面宽 30m，跨度 25.55、43、46.55m。全桥长 394.42m，总长 788.84m。南北各分为 4 联，共 8 联。采用群桩承台基础，下部结构为实体单墩柱式结构，上部结构为预应力混凝土单箱单室斜腹板等高度连续箱梁。箱梁梁高 2.60m，箱梁顶板宽左右幅分别为 15.00m 和 12.7m，其中两翼悬臂长度为 3.5m，底板宽 6.60m。

桥梁设计分区为 QA、QB；匝道分为匝道 C、D、E、F。QA、QB，匝道 C、D、E、

F 均采用横向平坡。高架桥 QA、QB：第一联：预应力混凝土箱梁 25.55＋43＝68.55（m）；第二联：预应力混凝土箱梁 43＋43＋43＝129（m）；第三联：预应力混凝土箱梁 43＋43＋46.55＝132.55（m）；第四联：预应力混凝土箱梁 32.22＋31.26＝63.48（m）。匝道 C、D、E、F：钢筋混凝土箱梁 20＋20＋20＋20＝80（m）。结构混凝土为箱梁 C50、桥墩 C40、承台 C35、桩基 C35；孔道压浆为 M40 水泥浆。桥面铺装：钢筋混凝土垫层、防水涂层、沥青混凝土层等；如图 3-20 所示。

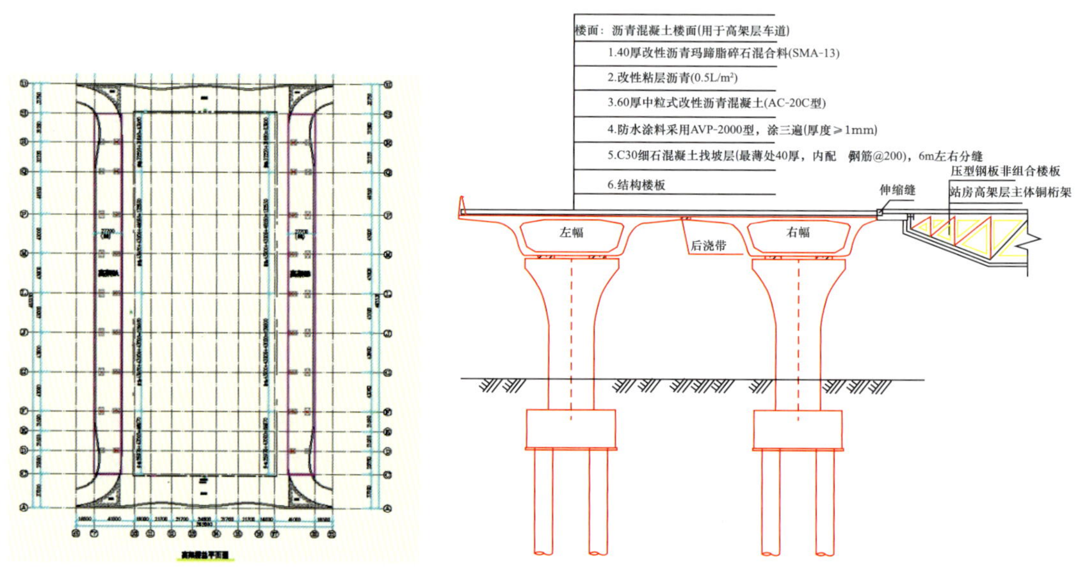

图 3-20 高架桥示意图

2. 桥建合一特点分析

新建杭州东站桥建合一结构特征为：南北高架桥与高架层建筑拼接，轨道层三条正线桥穿站而过，采用桥梁结构与站房结构有机结合，达到了跨线路型站房的建筑功能需求。桥梁结构与站房结构基础共用与独立设置相结合，结构拼接与搭接相结合。

结合整体工程特点，桥建合一施工原则为：须以房建工程为主线，桥梁工程为辅线，协调施工。

3. 新建杭州东站整体施工方案介绍

新建东站建设原则为：保证沪昆线运输不间断，下部地铁同步建设，站房分段实施。

新建杭州东站站房工程为在老杭州东站站房原址改扩建而成，逐步停用、拆除老东站站房，并须保证铁路大动脉——沪昆线的不间断运营。造成了新建杭州东站站房工程的施工特点：须通过一次转场、两次转线分段提供工作面。经专家论证与路局批复的整体施工方案为：2010 年 9 月先逐步将老东站的运营转移至扩容后的杭州南站，拆除老东站站房等结构，开始新建杭州东站站房西端站房的施工；2011 年 3 月将运营的沪昆线（新线路 7/8 道位置）临时转线至结构已施工完成的线路 3/4 道位置（西端站房 C—F 轴区域），拆除原沪昆线站台、线路等结构，开始新建杭州东站站房中间站房的施工；2011 年 12 月将沪昆线再次永久转场至装饰已施工完成的 29/30 道位置（东端站房 P—Q 轴区域），开始西端站房剩余结构与装饰工程施工（图 3-21）。

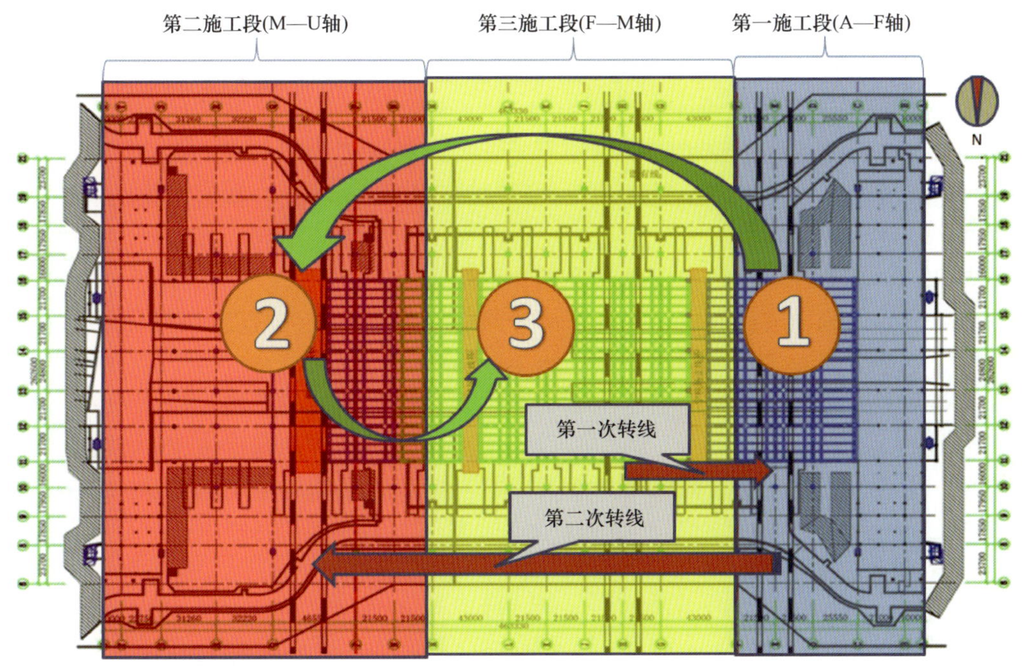

图 3-21　整体施工流程图

4. 高架桥、正线桥实施方案与设计调整

根据新建杭州东站整体实施方案，高架桥与正线桥亦须按照分段实施。而高架桥原设计为由第一联向第四联逐联、逐跨施工，即 C 轴向 S 轴施工，并逐跨张拉。现场无法实施。设计方案须根据现场实施方案进行相应调整。

根据现场实施条件（进场后 P—Q 轴最先具备施工条件），高架桥部分施工方案为：先施工第三联：由 Q 轴→P 轴→M 轴→L 轴实施；再施工第四联：由 Q 轴→R 轴→S 轴实施（同时施工）；再施工第一联：由 C 轴→D 轴→F 轴实施；最后施工第二联：由 F 轴→G 轴→J 轴→L 轴实施。

结合现场施工实施方案，由于施工顺序的调整，设计方案相应变更：第二联、第四联与第三联交界面处的张拉端锚具布置位置调整，锚具张拉端方向由水平方向改成朝上布置。详见图 3-22、图 3-23 所示。

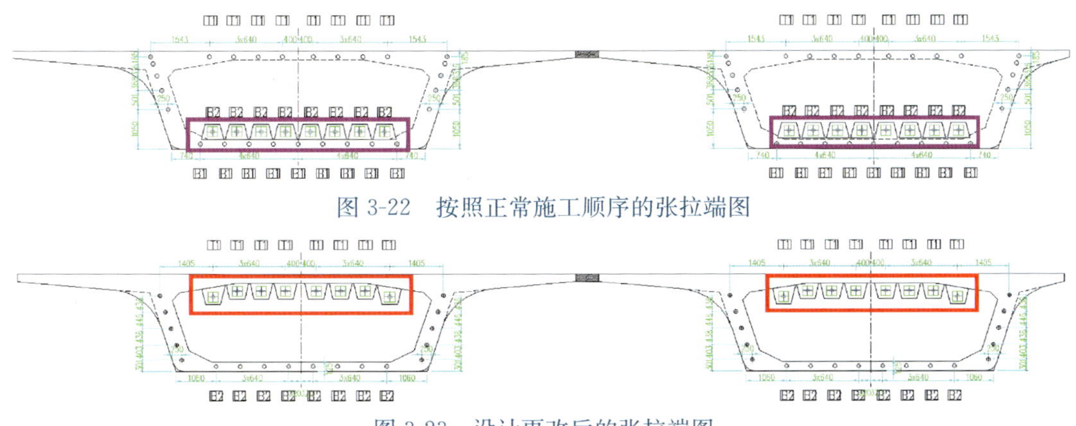

图 3-22　按照正常施工顺序的张拉端图

图 3-23　设计更改后的张拉端图

正线桥部分施工方案为：先施工宁杭正线，然后施工浙赣正线，最后施工沪杭正线（同时须结合站房下方的杭州地铁1号线杭州站的施工进度）。

5. 轨道梁施工阶段场地物流的综合组织

杭州东站站房施工的物流组织受到四周配套工程和下部地铁工程的影响，一直是制约工程建设进度的难点问题，特别是在地下构筑物施工阶段，场地内物流通道的规划以及与周边工程的配合协调就显得尤为重要。本工程根据施工区域的不同，综合考虑各方施工进度目标要求，确定了各阶段的施工物流通道布置措施。

本工程分为三部分进行施工，并且三部分施工时序上有较大跨度，需根据每个区块的周边条件、结构情况布置运输道路。由于施工过程中需结合考虑站台层下部的地铁结构影响、南北两侧的雨棚和出租车通道结构影响及东西侧站前广场的影响，因此物流通道的布置需按现场实际情况分阶段进行，各个阶段的物流通道均应首先满足位于中心部位的地铁结构施工，然后保证站房施工的需要，最后兼顾雨棚和广场结构施工的需要。

站房施工全过程总体物流组织安排如下。

（1）西端物流通道（A—F、F—G轴区域）

西端场内道路在基坑开挖前可设置环形道路，南北两侧沿出租车通道围护坡顶8m外边设8m宽硬化道路（图中黑色斜线），主要作为材料运输通道和起重设备通道，待出租通道结构完成，并回填土方后，将原预留的8m安全距离再次硬化，作为轨道梁吊装设备重型履带式起重机通行道路。而G轴位置临近既有铁路线，该区域围护施工边线离开转线前保留的4号站台雨棚有14m宽便道，该便道在基坑开挖前可作为南北向通道，并且临近既有线围护体系利用该道路进行施工，而一旦土方开挖，由于需放坡，该道路宽度只能保留6～8m，为避免影响基坑安全，该道路不再作为行车物流通道，只作为人员通道使用。

基坑内需根据钢构吊装的需要，在进行站台层轨道梁钢构吊装过程中，需设置由西向东，自场外道路通至基础底的临时施工道路（图中红色粗线）作为大型钢构件进场道路和大型履带式起重机通行道路，为避免破坏基础底板结构，因此该道路位置基础底板采用后浇或在施工完成的基础底板上覆土铺设路基板的形式来避免基础底板受重车碾压破坏。

由于西广场在2011年4月前不会进行正式开挖，因此西端可待站房屋盖吊装完成后再进行场外道路迁改，而钢构吊装一旦完成，对道路的通行能力要求将可适当调整降低，并可利用出租车通道、高架落客平台等作为物流通道。如图3-24所示。

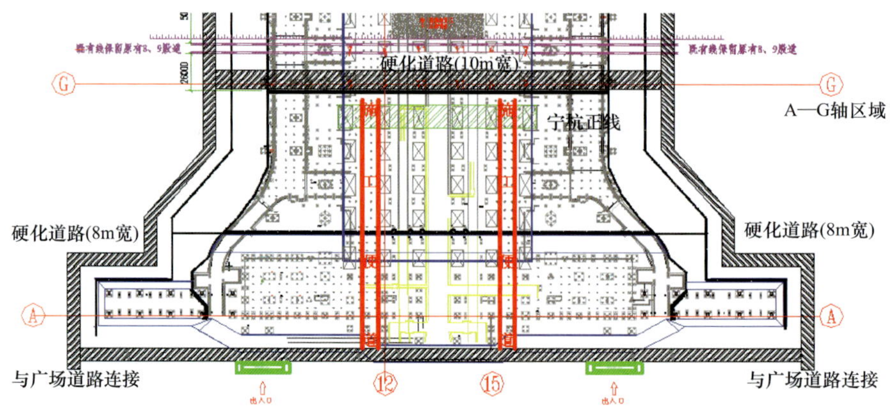

图3-24　西端（A—G轴）物流通道布置示意图（黑色斜线和红色粗线）

（2）中部物流通道（G—K 轴）

中部物流通道即为第三施工段的物流通道，位于 G-K 轴区域，该区域处于东西第一施工段和第二施工段之间，介入施工时间较晚，需待第一次转线完成，并且地铁完成 K 轴区域端头结构施工后才能全面介入，此阶段根据总体进度情况来看，西端结构已经施工完成，等待与该区衔接，较难提供物流通道，需利用过站通道地下室（净高 7m）作为物流通道，从 A 轴处与站前广场接口进出；该区东侧正在进行地连墙两侧桩基施工（12 轴和 15 轴）和外围结构施工（11 轴和 16 轴国铁承台、过站通道墙板、自动扶梯结构等），因此受制于场地条件，东侧基本不具备物流进出条件。因此，该区主要为利用南北两侧施工道路，并与东西端出租车通道外侧道路相衔接，由于该区域受到预应力锚索等既有线围护体系的影响，因此需先挖土后打桩，挖土为由中部向两端退行，两侧设出土坡道。如图 3-25 所示。

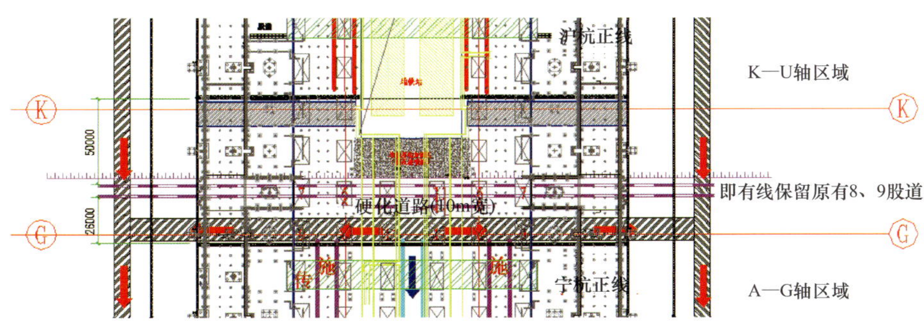

图 3-25　中部（G—K 轴）物流通道布置示意图

（3）东端物流通道（K—U 轴）

东端由于本基坑中间有地铁的深基坑，需保证其出土能顺利外运，并有一定的堆土场地，所以开挖过程中交通道路的设置显得更为重要。出租车通道外围道路仍按照西端和中部原则设置，并在既有线东侧设置临时道路，使得 K—U 轴的西侧、南侧和北侧能够接通。

东侧在东广场基坑开挖前可利用与其结构边线的 16m 安全距离设置临时道路，并与东端主干道下宁路连通，作为主要物流进出口。而在场内则沿地铁地连墙外侧设置南北两侧的 8m 宽硬化通道（标高为－10.700m）作为场内物流通道，并设置坡道与南侧外围道路和东侧外围道路连通，形成多个坑内物流通道，在满足土方开挖、地铁出土和桩基承台施工等需求的情况下，还要满足 250t 履带式起重机吊装站台层轨道梁钢结构柱脚的需要。如图 3-26 所示。

待地铁结构施工完毕后，在－10.700m 标高完成地连墙两侧桩基施工，后再挖除原有坑内道路，将道路全部重新进行规划，改为利用 11—12 轴和 15—16 轴柱网间的空隙作为轨道梁吊装通道，并将普速场正线桥作为轨道梁施工的起点向东西两侧退行，基坑内物流组织和材料运输以普速场正线桥为界，分东西两侧分别规划进出口，保证大型构件运输的需要。地铁顶板上由于荷载受限，不作为材料堆放和设备通行的通道。如图 3-27 所示。

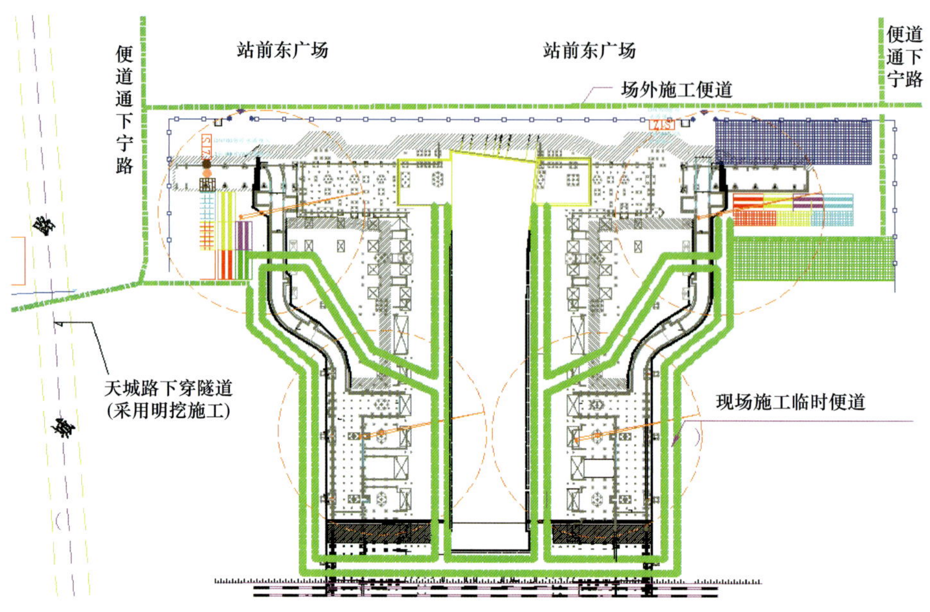

图 3-26 东端（K—U 轴）基础施工阶段物流通道布置示意图

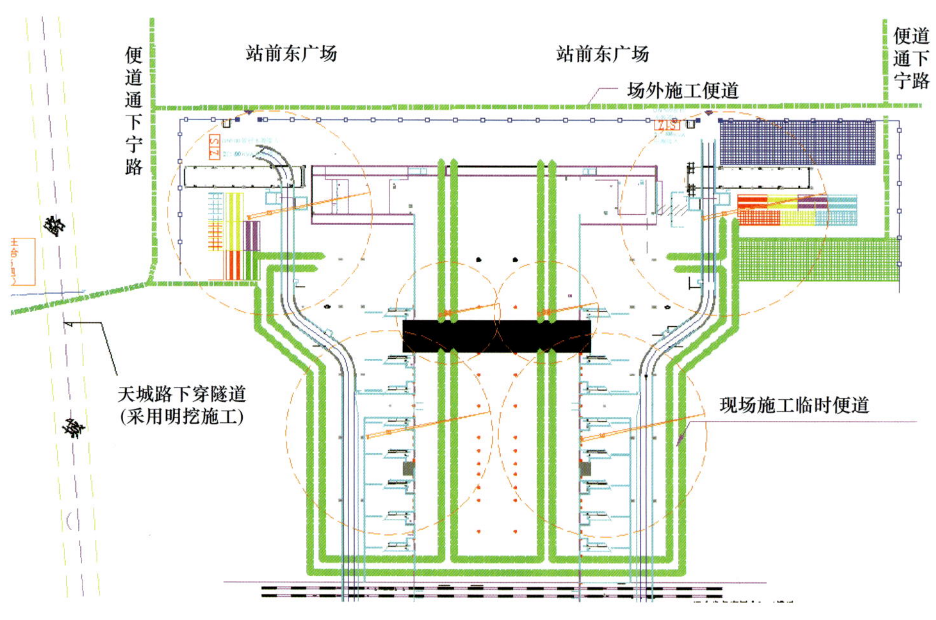

图 3-27 东端（K—U 轴）结构施工阶段物流通道布置示意图

6. 跨地铁结构正线桥支模施工

(1) 工程概况

沪昆线是国家铁路网的大动脉，其正线通过站房部分采用五跨预应力混凝土刚构—连续梁。梁体为单箱四室等高等宽结构，全桥长 113.2m，顶宽 23.9m，底宽 21.4m，高 2m，中腹板宽 0.35m，顶、底板厚度 0.3m，下部为已建成的地铁 1 号线和 4 号线顶板。如图 3-28 所示。

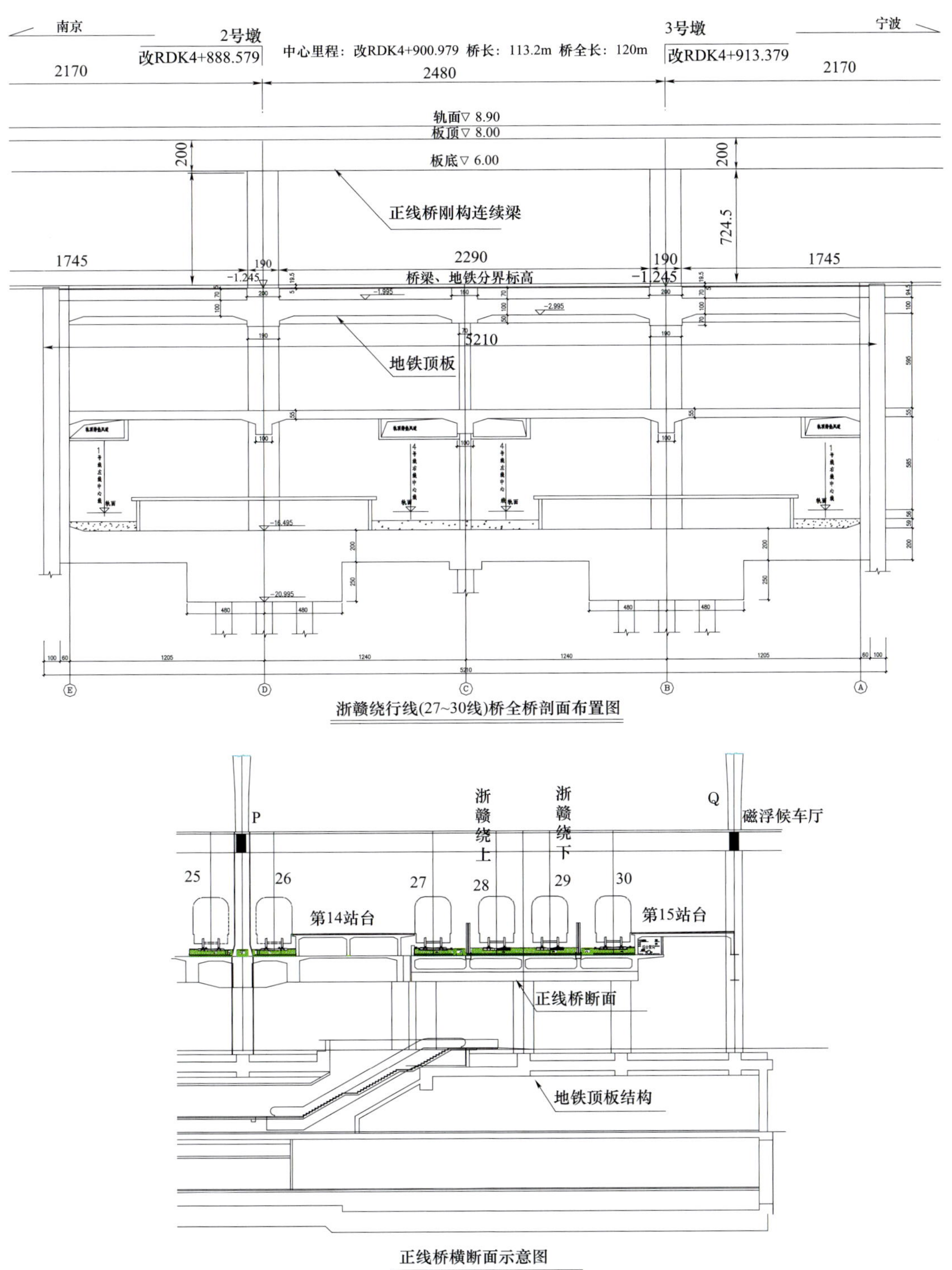

图 3-28　沪昆正线桥纵、横断面示意图

经地铁设计方复核，地铁顶板无法承受上部正线桥的施工荷载，须慎重考虑正线桥支模架的搭设方式，确保地铁顶板结构安全。

(2) 工程特点与施工关键

根据工程结构设计和现场实际情况，沪昆正线桥施工存在以下技术问题：

1) 正线桥结构自身体形较大。纵向五跨，跨距分别为 21.7、21.7、24.8、21.7、21.7m，其中中间的三跨均位于杭州地铁 1 号线东站上空；横向两跨，跨距均为 9.20m。桥体箱梁高 2m，梁体自重大，粗略估计沿跨度方向线荷载达 27kN/m。并且设计要求下部模板支撑系统须先行预压，预压重量为梁体自重的 120%，又增加了施工荷载。

2) 正线桥施工期间，下部地铁顶板虽已完成，但其内部施工仍在进行。根据设计要求，本工程已完成的地铁顶板承载力仅 $3kN/m^2$，远远无法满足正常施工时上部传递的荷载；同时，地铁结构受工期限制，无法在顶板下部进行加固，否则将无法满足地铁开通时间要求。

3) 站房地下室层高较高，从地铁顶板到正线桥板面高度 9.25m，到板底高度 7.25m，属于超过一定规模的危险性较大的分部分项工程。

4) 参建单位众多，站房正线桥与地铁分属不同的建设方，不同的设计单位和施工单位，施工协调难度很大。

(3) 模板支撑系统设计思路

经反复研究，地铁影响区域正线桥施工荷载采用架空平台支撑，平台支点利用中间两排钢筋混凝土立柱。该两排立柱是地铁和站房共用的现浇钢筋混凝土立柱，经和设计沟通，该立柱能承受上部最大荷载达 4 万 t，足够承受上部正线桥的施工荷载。

具体考虑方案如下：在共柱纵向两侧设置足够强度和刚度的钢筋混凝土牛腿，牛腿上部布置横向型钢箱梁，再在型钢箱梁上设置纵向贝雷架，以该贝雷架作为施工平台，在其上搭设正线桥结构的门架支承系统，具体如图 3-29 所示。

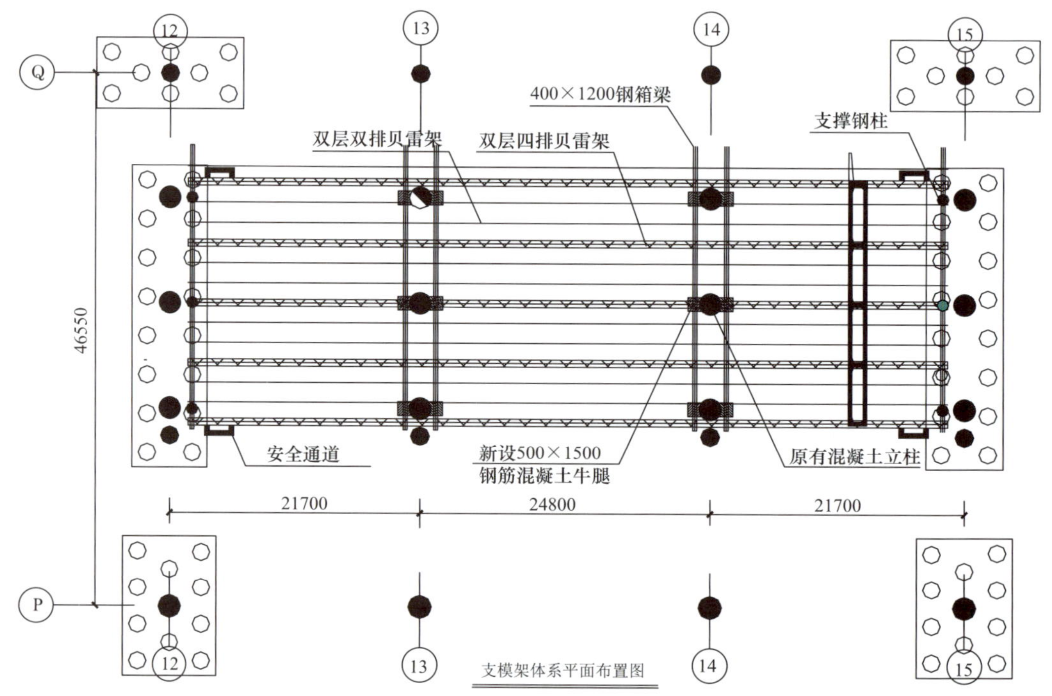

图 3-29 沪昆正线桥施工平台示意图（一）

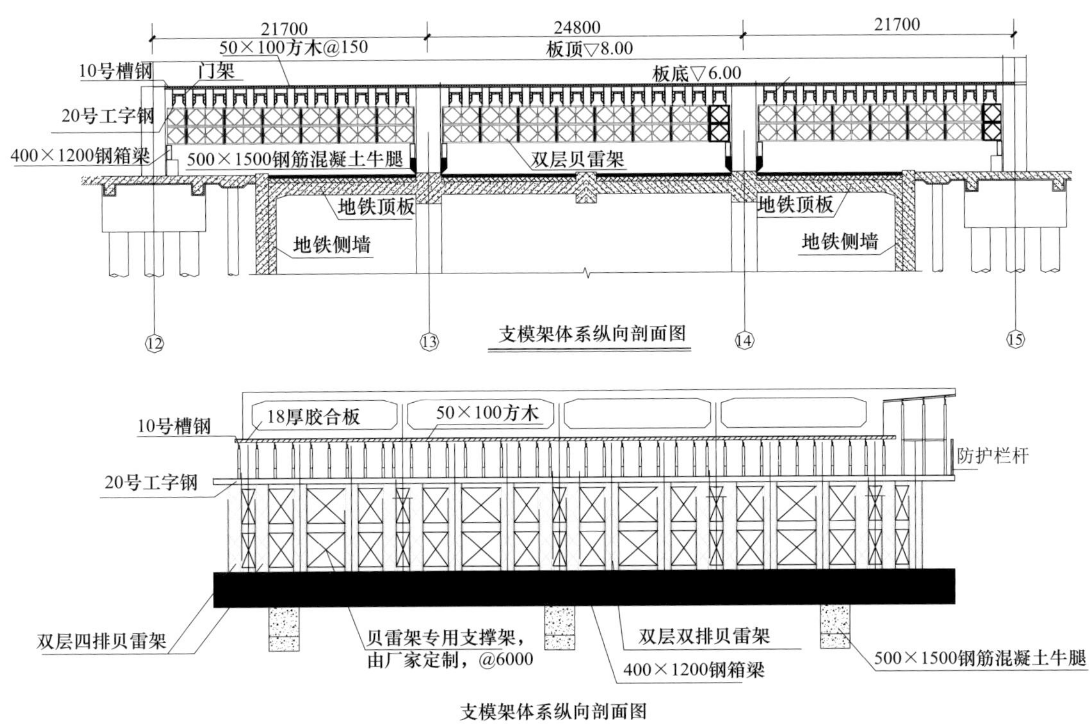

图 3-29 沪昆正线桥施工平台示意图（二）

(4) 施工平台设计计算

工程采用的双排双层不加强型贝雷梁惯性矩 $I=2148588.8\text{cm}^4$，截面抵抗弯矩 $W=14817.9\text{cm}^3$，最大容许弯矩 $[M]=3265.4\text{kN}\cdot\text{m}$，最大容许剪力 $[T]=490.5\text{kN}$，钢材弹性模量 $E=2.1\times106\text{kgf/cm}^2$。荷载计算按一次加载考虑弹性变形，纵向线荷载 $q=2691.66\text{kg/m}$。

贝雷架的组合方式分两种，一种是承受箱梁腹板的双层四排贝雷架，一种是承受箱梁空腔双层板的双层双排贝雷架，从贝雷架的受力模型分析，由于中间立柱的阻隔，贝雷架受力形式分为三跨连续梁模式和三跨简支梁模式，分别进行设计计算。

1）肋梁下贝雷架三跨连续梁模式验算：

内力验算：按三跨连续梁计算最不利荷载，计算简图如图 3-30 所示。

$M_{\max}=1543.79\text{kN}\cdot\text{m}<[M]=3265.4\text{kN}\cdot\text{m}$

截面抗弯强度符合要求！

$V_{\max}$剪$=363.20\text{kN}<[T]=490.5\text{kN}$

截面抗剪强度符合要求！

上部荷载引起的弹性挠度计算：

$K_1=4MA/q^2=0$

$K_2=4MB/q^2==0.487$

按插入法查表得系数为 0.1605。

$f_{\max1}=0.1605\times q^4/24EI=0.1605\times2691.66\text{kg/m}\times(21.7\text{m})^4/(24\times2.1\times106\text{kgf/cm}^2\times2148588.8\text{cm}^4)=0.89\text{cm}<l/4=2170\text{cm}/400=5.4\text{cm}$

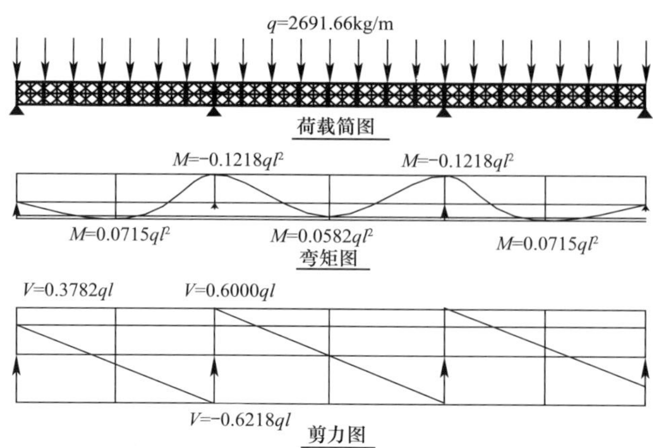

图 3-30　计算简图

挠度满足要求！

2）肋梁下贝雷架三跨简支梁模式验算：

内力验算：按单跨简支梁计算最不利荷载。

$M_{max}=2069.35kN\cdot m<[M]=3265.4kN\cdot m$

截面抗弯强度符合要求！

V_{max}剪$=333.77kN<[T]=490.5kN$

截面抗剪强度符合要求！

上部荷载引起的弹性挠度计算：

$F_{max}=5\times q^4 l/384EI=2.94cm<2480cm/400=6.2cm$

挠度满足要求！

(5) 贝雷架施工

1）工艺顺序：承台及牛腿施工→钢柱及钢梁安装→地面拼装→塔式起重机吊装→现场加固→高空防护→搭设门式脚手架模板体系→支架预压。

2）贝雷架施工：

地面拼装：贝雷架通过两端部的子母接头相连，在子母接头的圆孔中穿上销钉后插销锁定。每片贝雷梁需由 6～7 个单片组成。组装完成后检查销钉是否牢靠。

贝雷梁吊装：由于本工程工期非常紧，故现场须配备 4 台 20t 汽车式起重机进行吊装。每片贝雷梁用两根钢丝绳吊装，起吊点距离组装好的贝雷架端头 4.5m。起吊点距离汽车式起重机距离须控制在安全回转半径以内。第一片按操作面上弹出的线就位后，立即用钢管斜撑加固，扣件扣紧，以免整片贝雷架倾倒伤人。

现场加固：每片贝雷架之间必须用配套连接件加固，保证贝雷架不位移，中间加以斜撑，防止倾覆。两端头及每隔 6m 必须加设一道剪刀撑。

高空防护：为便于操作，同时作为高空防护用，在贝雷架上型钢梁空隙间满铺不小于 50mm 厚木跳板。在贝雷架外边没有任何遮拦物，工人操作时必须系上安全带。

贝雷架的拆除：正线桥结构混凝土同条件养护试块强度满足设计要求后，先拆除脚手架及模板支撑，先拆除最靠近临时通道一侧的贝雷架，然后自外向内逐片搬运至外侧平台板上拆除，拆散后贝雷片用运输车辆运出现场。贝雷片装车过程由汽车式起重机进行配合。

3）牛腿及钢箱梁节点：

在 13、14 轴间的混凝土柱底部设置混凝土牛腿，该牛腿与混凝土柱同时施工，牛腿及预埋件尺寸规格按图示，在施工完成后应对混凝土牛腿进行养护至设计强度的 100%，确保有足够的强度承担上部荷载（图 3-31）。

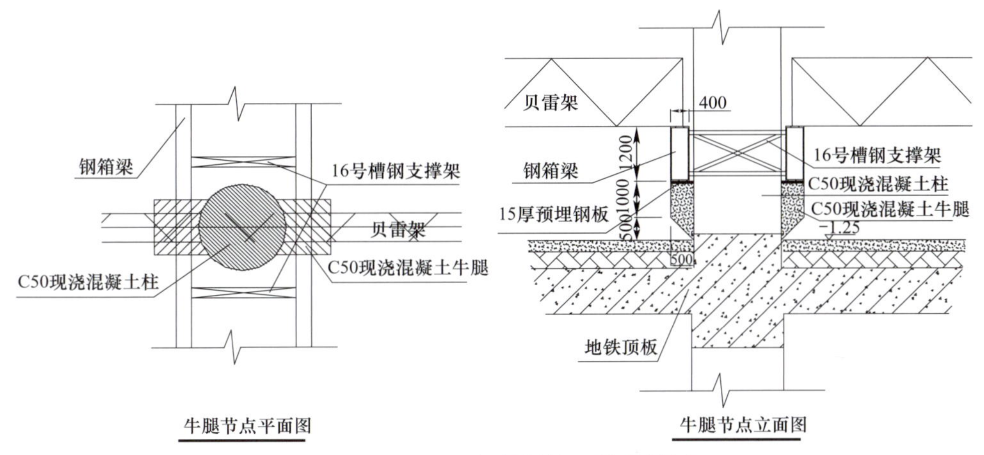

图 3-31　牛腿及钢箱梁施工节点详图

4）贝雷架平台节点：

节点 1 详图见图 3-32。

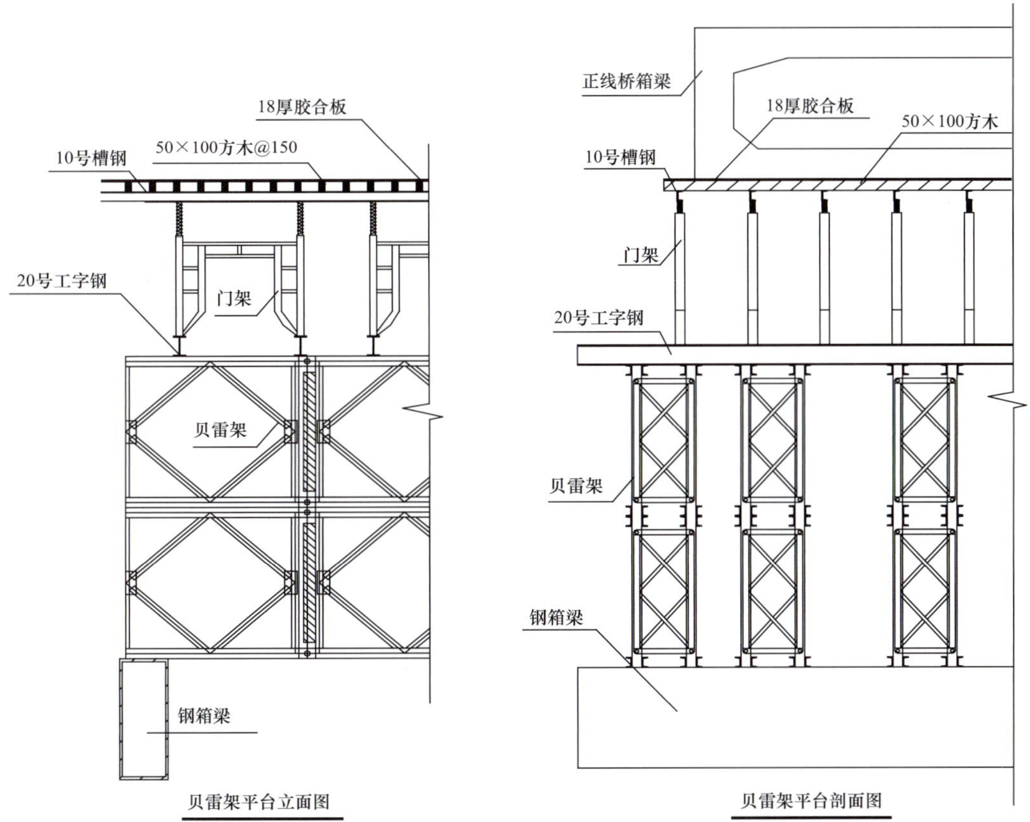

图 3-32　贝雷架平台节点详图

(6) 施工过程监测

为了验证本次贝雷架平台的安全性和经济性，特在贝雷架体的受力特征部位布设若干监测点，分别测试架体的最大弯应力、最大剪应力和最大变形量，测试结果如表 3-11～表 3-13 所示。

弯应力监测统计表 **表 3-11**

序号	部位	设计最大弯应力（MPa）	预压实测最大值（MPa）	浇底腹板最大值（MPa）	浇顶板最大值（MPa）	顶板终凝最大值（MPa）
1	简支梁跨中底部	139.65	95.43	55.56	58.26	61.45
2	连续梁支座顶部	104.18	72.35	38.37	43.96	45.74

剪应力监测统计表 **表 3-12**

序号	部位	设计最大剪应力（MPa）	预压实测最大值（MPa）	浇底腹板最大值（MPa）	浇顶板最大值（MPa）	顶板终凝最大值（MPa）
1	简支梁支座	175.6	118.26	75.86	85.45	88.87
2	连续梁支座	191.0	132.45	94.54	109.42	113.50

位移监测统计表 **表 3-13**

序号	部位	设计最大位移（mm）	预压实测最大位移（mm）	浇底腹板最大位移（mm）	浇顶板最大位移（mm）	顶板终凝最大位移（mm）
1	简支梁跨中底部位移	29.4	21.7	15.7	18.5	18.6
2	连续梁跨中底部位移	8.9	6.5	4.7	5.6	5.9

(7) 实施效果

正线桥施工从 5 月 20 日开始，至 7 月 5 日完成顶板浇筑，期间贝雷架搭设时间约为 10d。施工过程采用自行研发的“建筑工程结构安全施工实时监测系统”进行了无线远程全过程监测，未发生报警事件，工程进展顺利并如期完工，事后对受保护的地铁结构进行检查，未发现因上部施工造成的质量缺陷及不良影响。过程中现场照片如图 3-33 所示。

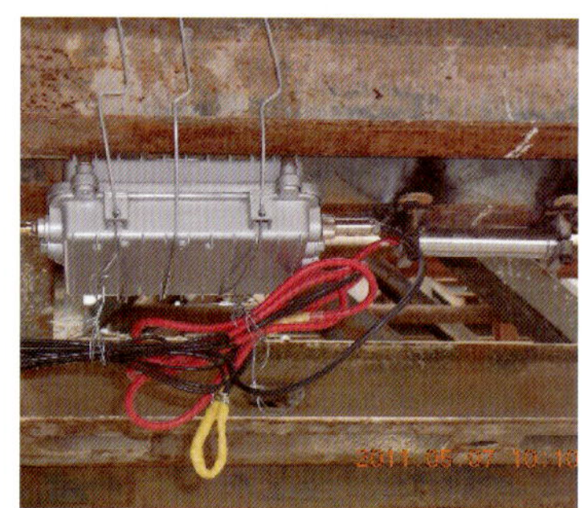

图 3-33 沪昆正线桥施工平台实景

7. 实施效果

桥建合一工程须根据整体工程施工组织方案，房建工程与桥梁工程有机结合、协调施工，在设计阶段须考虑到施工现场特点与施工组织流向，针对性设计。在施工阶段，须各专业服从总体施工方案部署，有组织穿插施工，严控施工进度节点，配合施工。

3.6　钢结构施工技术

1. 钢结构概况

本工程主站房钢结构主要由四大部分组成。

出站厅钢结构（包括出站厅钢管柱和轨道层钢骨梁）、轨道层结构面标高为－2.250m。

高架层钢结构（包括站台层钢柱和高架层桁架及钢梁）、结构面标高为9.850m。

高架夹层钢结构（商业用途），楼层标高为17.850m。

屋盖大跨度钢管相贯桁架结构（包括变椭圆截面斜立柱、格构柱和屋盖结构），其屋面为圆弧形，最高点标高为39.300m，最低点标高为22.050m（图3-34）。

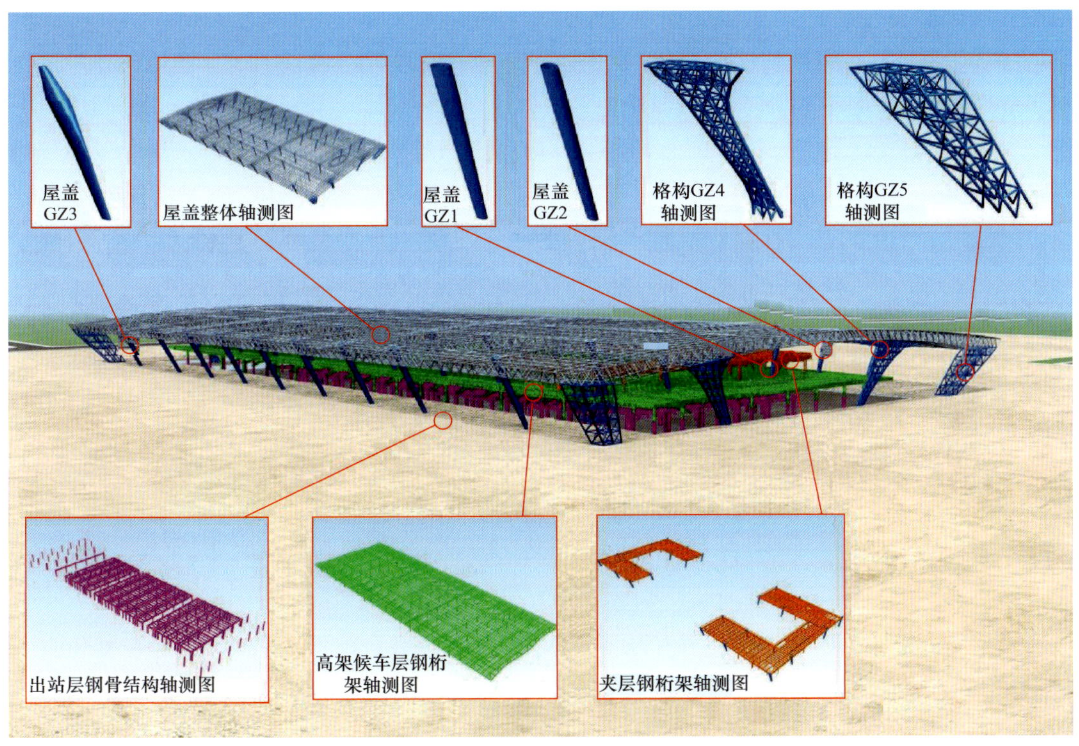

图3-34　钢结构总体及分解效果图

(1) 出站厅钢结构概况

1) 出站厅钢结构整体设计划分

出站厅钢结构主要为钢管混凝土柱和轨道层钢骨梁。根据结构设计范围的不同，出站厅分为由铁四院设计的格构结构体系和中南院设计范围内的钢管柱。

铁四院设计的范围为轨道顶以下，地下通道面以上的结构部分，包括相应柱的基础设计。因此，其从地下通道横向（东西向）：C轴到Q轴间330.1m；纵向（南北向）：从11—11轴到16—16轴间，中心间距111.6m。

中南院设计的范围为除上述范围内的钢结构，根据对结构设计图纸的了解，中南院在－2.250m标高范围以内的钢结构主要为钢管混凝土柱（包括基础）。如图3-35所示。

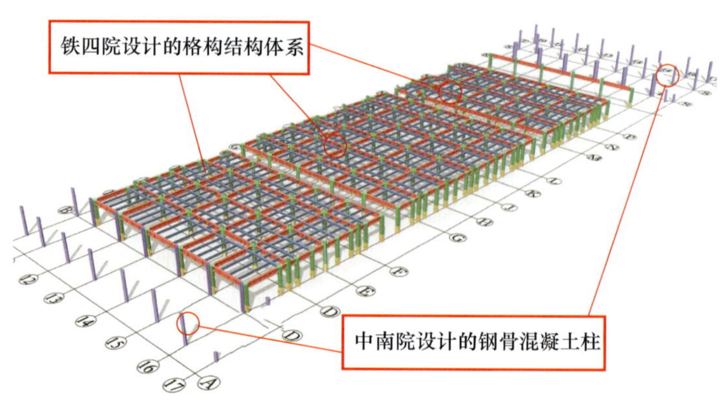

图 3-35 出站厅整体钢结构示意图

2）铁四院设计的地下格构结构概况

铁四院设计的格构结构体系是车站建筑结构与车站桥梁结构结合在一起共同受力的一种车站结构形式，具有桥建合一的特征。

结构体系顺线路方向跨度为（21.7＋21.7＋24.8＋21.7＋21.7）m，纵向中心跨度111.6m，属对称结构。

在格构结构体系中间，有三道相对独立的正弦桥通过，因此将格构结构体系分成三个相互独立的单元。

横向柱网在C—F轴为1～4站台区；G—L轴为5～10站台区；M—P轴为11～14站台区；包括三个正线刚架桥，分6个区域。

格构体系中，立柱采用钢管混凝土结构，轨道层纵、横梁采用型钢—混凝土梁的组合结构形式。梁柱节点处立柱贯通。

柱网在沪杭正线的13、14轴与L、M处，即地铁楼梯口处作了局部调整，导致了结构局部不规整。

地下格构结构钢柱（不包括正线）共142根立柱，按截面特征及与梁的节点分13类。如表3-14所示。

出站厅立柱特征表 表3-14

编号	立柱名称	截面（mm）	材质	数量（根）	备注
1	GHYZ1	直径2000，壁厚40	PRC-C60-Q345qC	34	贯通柱，设计范围内有承台
2	GHYZ2	直径2000，壁厚40	PRC-C60-Q345qC	10	贯通柱，地铁柱，设计范围内无承台
3	GHYZ3	直径1600，壁厚32	PRC-C60-Q345qC	14	不贯通，设计范围内有承台
4	GHYZ4	直径1600，壁厚32	PRC-C60-Q345qC	6	不贯通，地铁柱，设计范围内无承台
5	GHYZ5	直径1600，壁厚32	PRC-C60-Q345qC	2	贯通柱，地铁柱，Q轴无承台
6	GHYZ6	直径1600，壁厚32	PRC-C60-Q345qC	2	贯通柱，地铁柱，Q轴无承台
7	GHYZ7	直径1600，壁厚32	PRC-C60-Q345qC	6	贯通柱，出租车通道有承台
8	GHFZ1	1600×1600，壁厚40	PRC-C60-Q345qC	16	贯通柱，有承台
9	GHFZ2	1600×1600，壁厚40	PRC-C60-Q345qC	10	不贯通，有承台
10	GHFZ3	1600×1600，壁厚40	PRC-C60-Q345qC	2	贯通，Q轴有承台
11	GHF4	1700×1600，壁厚40	PRC-C60-Q345qC	2	不贯通，C轴有承台
12	GHFZ5	1600×1200，壁厚40	PRC-C60-Q345qC	44	不贯通，有承台
13	GHYX1	直径1600圆端形，壁厚32	PRC-C60-Q345qC	4	不贯通，C轴有承台
柱的总数：142					

3）钢骨梁设计概况

轨道层主体结构为钢骨混凝土梁，钢梁为 H 型钢，其截面形式主要有 H2250mm×1200mm×80mm×50mm、H2250mm×800mm×40mm×50mm、H1500mm×800mm×40mm×50mm 等（图 3-36）。

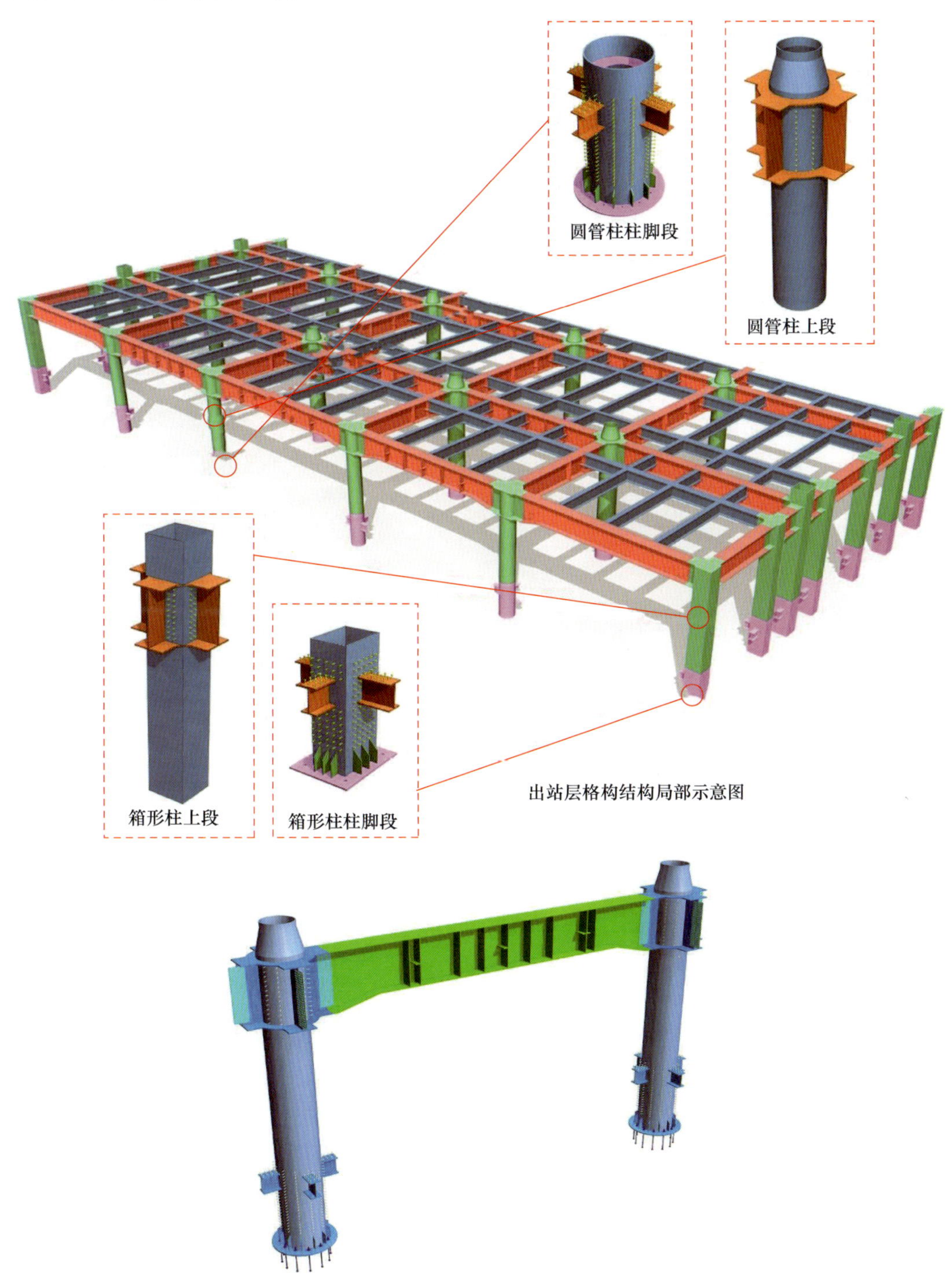

图 3-36　单跨刚架主梁及柱详图

4）中南院设计的出站厅钢管柱概况

由于轨道层等线路结构由铁四院设计，因此中南院在地下部分钢结构的设计范围仅为上述范围以外的钢管混凝土柱的设计（无钢梁）（图 3-37）。

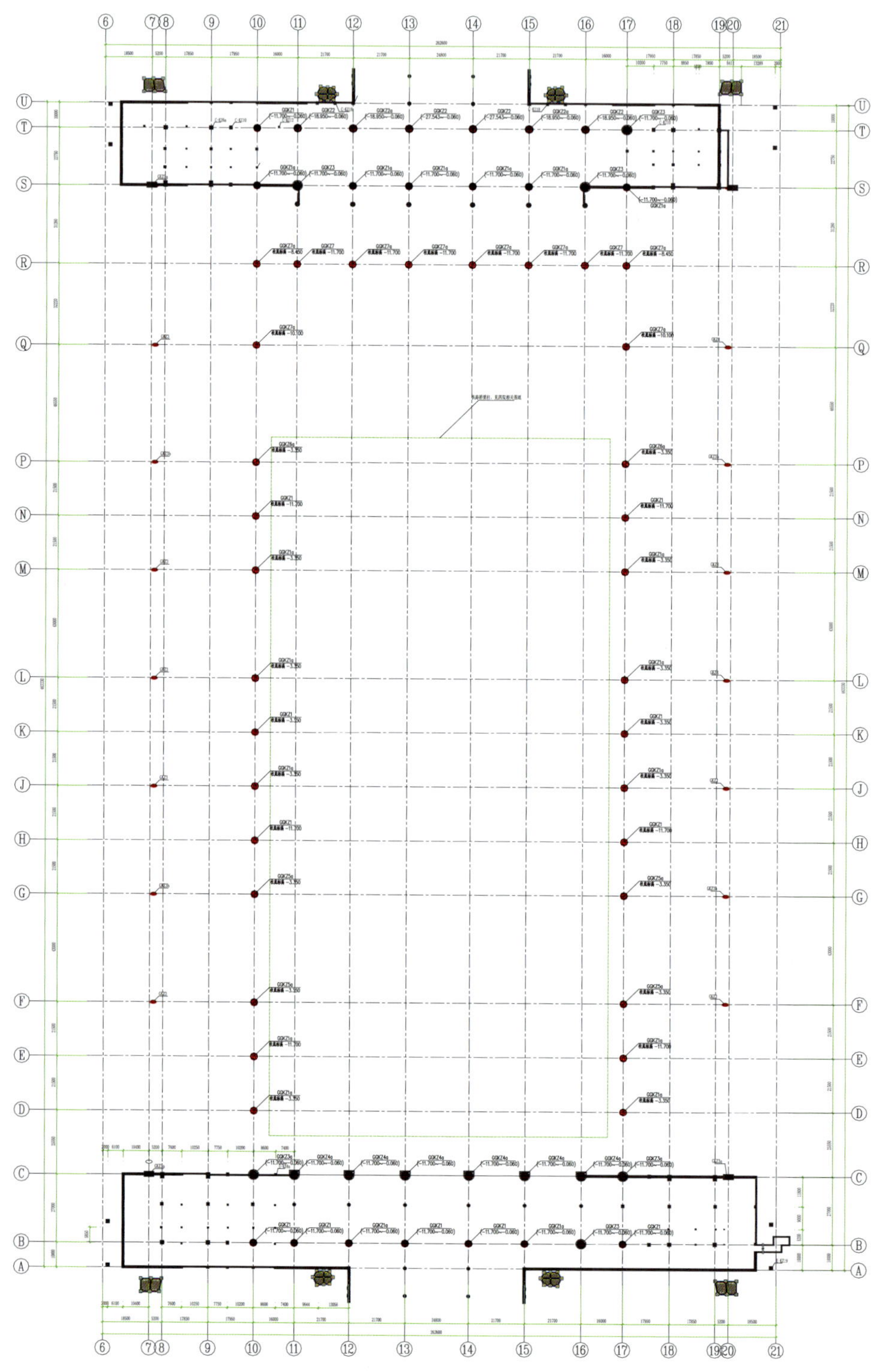

图 3-37　中南院设计的出站层钢管柱布置图

出站层中南院设计的主要为钢管柱、部分钢骨柱及屋盖变椭圆截面斜柱的柱脚等。

钢柱如图 3-38 所示。

(2) 高架候车厅及夹层结构概况

高架层底面标高为＋9.850m，为进站大厅，高架层楼盖拟采用钢桁架梁＋钢管混凝土柱结构。

高架层最大平面尺寸为 463.45m（垂直于轨道方向，即横向）和 143.6m（顺轨方向，即纵向）。

柱网尺寸：(16＋21.7×2＋24.8＋21.7×2＋16)m（纵向）；(27＋25.55＋21.5×2＋43.06＋21.5×4＋43.06＋21.5×2＋46.55＋32.22＋31.26＋22.75)m（横向）。

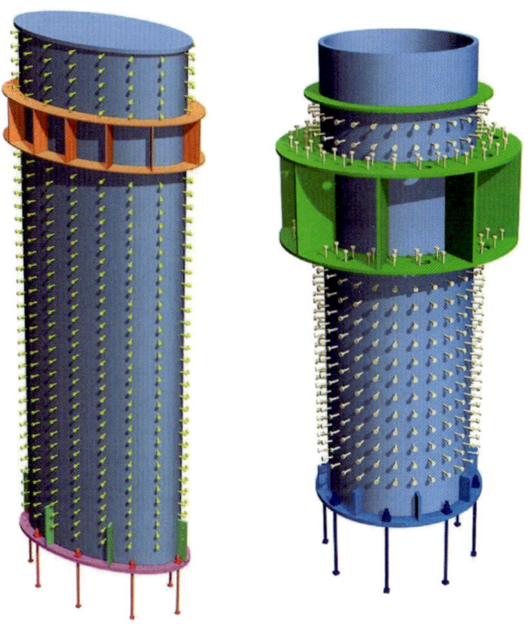

图 3-38　钢管柱示意图（柱脚段）

楼层结构为正交正放桁架形式，纵向桁架的最大跨度为 24.8m，两端悬挑 10.2m，横向桁架的最大跨度为 46.55m，桁架间二级次梁采用焊接 H 形截面，上铺压型钢板作为模板，组成整个高架层结构。

其轴测图如图 3-39、图 3-40 所示。

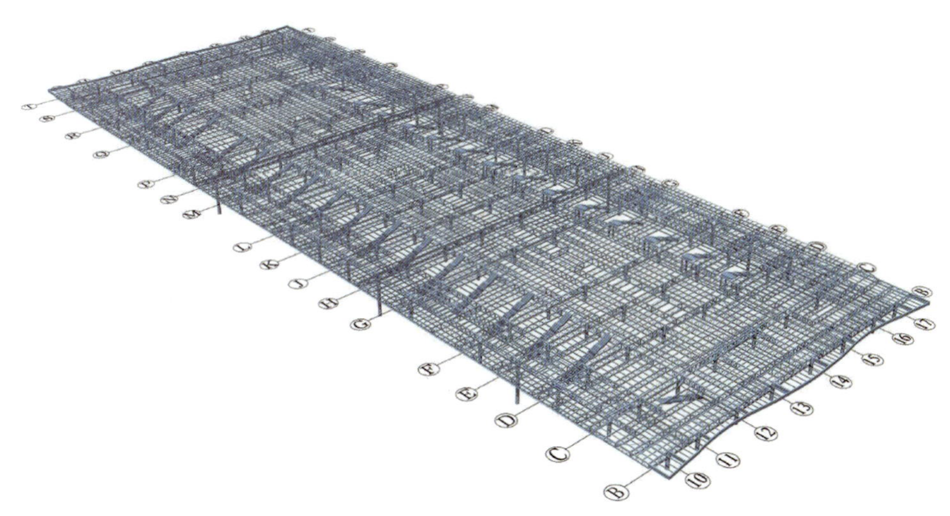

图 3-39　高架层钢结构轴测图

高架层为整个钢结构的重要组成部分，其主要由钢管柱、格构柱和十字交叉主次桁架组成，钢管柱的最大截面为 ϕ1600×50，内灌 C60 混凝土；楼层结构为十字交叉桁架（平面桁架），主桁架的最大跨度为 46.55m，桁架的最大高度为 2800mm。主要杆件截面为箱形和 H 形两种。

高架层在与屋盖变椭圆截面斜钢柱连接处设置了复杂的转换节点（图 3-41）。

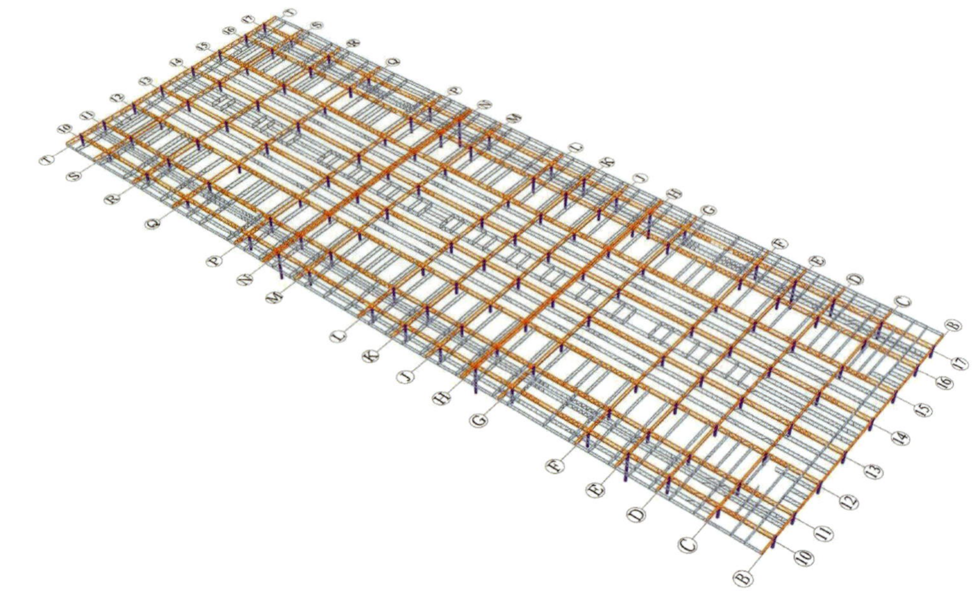

图 3-40　主次桁架布置轴测图

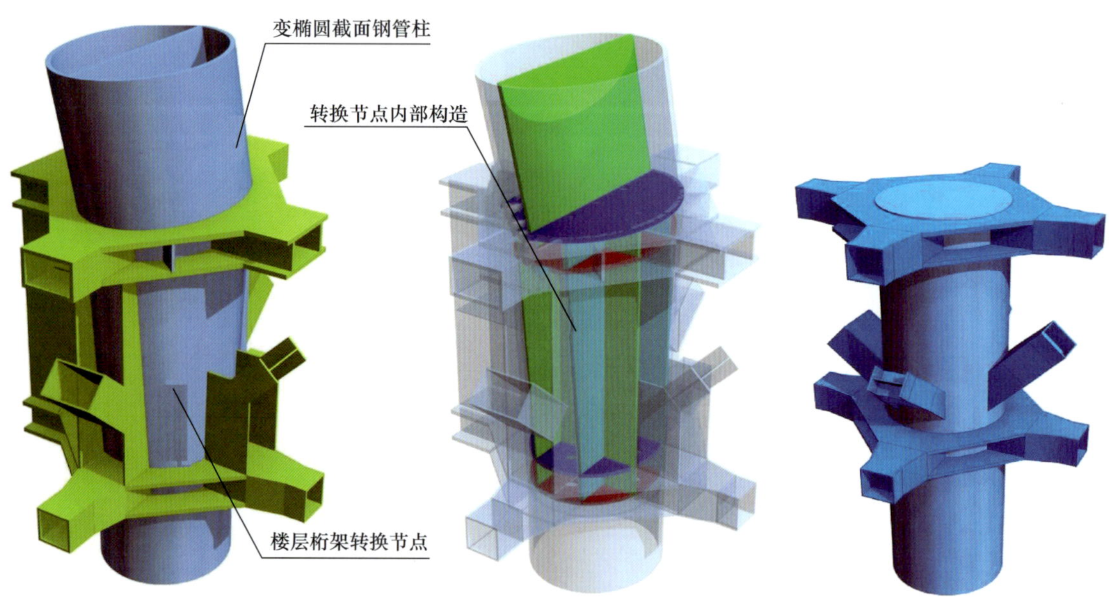

图 3-41　高架层在与屋盖变椭圆截面斜钢柱连接处转换节点示意图

图 3-42　高架层在与楼层桁架连接处节点示意图

高架层在与楼层桁架连接处的节点，如图 3-42 所示。

高架层在 H 和 N 轴位置处设置了伸缩缝，将楼层整体结构划分为三部分。

高架层主桁架采用加强的节点构造。桁架在节点处采用节点板进行加强，且节点板的厚度要大于桁架弦杆和腹杆构件的壁厚，给深化设计和加工制作带来了较大的难度（图 3-43、表 3-15、表 3-16）。

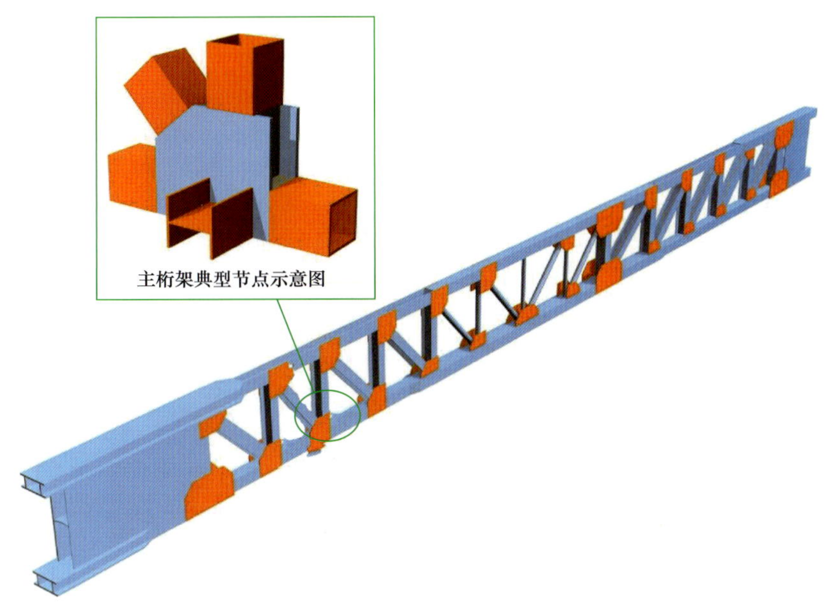

图 3-43　高架层典型主桁架示意图

桁架截面索引表（mm）　　**表 3-15**

上弦杆（SXG_x）		下弦杆（XXG_x）		腹杆（FG_x）	
SXG1	H400×400×13×21	XXG1	H400×400×13×21	FG1	ϕ?140×8
SXG2	□ 400×400×14×14	XXG1a	H400×400×16×25	FG2	ϕ?180×8
SXG3	□ 400×400×16×16	XXG2	□ 400×400×14×14	FG3	ϕ?203×8
SXG4	□ 400×400×20×20	XXG3	□ 400×400×16×16	FG4	ϕ?203×10
SXG5	□ 400×400×25×25	XXG4	□ 400×400×20×20	FG5	H400×300×12×16
SXG6	□ 400×400×30×30	XXG5	□ 400×400×25×25	FG6	H400×400×13×21
SXG7	□ 400×400×34×34	XXG6	□ 400×400×30×30	FG7	H400×400×16×25
SXG7a	□ 400×600×20×20	XXG7	□ 400×400×34×34	FG8	H600×300×16×25
SXG8	□ 400×600×25×25	XXG8	□ 400×400×40×40	FG9	□ 400×400×14×14
SXG9	□ 400×600×30×30	XXG9	□ 400×600×20×20	FG10	□ 400×400×16×16
SXG10	□ 400×600×40×40	XXG10	□ 400×600×25×25	FG11	□ 400×400×20×20
SXG10a	□ 400×600×50×50	XXG11	□ 400×400×30×30	FG12	□ 400×400×25×25
SXG11	Ⅱ 400×600×40×40－100	XXG12	□ 400×600×40×40	FG13	□ 400×400×30×30
SXG12	Ⅱ 400×600×40×50－150	XXG13	□ 400×600×50×50	FG14	□ 400×400×34×34
		XXG14	Ⅱ 400×600×40×50－150	FG15	□ 600×400×20×20
		XXG15	Ⅱ 400×600×40×40－100	FG16	□ 600×400×20×25
		XXG16	Ⅱ 400×600×50×50－200	FG17	□ 600×400×30×30
		XXG17	Ⅱ 400×600×50×50－300		

注：表中所列构件材质：

1. 板厚≥25mm 均为 Q345GJC，其中板厚 t≥40mm 均为 Q345GJC-Z15。
2. 板厚 t＜25mm 均为 Q345C。

高架层钢梁规格表 **表 3-16**

构件名称	构件编号	构件规格（mm）	钢材型号	附注
上弦水平钢梁	SGL1	H200×150×6×9	Q345C	
上弦水平钢梁	SGL2	H300×200×6×10	Q345C	
上弦水平钢梁	SGL3	H400×200×8×12	Q345C	
上弦水平钢梁	SGL4	H400×200×8×16	Q345C	
上弦水平钢梁	SGL5	H400×250×10×14	Q345C	
上弦水平钢梁	SGL6	H400×250×10×18	Q345C	
上弦水平钢梁	SGL7	H400×300×12×16	Q345C	
上弦水平钢梁	SGL8	H400×400×13×21	Q345C	
上弦水平钢梁	SGL9	H400×400×16×25	Q345C	
上弦水平钢梁	SGL10	H600×300×12×16	Q345C	
上弦水平钢梁	SGL11	H600×300×12×20	Q345C	
上弦水平钢梁	SGL12	H1500×500×25×30	Q345C	
上弦水平钢梁	SGL13	H1700×800×28×30	Q345C	
上弦水平钢梁	SGL14	□300×300×10×10	Q345C	
上弦水平钢梁	SGL15	□400×400×20×20	Q345C	
上弦水平钢梁	SGL16	□400×400×25×25	Q345C	
上弦水平钢梁	SGL17	□600×400×30×30	Q345C	
上弦水平钢梁	SGL18	⊟1500×400×18×14	Q345C	-12
上弦水平钢梁	SGL18a	⊟1500×400×18×18	Q345C	-12
上弦水平钢梁	SGL19	□500×400×20×20	Q345C	
上弦水平钢梁	SGL20	□400×400×30×30	Q345C	
上弦水平钢梁	SGL21	□500～400×20×20	Q345C	2400 400 500

（3）商业夹层钢结构概况

商业夹层平面投影呈“凹”字形，东西相应，两片夹层楼面尺寸略有区别，在立面上位于高架层以上屋盖层以下，结构标高为＋17.950m，商业夹层东西两侧的平面长度分别为114.33m和115.85m，宽度为143.6m。

商业夹层为钢框架主次梁结构，钢框架主梁主要支撑在屋盖变椭圆截面斜钢柱上，因此导致支撑于变椭圆截面斜钢柱上的钢梁为斜截面箱形梁。

钢梁最大跨度分别为46.55m和43m。最大跨度钢梁重量约100t。如图3-44、图3-45所示。

（4）屋盖钢结构概况

屋盖采用钢桁架结构，沿轨道方向为五跨，其跨度为43.4～68.2m，最大跨度为68.2m，垂直于轨道方向的跨度为43～47m。根据柱网及建筑造型要求，沿轨道方向布置钢管次桁架，与之垂直方向布置钢管主桁架。钢桁架高度为5000～7800mm（上下弦中心间距）。屋盖由变椭圆截面斜钢柱支撑，形成双向刚接框架结构（图3-46）。

10
11
12
13
14
15
16
17
C
D
E
F
G
H
J
K
L
M
N
P
Q
R
S

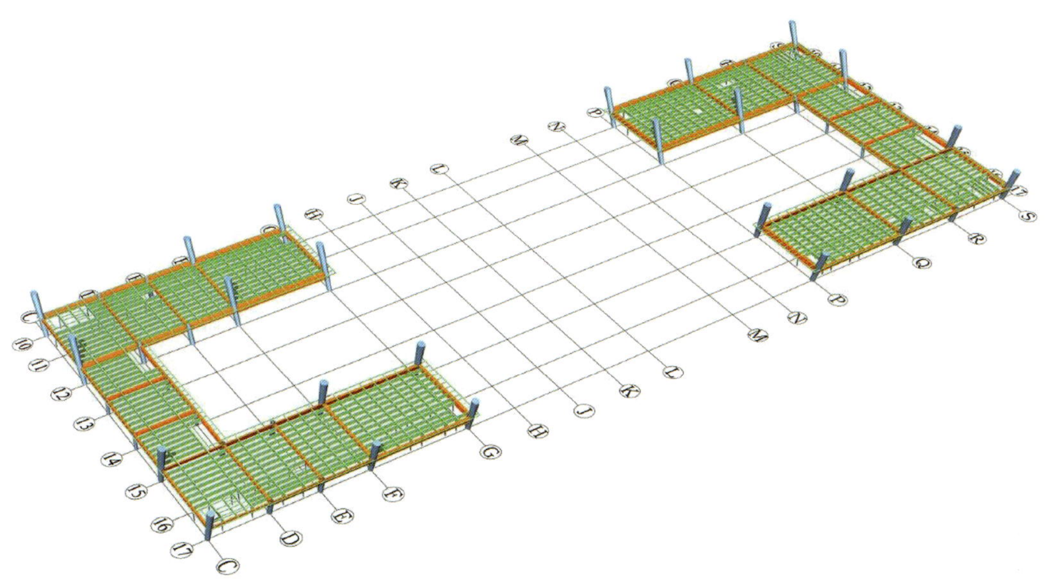

图 3-44　商业夹层钢结构整体轴测图

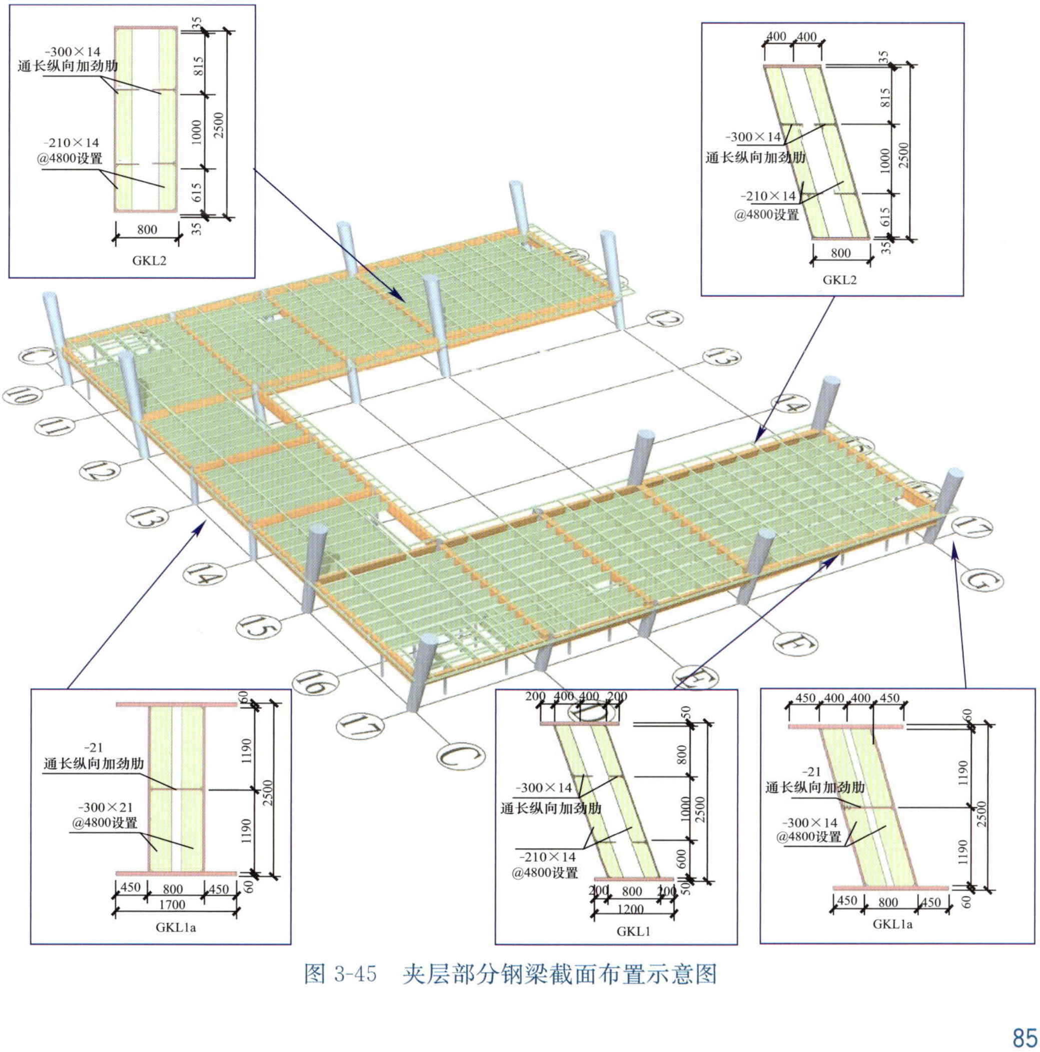

-300×14
通长纵向加劲肋
-210×14
@4800设置
35
815
1000
615
35
2500
800
GKL2
400 400
-300×14
通长纵向加劲肋
-210×14
@4800设置
35
815
1000
615
35
2500
800
GKL2
-21
通长纵向加劲肋
-300×21
@4800设置
60
1190
1190
60
2500
450 800 450
1700
GKL1a
200 400 400 200
-300×14
通长纵向加劲肋
-210×14
@4800设置
50
800
1000
600
50
2500
200 800 200
1200
GKL1
450 400 400 450
-21
通长纵向加劲肋
-300×14
@4800设置
60
1190
1190
60
2500
450 800 450
GKL1a
10
11
12
13
14
15
16
17
C
E
F
G

图 3-45　夹层部分钢梁截面布置示意图

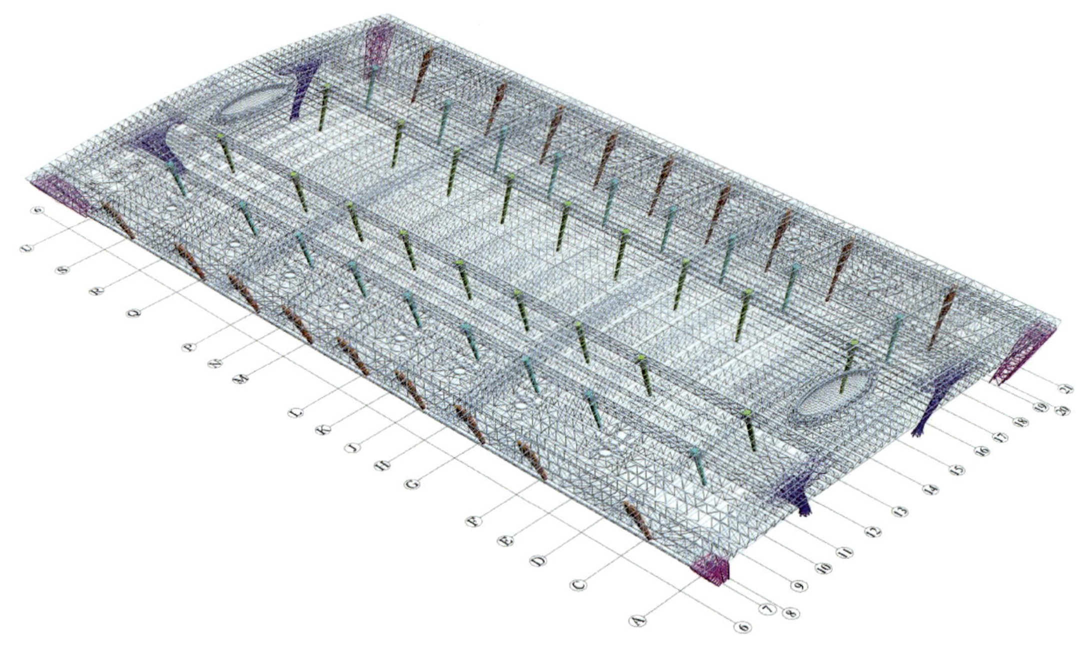

图 3-46 屋盖钢结构轴侧图

屋盖由变椭圆截面斜钢柱支撑，有 GZ1、GZ2、GZ3 三种类型，其中 GZ1、GZ2 变化趋势较为缓慢，而 GZ3 则沿钢柱截面变化较大。GZ3 如图 3-47 所示。

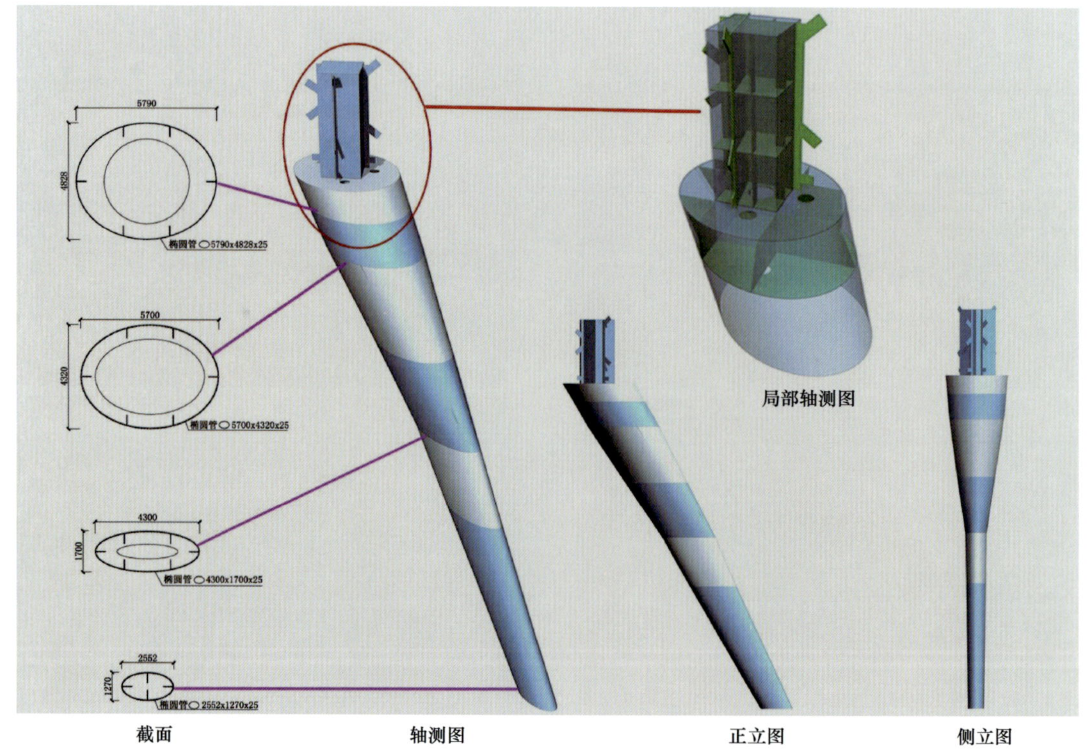

图 3-47 GZ3 变椭圆截面钢柱内部剖视图

GZ1、GZ2 椭圆截面变化较为平缓，在柱顶处与桁架相交。屋盖变形缝处将椭圆柱头一半去掉，在其半平台上设置抗震支座（图 3-48）。

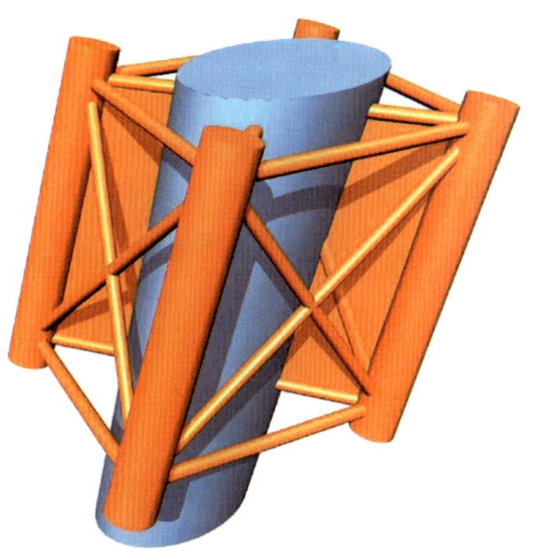

图 3-48　GZ1、GZ2 椭圆柱柱顶节点

站房屋盖东西两端为大型钢管格构柱。钢管格构柱采用较大直径的钢管密排。钢管最大规格达到 ϕ700×35。由于钢管排布较密，钢管之间的间隙较小，钢结构拼装及焊接连接施工难度非常大（图 3-49）。

(5) 钢楼梯设计概况

本工程站台与高架层，高架层与高架夹层之间楼梯，主要采用垂直电梯和钢楼梯。钢楼梯的种类主要包括直跑楼梯、折线楼梯等。主要类型如图 3-50 所示。

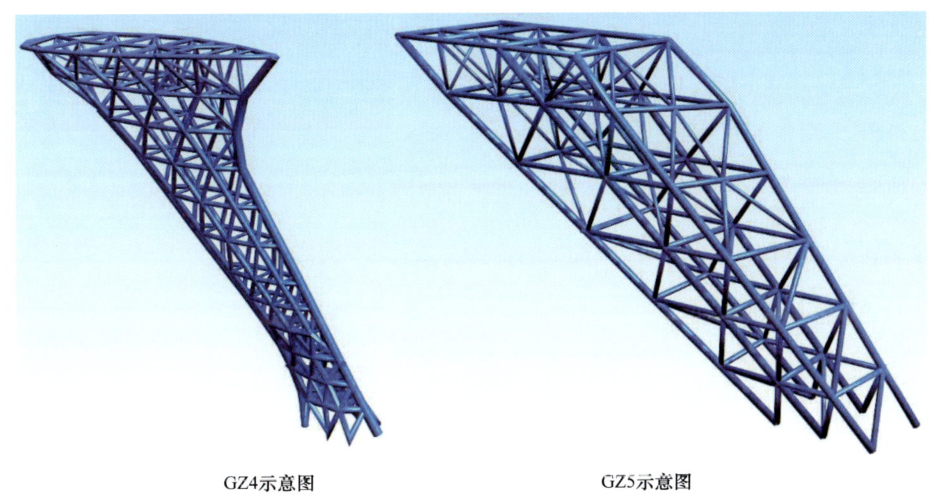

图 3-49　钢管格构柱示意图

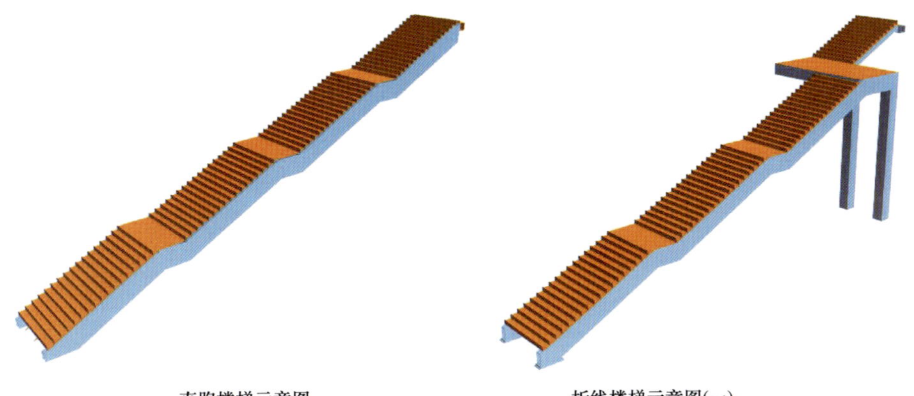

图 3-50　钢楼梯示意图（一）

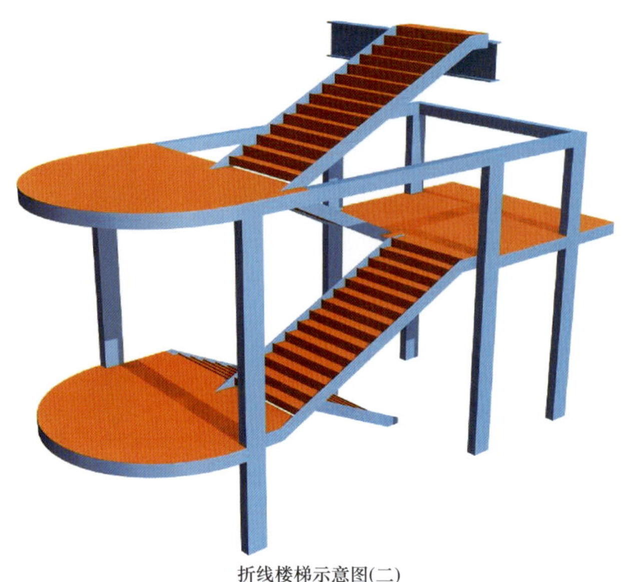

折线楼梯示意图(二)

图 3-50 钢楼梯示意图（二）

(6) 杆件及典型节点特征

本工程典型截面类型较多，主要构件截面及节点形式如表 3-17、表 3-18 所示。

主要构件截面形成 **表 3-17**

钢柱截面		圆管柱
		“D”字形截面

续表

钢柱截面	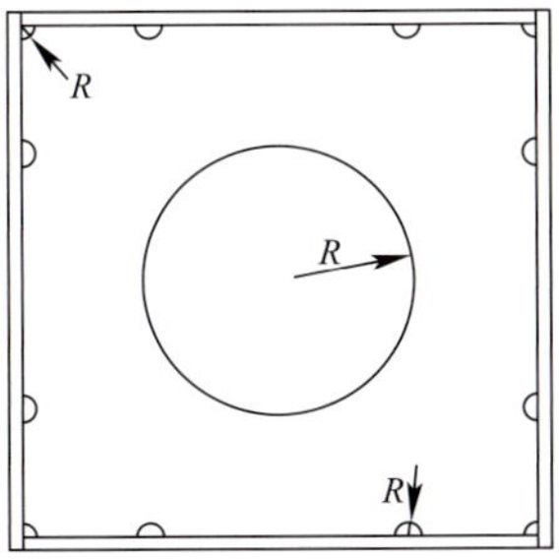	箱形柱
	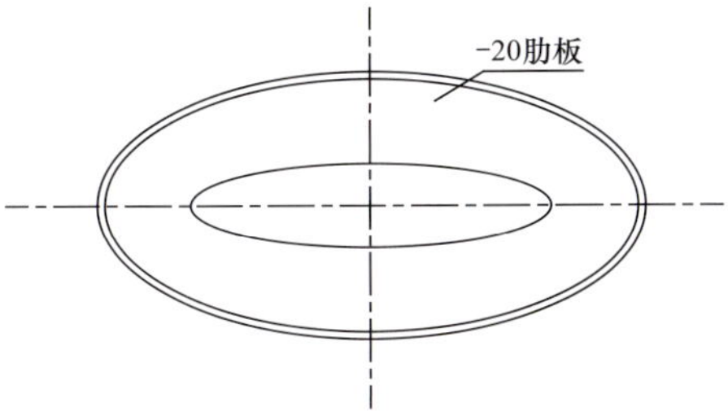	变椭圆截面斜钢管柱
钢梁	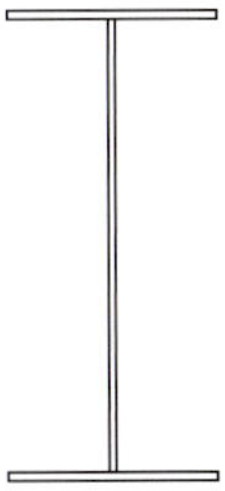	轨道层钢梁 高架层钢梁、桁架杆件 夹层钢梁
	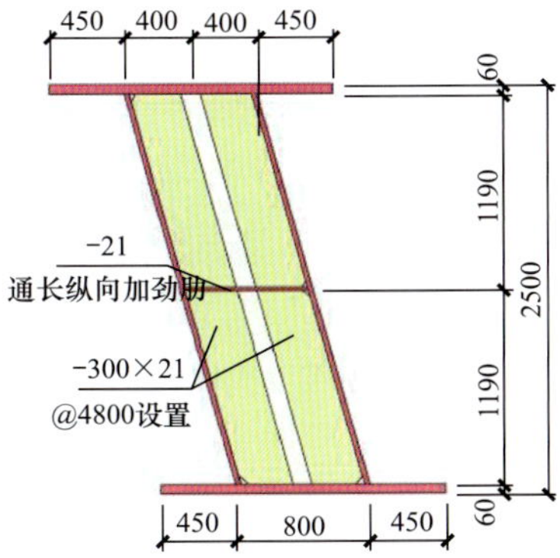	高架夹层钢梁

续表

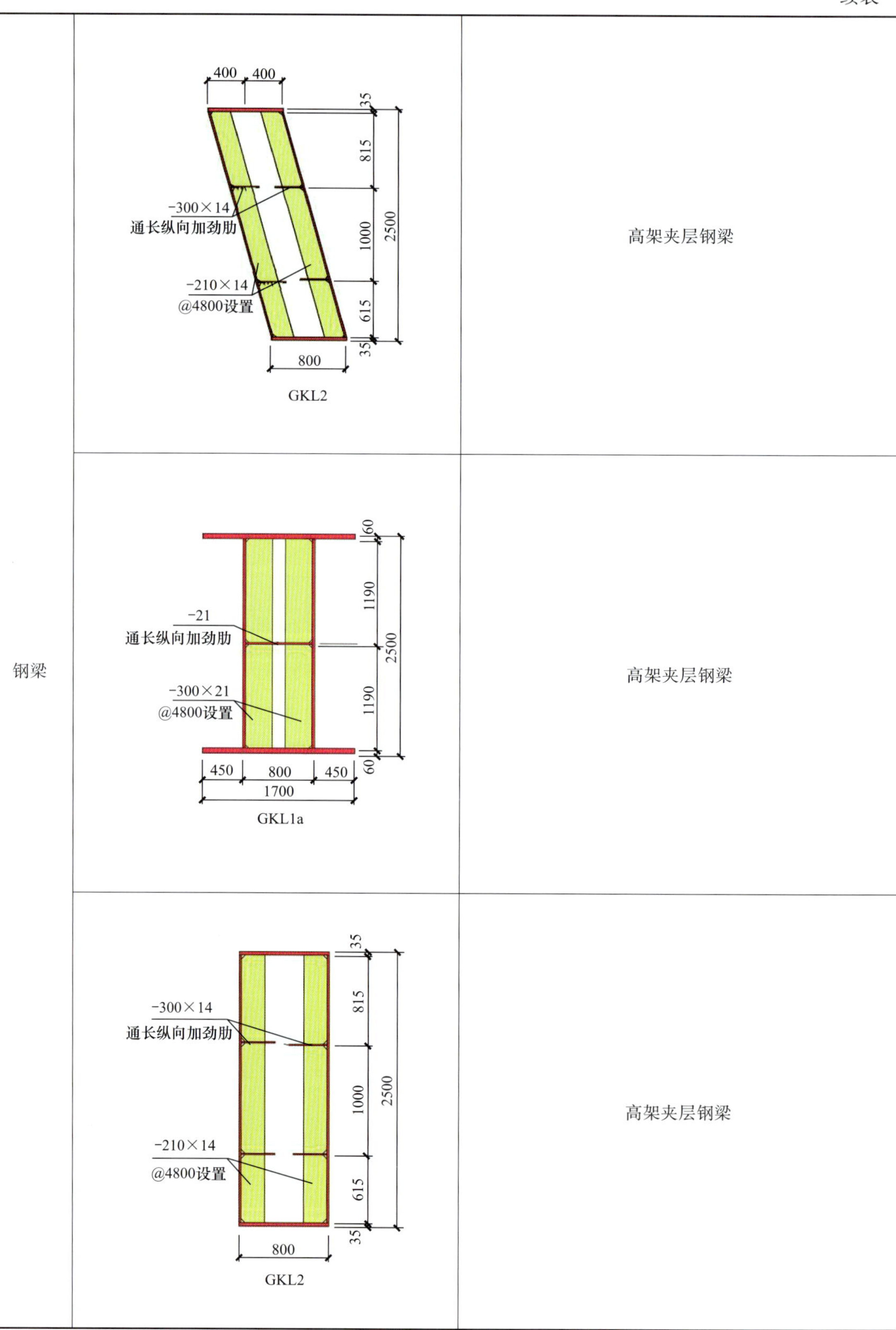

钢梁	GKL2	高架夹层钢梁
	GKL1a	高架夹层钢梁
	GKL2	高架夹层钢梁

典型的节点形式　　表 3-18

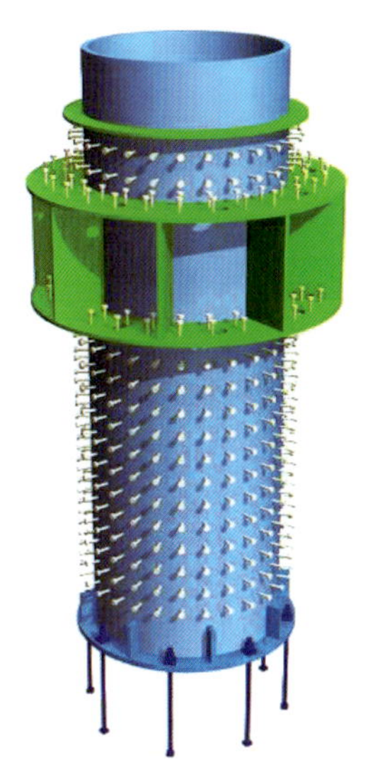	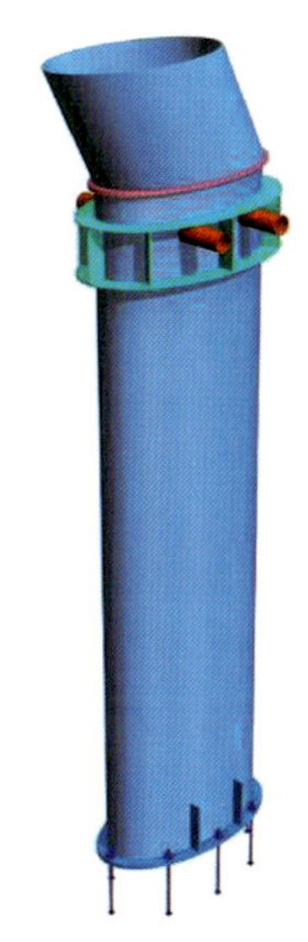
钢柱埋入承台内柱脚节点	椭圆柱埋入承台内柱脚节点
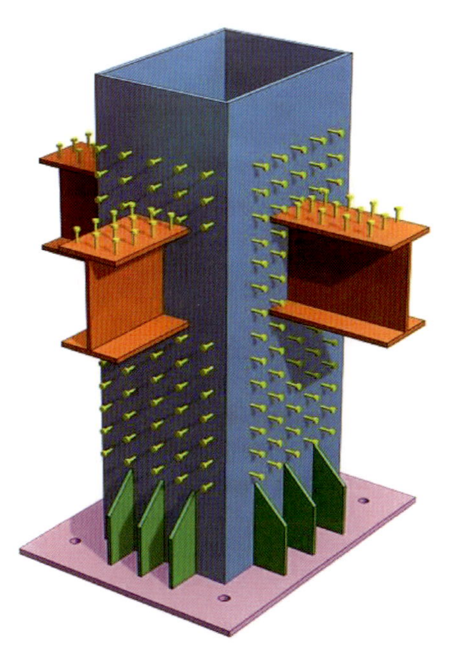	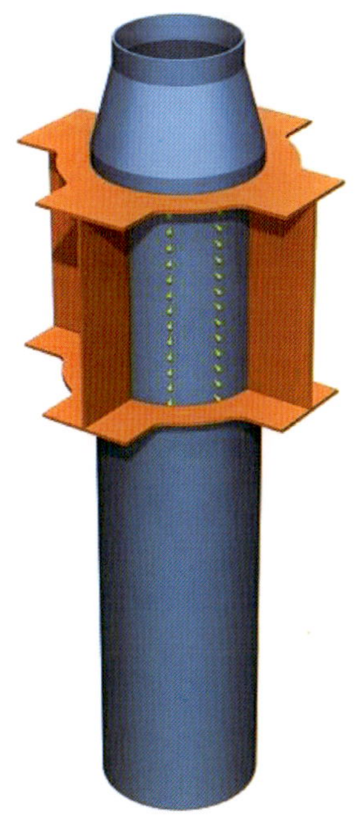
箱形柱埋入承台内柱脚节点	钢管柱与轨道层钢骨梁连接节点

续表

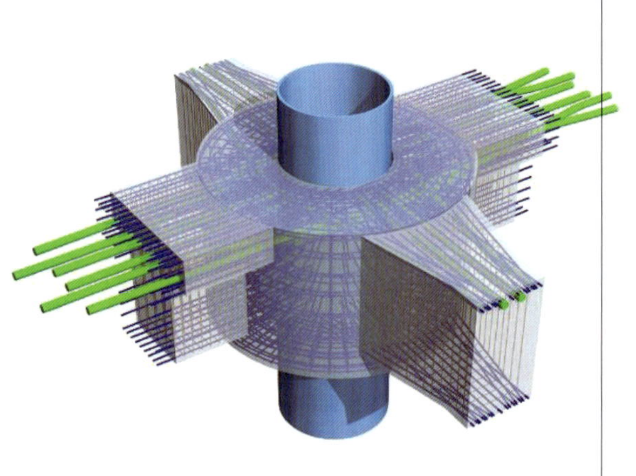	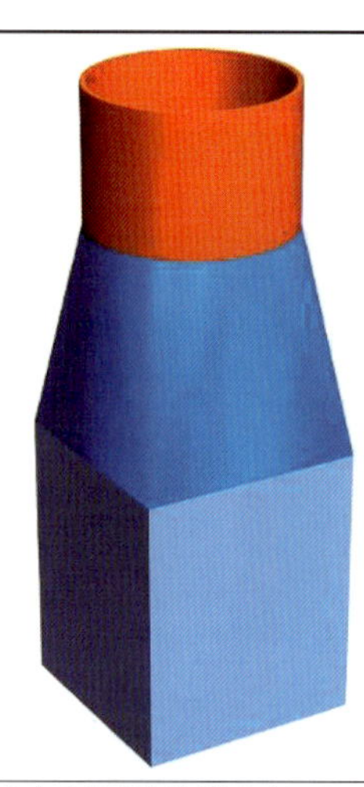
东西端站台层钢柱与预应力混凝土梁连接节点	出站层箱形柱与高架层圆管柱转换的“天圆地方”铸钢节点
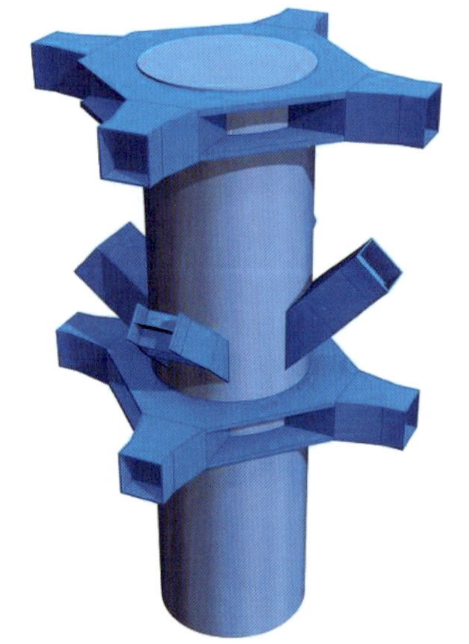	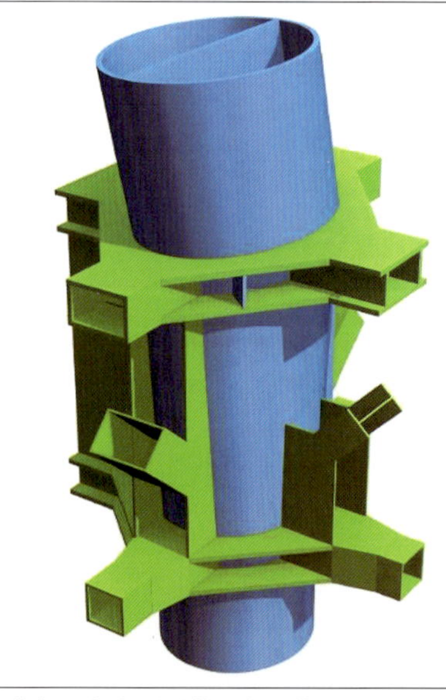
高架层柱与桁架连接节点	高架层与变椭圆截面斜钢管柱的转换节点
	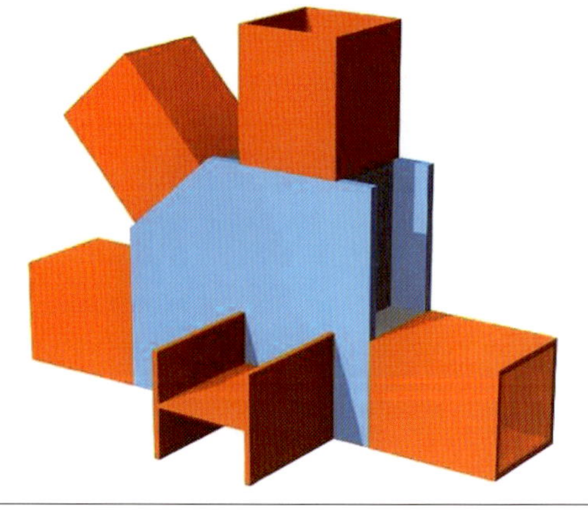
高架层桁架典型节点（一）	高架层桁架典型节点（二）

续表

	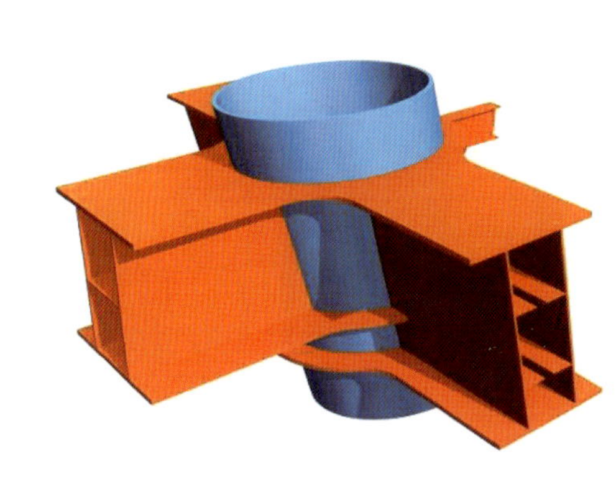
高架夹层与圆管柱的连接节点	高架夹层与变椭圆截面斜钢管柱的连接节点

2. 钢结构总体工程量

杭州东站钢结构总重量约 7.8 万 t，具体工程量如图 3-51～图 3-54、表 3-19 所示。

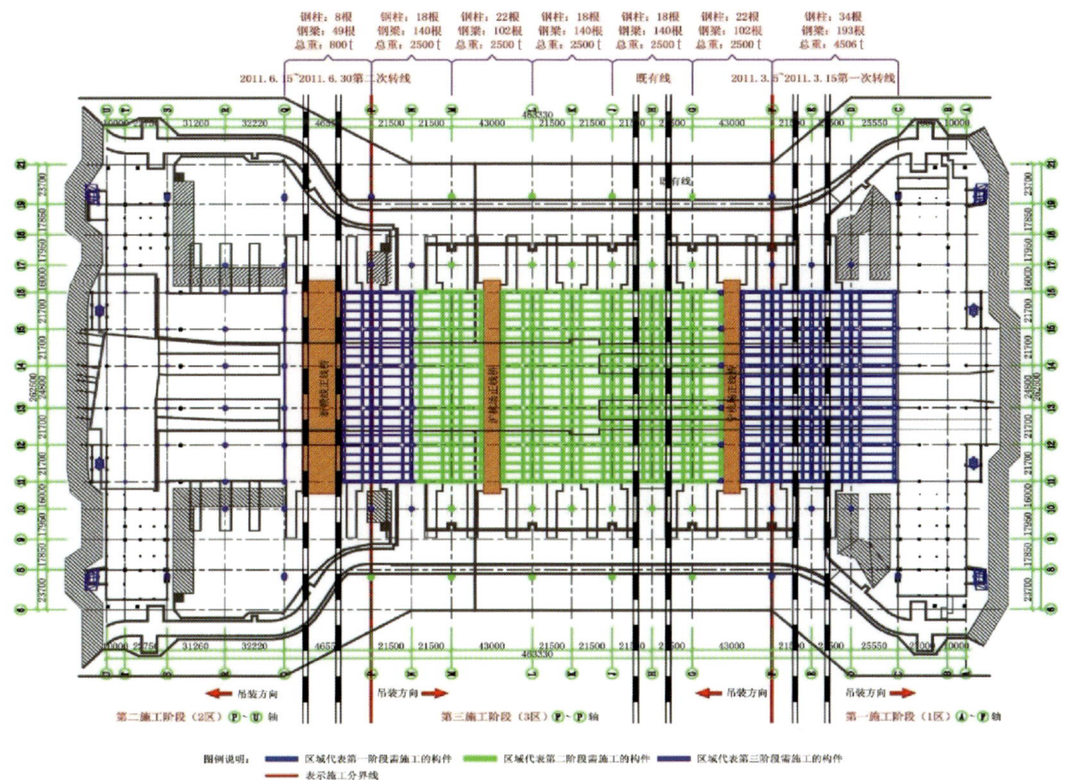

图 3-51 站台层钢结构构件数量统计

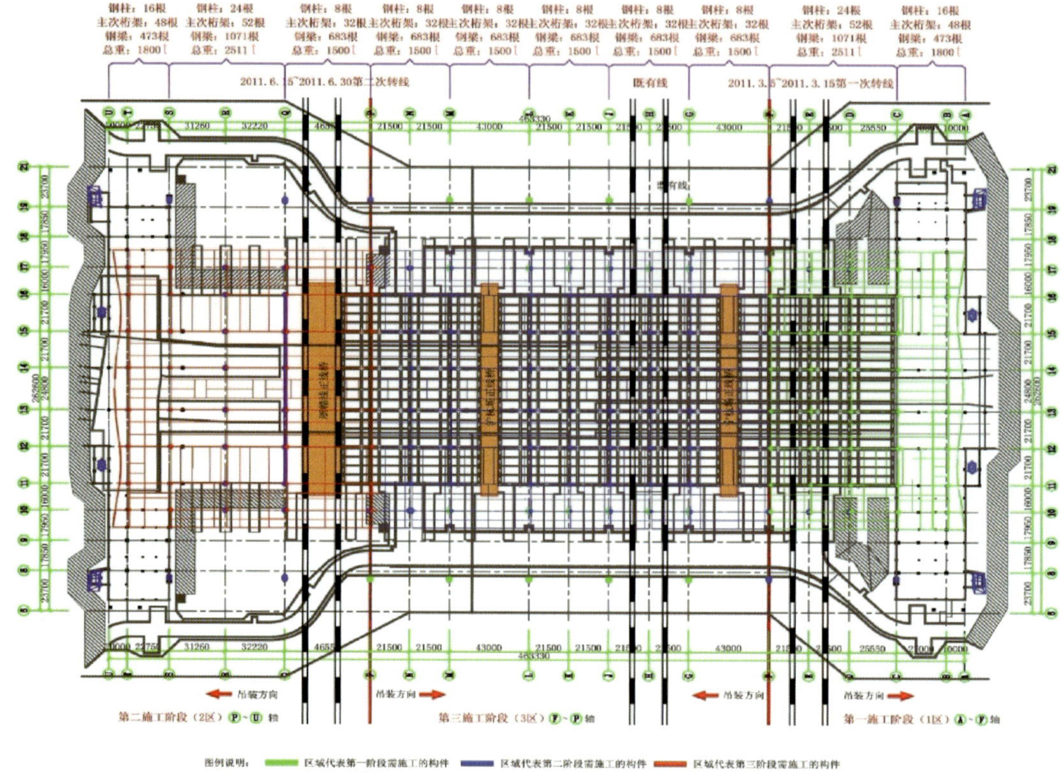
图 3-52　高架层钢结构构件数量统计

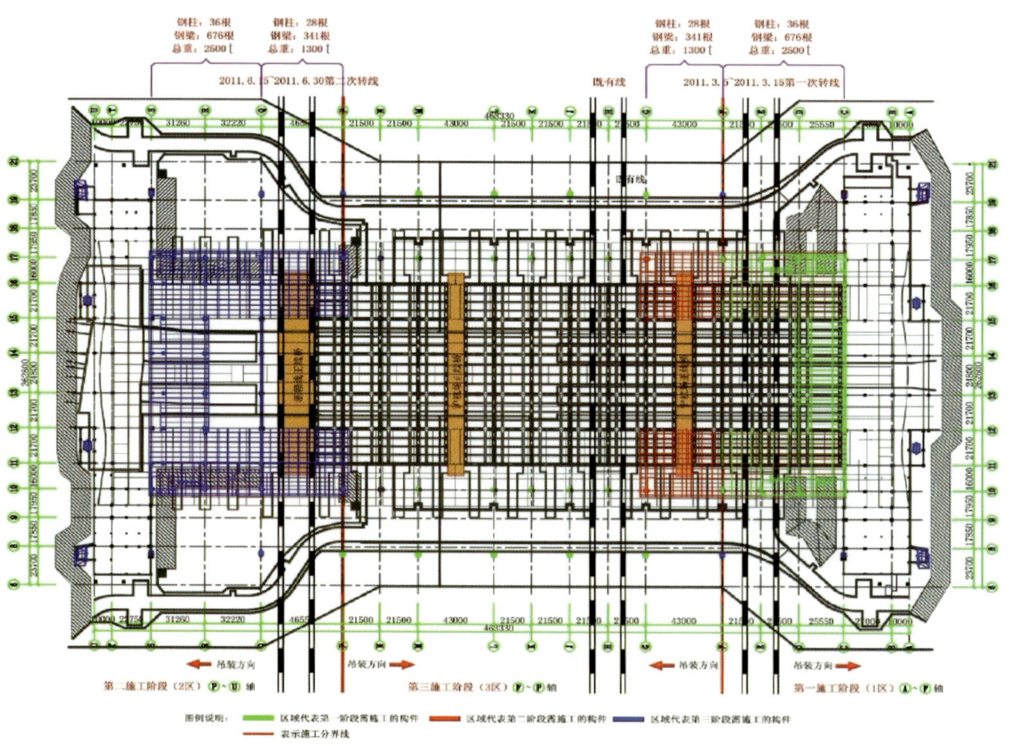
图 3-53　高架夹层钢结构构件数量统计

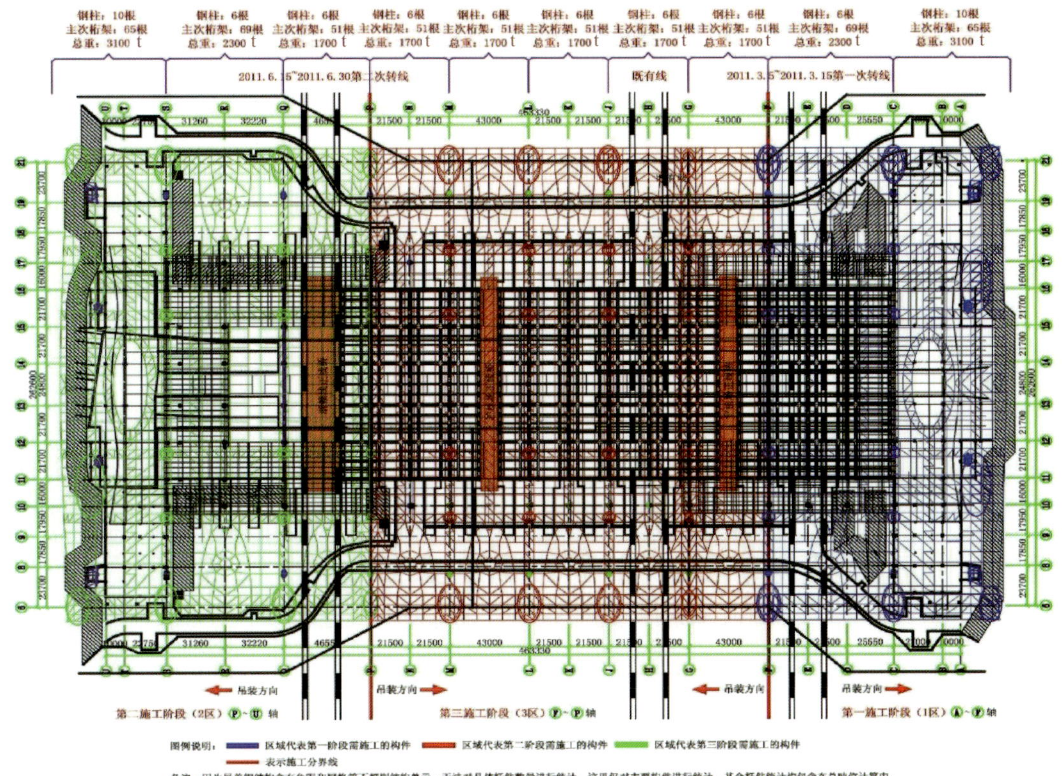

图 3-54　屋盖钢结构构件数量统计

标准跨钢结构工程量和工效统计　　　　**表 3-19**

序号	安装部位	构件名称	构件数量或面积（个、根、m^2）	构件重量（t）	施工时间（d）	每天安装杆件数量或面积（个、根、m^2）	每天安装杆件吨位（t）
1	轨道层钢结构	钢柱	34	2105	45	0.76	46.78
2		钢梁	193	3260	45	4.29	72.44
3	高架层钢结构	钢柱	16	728	60	0.27	12.13
4		主桁架	120	1450	60	2.00	24.17
5		上下弦钢梁	1150	348	60	19.17	5.80
6		压型钢板	11450		60	190.83	0.00
7		栓钉	34000		60	566.67	0.00
8		马道		195	60		3.25
9	屋盖钢结构	钢柱	12	1930	105	0.11	18.38
10		主桁架	5780	2300	105	55.05	21.90
11		主檩条	870	148	105	8.29	1.41
12		檩托	658	25	105	6.27	0.24
13	商业夹层钢结构	钢柱	36	2100	60	0.60	35.00
14		钢梁	1370	1349	60	22.83	22.48

3. 总体施工流程

新建杭州东站站房属于既有站房拆除改造项目，既有沪昆正线需保持运营，因此站房施工全过程需围绕沪昆正线迁改进行组织，工程需分为多个施工段分块施工，有别于正常情况下的施工组织安排（图 3-55）。

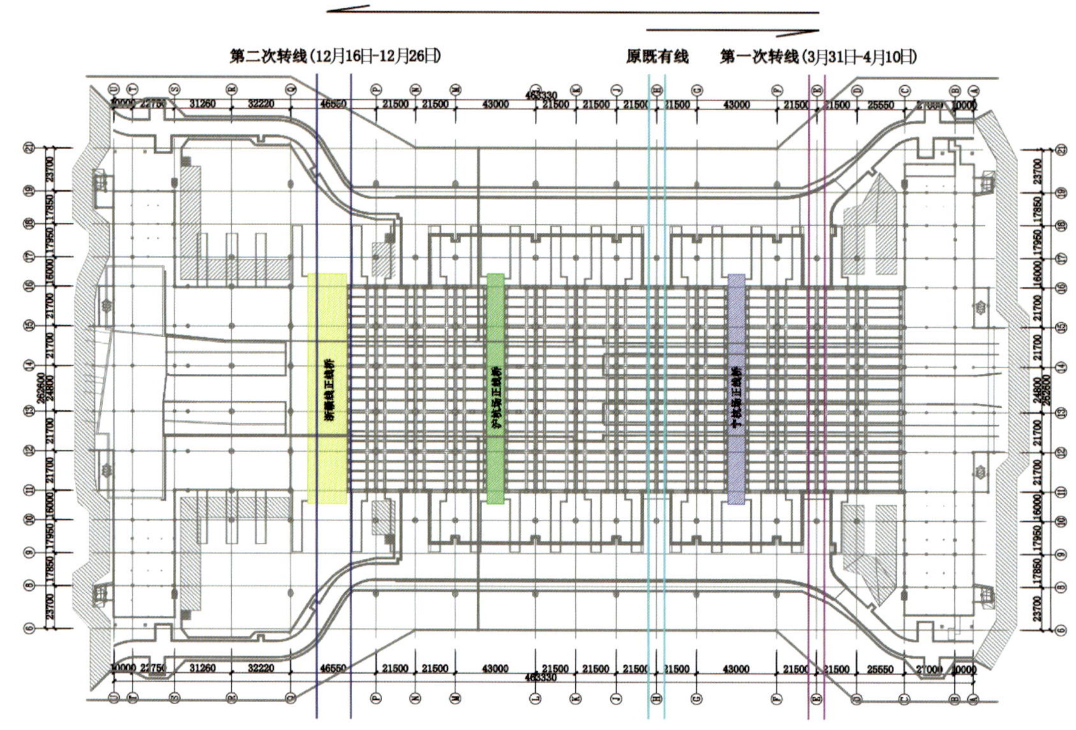

图 3-55　站房转线位置平面图

由于沪昆正线原定永久线位受到地铁结构施工滞后的影响，无法实现一次转线。据此，经反复研究，确定采用沪昆干线三次转线（场）的施工方案，其主要分为三个阶段，将站房（含地铁）由西向东分 A—G 轴、G—K 轴、K—U 轴思路是通过多次转线分阶段打开站房施工作业面，减少因地铁施工对站房施工进度的影响，并为东西广场施工创造条件。

钢结构施工根据土建施工的区块划分和吊装顺序，制定了与之相对的施工区块划分和施工流向，分为 A—F 轴、F—N 轴、N—U 轴三个区块。如图 3-56 所示。

围绕既有沪昆正线转线，结合周边工程进度和边界条件、物流通道设置情况，站房总体施工流程如图 3-57、图 3-58 所示。

1）第一施工段：A—F 轴区块，该区块位于既有东站和站场线位，为站房最早具备工作面的区块，该区块在完成既有东站拆除和沪昆正线改线至 8、9 道后具备全面施工条件。钢结构施工按照由 F 轴向 A 轴方向施工的原则进行吊装，施工紧紧围绕为第一次沪昆正线临时转线创造条件的中心思想进行施工组织安排，以确保 C—F 轴结构优先完成结构施工为第一目标；以按期完成 A—F 轴站房西立面结构施工，为西广场施工打开工作面作为第二目标。流程如表 3-20 所示。

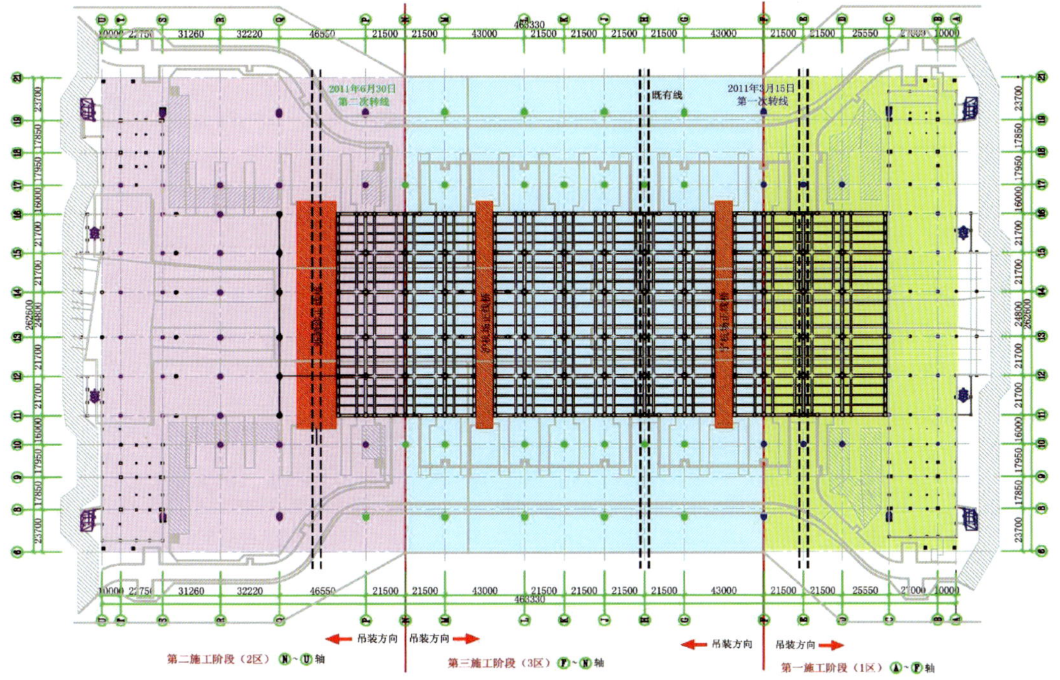

图 3-56　站房钢结构施工分区图

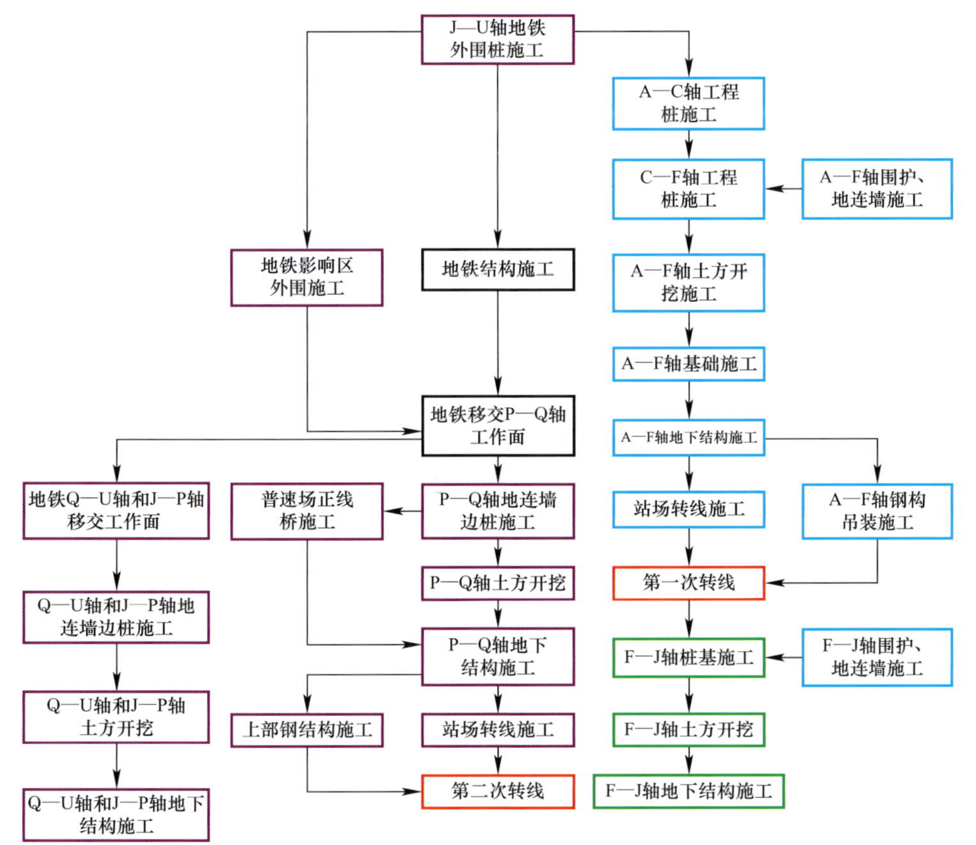

图 3-57　±0.000m 以下结构施工流程

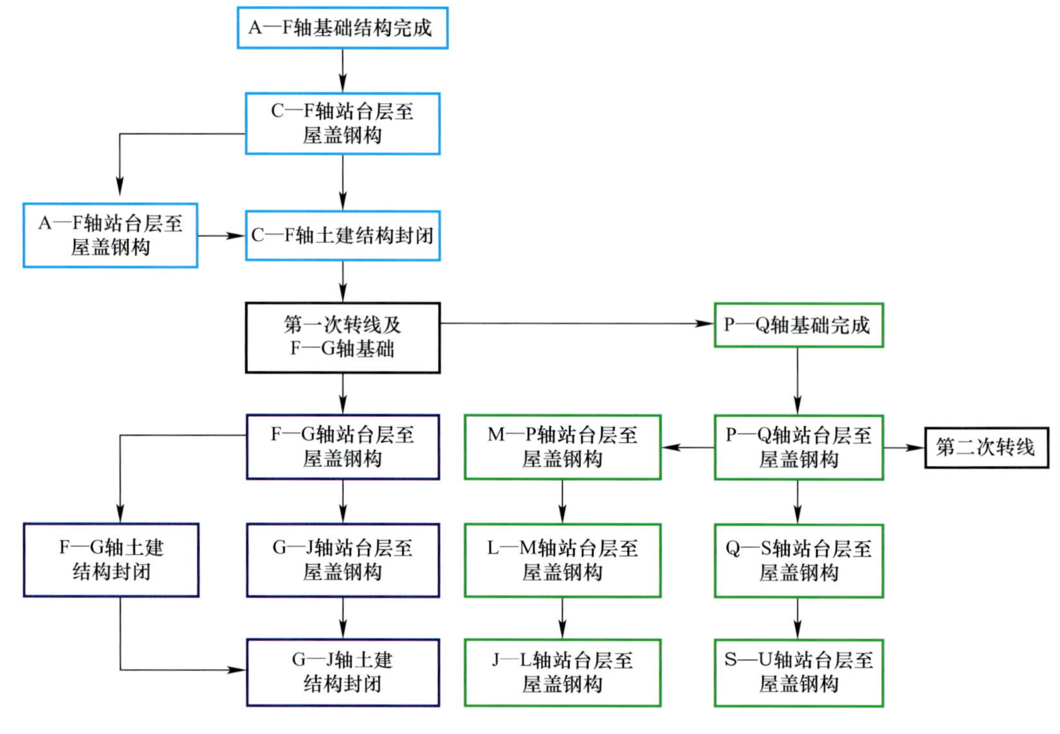

图 3-58　±0.000m 以上结构施工流程

第一施工段流程　　表 3-20

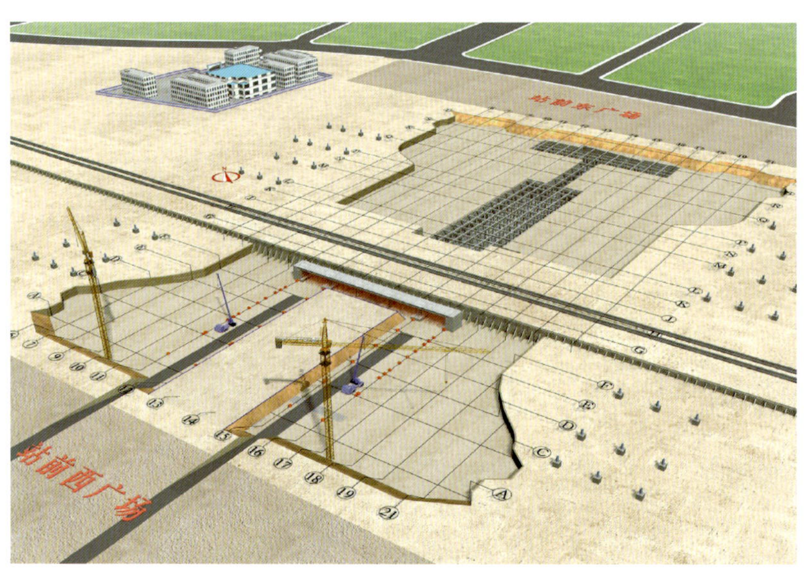

1）既有东站进行拆除，并准备将原 4 道铁路线转 8 道铁路线，保留 8、9 两道作为正线。

2）A—F 轴桩基础施工，穿插进行 4 号线地铁地连墙施工，并分块开挖移交基础施工和钢构施工作业面

续表

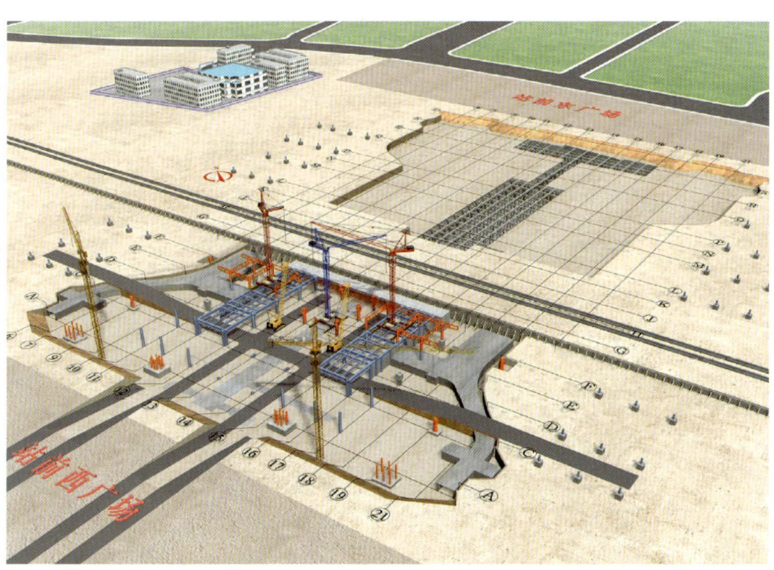

1）A—F 轴的非地铁地连墙影响区域即两侧两跨钢构先行施工，中部三跨钢构待地连墙施工完成后根据开挖和基础施工进度穿插进行施工。

2）外围出租车通道结构先行施工完成

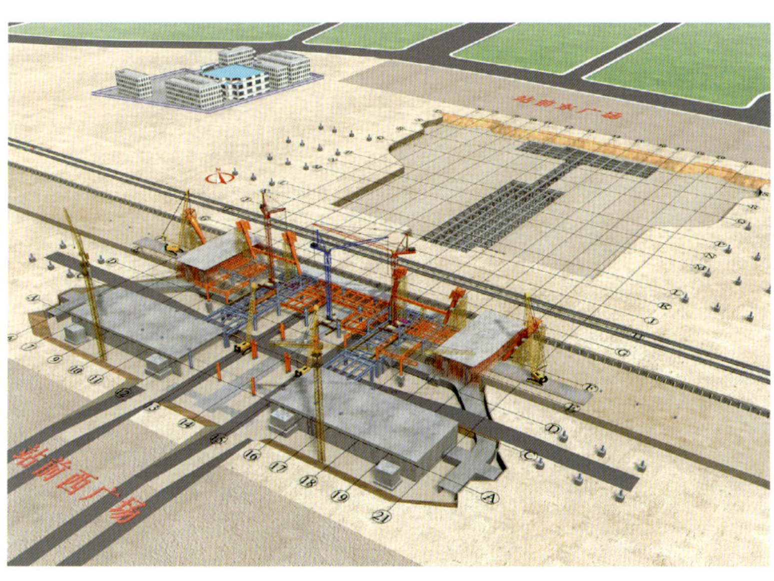

1）C—F 轴钢构吊装继续按照由东向西的原则退行，利用站台层行走吊，每退出一块前，完成该跨全部钢构吊装工作量。

2）A—C 轴西站房除通道外，地下室顶板开始施工

续表

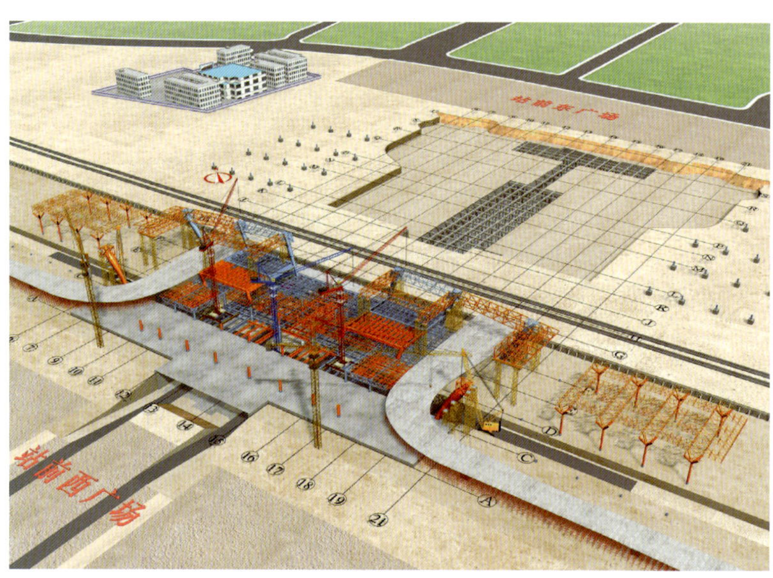

A—F 轴继续由东向西进行钢构吊装，土建结构封闭穿插进行

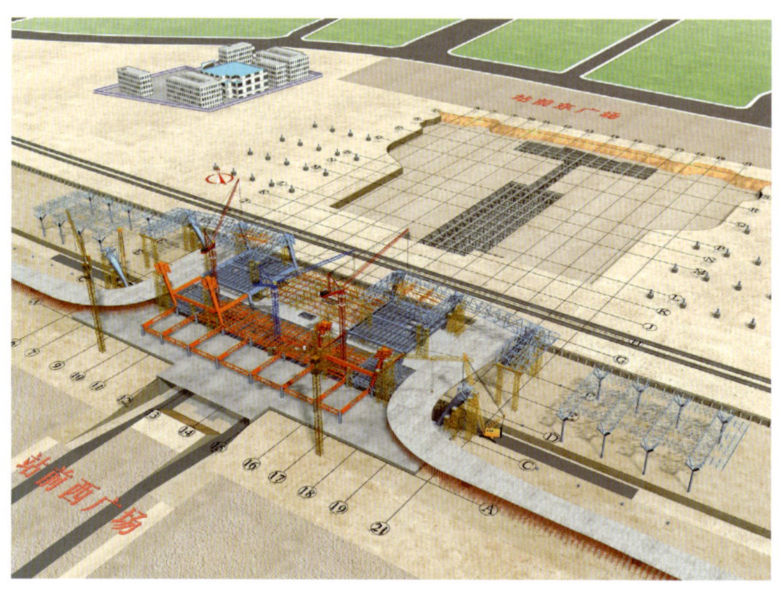

A—F 轴继续由东向西进行钢构吊装，土建结构封闭穿插进行，待 3～4 道站台结构完成，立即移交站场进行线路施工，为第一次转线做好准备

续表

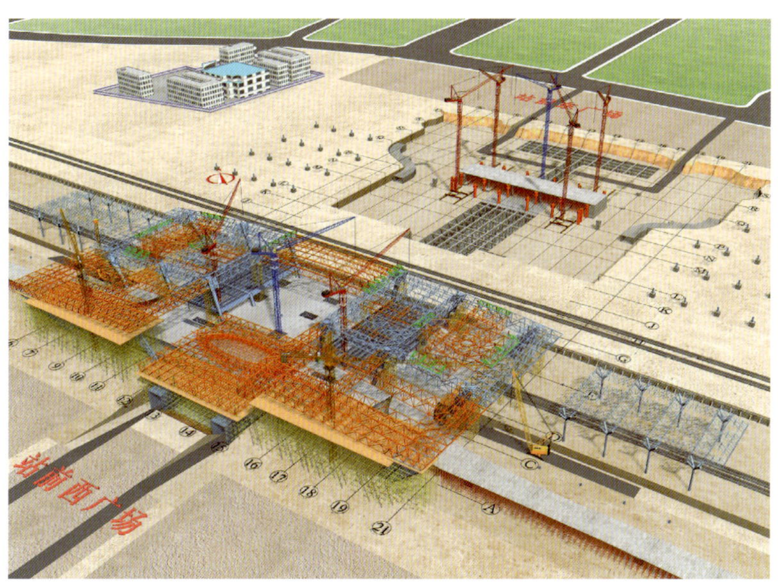

1）A—C 轴屋盖钢构进行吊装，部分结构采用提升法施工。
2）C—F 轴中跨屋盖主梁进行吊装，两侧次梁杆件进行安装。
3）P—Q 轴待地铁移交工作面后开始进行基础结构、正线桥和两侧钢构吊装施工

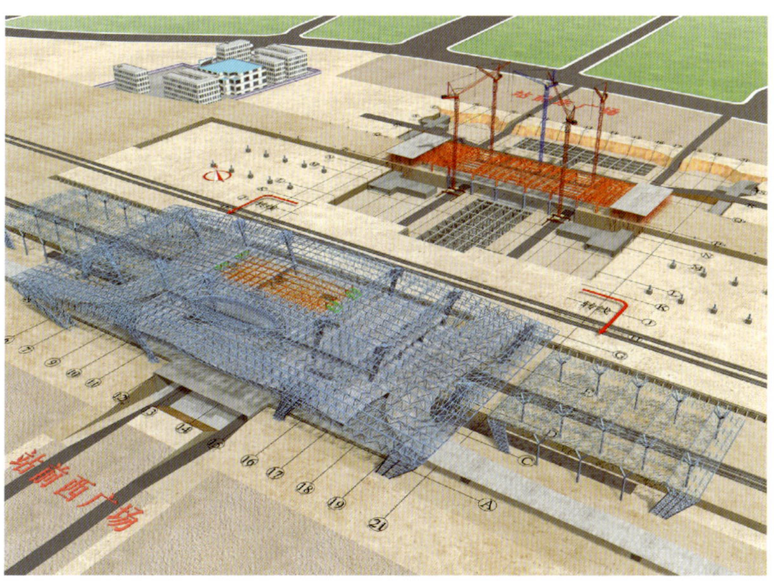

1）A—F 轴完成结构施工，第一次转线至宁杭正线，原有铁路线拆除。
2）P—Q 轴结构施工，P—Q 轴站场施工，P—Q 轴高架桥施工

2）第二施工段：N—U 轴区块，该区域位于站房东侧，包含沪昆正线今后在杭州东站永久线位的区域（P—Q 轴），该区域受到下部地铁结构的影响，施工时间较第一施工段的西侧站房滞后 1 年，该区域施工前期为优先保证地铁结构施工，使之能尽快完成与站房共柱部分的结构施工工作，为站房打开施工作业面；一旦地铁提供作业面，站房施工以永久转线区域 P—Q 轴（普速场正线桥位置）为钢结构施工起始段向东西两侧推进结构施工，为沪昆正线永久转线创造条件。流程如表 3-21 所示。

第二施工段流程 **表 3-21**

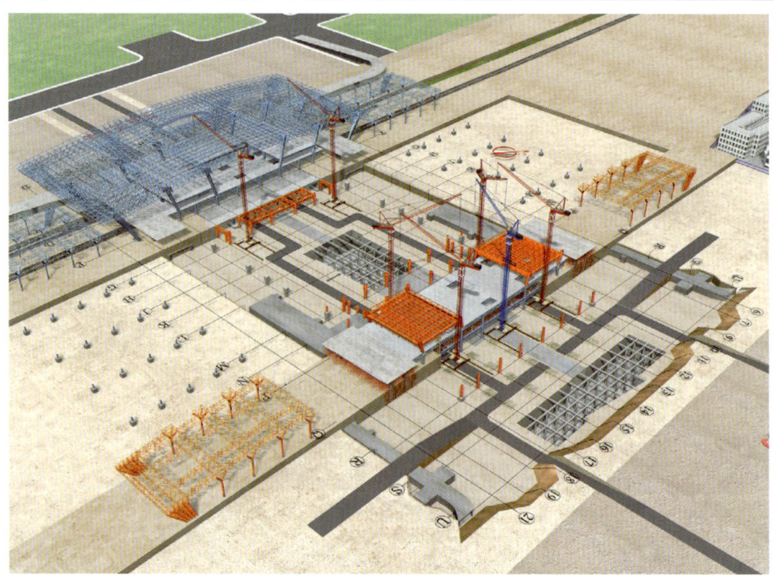

1）Q—U 轴高架桥施工，P—K 轴出租车通道结构施工。
2）Q—S 轴、P—M 轴、F—G 轴站台层施工；S—U 轴基础施工

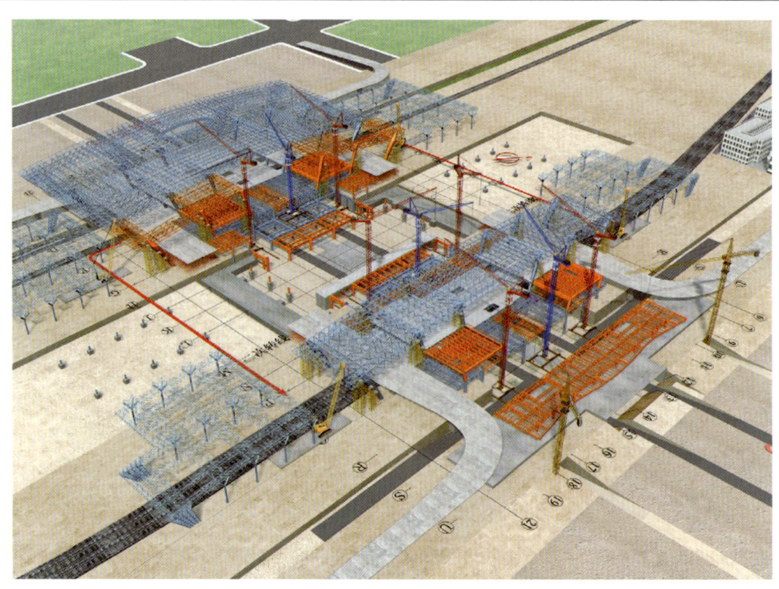

1）G—M 轴出租车通道结构施工，G—M 轴基础施工，完成第二次转线。
2）Q—S 轴、P—M 轴、F—G 轴上部结构施工；S—U 轴站台层施工

3）第三施工段：F—N 轴区块，该区域位于站房中部，待沪昆正线完成第一次转线后即可打开作业面。该区域施工基本按照 F 轴和 N 轴向中部推进的原则进行施工，站房结构将在 J 轴完成合拢。流程如表 3-22 所示。

第三施工段流程　　表 3-22

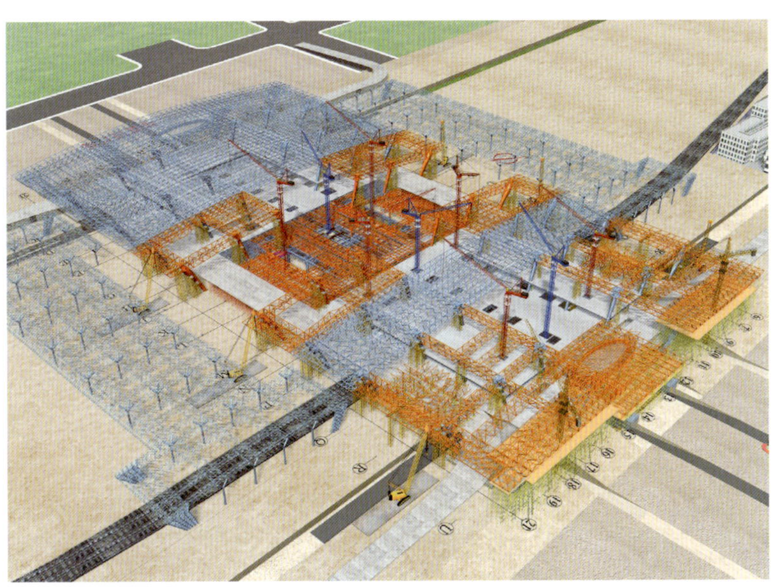

1）G—M 轴高架桥施工。
2）F—P 轴、Q—U 轴钢结构吊装施工

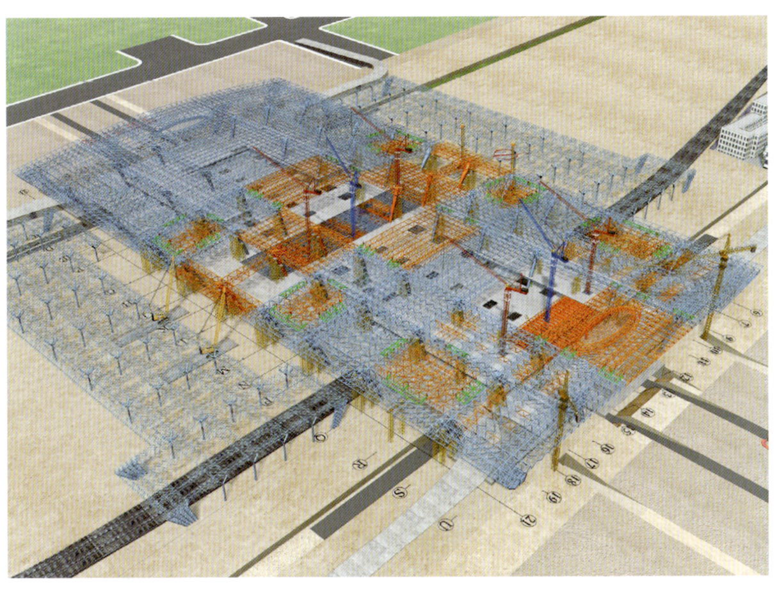

上部钢结构合拢，剩余次梁杆件继续安装

续表

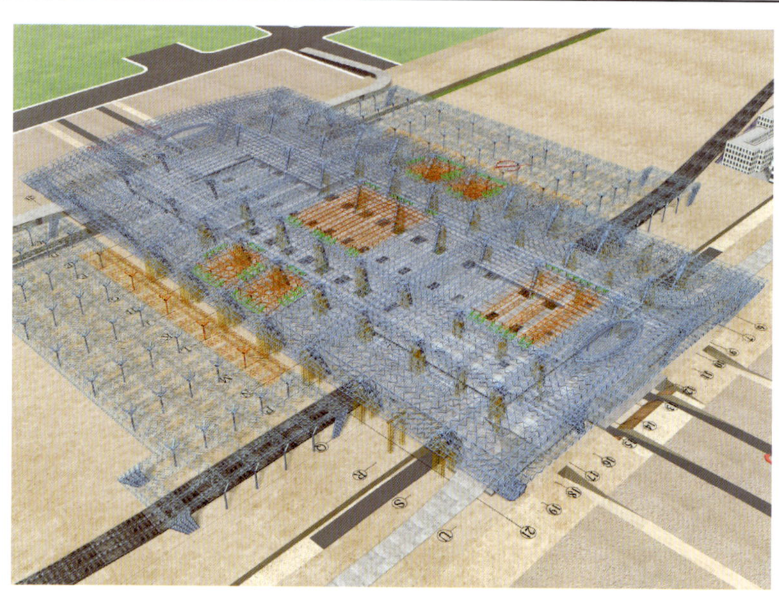

结构全面完成

4. 钢结构吊装方案的选择

(1) 站台层钢结构吊装方案

站台层钢结构施工主要为钢柱预埋锚栓、钢柱柱脚段吊装、钢柱吊装及钢骨梁吊装。该部分结构主要采用履带式起重机进行吊装施工，其中柱脚段均采用 250t 履带式起重机负责施工，钢梁等根据施工部位的不同选择 150t 和 250t 履带式起重机负责吊装施工。

钢柱柱脚段吊装时，地下室底板没有施工，承台基础开挖较深，因此利用承台钢板桩围护间的基底垫层作为吊装通道，并对围护体系和垫层进行计算加固，保证 250t 履带式起重机通行要求。由于 J—U 轴受 50m 跨地铁站厅结构的影响，中间部位的钢柱和钢梁吊装半径较大，均需采用 250t 履带式起重机负责实施跨外吊装，中部大跨构件需采用双机台式起重机。西侧地铁 4 号线区间段跨度较小，钢柱钢梁可以抵近吊装，采用 150t 履带式起重机施工。

轨道层钢结构在站房中部 J 轴合拢，J—K 轴履带式起重机向南北两侧退行完成剩余构件吊装后出场，并由行走式塔式起重机负责次梁的补缺吊装（图 3-59、图 3-60）。

(2) 高架层钢结构吊装方案

高架层为大跨度型钢桁架，高架夹层为大截面大跨度的异形箱形截面。高架层钢桁架需与站台层和屋盖钢结构施工统筹考虑，特别是由于其与屋盖同样采用动臂吊安装，因此必须考虑一定的施工梯度，合理安排主要构件吊装顺序（图 3-61）。

对于 P—Q 轴和 F—G 轴范围内的高架层和夹层，最大钢梁吊装重量达到 100t。跨度 46.55m，必须采用分段吊装，设置临时支撑体系。

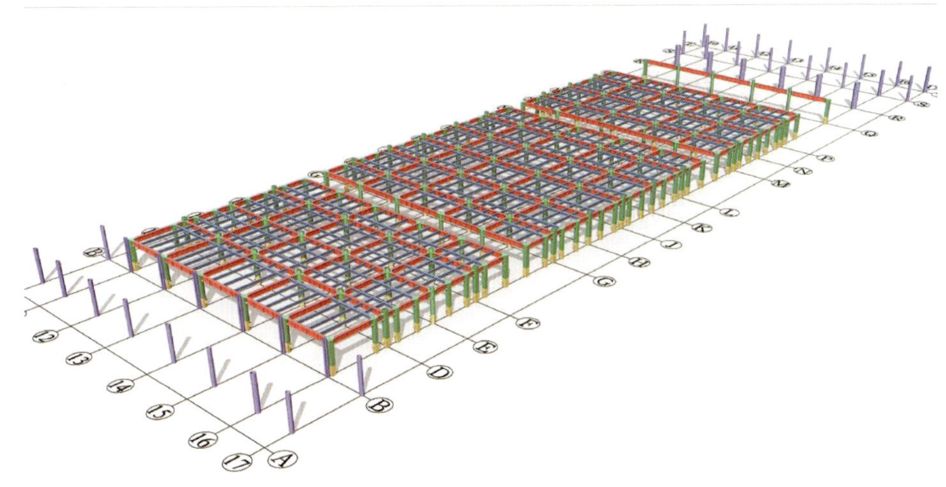

图 3-59　站台层整体轴测图

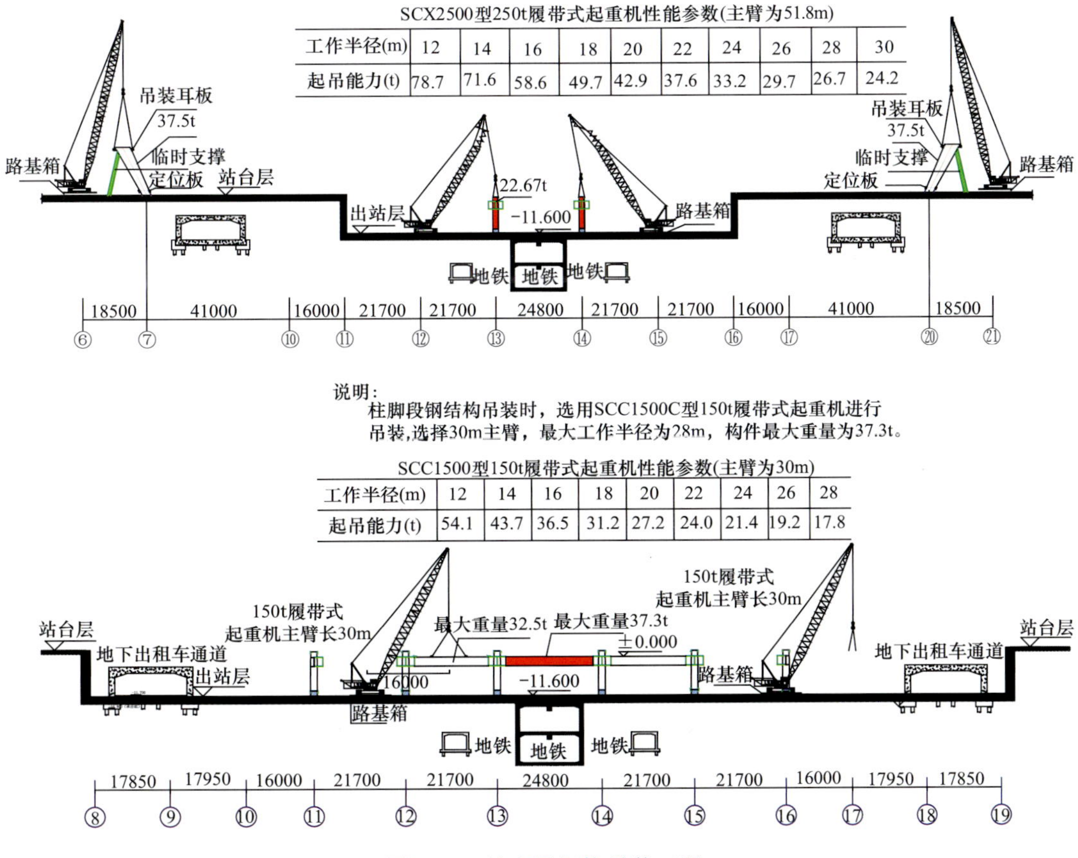

SCX2500型250t履带式起重机性能参数(主臂为51.8m)

工作半径(m)	12	14	16	18	20	22	24	26	28	30
起吊能力(t)	78.7	71.6	58.6	49.7	42.9	37.6	33.2	29.7	26.7	24.2

说明：
柱脚段钢结构吊装时，选用SCC1500C型150t履带式起重机进行吊装，选择30m主臂，最大工作半径为28m，构件最大重量为37.3t。

SCC1500型150t履带式起重机性能参数(主臂为30m)

工作半径(m)	12	14	16	18	20	22	24	26	28
起吊能力(t)	54.1	43.7	36.5	31.2	27.2	24.0	21.4	19.2	17.8

图 3-60　站台层钢构吊装工况

钢桁架根据施工部位的不同采用不同的吊装方式，站房 11—16 轴之间区域的桁架主要采用行走式塔式起重机负责安装，部分利用履带式起重机进行安装。10—11 轴和 16—17 轴外挑部分采用地面上负责施工外立面斜柱的履带吊负责安装。

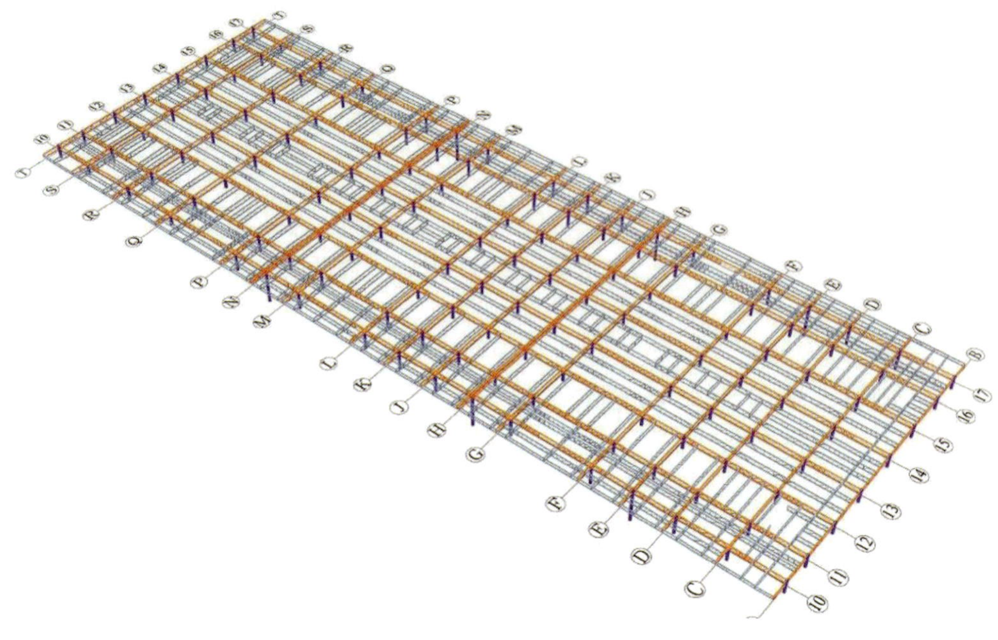

图 3-61　高架层整体轴测图

高架层与站台层相同，在 J—K 轴完成合拢，在完成该区域的主要桁架吊装和屋盖部分桁架吊装后，行走式塔式起重机在该位置利用 250t 履带式起重机进行拆除，后续构件也由履带式起重机负责进行补缺（图 3-62）。

(3) 屋盖钢结构吊装方案

本工程对结构而言，屋盖结构的安装是难度最大的部分。屋盖由六组变椭圆截面斜钢管柱支撑，成对称布置。钢柱及屋盖桁架吊装重量重，跨度大，支撑条件差。现场焊接工作量大，是限制和制约现场安装工期的一个重要因素（图 3-63）。

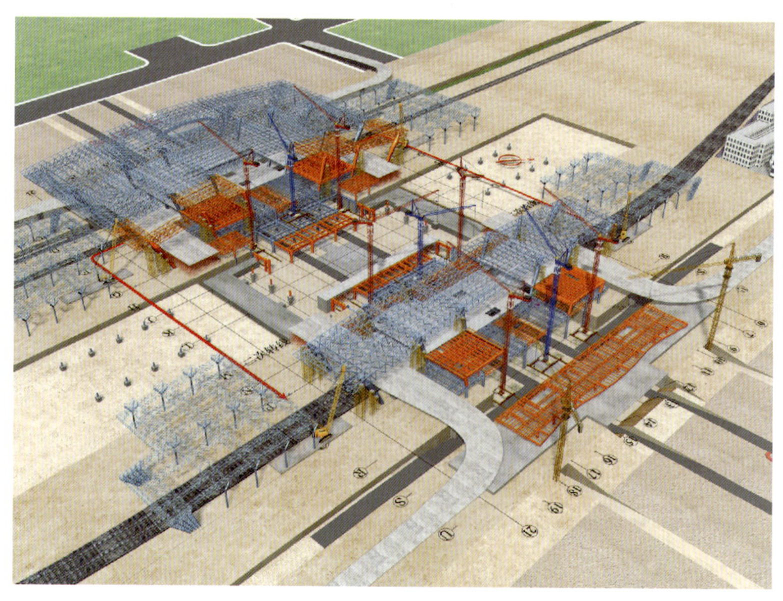

图 3-62　站台高架和屋盖合拢工况（一）

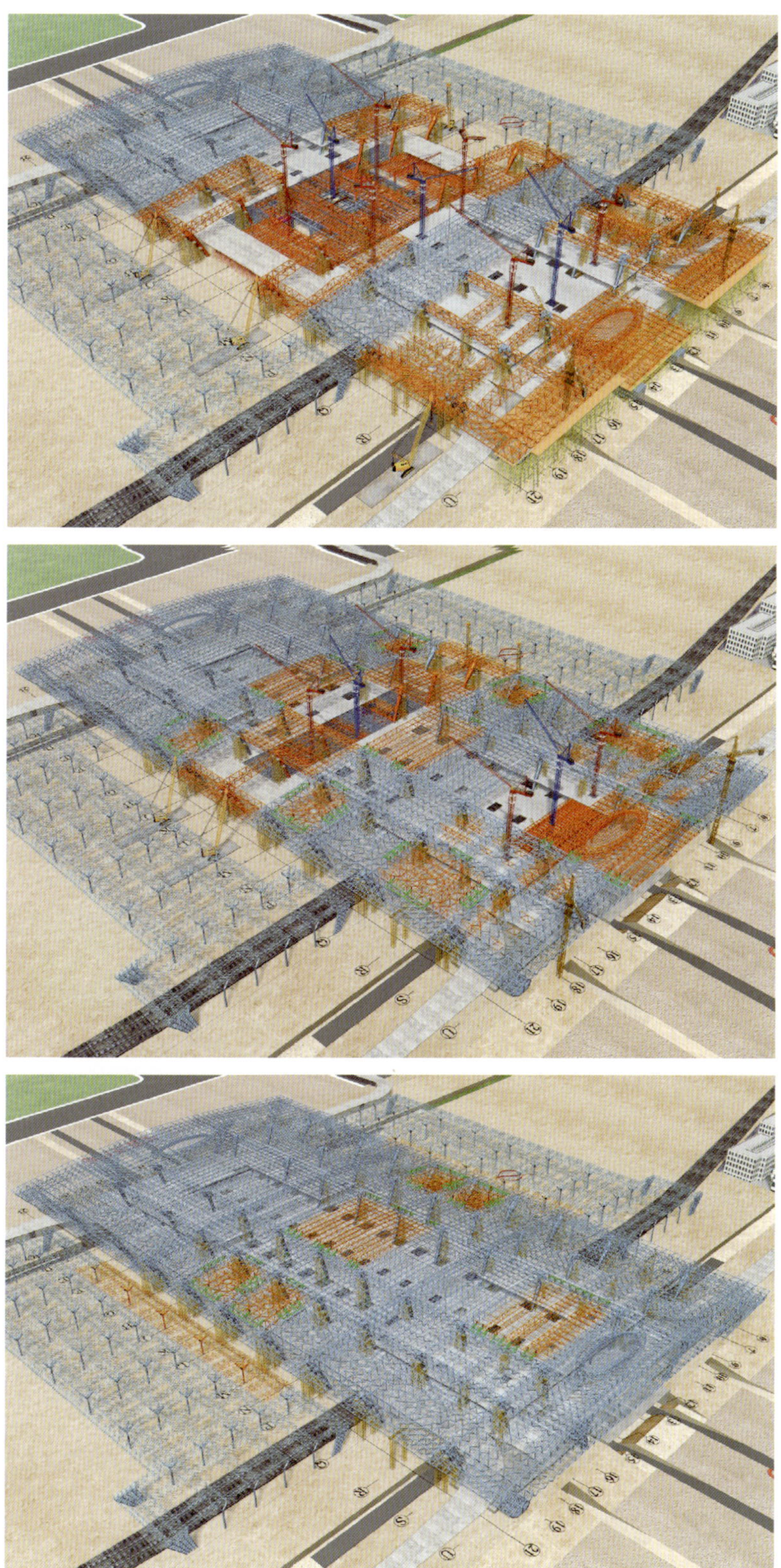

图 3-62　站台高架和屋盖合拢工况（二）

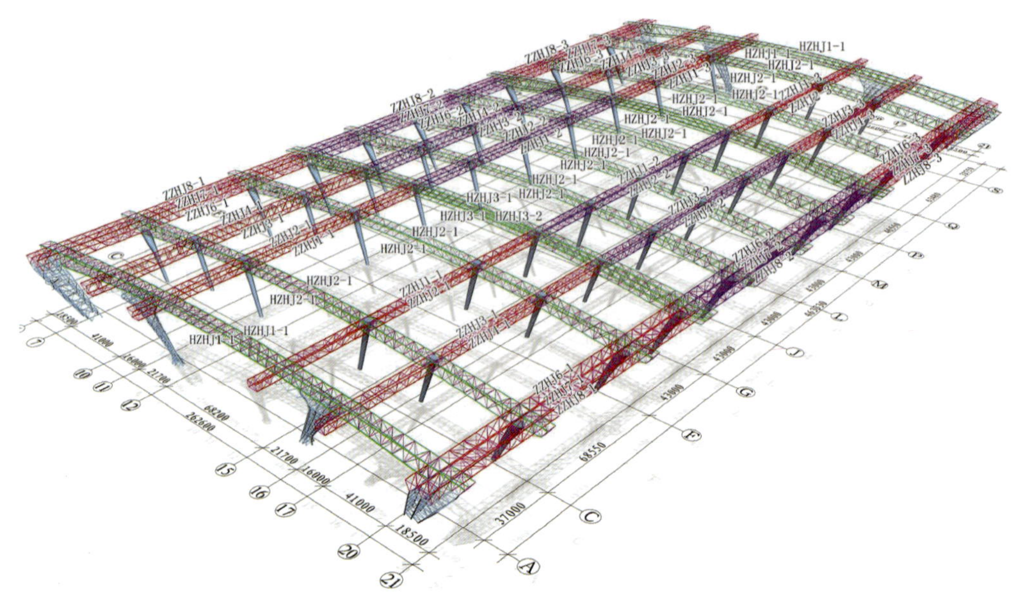

图 3-63　屋盖主桁架整体轴测图

针对屋盖工程的施工难度，采取如下措施：

1）椭圆斜柱分段吊装，并设置支撑。

2）中间大跨度桁架采用分片提升的方法。

3）桁架尽量在工厂分段拼装完，现场再组装，减少现场焊接工作量。

4）鱼眼部位的桁架采用整体提升。

5. 屋盖吊装和提升施工方案比选

（1）工程概况

东站站房屋盖结构采用了大跨度管桁架体系，整个屋盖东西长度 550m，南北长度 280m。屋盖沿轨道方向为五跨，其跨度为 43.4～68.2m，最大跨度为 68.2m，垂直于轨道方向的跨度为 43～47m。根据柱网及建筑造型要求，沿轨道方向布置钢管次桁架，与之垂直方向布置钢管主桁架。钢桁架高度为 5000～7800mm（上下弦中心间距）。屋盖由变椭圆截面斜钢柱支撑，形成双向刚接框架结构。

屋盖总面积约为 15.4 万 m^2，相当于 21 个标准足球场。钢结构总吨位达到 2 万 t，如何安全、优质又快速地完成该部分结构施工成为本工程的关键问题。

（2）常规吊装施工方案分析

1）投入成本大

此类屋盖吊装常规思路为采用履带式起重机或行走式塔式起重机进行吊装，根据该结构体态和结构形式、重量，需投入 250t 履带式起重机 2 台，负责边跨吊装，1100t 行走式塔式起重机 3 台，负责中部三跨吊装，具体参见图 3-64 示意。

并且由于站房受到地铁和既有线转线影响，分成四个区进行结构施工，若需最大限度地加快施工进度，则需投入 2 套吊装设备，并且需进出场 2 次，施工投入十分巨大。

2）安全风险大

空中散拼方案因站房屋盖总计有 1.7 万 t，共有杆件 8 万余根，焊接接头 16 万个，若屋盖全部采用吊装形式，则存在大量高空作业，安全风险极大。

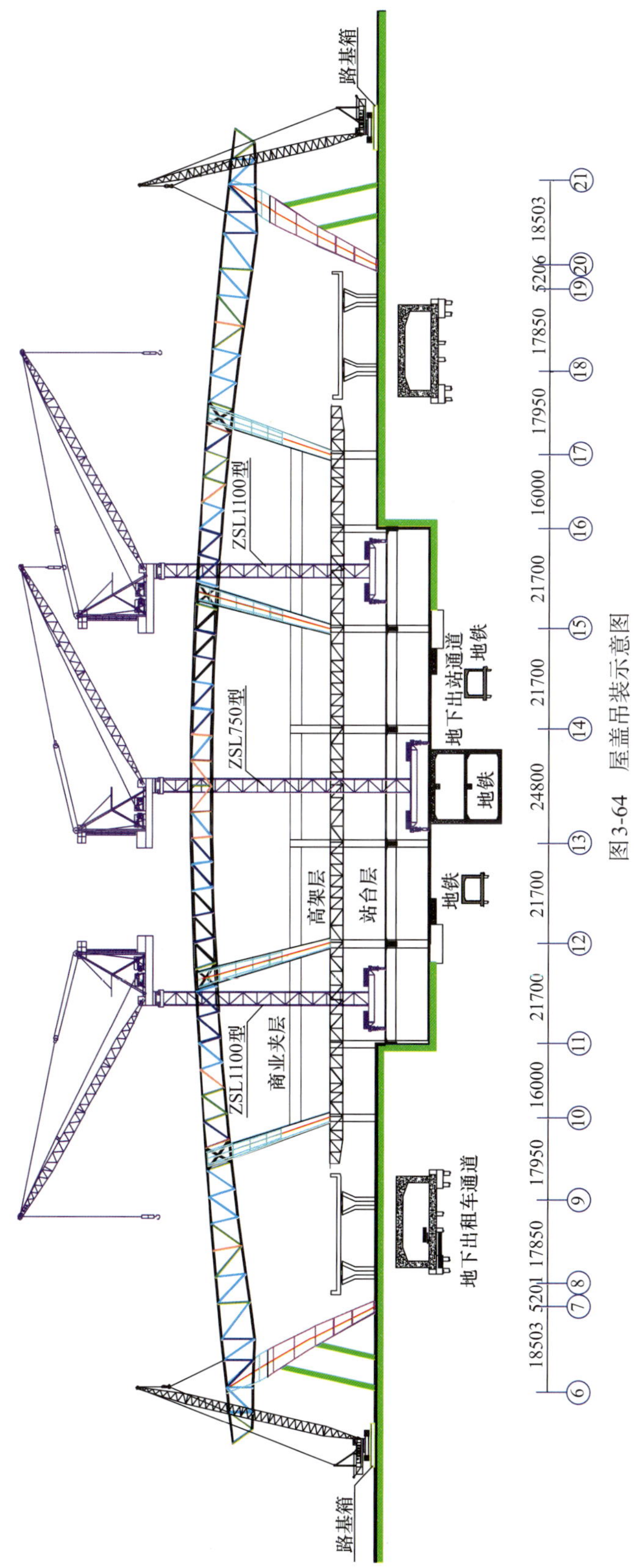

图 3-64　屋盖吊装示意图

3）工期无法保证

屋盖若全部采用吊装的方式，则每标准跨的每台起重机预计将负责 17 个吊构件的安装，外加需高架层混凝土楼板浇捣完成后方具备地面拼装条件，及后续吊装就位后的空中焊接检测等作业时间，站房屋盖施工作业周期将大大延长。

(3) 采用常规吊装方案的屋盖施工试点实施情况

站房 P—Q 轴屋盖位于普速场上方，地铁结构完成后，第二次转线目标即为该区域，该部位钢结构施工全部采用吊装形式，由于行走式塔式起重机受制于轨道梁和地铁结构影响，无法安装，因此全部采用 250t 和 260t 履带式起重机进行安装，总计投入 4 台设备（图 3-65、图 3-66）。

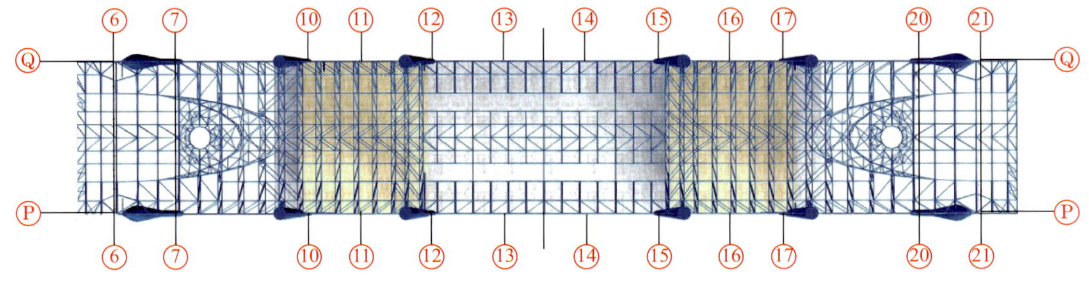

图 3-65 P—Q 轴屋盖桁架结构俯视图

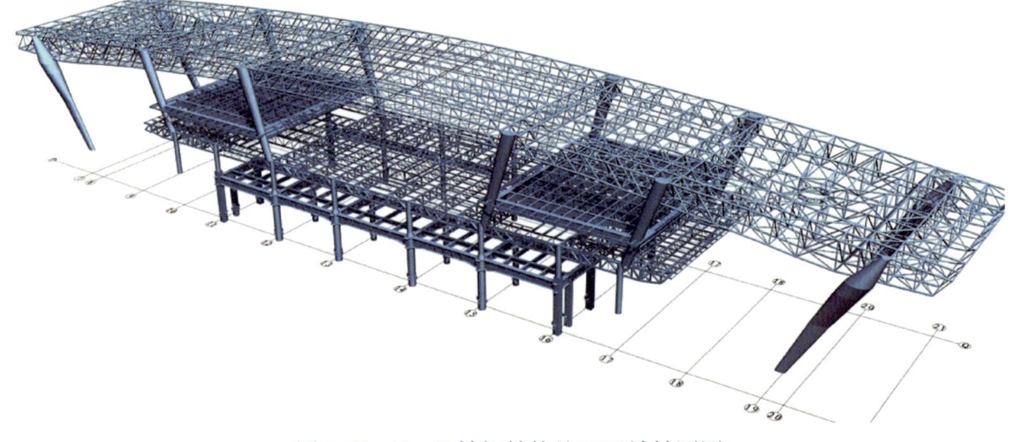

图 3-66 P—Q 轴钢结构施工区域轴测图

屋盖主要工程量为 16 榀主桁架结构施工作业（包含 10 榀南北向主桁架以及 6 榀东西向主桁架），南北鱼眼形桁架和中部三跨屋盖内的次桁架 35 榀，总重量 1700t。该区域施工时，Q 轴以东安排两台 250t 履带式起重机，P 轴以西（N 轴西侧）安排两台 260t 履带式起重机，待 P、Q 轴位置处椭圆锥管柱头结构施工完成之后，P 轴西面的两台 260t 履带式起重机与 Q 轴东侧的 250t 履带式起重机配合开始吊装 PQ 轴屋盖桁架结构（表 3-23）。

P—Q 轴吊装工况分析表 **表 3-23**

构件名称	截面大小（长×宽×高）(m)	吊装重量 (kg)	吊装设备
ZZHJa	39.2×6.0×6.5	66795	250t 履带式起重机与 260t 履带式起重机双机抬吊
ZZHJb	39.2×4.9×5.4	55019	250t 履带式起重机与 260t 履带式起重机双机抬吊
ZZHJc	39.2×4.9×4.6	66505	250t 履带式起重机与 260t 履带式起重机双机抬吊

续表

构件名称	截面大小（长×宽×高）（m）	吊装重量（kg）	吊装设备
HZHJ2a	59.2×4.4×(5.2～7.0)	48864	250t 履带式起重机直接吊装
HZHJ2b	33.8×5.0×(4.4～5.1)	21699	250t 履带式起重机直接吊装
HZHJ2c	79.1×5.0×(4.3～5.4)	52162	两台 250t 履带式起重机双机抬吊
HZHJ3a	59.2×4.4×(5.2～7.0)	31217	QUY260 型 260t 履带式起重机分两片吊装
HZHJ3b	33.8×5.0×(4.4～5.1)	16677	QUY260 型 260t 履带式起重机直接吊装
HZHJ3c	79.1×5.0×(4.3～5.4)	44668	两台 250t 履带式起重机双机抬吊
6—10 轴、17—21 轴	41.1×39.2	64130	次桁架分片或散件吊装安装施工
10—12 轴、15—17 轴	33.8×39.2	43125	次桁架分片或散件吊装安装施工
12—15 轴	79.1×39.2	51882	次桁架分片或散件吊装安装施工

该方案实施后情况总结如下。

1）工期延误严重

该方案原计划为 2 个月时间完成全部屋盖吊装工作，但由于地铁结构、站房结构、雨棚钢结构和站场同步施工，造成物流和起重机行走困难，实际施工时间大大延长，最后 3 个月时间方完成了主桁架吊装，其余鱼眼形天窗和次桁架均未在转线前完成，转线后利用临近既有线施工和增加防护措施，又施工了 2 个月时间，方完成屋盖吊装，实际施工周期长达 5 个月时间，并且由于履带式起重机站位影响该跨结构东西侧结构施工，导致后续结构施工延误 3 个月时间，工期损失十分惨重。

2）施工费用和投入的增加

为满足履带式起重机通行和其余结构施工，该区域多次反复修建临时便道，增加便道施工投入约 50 万元。并且由于转线节点目标的确定，现场必须在转线前最低限度地完成主桁架吊装，因此为减少履带式起重机移动的次数，项目部又投入 2 台 250t 履带式起重机进行补充，至此现场总计有 6 台 250t 和 260t 履带式起重机，增加吊装费用投入 150 万元。

3）施工质量控制困难

由于屋盖全部采用吊装的方式，因此产生大量空中焊接施工的作业内容，施工质量和安全风险十分巨大。次桁架为单片平面桁架，吊装时控制平面外变形难度巨大，就位准确度和标高控制困难，既给吊装工期控制造成影响，也给施工质量控制带来难题。

(4) 采用整体提升方案的屋盖施工试点实施情况

为解决吊装工期长、费用高、质量安全风险大的问题，工程调整思路，计划采用整体提升的方式来解决该问题。将屋面管桁架结构在正下方地面上拼装成整体后，利用“超大型构件液压同步提升技术”将其整体提升到位，将大大降低安装施工难度，于质量、安全、工期和施工成本控制等均有利。

在此思路指导之下，结合现场主体结构施工工序组织，站房以最为复杂和难度最大的 A—C 轴屋面为样板，确定屋面钢结构分三次提升，提升具体思路如下（图 3-67）：

1）屋面钢桁架结构在投影面正下方地面上散拼成整体提升单元。

2）利用与提升单元相连的主桁架设置提升平台（上吊点），安装液压同步提升系统设备。

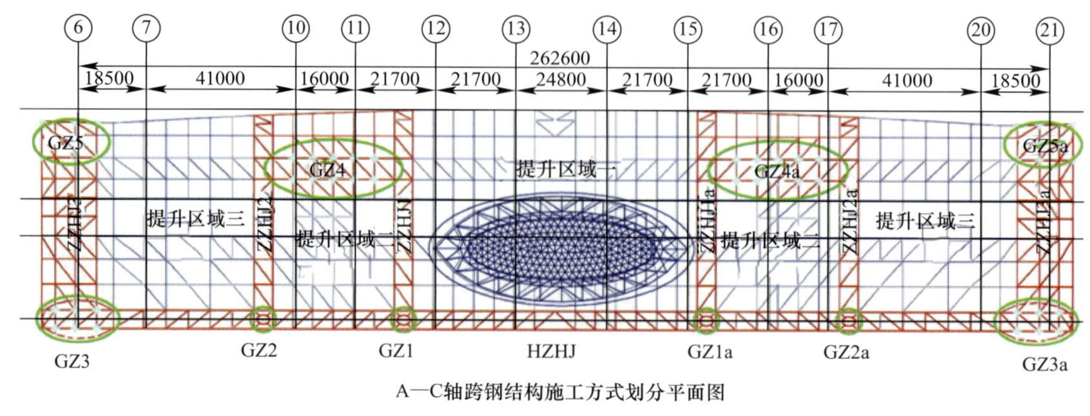

图 3-67 A—C 轴屋盖吊装和提升分区示意图

3）在提升单元的桁架上弦的两端设置提升下吊点结构，安装提升专用地锚。

4）在提升上下吊点之间安装专用钢绞线；调试液压同步提升系统。

5）张拉钢绞线，使得所有钢绞线均匀受力。

6）检查屋面结构提升单元以及液压同步提升的所有临时措施是否满足设计要求。

7）确认无误后，开始试提升，即将提升单元提升约 150mm 后，暂停提升；再次检查屋面结构提升单元以及液压同步提升临时措施有无异常。

8）确认无异常情况后，利用液压同步提升系统设备将提升结构单元整体提升至设计标高。

9）提升结构单元与主桁架对接，形成整体。

10）液压提升系统整体卸载，完成提升单元钢结构的整体提升安装。

11）按照以上步骤提升其他提升单元，完成屋面结构的安装。

该方案实施后情况总结如下。

1）施工工期大大加快。

A—C 轴屋盖施工工程量为站房各跨屋盖中最大的部分，其共有主次桁架 65 根，总体重量约 3100t，并带有单层网壳天窗，工程量远大于 P—Q 轴屋盖。该区域计划施工工期为 3 个月时间，实际屋盖部分施工工期在 1 个半月时间基本完成，较计划时间大大缩短。并且施工过程中除部分主桁架和柱帽桁架外，其余未采用大型吊装设备施工，后续工程工期穿插时间大大提前，有近 20d 的时间可提前穿插施工后续结构。

2）施工成本得以节约

由于大型吊装设备的提前撤场，除 1000 余吨的竖向构件和部分主桁架梁以外，其余近 2000t 主次构件和壳型天窗采用提升工艺，其中单次最大提升重量达到 720t，使得设备使用周期缩短，租赁费大大节约，较 P—Q 轴施工费用节约 200 万元以上。

3）质量和安全得以保证

提升构件均在地面拼装焊接完成，空中只进行少量对接构件的焊接，使得 80%以上的焊接工作可在地面完成，监管和把控较吊装方便，且安全风险大大降低，施工效率反而大大提升。

（5）总结

通过钢结构整体提升施工技术的成功应用，节约直接和间接成本 1000 万元，缩短工期 110d，有效保证了屋面钢结构安装的总体工期。

通过使用钢结构整体提升施工技术，把屋面钢结构分块整体提升，将高空作业量降至最少，降低高空作业安全风险，减少材料设备投入，有效地控制了钢结构施工质量。经实体检测，钢结构施工质量满足设计和规范要求，并顺利通过验收。

6. 斜柱加工制作

（1）斜柱概况

本工程屋盖主要由变椭圆截面斜钢柱支撑，形成双向刚接框架结构，在东西立面采用格构柱。变椭圆截面斜钢柱有，GZ1、GZ2、GZ3 三种类型。其中，GZ1、GZ2 变化趋势较为缓慢，而 GZ3 则沿钢柱截面变化较大（图 3-68）。

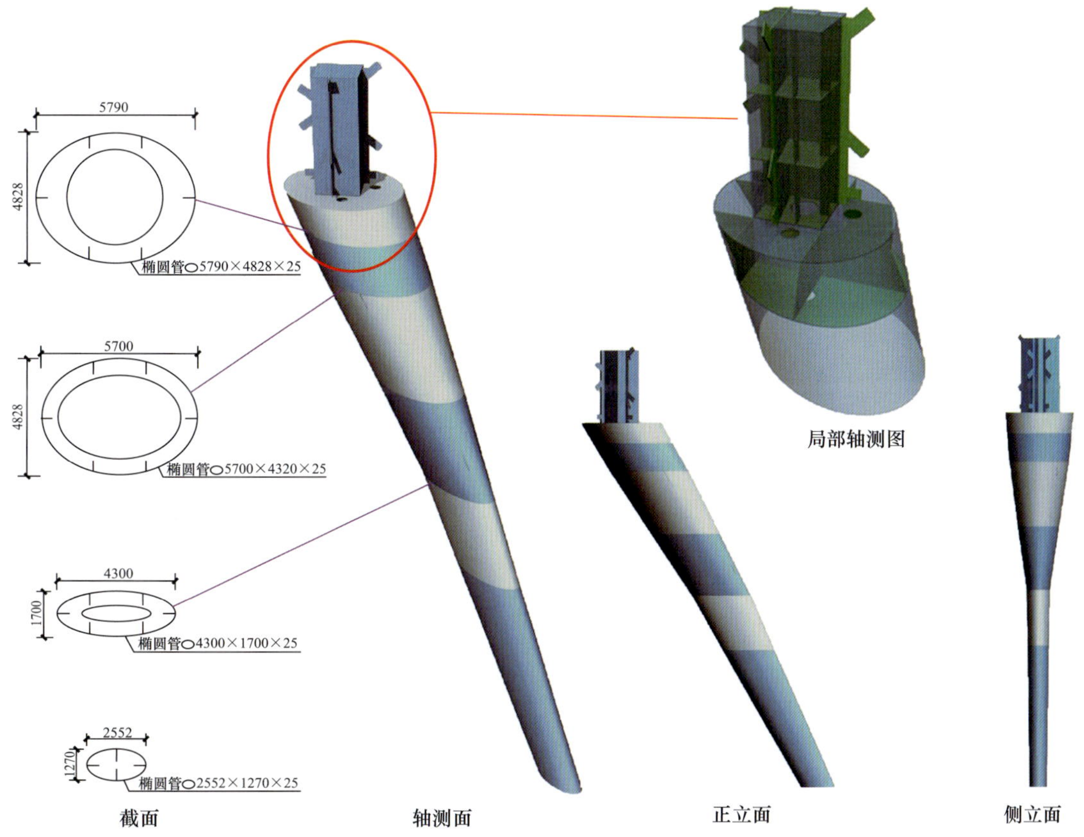

图 3-68　GZ3 椭圆椎管柱内部剖视图

站房屋盖东西两端为大型钢管格构柱。钢管格构柱采用较大直径钢管密排。钢管最大规格达到 ϕ700×35。由于钢管排布较密，钢管之间的间隙较小，钢结构拼装及焊接连接施工难度非常大（图 3-69）。

（2）椭圆椎管柱加工

1）柱顶箱体分段

椭圆椎管钢柱柱顶最小空间尺寸为 11m×6m×5m（长×宽×高），由于运输限制，无法整体运送至现场；偏心椭圆台钢柱柱顶重量约 100t，由于现场吊装设备限制，无法整体吊装，故将钢柱分成两部分（偏心椭圆台＋箱体）进行加工（图 3-70）。

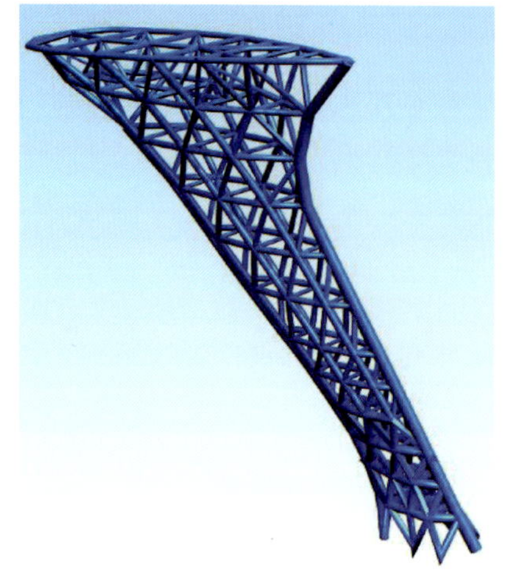
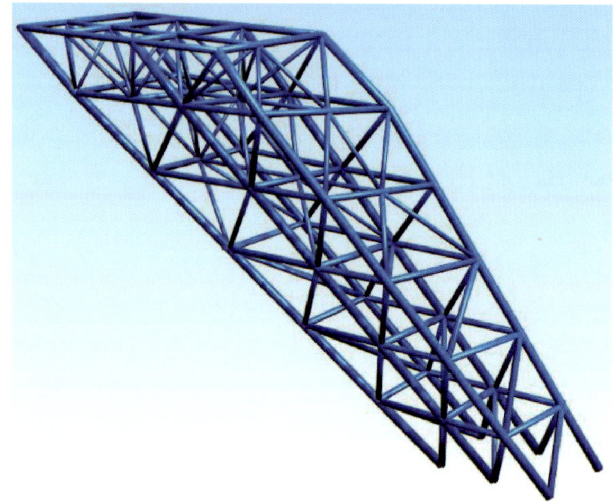

图 3-69　GZ4 和 GZ5 示意图

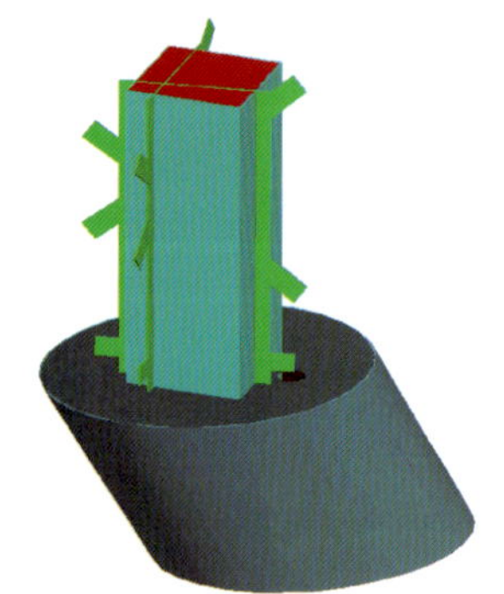
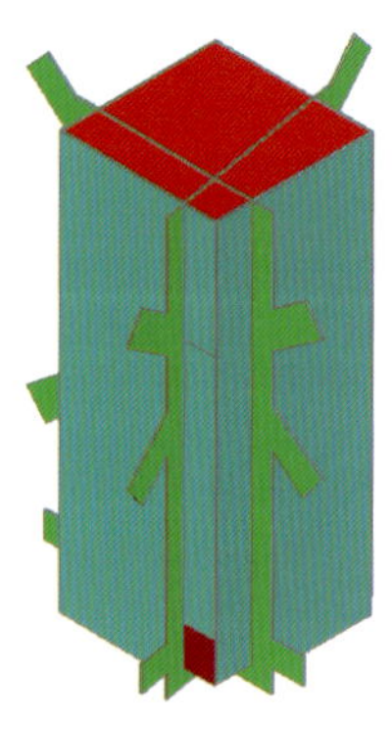
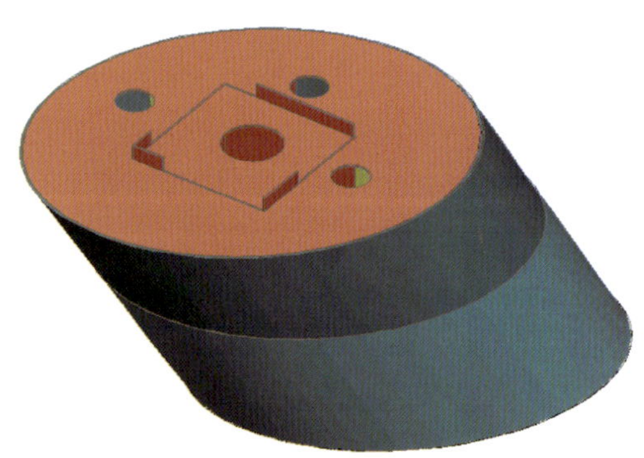

图 3-70　柱顶分段

2）箱体装焊工艺（表 3-24）

箱体装焊工艺　　表 3-24

序号	示意图	说明
1		1. 根据箱体设计尺寸，搭设组装胎架，胎架定位板应在箱体十字纵向劲板处开槽。 2. 胎架布置时，应错开箱体纵向十字劲板较大部位

续表

序号	示意图	说明
2	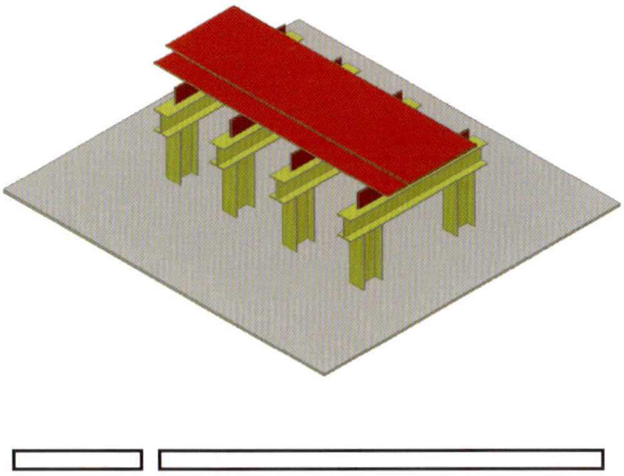	1. 箱体一侧盖板定位。 2. 两块盖板之间间隙与胎架定位槽口对齐
3	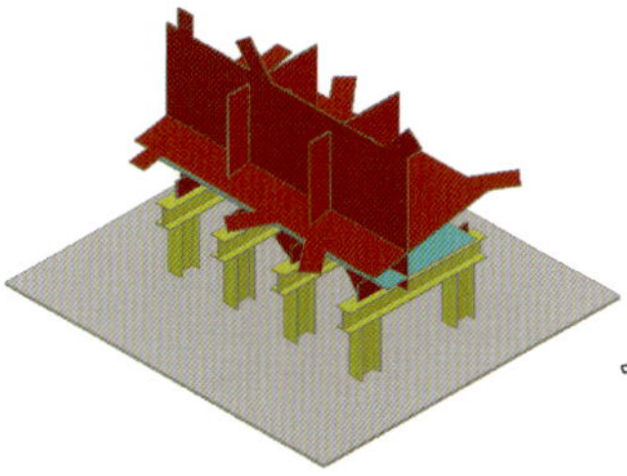 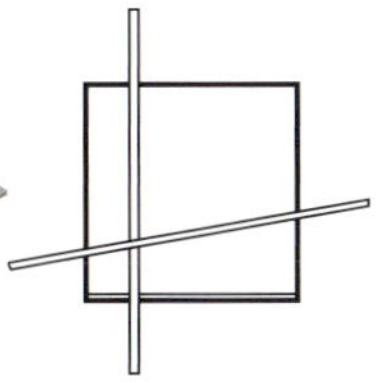	1. 十字劲板及横向加劲板组装。 2. 十字劲板可单独在小组装胎架上先进行装焊。也可与横向加劲板同时进行组装。 3. 十字加劲板组装时，以横向加劲板为基准，且应对其垂直度及夹角所对应的边长进行控制
4	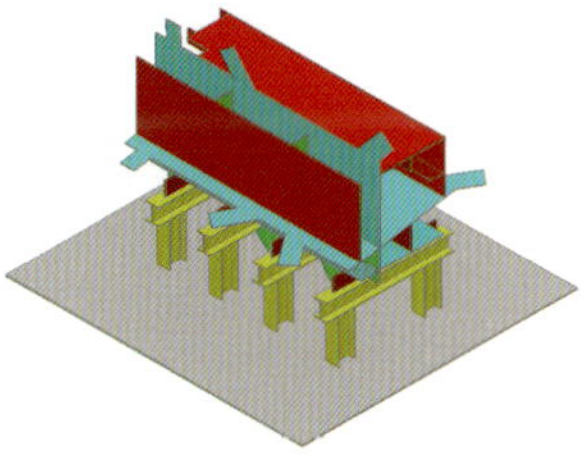 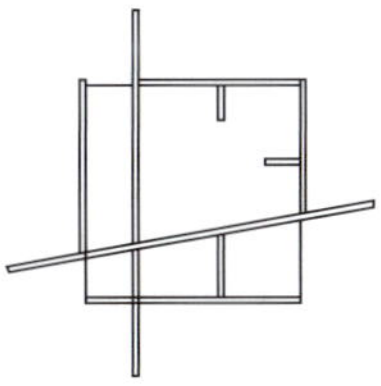	1. 其余三面较大尺寸盖板装焊，下部纵向加劲板装焊。 2. 图中上部及右侧盖板组装前，可先将纵向加劲板与其装焊好。 3. 盖板组装时，应保证其截面尺寸及端部对角尺寸
5	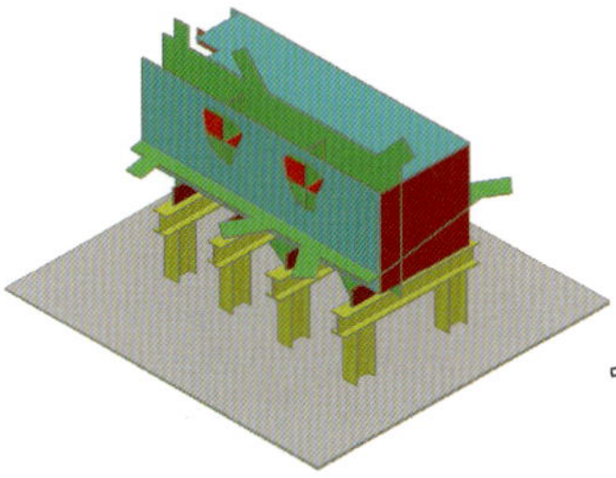 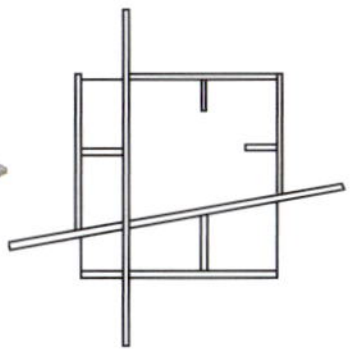	1. 左侧纵向加劲板装焊。 2. 纵向加劲板采用单面坡口加衬板焊
6	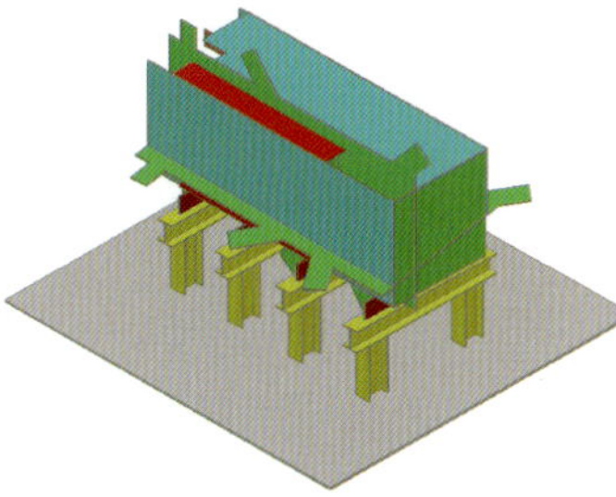 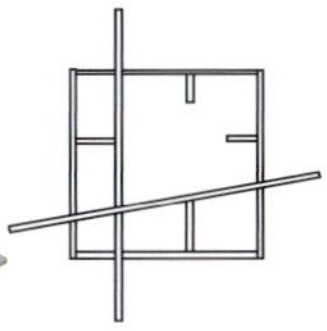	1. 上部、左侧、右侧较小盖板分段装焊，顶板装焊。 2. 将图中盖板分成两段（如箱体底部伸入焊接空间不足，可将盖板分成三段），分断间为距离横向加劲板 200mm 处

续表

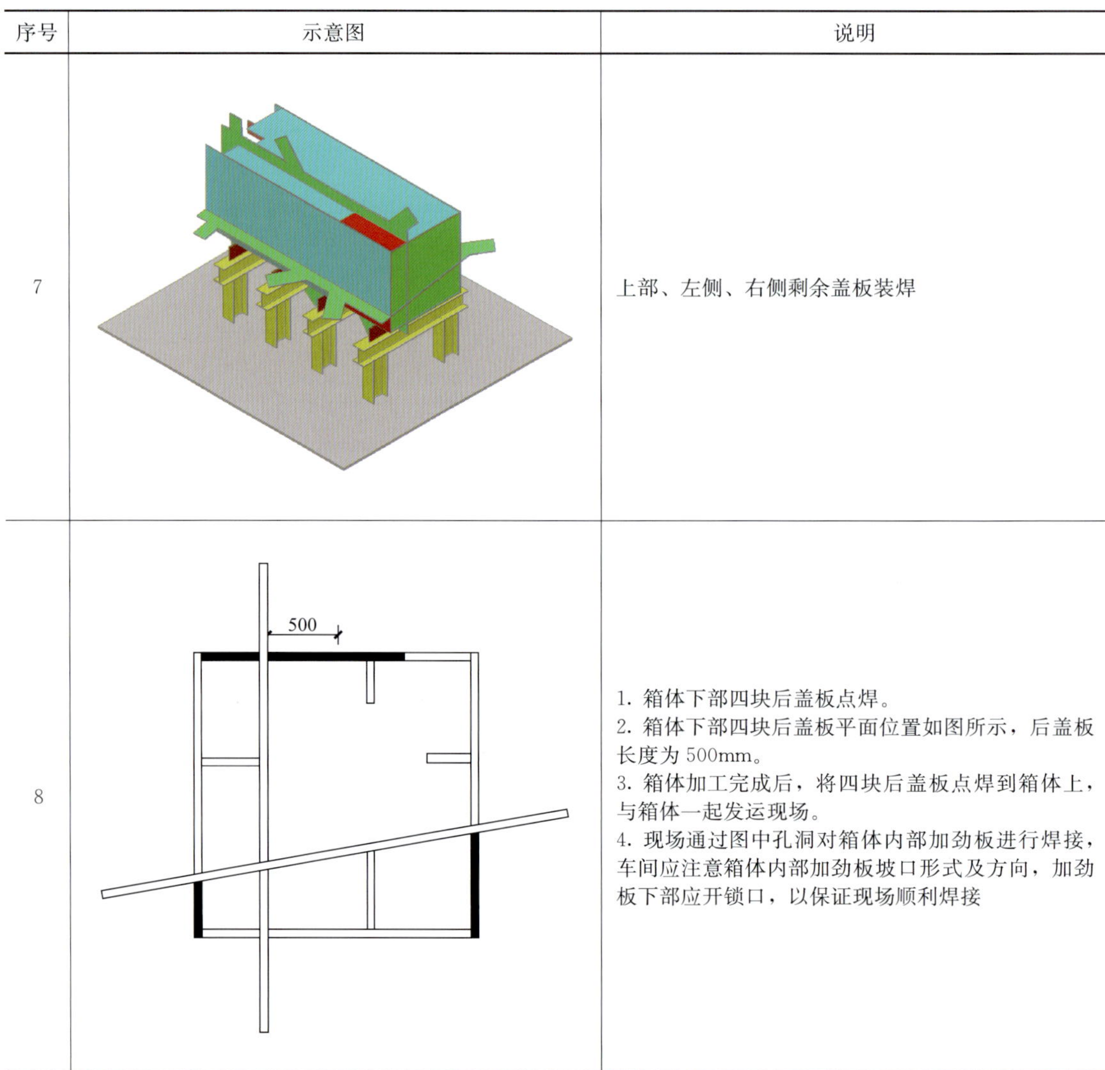

序号	示意图	说明
7		上部、左侧、右侧剩余盖板装焊
8	500	1. 箱体下部四块后盖板点焊。 2. 箱体下部四块后盖板平面位置如图所示，后盖板长度为500mm。 3. 箱体加工完成后，将四块后盖板点焊到箱体上，与箱体一起发运现场。 4. 现场通过图中孔洞对箱体内部加劲板进行焊接，车间应注意箱体内部加劲板坡口形式及方向，加劲板下部应开锁口，以保证现场顺利焊接

3）偏心椭圆台装焊工艺（表3-25）

偏心椭圆台装焊工艺　　表3-25

序号	示意图	说明
1		1. 根据设计图纸，在平台上放出偏心椭圆台投影大样。 2. 平台应具有较高的水平精度，偏心椭圆台加工工艺参专项工艺

续表

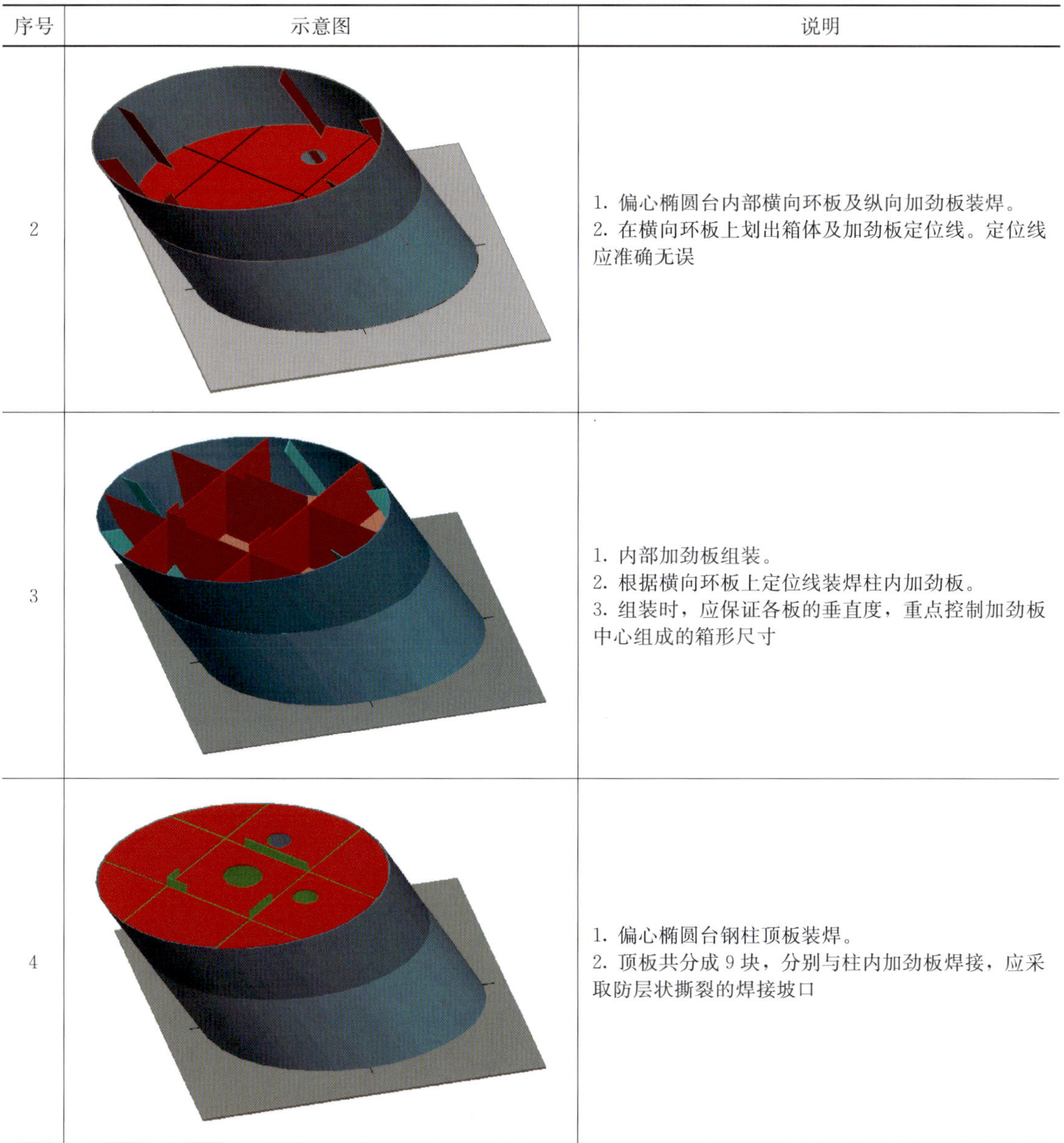

序号	示意图	说明
2		1. 偏心椭圆台内部横向环板及纵向加劲板装焊。 2. 在横向环板上划出箱体及加劲板定位线。定位线应准确无误
3		1. 内部加劲板组装。 2. 根据横向环板上定位线装焊柱内加劲板。 3. 组装时，应保证各板的垂直度，重点控制加劲板中心组成的箱形尺寸
4		1. 偏心椭圆台钢柱顶板装焊。 2. 顶板共分成 9 块，分别与柱内加劲板焊接，应采取防层状撕裂的焊接坡口

注：1. 拼装场地应平整、密实，地坪宜铺设厚钢板。胎架搭设前，应放钢柱中心线和外边轮廓线大样。胎架定位板应精准无误，胎架位置应准确。
2. 由于有多根钢柱主体尺寸相同，故拼装胎架应予以保留，待所有同类钢柱拼装完成后，再行拆除。每次拼装钢柱前均应对胎架重新进行测量，以确保胎架的准确性。
3. 焊缝要求为全熔透的，均应进行 UT 探伤，合格后方可进行下道工序。
4. 以上每道工序完成后均应由质检人员检验合格后，方可进入下道工序。

4）柱身及柱脚加工（图 3-71）

① 钢板下料

钢柱长度方向对接接口均为沿水平方向设置，设计图纸提供展开尺寸为按钢管中心层展开所得，由实际情况出发，下料时应按两种方式进行：

a. 车间对接接口按其自然相贯，下段钢柱顶部不开坡口，上段钢柱开坡口（图 3-72）。

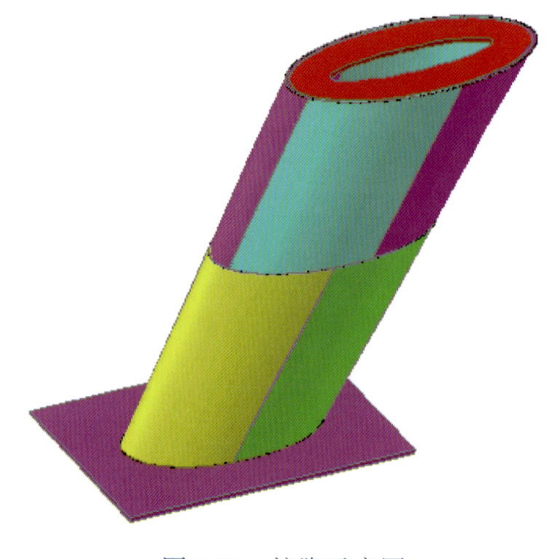

图 3-71　柱脚示意图

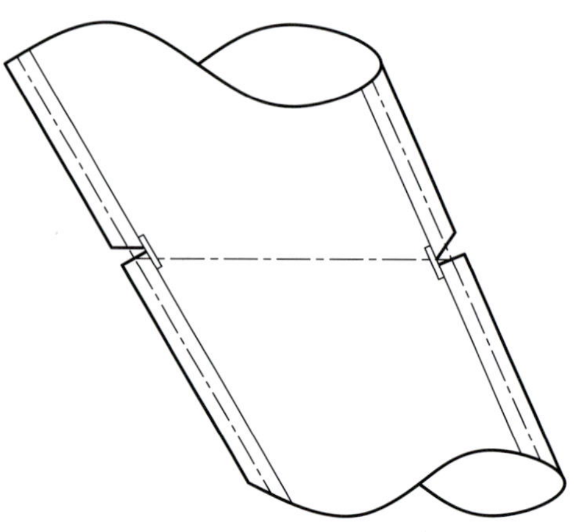

图 3-72　车间钢柱对接接口示意图

b. 现场对接接口，下段钢柱顶部应预放余量后修头或不放余量磨平，上段钢柱按下段钢柱平面开坡口（图 3-73）。

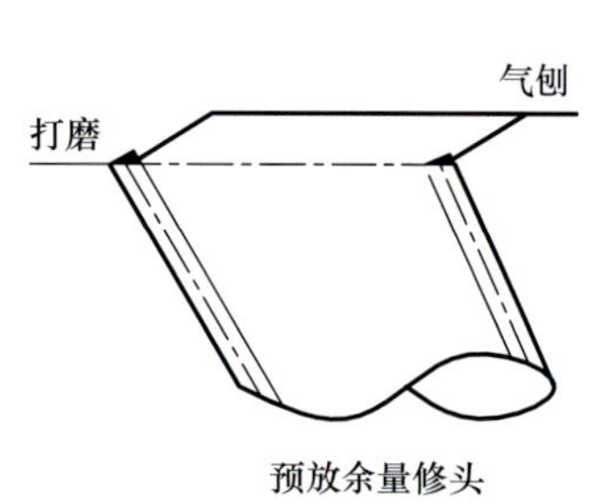

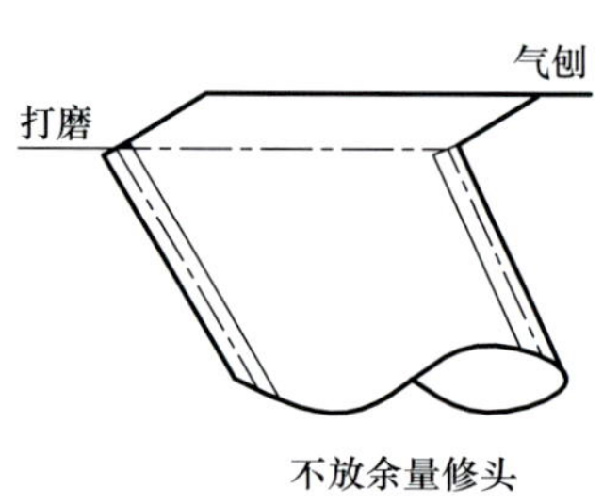

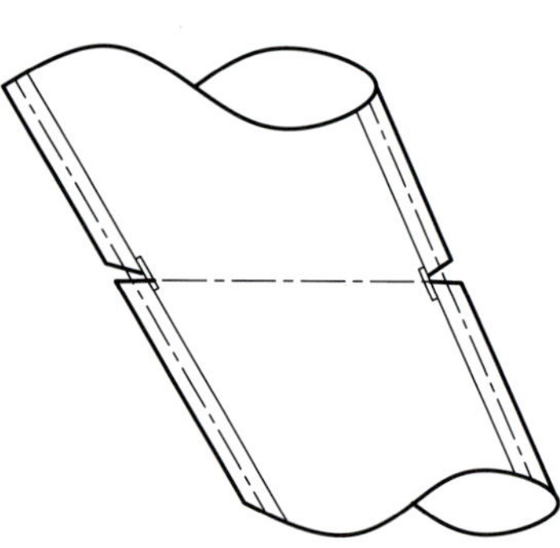

图 3-73　现场钢柱对接接口示意图

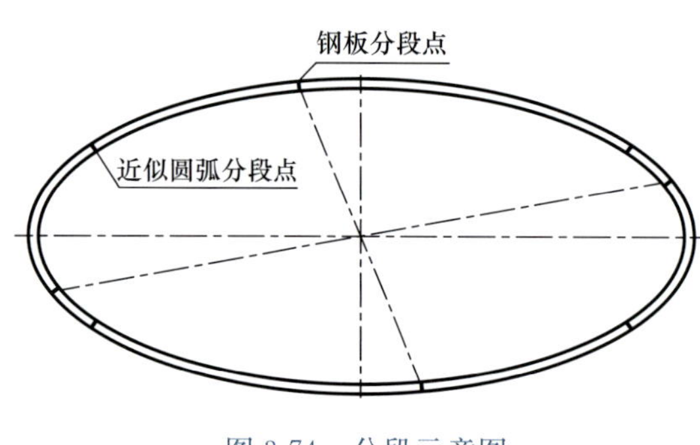

图 3-74　分段示意图

钢板下料后，应在钢板上标明编号、对接标记等。尺寸较小的横隔板宜整块下料，以保证其尺寸精度；尺寸较大的横隔板可分块下料，拼接应在平台上放地样进行，完成后应对其尺寸进行检查，合格后方可使用。

② 钢板成型

钢板按设计图纸所提供的等分线压制成型。压制时，可按近似椭圆画法进行分段成型（图 3-74）。

钢板上划等分线时，应标明钢柱椭圆截面象限点位置，并打上冲印。

钢板压制成型时，下模应随着等分线的变化进行调节，使下模与两侧等分线重合，以控制成型时上下口的下压量。

钢板压制时，可采取多次成型法进行，并在压制过程中使用样板进行反复比对，以达到较为理想的效果。压制完成后，用样板进行两端部测量，偏差过大时，应重新进行压制调整。

③ 钢柱组装

钢板压制完成后，应对其进行火焰矫正。火焰矫正可以在组装胎架上进行，也可单独搭设矫正胎架，以使钢板矫正与组装可同步进行，加快组装效率，缩短加工周期。

钢柱组装宜采用卧拼的方法，有利于钢柱车间对接和现场对接处的截面和错边控制。钢柱截面过大时，也可分节单独进行立拼，组装完成后再吊至卧拼胎架上进行对接端口调整，以保证各节钢柱对接口错边量。

胎架应具有足够的刚度、强度和稳定性。胎架底部宜铺设厚钢板，以防止沉降。各钢柱放样应准确，胎架水平度、高度、平面位置等均应精准。胎架定位板上应标明钢柱象限点位置，以方便钢柱定位（表 3-26）。

柱脚装焊工艺　　表 3-26

序号	示意图	说明
1	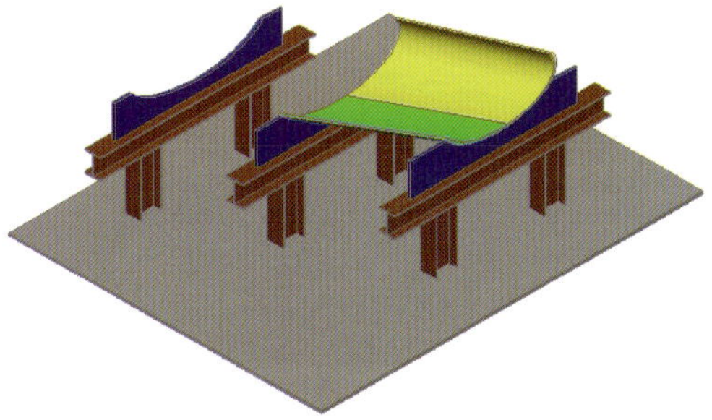	1. 将成型后的下节钢柱钢板吊至胎架上进行火焰矫正。 2. 以钢板象限点为基准，进行定位
2	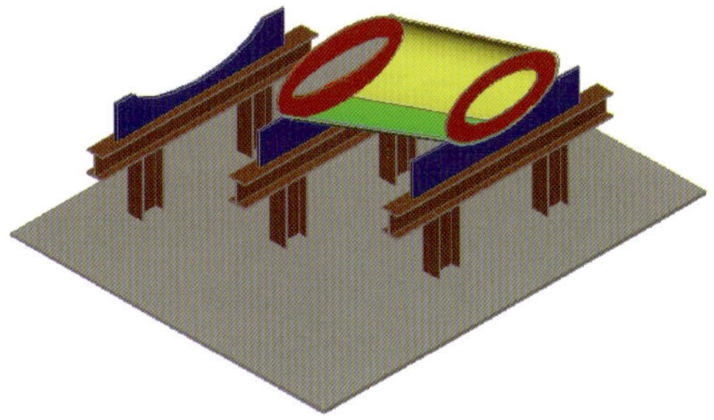	1. 在钢柱内部组装横隔板和工艺隔板。 2. 以横隔板为基准对钢柱进行火焰矫正
3	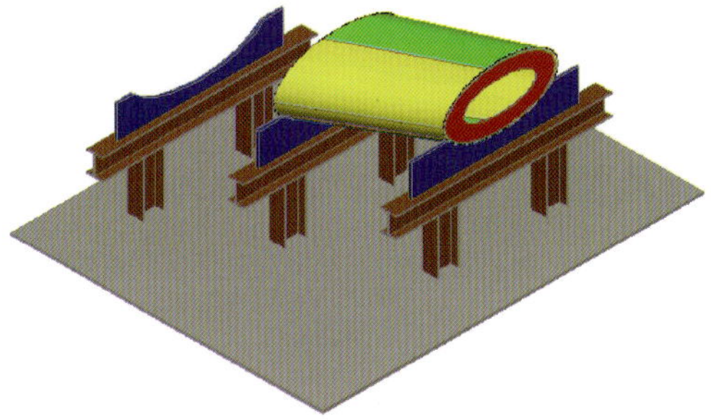	将剩余两块钢板吊至胎架上，以横隔板为基准对钢柱进行火焰矫正

续表

序号	示意图	说明
4	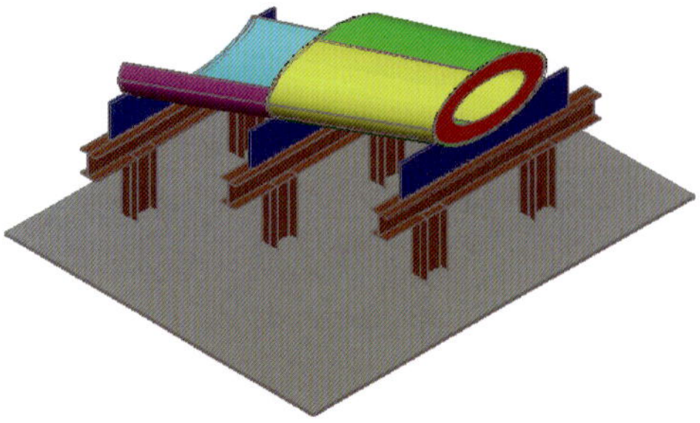	将成型后的上节钢柱钢板吊至胎架上，以下节钢柱为基准进行火焰矫正
5	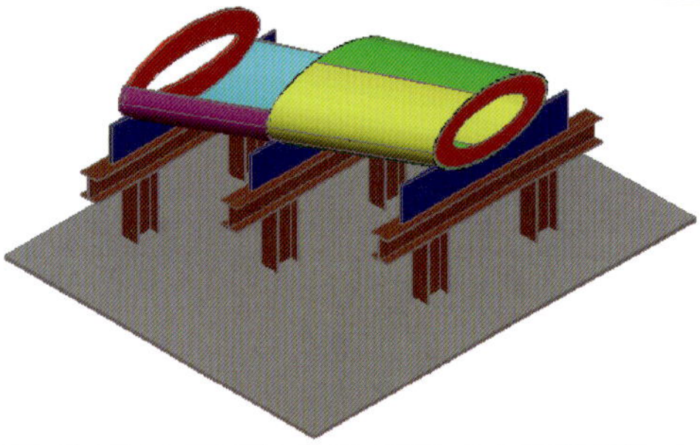	顶板组装。以顶板为基准对钢柱进行火焰矫正
6	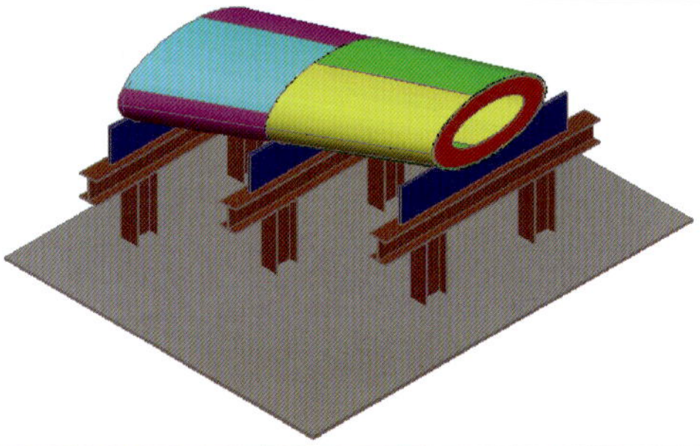	将剩余两块钢板吊至胎架上，以横隔板为基准对钢柱进行火焰矫正

注：1. 钢柱内横隔板下料均为上表面尺寸，组装时在局部区域厚度方向应开坡口，以保证钢柱截面的准确性（图 3-75）。
2. 钢柱内外均应划出上下两椭圆象限点的连线，并在端部打上冲印。
3. 为防止钢柱纵向焊缝焊接收缩过大，在组装时可适量放大钢柱截面（长轴 5mm，短轴 3mm）。
4. 钢柱下部工艺隔板在下节钢柱矫正完成后，可先行拆除，在钢柱内部加设临时支撑或将柱底板组装至钢柱上，以减小其焊接变形，保证其截面尺寸。
5. 上述工序未表达钢柱内部纵向隔板组装，纵向隔板可在每节钢柱主体矫正完成后进行组装。焊缝要求为全熔透的，均应进行 UT 探伤，合格后方可进行下道工序。
6. 以上每道工序完成后均应由质检人员检验合格后，方可进入下道工序。

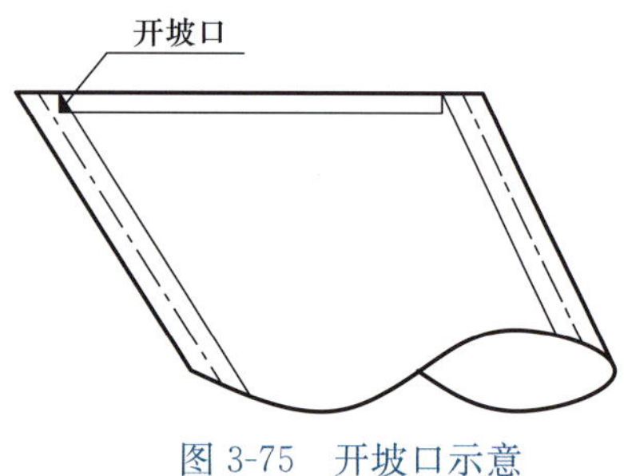

图 3-75　开坡口示意

④ 焊接

焊接可以在胎架上进行，如需脱模焊接，应搭设临时胎架，便于稳定安置钢柱。焊接时，应先焊纵缝，再焊环缝。纵缝焊接宜采用对称焊接的方法进行。

两节钢柱宜同时焊接，以保证其同步收缩，也可将两节钢柱暂时分开进行焊接，但在钢柱端部应加设工艺隔板或临时支撑。

内部加劲板焊接，可与主体焊缝参差进行，如焊接条件允许，也可待主体焊缝完成后再进行焊接。

焊接完成后，对钢柱进行复位时，均应以各象限点为基准，并应避免碰撞下节钢柱，以免造成移位，产生尺寸偏差。

⑤ 现场分段对接钢柱组装

下段钢柱加工完成并经检验合格后，以下段钢柱顶部截面为基准，进行上段钢柱的组装。组装时，应以下段钢柱顶部截面为基准预放焊接收缩余量（长轴 5mm，短轴 3mm）。

上段钢柱第一节焊接完成后，可按已划象限点连线进行上下段钢柱连接耳板装焊，耳板装焊完成后，可对下段钢柱进行脱模。

依次进行每节钢柱的组装焊接。

现场分段对接钢柱装焊工艺如图 3-76、表 3-27 所示。

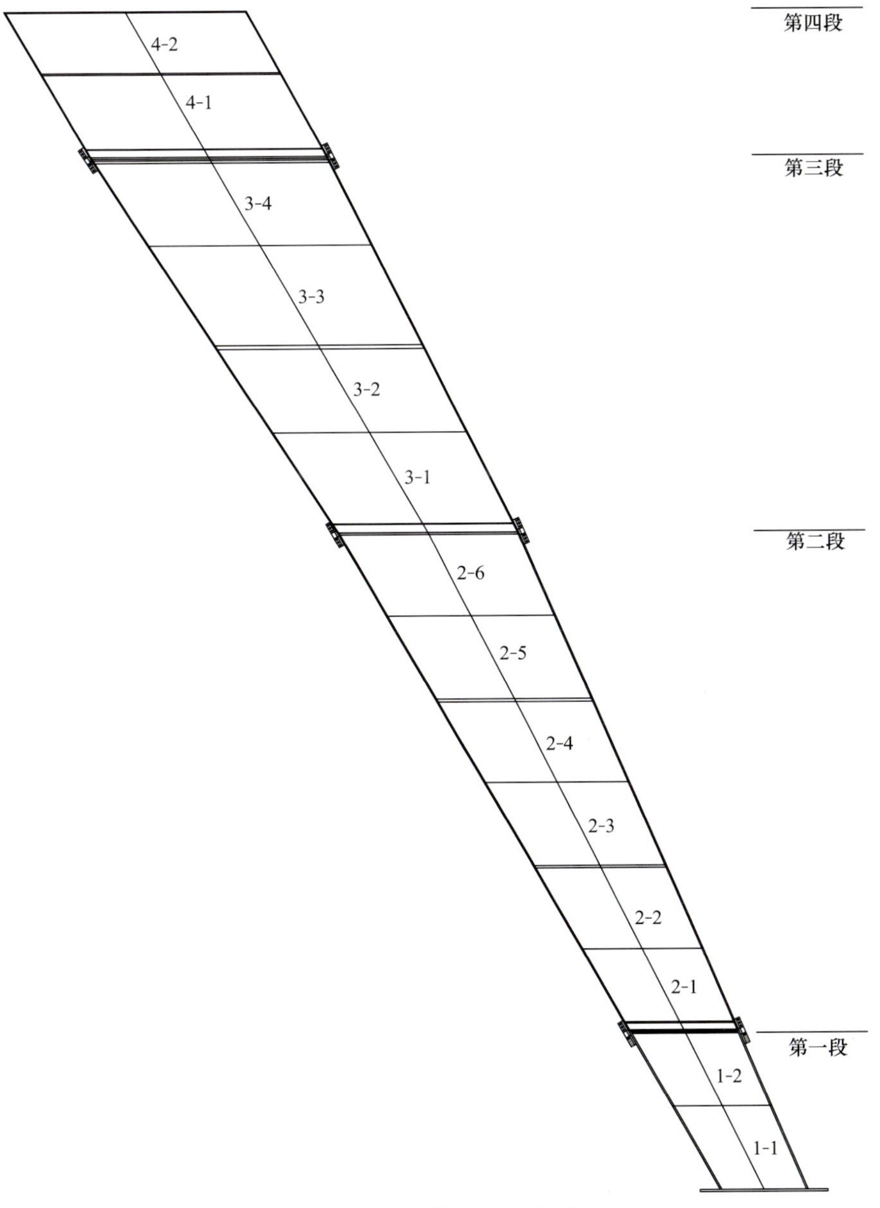

图 3-76　整体立面示意图

分段对接钢柱装焊工艺 **表 3-27**

序号	示意图	说明
1	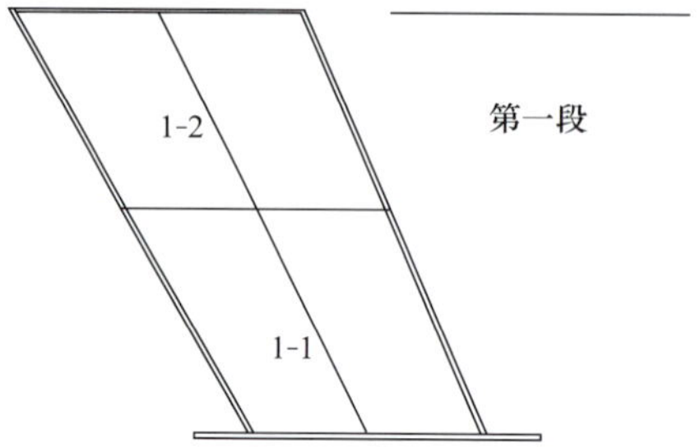 1-2 1-1 第一段	第一段钢柱组装焊接
2	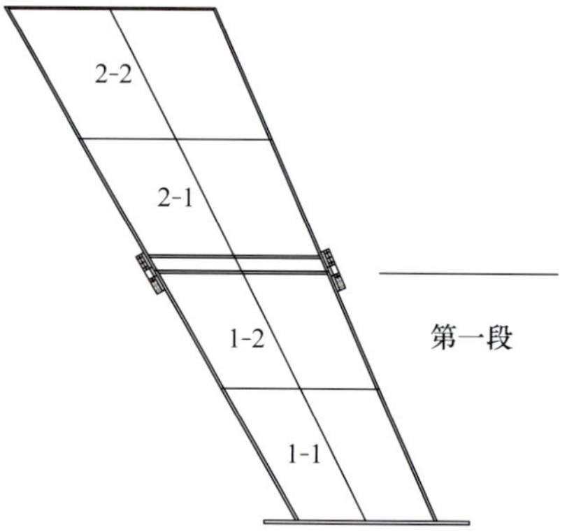 2-2 2-1 1-2 1-1 第一段	1. 以第一段钢柱顶面为基准，进行第二段钢柱 2-1、2-2 节组装。 2. 组装时，上段钢柱应以下段钢柱顶面为基准预放焊接收缩余量。 3. 组装完成后，对 2-1、2-2 节进行焊接，完成后对钢柱 2-1、2-2 节进行复位，再次检查上下段对接口错边量，以及进行耳板装焊
3	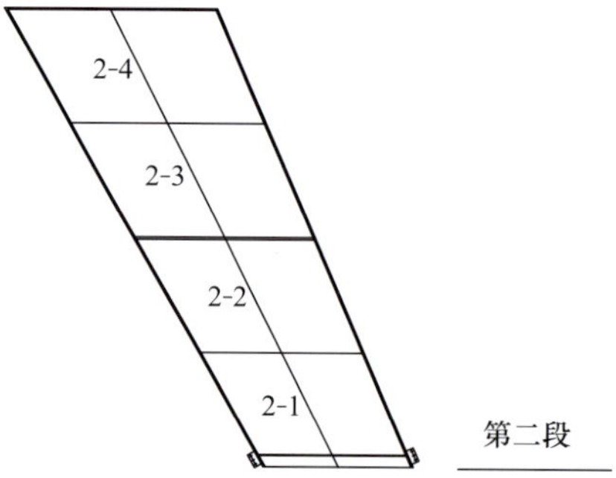 2-4 2-3 2-2 2-1 第二段	1. 第一段钢柱脱模，进入下道工序。 2. 以第二段钢柱 2-1、2-2 节顶面为基准，进行 2-3、2-4 节钢柱组装。 3. 组装完成后，对 2-3、2-4 节进行焊接，完成后对其进行复位，并检查上下节对接口错边量

续表

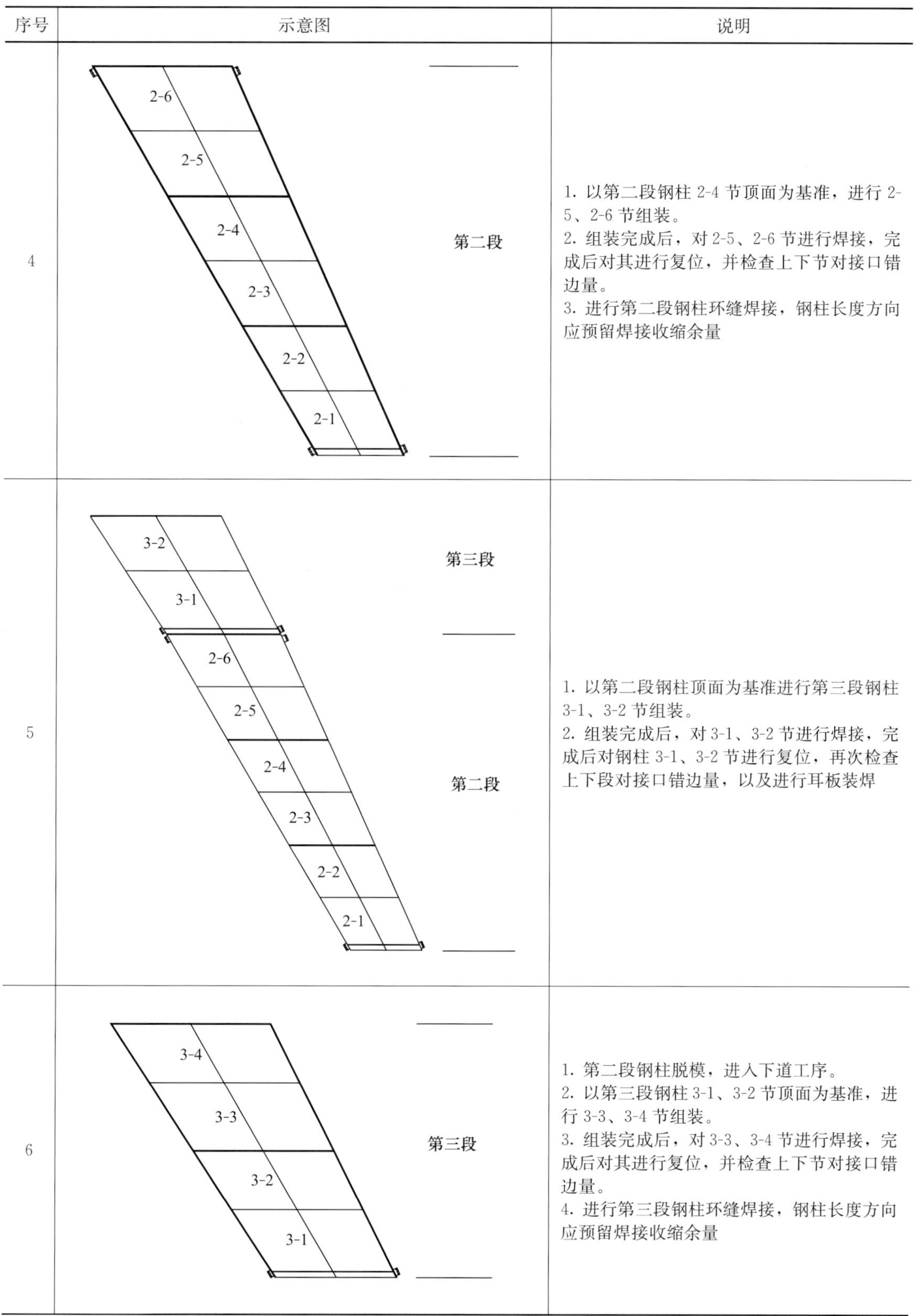

序号	示意图	说明
4		1. 以第二段钢柱 2-4 节顶面为基准，进行 2-5、2-6 节组装。 2. 组装完成后，对 2-5、2-6 节进行焊接，完成后对其进行复位，并检查上下节对接口错边量。 3. 进行第二段钢柱环缝焊接，钢柱长度方向应预留焊接收缩余量
5		1. 以第二段钢柱顶面为基准进行第三段钢柱 3-1、3-2 节组装。 2. 组装完成后，对 3-1、3-2 节进行焊接，完成后对钢柱 3-1、3-2 节进行复位，再次检查上下段对接口错边量，以及进行耳板装焊
6		1. 第二段钢柱脱模，进入下道工序。 2. 以第三段钢柱 3-1、3-2 节顶面为基准，进行 3-3、3-4 节组装。 3. 组装完成后，对 3-3、3-4 节进行焊接，完成后对其进行复位，并检查上下节对接口错边量。 4. 进行第三段钢柱环缝焊接，钢柱长度方向应预留焊接收缩余量

续表

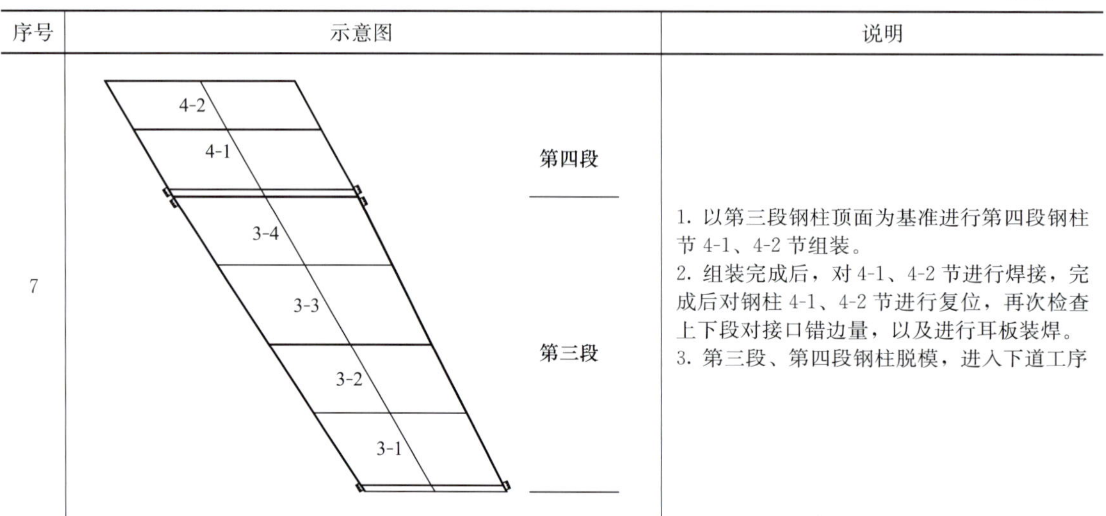

序号	示意图	说明
7		1. 以第三段钢柱顶面为基准进行第四段钢柱节 4-1、4-2 节组装。 2. 组装完成后，对 4-1、4-2 节进行焊接，完成后对钢柱 4-1、4-2 节进行复位，再次检查上下段对接口错边量，以及进行耳板装焊。 3. 第三段、第四段钢柱脱模，进入下道工序

注：1. 由于有多根钢柱主体尺寸相同，故拼装胎架应予以保留，待所有同类钢柱拼装完成后，再行拆除。每次拼装钢柱前均应对胎架重新进行测量，以确保胎架的准确性。
2. 焊缝要求为全熔透的，均应进行 UT 探伤，合格后方可进行下道工序。
3. 以上每道工序完成后均应由质检人员检验合格后，方可进入下道工序。

(3) 格构柱加工方法

1）钢管格构柱介绍

钢管格构柱主要杆件规格及材质见表 3-28。

钢管格构柱主要杆件规格及材质　　表 3-28

规格	材质	规格	材质
ϕ700×35	Q345GJC	ϕ400×16	Q345C
ϕ700×25	Q345GJC	ϕ400×10	Q345C
ϕ00×25	Q345GJC	ϕ325×10	Q345C
ϕ500×16	Q345C	ϕ299×10	Q345C
ϕ450×25	Q345GJC	ϕ273×10	Q345C
ϕ400×25	Q345GJC	ϕ180×8	Q235B

根据现场拼装场地和吊装设备情况，将钢柱分成三段进行吊装，钢柱在地面进行整体拼装，钢柱示意图及现场吊装分段如图 3-77 所示。

2）拼装前的准备

应选择平整的拼装场地，并在胎架底部铺设厚钢板或设置 H 型钢，以增加其承压面积，钢板或 H 型钢下面应填实。

放样和检测所使用的卷尺必须与业主提供的标准尺进行比对，如业主未提供标准尺，应与公司标准尺（公司标准尺需与国家或地方检测机构标准尺进行对比，并已标明偏差）进行比对，并贴上比对后的正负偏差。测量时应根据偏差对长度进行修正。用卷尺测量较长距离时，应用拉磅进行（一般 25m 以下拉 5kgf；25～50m 拉 10kgf）。

拼装前应按图纸中心线投影尺寸 1∶1 放出大样，再根据设计图纸划出弦杆分段点（划分段尺寸时，均应从原点开始；不得分段测量以免造成累积误差），放大样时应预放焊接收缩余量（预放余量应根据焊接接头数量而定，一般每个接头预放余量 1～2mm）。

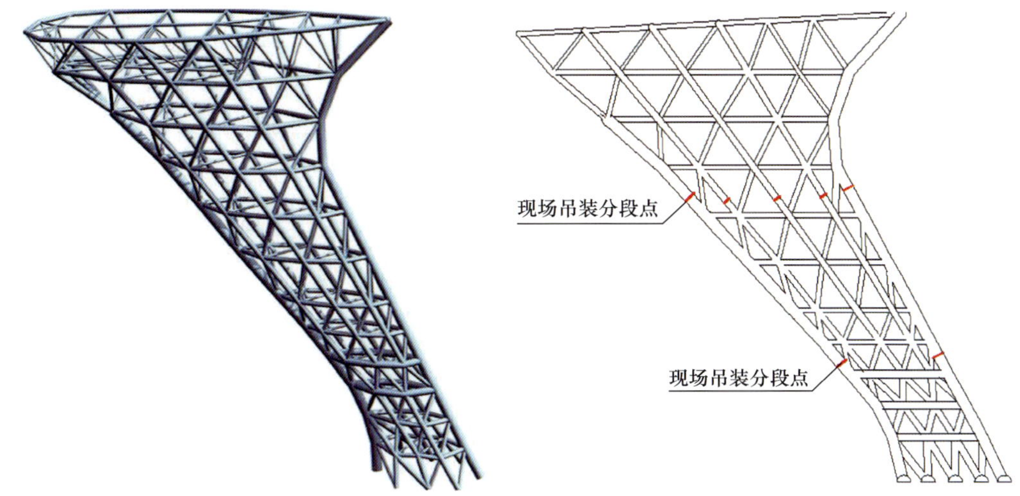

图 3-77　格构柱分段示意图

放样完成后需复合放样尺寸（露天场地测量时间宜在日出前，日落后定时进行），确认无误后由质检人员对大样进行检验，检验合格后，根据所放大样搭设胎架。

搭设胎架时，胎架应满足构件结构、重量、截面等需求。胎架之间距离不应过长（一般控制在 2～3m），直弦杆上应不少于两个支承点。弧形弦杆上不得少于三个支承点。

胎架的布置要以满足杆件稳定、避免碰到交叉杆件为原则。

立好胎架柱后，用水准仪在每根胎架柱上划出水平线，以作为胎架牛腿标高的基准。

拼装前，应保证所有部件都已齐全。拼装时，应控制连接处的密合性并应保证焊接坡口间隙适宜。

3）钢柱拼装工艺（表 3-29）

钢柱拼装节艺　　　　**表 3-29**

序号	示意图	说明
1	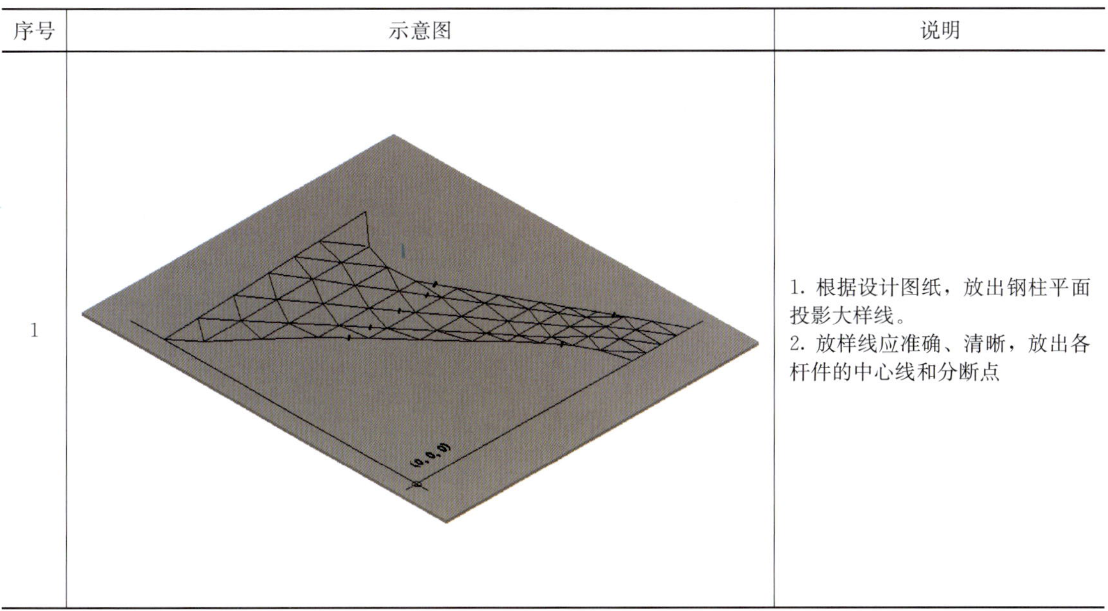	1. 根据设计图纸，放出钢柱平面投影大样线。 2. 放样线应准确、清晰，放出各杆件的中心线和分断点

续表

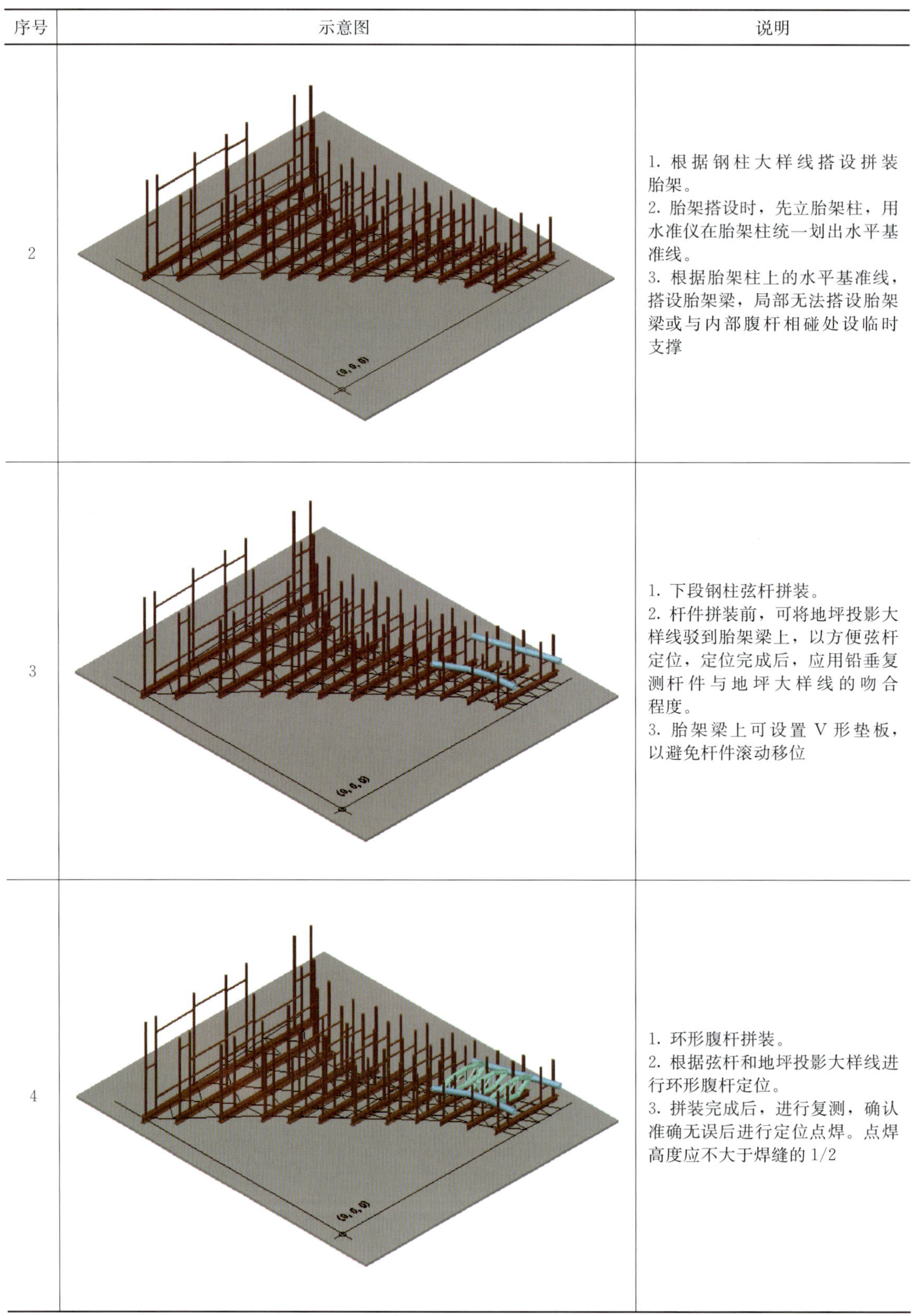

序号	示意图	说明
2		1. 根据钢柱大样线搭设拼装胎架。 2. 胎架搭设时，先立胎架柱，用水准仪在胎架柱统一划出水平基准线。 3. 根据胎架柱上的水平基准线，搭设胎架梁，局部无法搭设胎架梁或与内部腹杆相碰处设临时支撑
3		1. 下段钢柱弦杆拼装。 2. 杆件拼装前，可将地坪投影大样线驳到胎架梁上，以方便弦杆定位，定位完成后，应用铅垂复测杆件与地坪大样线的吻合程度。 3. 胎架梁上可设置 V 形垫板，以避免杆件滚动移位
4		1. 环形腹杆拼装。 2. 根据弦杆和地坪投影大样线进行环形腹杆定位。 3. 拼装完成后，进行复测，确认准确无误后进行定位点焊。点焊高度应不大于焊缝的 1/2

续表

序号	示意图	说明
5	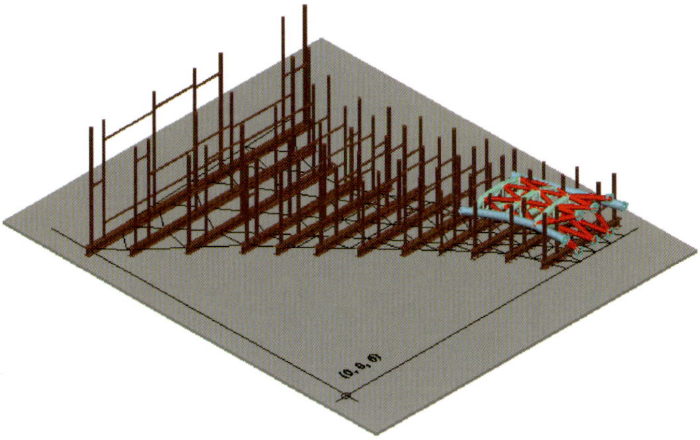	1. 其他腹杆拼装。 2. 根据弦杆、环形腹杆和地坪投影大样线进行腹杆定位。 3. 拼装时，应合理安排杆件的拼装顺序，先拼装空间位置小、杆件直径大的杆件，以确保所有杆件均能准确地完成拼装。 4. 拼装完成后进行点焊
6	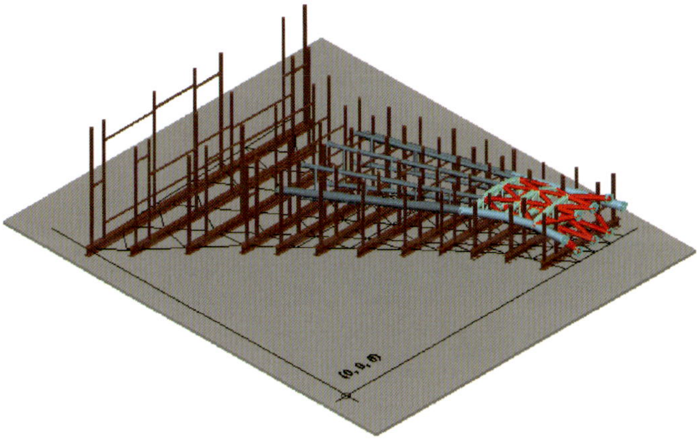	1. 中段钢柱弦杆拼装。 2. 以地坪投影大样和下段钢柱弦杆为基准进行中段钢柱弦杆拼装。 3. 拼装时，两段弦杆对接口的错边和离缝应控制在允许偏差范围内。 4. 拼装完成后，可在两段对接口处进行点焊，以起到临时固定、避免弦杆移位的作用
7	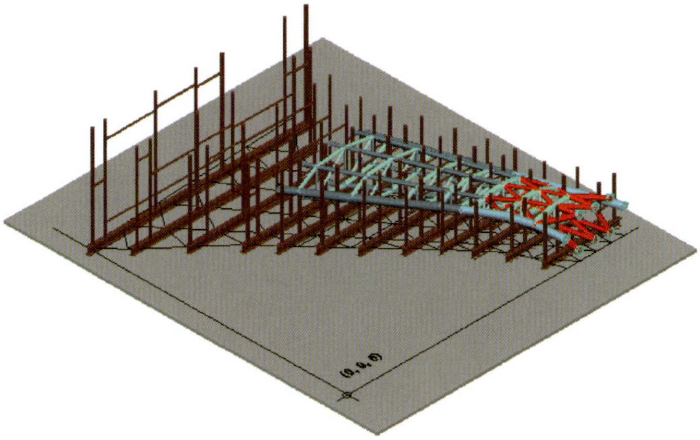	1. 中段钢柱环形腹杆拼装。 2. 拼装注意事项参考下段钢柱环形腹杆拼装要求

续表

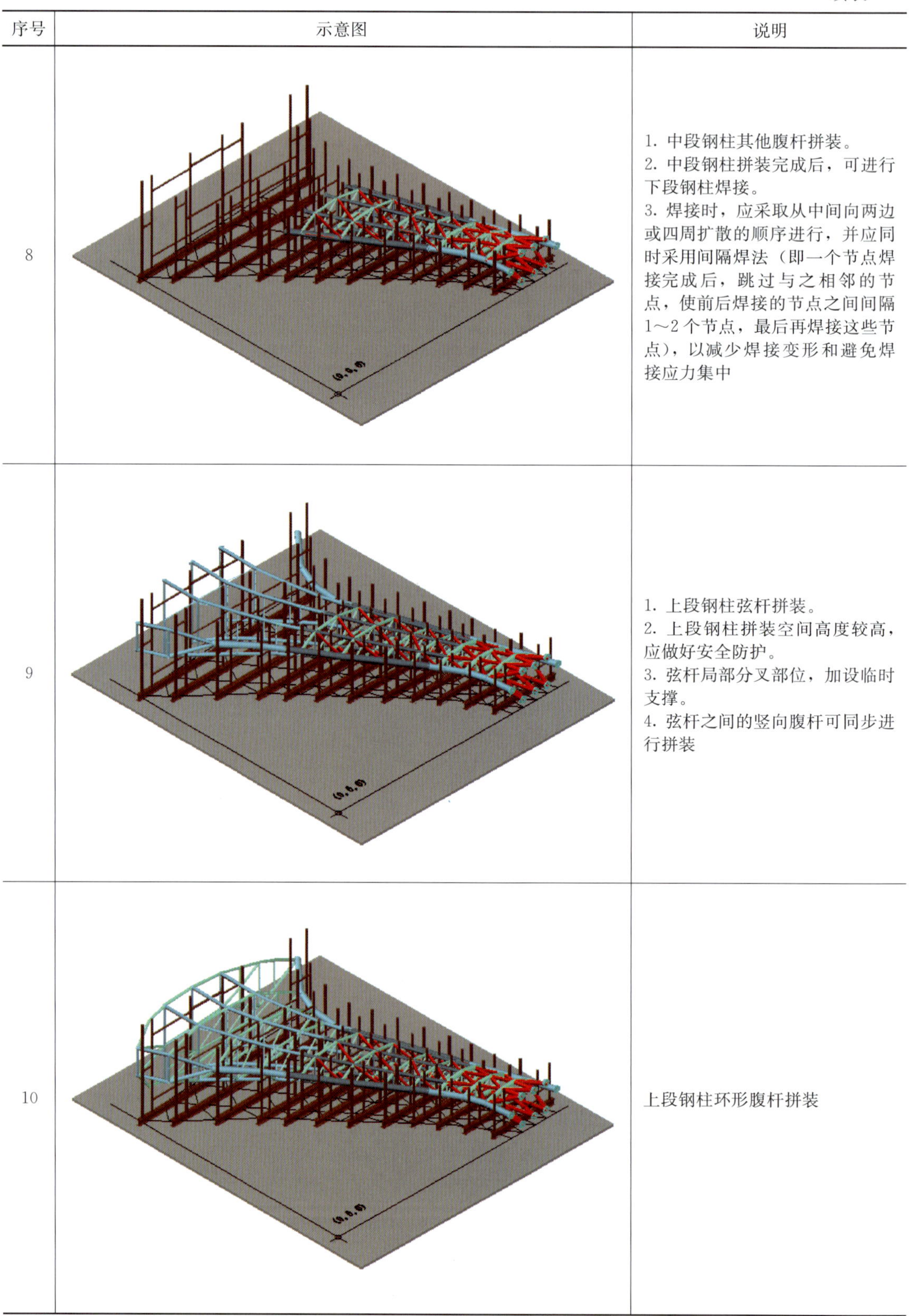

序号	示意图	说明
8		1. 中段钢柱其他腹杆拼装。 2. 中段钢柱拼装完成后，可进行下段钢柱焊接。 3. 焊接时，应采取从中间向两边或四周扩散的顺序进行，并应同时采用间隔焊法（即一个节点焊接完成后，跳过与之相邻的节点，使前后焊接的节点之间间隔1～2个节点，最后再焊接这些节点），以减少焊接变形和避免焊接应力集中
9		1. 上段钢柱弦杆拼装。 2. 上段钢柱拼装空间高度较高，应做好安全防护。 3. 弦杆局部分叉部位，加设临时支撑。 4. 弦杆之间的竖向腹杆可同步进行拼装
10		上段钢柱环形腹杆拼装

续表

序号	示意图	说明
11	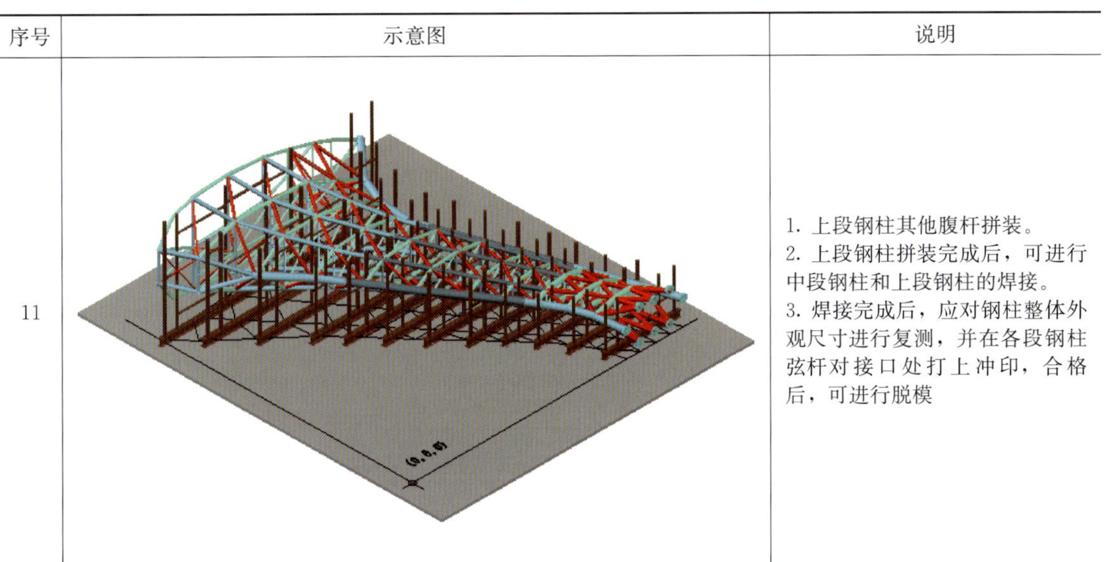	1. 上段钢柱其他腹杆拼装。 2. 上段钢柱拼装完成后，可进行中段钢柱和上段钢柱的焊接。 3. 焊接完成后，应对钢柱整体外观尺寸进行复测，并在各段钢柱弦杆对接口处打上冲印，合格后，可进行脱模

注：1. 焊缝要求为全熔透的，均应进行 UT 探伤，合格后方可进行下道工序。
2. 杆件之间相贯口焊接，应满足钢管相贯口焊缝的相关要求。
3. 以上每道工序完成后均应由质检人员检验合格后，方可进入下道工序。

7. 屋盖钢结构整体提升技术

(1) 屋盖提升概况

本工程中屋面结构平面布置主次分明，适宜采用提升工艺，屋面结构提升的范围具体如图 3-78 所示。

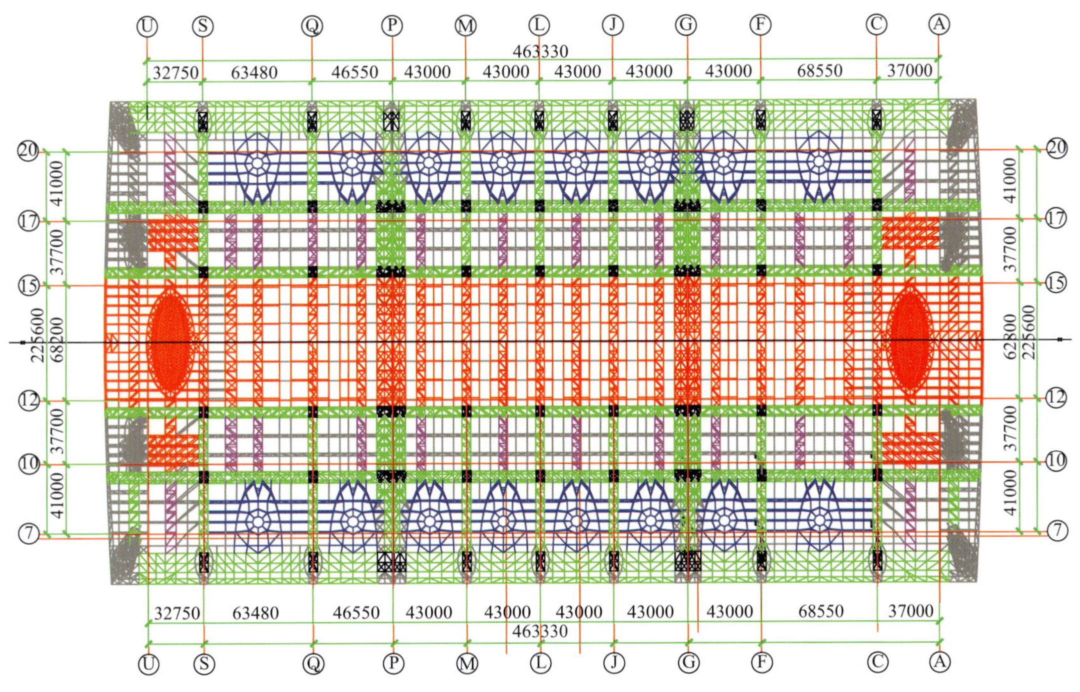

图 3-78　屋面 A—P 轴提升范围（红色和蓝色部分采用整体提升）

(2) 典型提升单元的划分

本工程中屋面结构设置了多个提升单元，提升区域主要为鱼眼结构、12—15 轴之间的桁架和南北向采光天窗以及天窗两侧的局部桁架。

鱼眼结构、南北向采光天窗及天窗两侧的局部桁架均作为单独的提升单元提升。根据 12—15 轴之间的屋面管桁架结构布置特点，将此区域的桁架分为 5 个典型的提升单元，如图 3-79 所示。

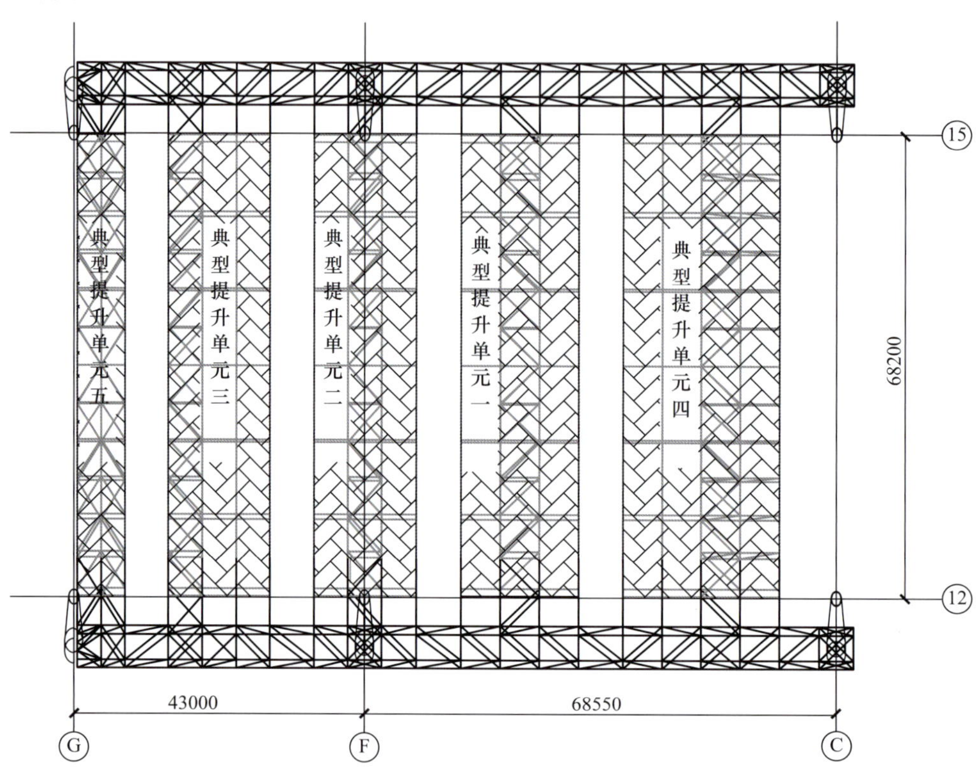

图 3-79　12—15 线桁架典型提升单元

(3) 提升吊点选择

采用液压同步提升技术整体吊装大跨度屋面管桁架结构，必须事先选择好合适的提升吊点。吊点的选择应首先充分考虑到被提升结构的受力体系特点，以尽量不改变结构受力体系为原则，使得提升吊装过程中，结构的应力比以及变形情况均控制在可以接受的范围内。各区域的提升吊点设置如图 3-80～图 3-83 所示。

(4) 提升单元预先分段

屋面结构单元采用整体提升工艺吊装，为满足提升工艺的要求，需要对所有对接口桁架的上下弦进行分段，分段原则为桁架上弦杆分段点的投影位置与下弦杆分段点的投影位置错开，即提升单元中桁架分段处桁架上弦长度小于桁架下弦长度，屋面桁架分段图（以 12—15 轴桁架为例）如图 3-84 所示。

(5) 提升上吊点的设置

采用液压同步提升设备吊装大跨度屋面钢结构，需要设置合理的提升上吊点。提升上吊点即提升平台，在其上设置液压提升器。液压提升器通过提升专用钢绞线与屋面钢结构整体提升单元上的对应下吊点相连接。

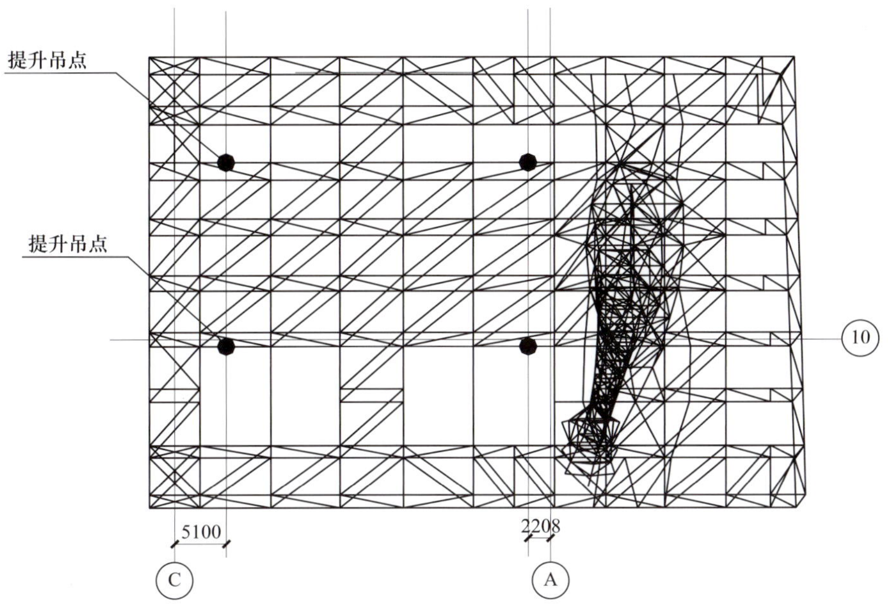

图 3-80　天窗两侧局部桁架吊点平面布置图

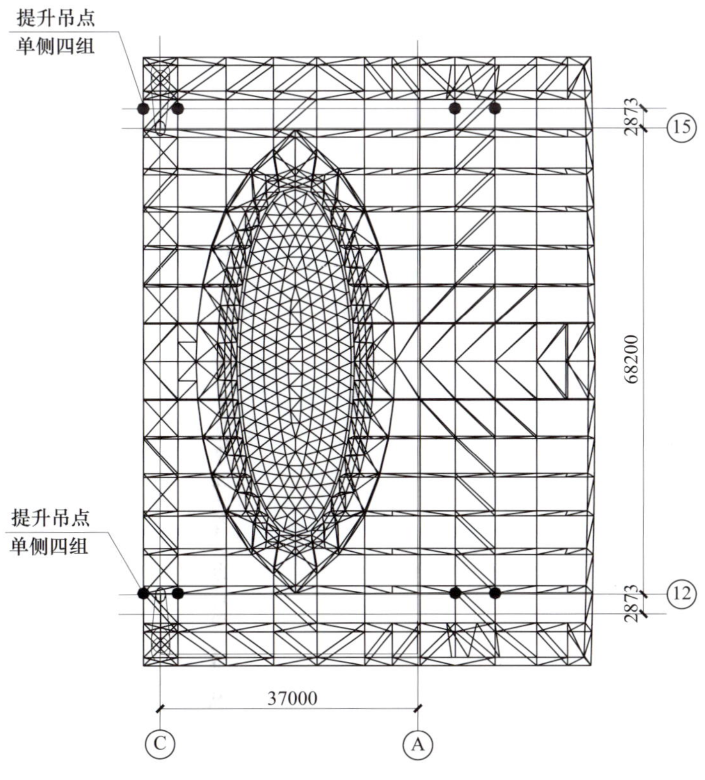

图 3-81　南北向天窗吊点平面布置图

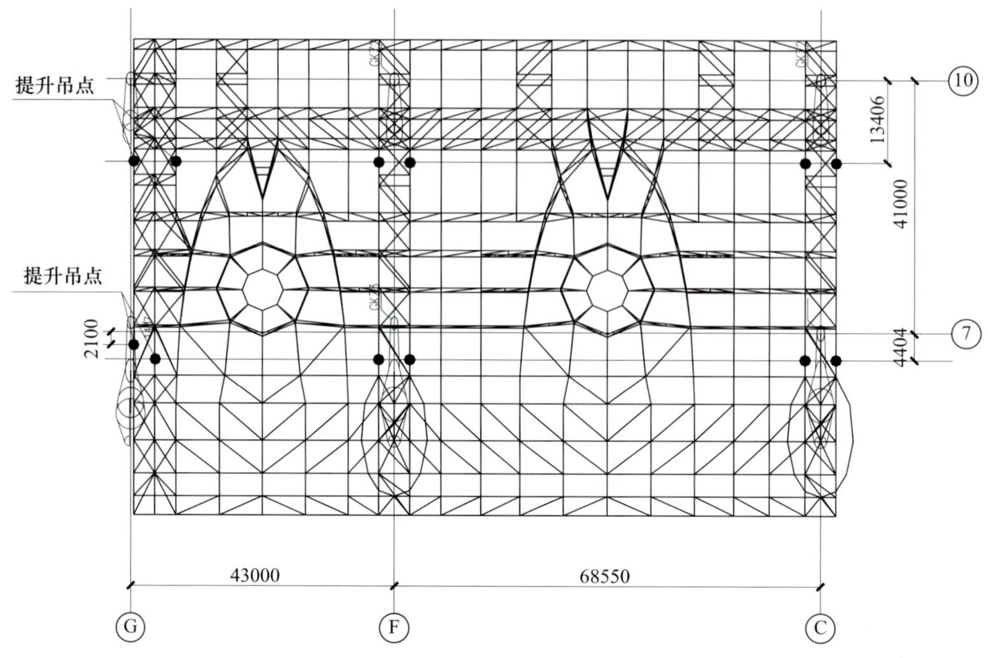

图 3-82 鱼眼结构吊点平面布置图

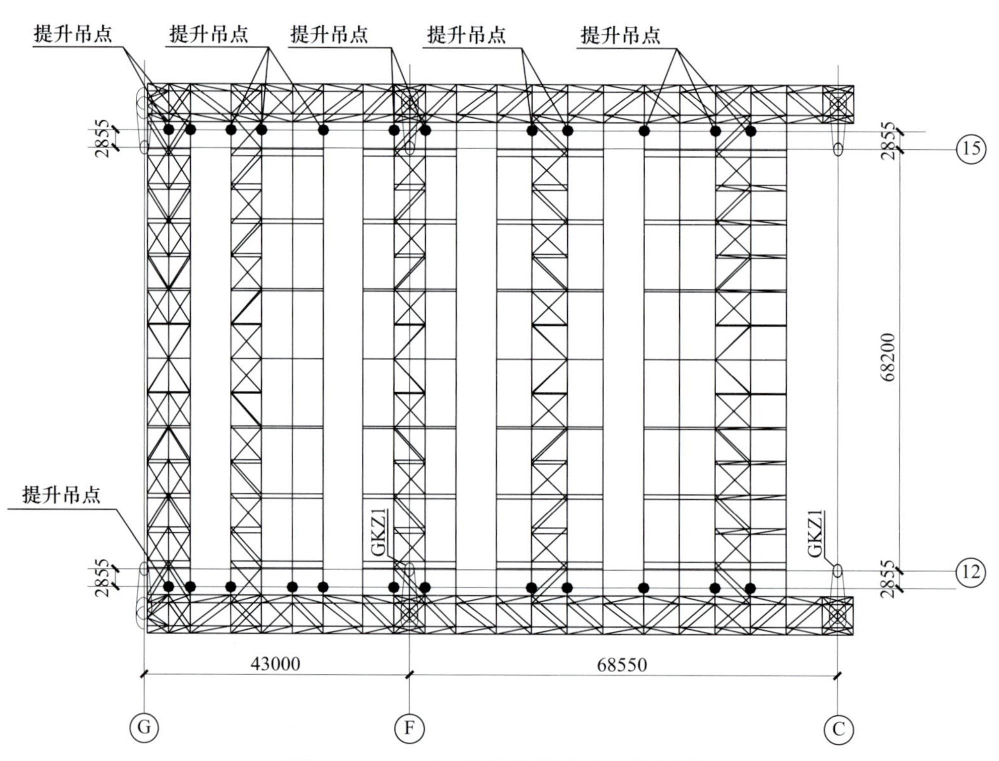

图 3-83 12—15 轴桁架吊点平面布置图

根据以上思路，提升平台利用屋面主桁架上弦杆设置，在主桁架的上弦杆上利用型钢搭设临时提升平台，液压提升器安装在临时平台的提升梁上，提升专用钢绞线通过牛腿上的开孔穿过、与下吊点连接。同时，由于本项目中存在多个提升单元，为减少提升措施的用量，提升上吊点平台采用可拆装式平台，提升平台与屋面主桁架均采用销轴连接，即在主桁架上弦杆上部焊接连接耳板，通过销轴与提升平台连接。

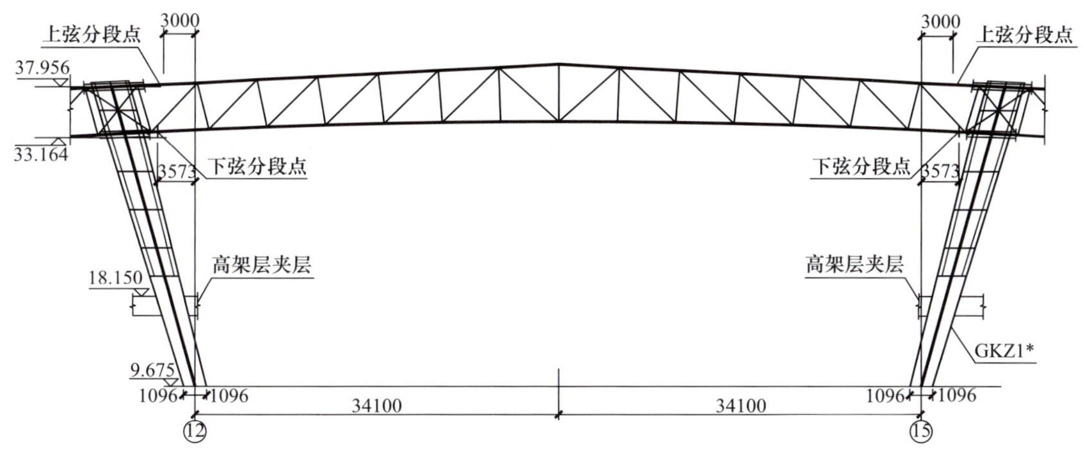

图 3-84　12—15 轴桁架分段示意图

提升平台设计中，由于提升平台均为平面结构，且底部均为销轴连接，为保证提升平台的平面外稳定性，在每相邻的两组平台之间增加撑杆，撑杆与平台亦采用销轴连接，考虑到各个提升区域桁架的宽度等略有不同，撑杆的长度可根据实际尺寸进行调整。当两组提升平台间距较大时，可在提升平台两侧设置斜撑杆，以保证提升平台的稳定性。

提升平台具体形式如图 3-85 所示。

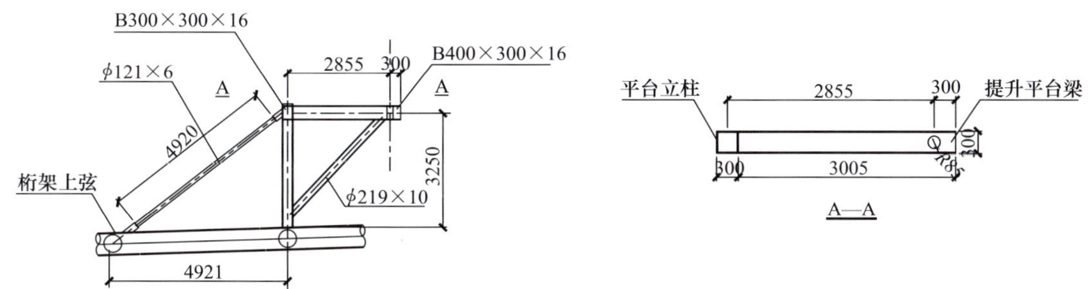

图 3-85　提升上吊点结构立面图

(6) 提升下吊点的设置

屋面结构提升单元在整体提升过程中主要承受自重产生的垂直荷载。提升吊点的设置以尽量不改变结构原有受力体系为原则。本工程中根据提升上吊点的设置，下吊点分别垂直对应每一上吊点设置在待提升的主桁架上弦杆上。

在桁架的上弦杆提升中心的位置上设置吊耳，提升下吊点设置形式如图 3-86 所示。

下吊点的专用吊具连接形式如图 3-87 所示。

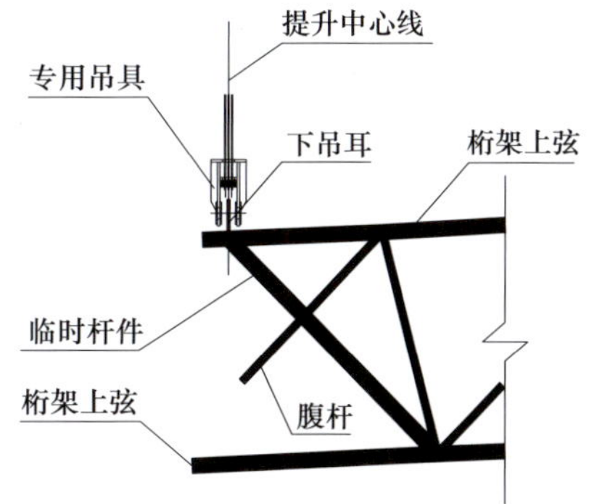

图 3-86　提升下吊点立面示意图

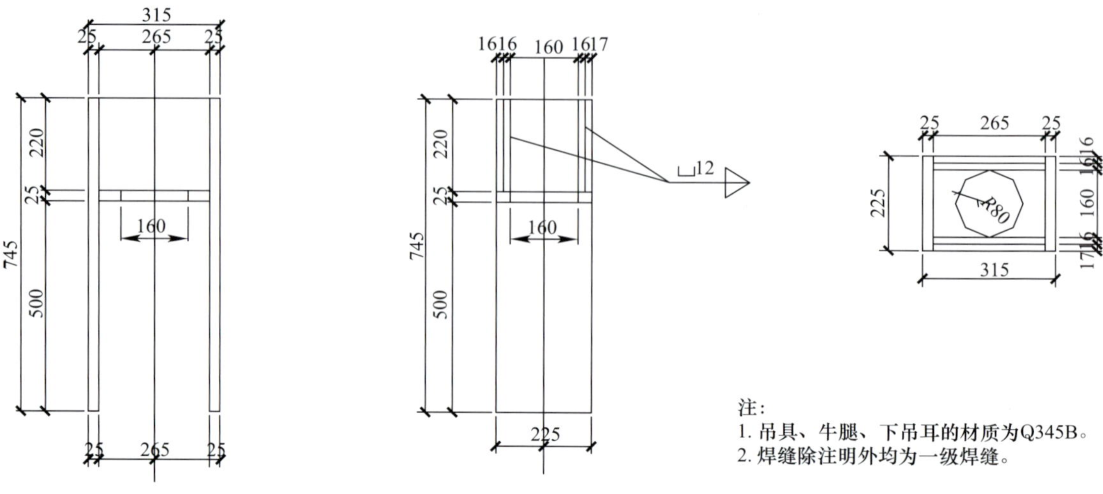

图 3-87　下吊点吊具图

(7) 提升立面

屋面钢结构提升立面图（以 12—15 轴桁架为例）如图 3-88 所示。

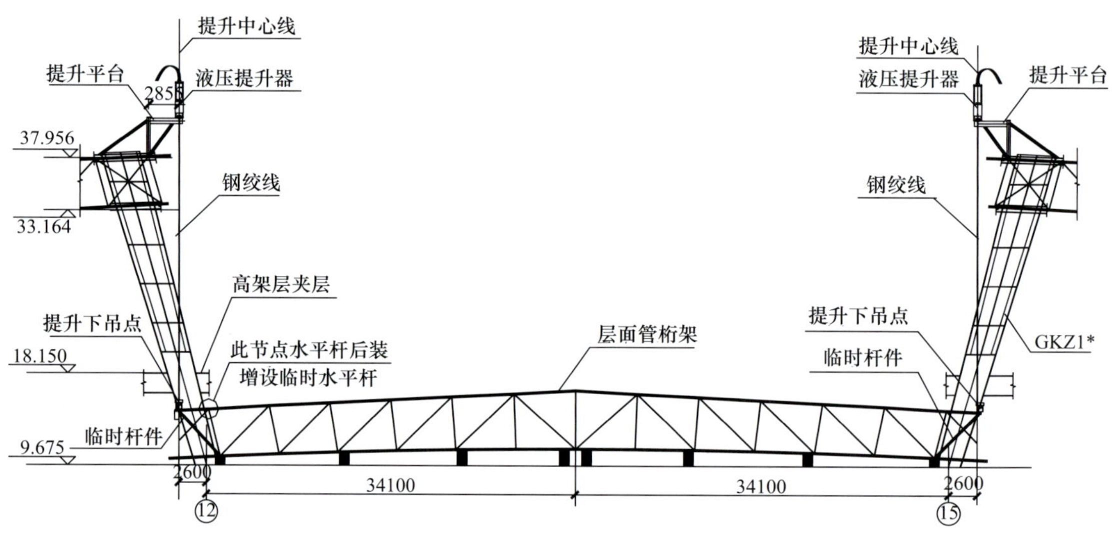

图 3-88　屋面钢结构提升立面图

(8) 提升过程中的稳定性控制

1）液压提升的稳定性

采用液压提升整体同步提升屋面钢结构单元，与用卷扬机或吊起重机吊装不同，可通过调节系统压力和流量，严格控制启动的加速度和制动加速度，使其接近于零以至于可以忽略不计，保证提升过程中屋面钢结构单元和主楼结构的稳定性。

2）临时结构设计的稳定性控制

与屋面钢结构单元整体提升有关的临时结构设计，包括加固措施，均应充分考虑各种不利因素的影响，保证整体提升过程的稳定性和绝对安全。

临时结构设计除应考虑荷载分布不均匀性、提升不同步性、施工荷载、风荷载、动荷载等因素的影响，在计算模型的建立过程中以及荷载分项系数选取时充分考虑以上因素外，还应该对相关永久结构的加固以及临时结构与永久结构的连接要求有充分的认识。这样才能够保证提升过程中不出现结构安全隐患。

3）主结构稳定性的保护

屋面钢结构整体提升完毕、后序施工中，不可避免会对主结构件进行焊接或钻孔等，同时根据建筑功能的调整需要，也可能出现局部荷载与设计工况有出入的情况。

考虑到本工程中屋面钢结构跨度较大，中间无刚性支撑的特点，在安装就位后，必须严禁大范围、大电流焊接，防止局部受热变软，最可怕的情况是出现下挠无法控制，结构空间尺寸发生突变。因此，在屋面钢结构单元整体提升安装施工前，应尽可能把所有可能想到的挂件、吊点考虑到位，提前在地面焊接安装。

4）屋面结构的稳定性控制

通过对整体提升的屋面钢结构单元进行计算机仿真分析，对提升安装过程中的结构变形、应力状态进行预先调整控制；屋面钢结构在拼装时、提升之前通过加设临时加固构件、板件，临时改变提升单元结构体系，达到控制局部变形和改善局部应力状态的目的，保证屋面钢结构整体提升过程的稳定性和安全。

5）液压提升力的控制

先通过计算机仿真分析计算得到的屋面钢结构单元整体同步提升工况各吊点提升反力数值，再进行不同步最不利工况分析得出安全范围内的最大吊点反力。在液压同步提升系统中，依据计算数据对每台液压提升器的最大提升力进行相应设定。

当遇到某吊点实际提升力有超出设定值趋势时，液压提升系统自动采取溢流卸载，使得该吊点提升反力控制在设定值之内，以防止出现各吊点提升反力分布严重不均，造成对永久结构及临时设施的破坏。

6）空中停留的水平限位

液压提升器在设计中独有的机械和液压自锁装置，保证了屋面钢结构单元在整体提升过程中能够长时间地在空中停留。

屋面钢结构属于镂空结构，且安装过程中位于建筑物内部，风荷载对整体提升过程影响并不大。为防止突发大风天气的影响，保证结构单元整体提升过程的绝对安全，并考虑到高空对口精度和调整的需要，在屋面钢结构空中停留或有突发情况时，可通过捯链＋钢丝绳将屋面钢结构单元四角与邻近主楼结构临时连接，起到限制其水平摆动和便于安装微调的作用。

屋面钢结构单元提升离地之前，应在其四角附近，将水平限位所需的钢丝绳、卸扣和捯链等预先挂好，方便随时使用。

液压提升系统主要由液压提升器、液压泵源系统、计算机同步控制及传感检测系统组成。

(9) 液压提升器的配置

本工程中屋面钢结构单元在整体提升过程中，拟选择 YS-SJ-180 型和 YS-SJ-75 型液压提升器作为主要提升承重设备。其中，YS-SJ-180 型液压提升器主要用于南北向天窗结构的提升，YS-SJ-75 型液压提升器主要用于其他区域的提升。

每台 YS-SJ-180 型液压提升器标准配置 12 根钢绞线，额定提升能力为 180t。钢绞线作为柔性承重索具，采用高强度低松弛预应力钢绞线，抗拉强度为1860MPa，单根直径为17.80mm，破断拉力不小于36t。

图3-89 椭圆天窗整体提升（重量约700t）

每台YS-SJ-75型液压提升器标准配置5根钢绞线，额定提升能力为75t。钢绞线作为柔性承重索具，采用高强度低松弛预应力钢绞线，抗拉强度为1860MPa，单根直径为17.80mm，破断拉力不小于36t。

屋面桁架结构提升单元中，南北向天窗提升单元的单重最大，约为700t，配置8组吊点，每组吊点设置1台提升器，共计8台（图3-89）。

（10）应用效果

通过钢结构整体提升施工技术的成功应用，节约成本150万元，缩短工期110d，有效保证了屋面钢结构安装的总体工期。通过使用钢结构整体提升施工技术，把屋面钢结构分块整体提升，将高空作业量降至最少，降低高空作业安全风险，减少材料设备投入，有效地控制了钢结构施工质量。经实体检测，钢结构施工质量满足设计和规范要求，并顺利通过验收。

8. 站房大跨度外挑屋盖管桁架及格构柱吊装施工技术

（1）站房和广场结合部概况

站房和广场地下结构边线间距16m，站房上部结构中东西两个立面门柱位于站房轴线外，包含屋盖总计外挑28m，已经进入广场结构范围12m。广场和站房S—U轴边跨屋盖结构剖面关系见图3-90。

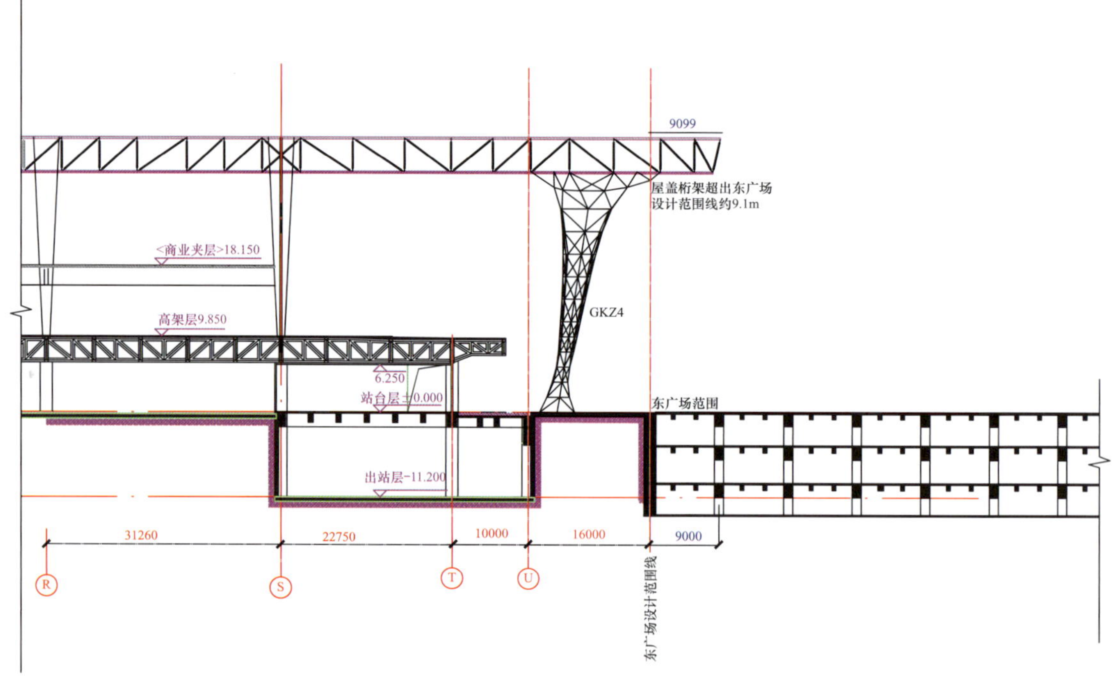

图3-90 站房S—U轴边跨屋盖和广场结构剖面关系图

站房西侧广场晚于站房结构施工，根据西侧施工组织方案，该区域吊装为采用 250t 履带式起重机进行柱和部分主桁架吊装，其余采用提升形式，并采用 7052 型塔式起重机进行小型材料投递和补缺。而站房东侧广场与站房同步施工，在站房进行屋盖施工时，东广场已经完成结构顶板施工。

广场顶板允许荷载为 10kN/m^2，不能承担大型吊装设备通过的要求，也不满足材料堆放和拼装场地荷载要求。现场唯一的吊装通道为广场和站房结合部的 16m 回填区域，而该区域位于屋盖覆盖范围内，并且 4 根门柱基础位于该区域。因此，原西侧屋盖的跨外吊装方案无法实施，需重新调整施工思路。

(2) 现场吊装场地条件的确定

东侧屋盖施工由于受到广场结构已经施工完成的影响，只能利用现有条件实施，而吊装方案的确定建立在场地条件的重复挖掘利用，据此对吊装场地进行了如下处理：

1) U 轴东侧 250t 履带式起重机行走通道主要为站房与东广场主体结构之间 16m 宽的间隙夹缝范围内，250t 履带式起重机按照退行安装施工顺序，该行走通道需作回填及加固处理，防止对东广场地下室侧墙结构产生过大的侧压力。

2) S 轴一侧 250t 履带式起重机行走通道主要位于 S 轴西面－11.300m 标高地下室地面处，并应注意 12—15 轴区域下方为地铁联系通道，该区域不得行走起重机。

3) 四支格构柱卧拼装场地布置在 U 轴东面广场楼面上 36m 宽范围内，采用 TC7052 悬臂式塔式起重机及 16t 汽车式起重机整体拼装完成后，按照从中间向两边的施工顺序，采用 250t 履带式起重机分段吊装安装。

4) 屋面桁架结构拼装场位于 S—U 轴区域±0.000m 标高层结构楼面上，为便于拼装机械设备行走，该区域混凝土楼层结构下方支撑架应暂时不作拆除。

5) S—U 轴 10.000m 标高附近处高架层结构计划在该区域屋盖结构全部安装施工完毕之后，采用跨外后装施工。

6) 提升区域构件拼装采用 16t 小型汽车式起重机，起重机上楼面层最大荷载控制在约 2t/m^2。

7) 东广场上构件堆放及拼装场宽度约为 36m，对地面承载力要求为 1t/m^2。

8) 构件临时堆放及拼装场东面设 10m 宽的车辆运输及物流通道，该区域对下方地面承载力要求较高，考虑到构件运输车辆对下方楼面的轮压力会达到 2t/m^2，需对该运输通道满铺路基箱板，以分担局部集中荷载。

具体平面见图 3-91。

(3) 吊装总体思路

站房东侧屋盖柱和网架屋面体态大，荷载重，并且由于是斜柱结构，决定了钢结构施工必须采用吊装方式解决部分主桁架施工，吊装点根据场地条件，选用双机抬吊，东侧起重机站位为 16m 回填通道。并尽可能采用提升的方式来解决其余构件的安装，减少吊装工况的工程量。吊装总体顺序考虑场地条件，只能采用由中部向南北两侧退行吊装的方式。屋盖施工分区见图 3-92。

据此原则，通过计算机模拟和深化设计方案调整，确定总体吊装思路为首先完成中部两根格构柱，然后安装该门柱四榀纵向主桁架梁和柱顶桁架，接着进行桁架间的屋盖 3 个区域提升施工。同时履带式起重机退行至南北 2 根边门柱位置进行格构柱和柱顶桁架吊

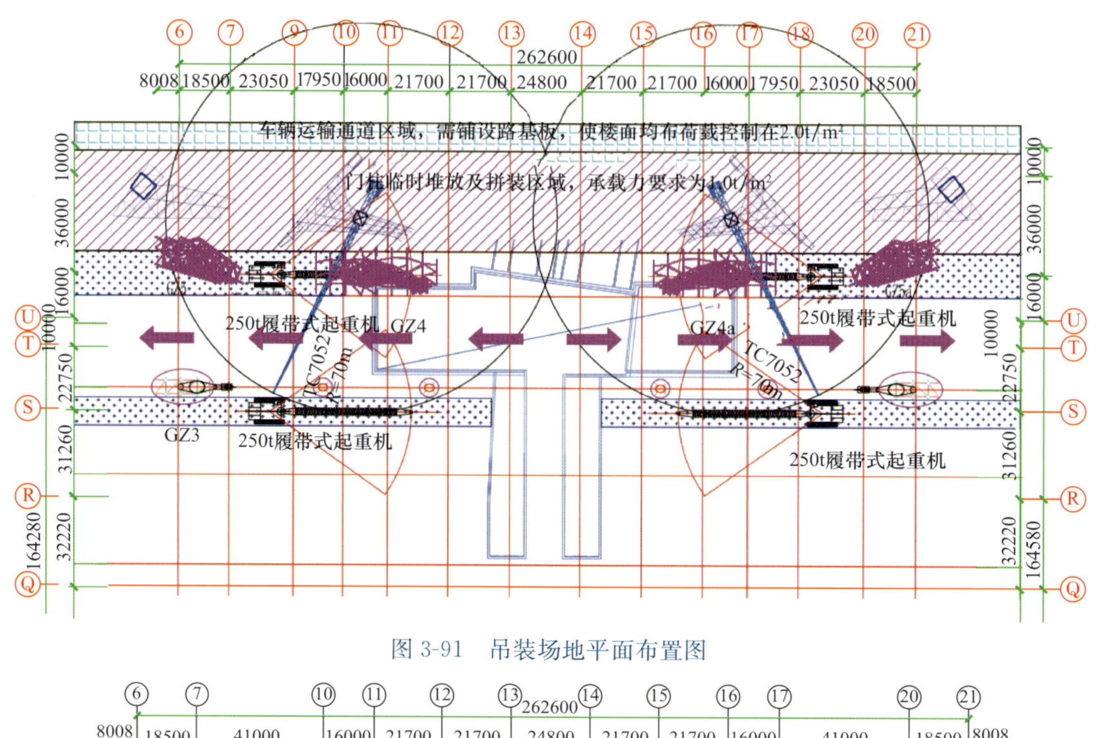

图 3-91　吊装场地平面布置图

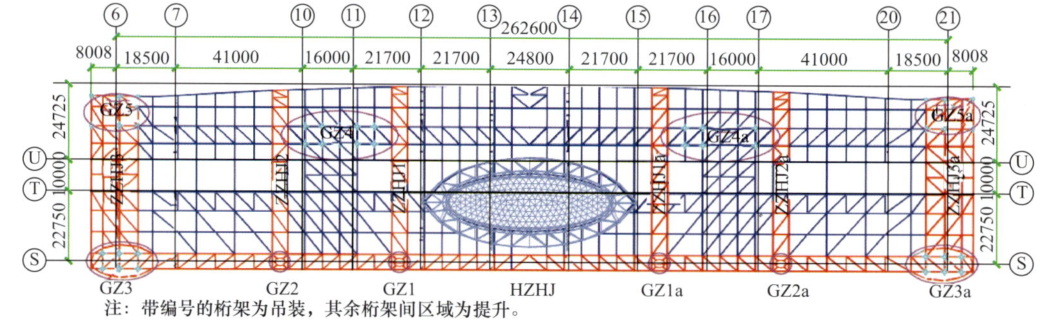

图 3-92　屋盖施工平面分区

装，最后仍采用提升完成桁架间屋盖补缺。每个区块钢结构安装按照“先柱后梁”“由中部向两侧退行”的原则进行施工，一旦履带式起重机退行至后一施工区域，即不再具备进入上一施工区域的条件。总体吊装流程如下：

1）采用 250t 履带式起重机进行中部门柱吊装，考虑门柱向南北和东侧倾斜，门柱在地面拼装完成后根据吊装设备能力进行分段（图 3-93）。

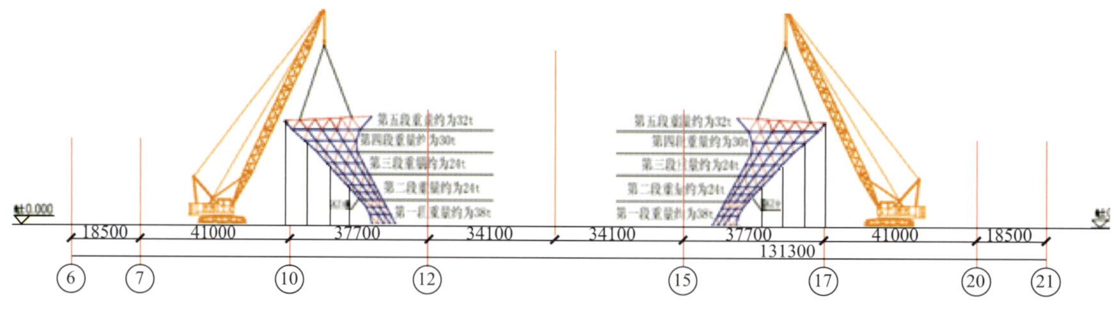

图 3-93　中部门柱吊装示意图

2）仍利用 250t 履带式起重机结合另一个履带式起重机进行门柱上的主桁架吊装，吊装采用双机抬吊（图 3-94）。

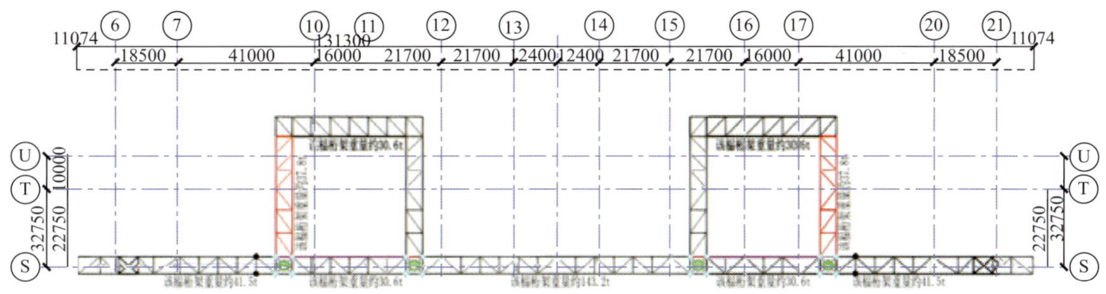

图 3-94　吊装柱顶桁架和东西向主桁架

3）履带式起重机退行至南北两侧边柱，并进行边格构柱吊装（图 3-95）。同时中部区域三片屋盖进行提升（图 3-96）。

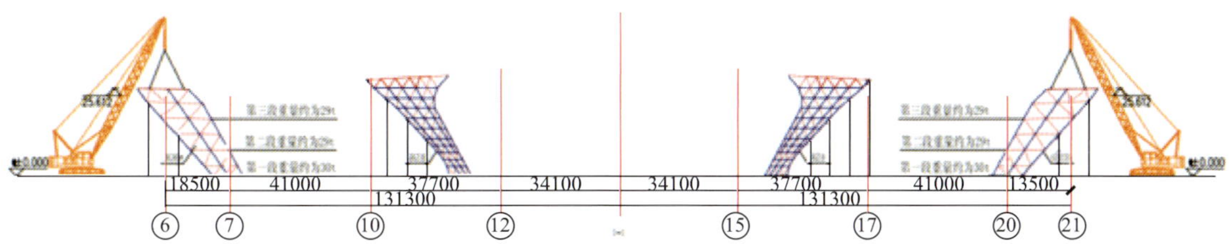

图 3-95　南北两侧格构柱吊装

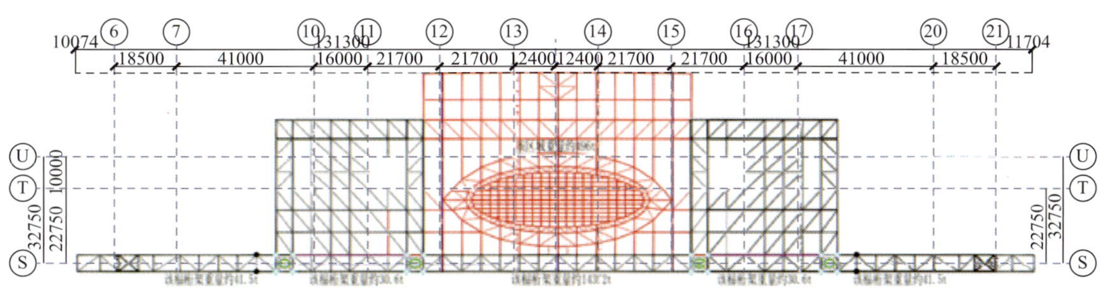

图 3-96　中部三片区域屋盖提升

4）采用履带式起重机进行南北两侧 2 榀主桁架吊装（图 3-97）。

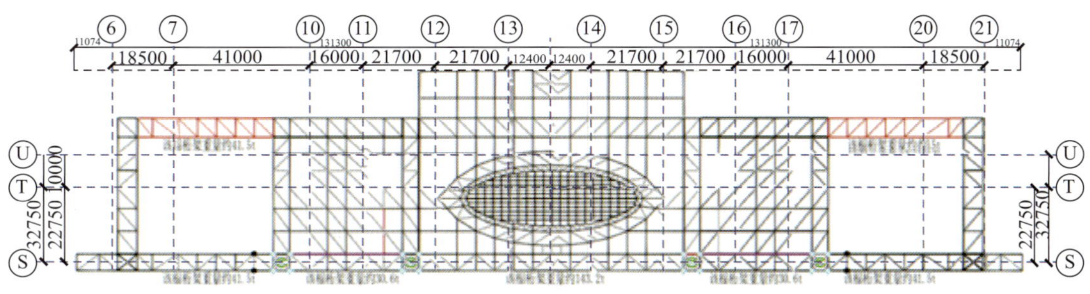

图 3-97　南北两侧 2 榀主桁架吊装

5）进行南北两侧剩余两个区域屋盖提升（图 3-98）。

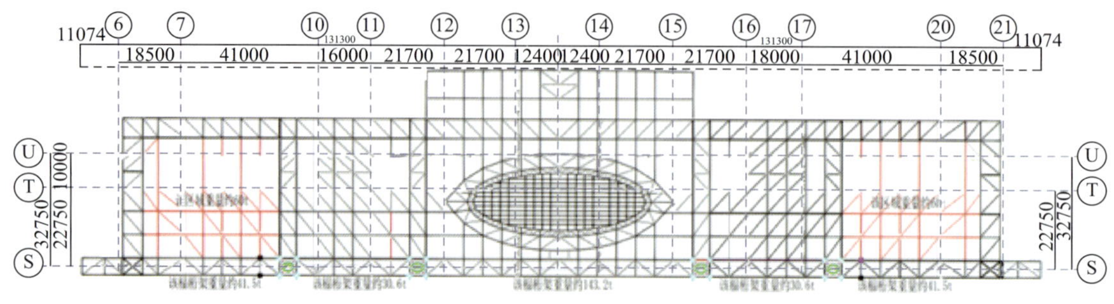

图 3-98　南北两侧屋盖提升

6）利用履带式起重机和东侧 7052 塔式起重机进行挑檐结构施工，屋盖吊装全部完成（图 3-99）。

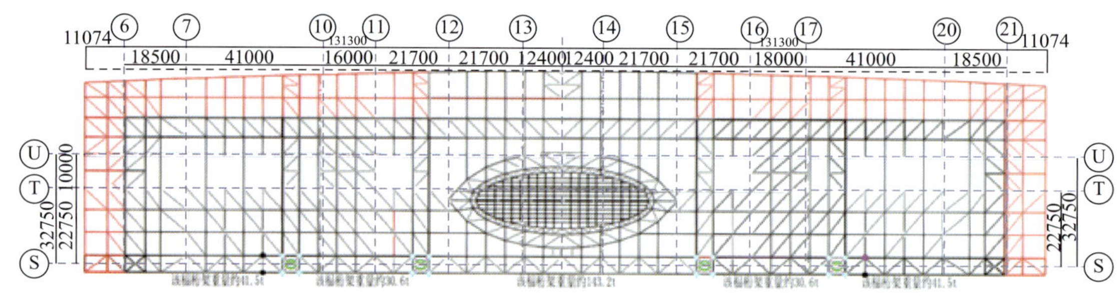

图 3-99　挑檐吊装施工

9. 轨道梁上大吨位行走式塔式起重机安装

（1）设备安装概况

根据新建杭州东站上部钢结构安装需要，在 11—12 轴、15—16 轴－2.250m 的出站层钢梁上安装 2 台 ZSL1000 行走式塔式起重机。根据高架层格构梁的结构特点、塔式起重机受力及轨道要求铺设基础，钢轨型号为 QU100，轨距分为 10.4m 和 12.4m，4 组 16 个行走轮，轮距 11.2m，轮径 600mm，单组行走轮最大轮压为 170t（图 3-100、图 3-101）。

（2）施工准备

东西向开行塔式起重机的行走轨道铺设在专用的轨道梁基础上，轨道梁为 H400mm×408mm×21mm×21mm 的型钢与钢桁架上的马凳焊接固定。马凳高 200mm，设置在钢桁架梁上，其材料也为 H400mm×408mm×21mm×21mm 的型钢。马凳每间隔 2000mm 布置一个。轨道梁与马凳及马凳与既有结构桁架梁全部采用 8mm 角焊缝周焊固定（图 3-102）。

（3）马凳安装

马凳布置在既有结构钢桁架梁上，马凳尺寸为 400mm×408mm，高度 200mm。详见图 3-103。

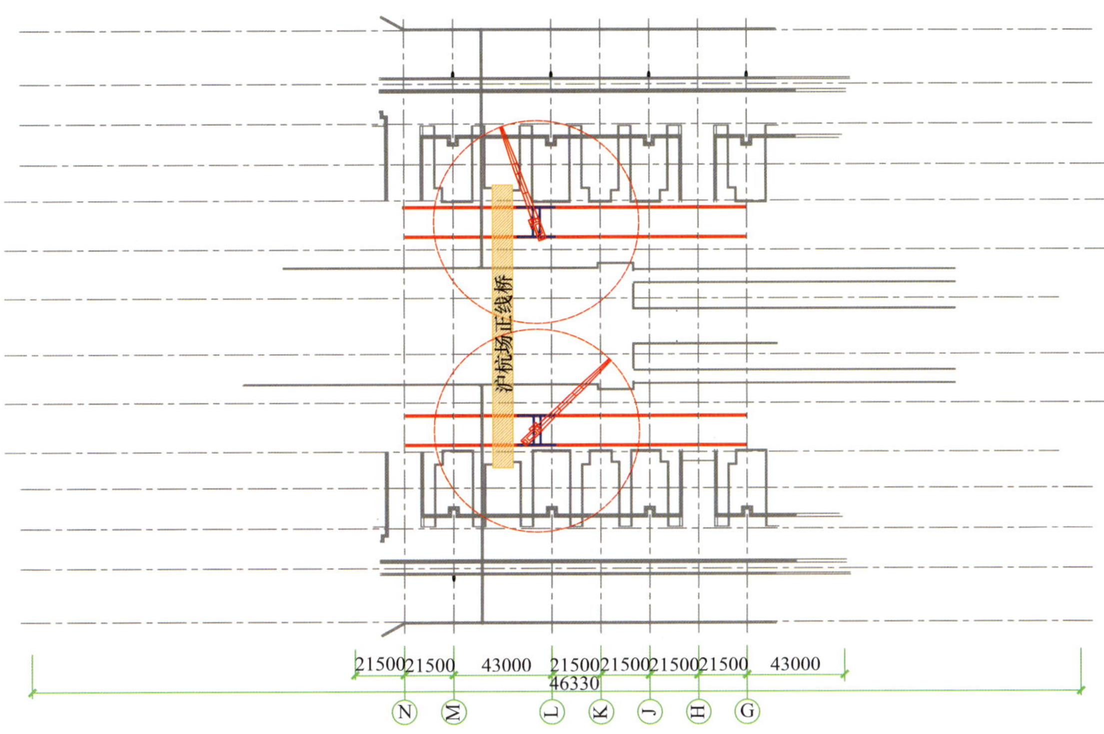

图 3-100　塔式起重机平面布置图

马凳安装时，根据图纸要求，预先将马凳中心十字线放于钢梁上。根据所放设的中心十字线举行马凳安装，安装的同时由测量人员用水准仪监控标高，详见图 3-104 所示。马凳四角可用钢板等进行找平，马凳表面用水准尺进行水平检测，保证马凳四角水平度一致。轴线位置、标高、水平度满足要求后将马凳与钢桁架梁焊接固定。焊接完毕后，对马凳标高进行复测。

马凳安装间距为每 2000mm 安装一个，且轨道梁接头处下方必须安装，可靠垫实。轨道梁下方不可悬空无支撑。

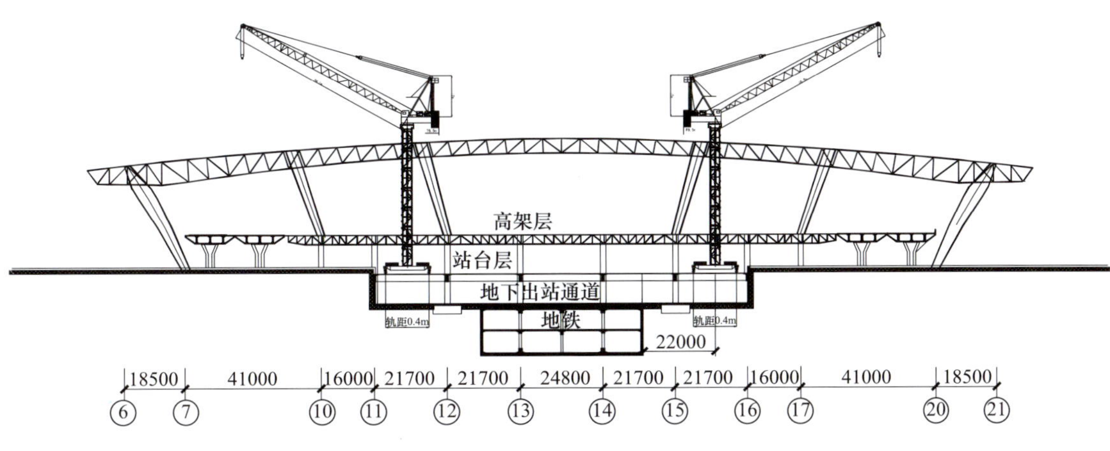

图 3-101　现场塔式起重机立面布置图（一）

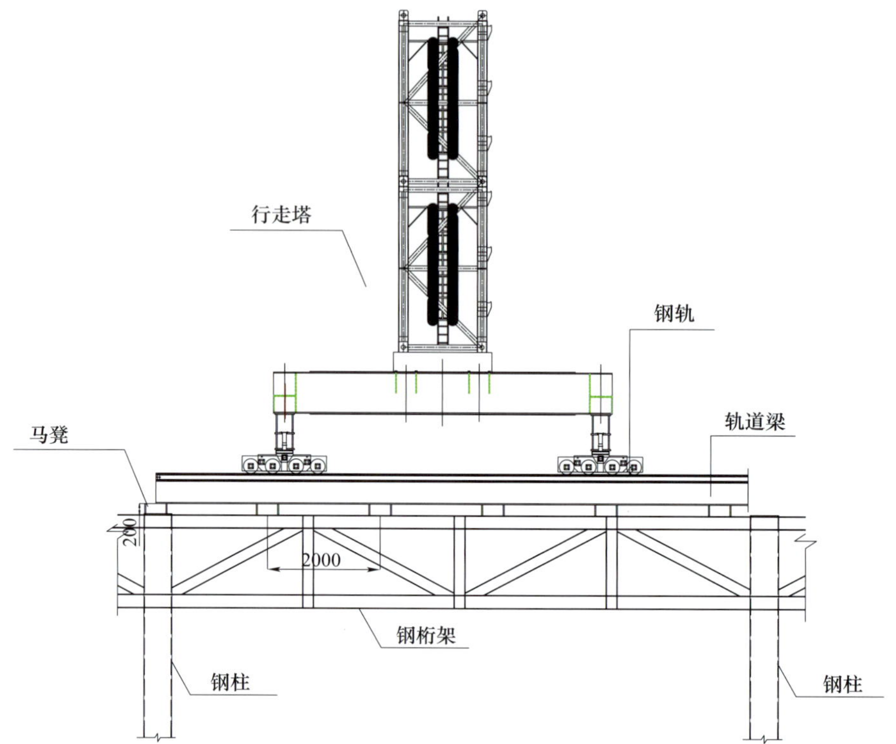

图 3-101　现场塔式起重机立面布置图（二）

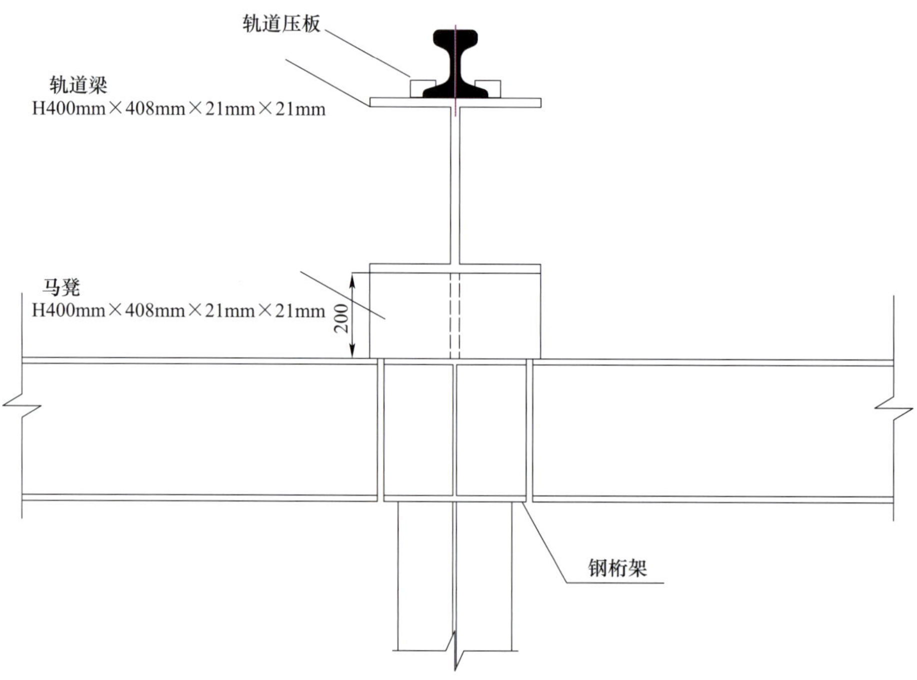

图 3-102　轨道梁与马凳及马凳与既有结构桁架梁固定示意图

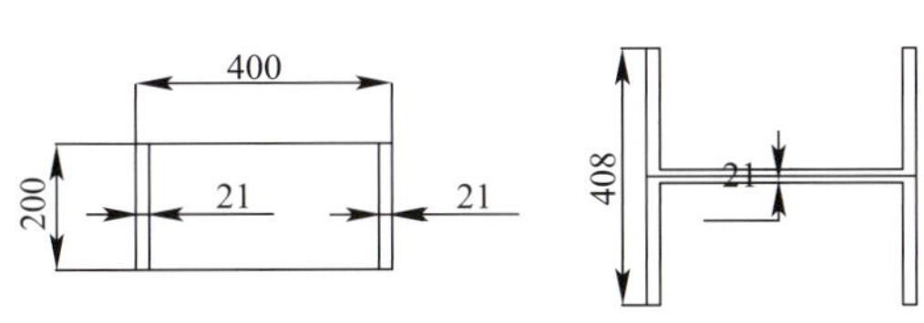

图 3-103　马凳示意图

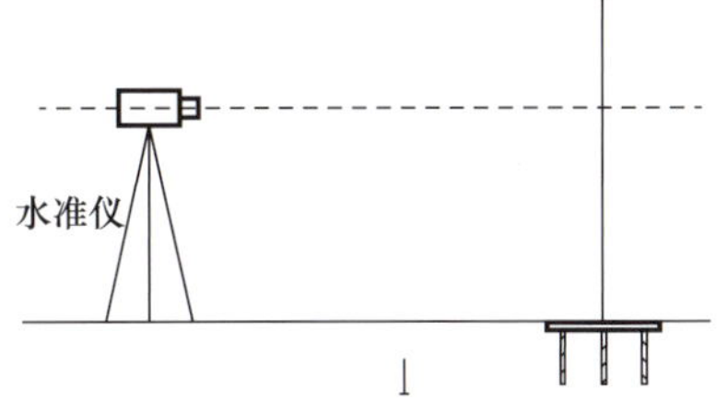

图 3-104　马凳标高检测示意图

(4) 轨道梁的安装

轨道梁安装前，对已安装的马凳必须进行复测，标高、轴线位置、水平度无误后方可开始进行轨道梁安装施工。预先根据图纸要求，将轨道梁轴线放于钢桁架梁上。安装时，起重机将轨道梁吊至安装位置，然后调整轨道梁两端自身中心线，与桁架梁轴线对准即可。在轨道梁与梁的接头处需设置马凳支座，不可让轨道梁下方无支撑。轨道梁与梁的对接采用接头放置在马凳上，并与马凳焊接固定，接头在对接时尽量做到无缝对接，并在保证接头处支撑稳定的前提下做到对接平整，高低差不大于 2mm（图 3-105）。

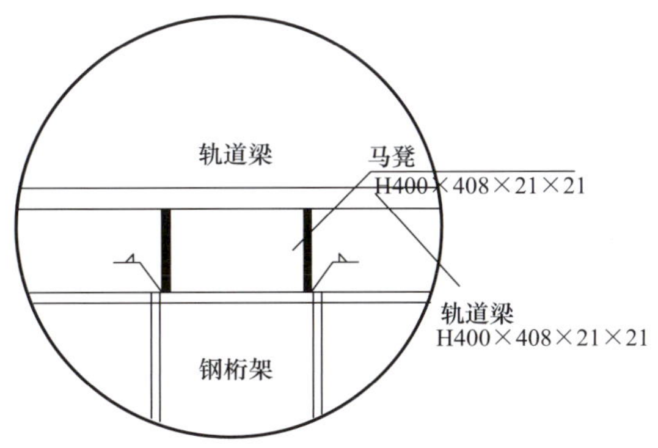

图 3-105　轨道梁接头安装示意图

(5) 轨道的安装

此次工程使用的 ZSL1000 行走塔式起重机配套使用的为 QU100 型号的起重机专用钢轨、轨道压板及轨道挡板。

轨道安装前，对于钢桁架上的轨道梁上预放轨道安装轴线。同时，在轨道两端划好中心线。另外，考虑轨道较长，且自身刚度不强，存在自身弯曲的情况，故在轨道梁上根据轨道自身宽度，在轨道安装位置两侧各焊接一块立板，用作轨道定位施工。钢轨接头处需安装鱼尾板连接（图 3-106）。

钢轨铺设在桁架梁上，用压轨器固定。压轨器需安装牢固，压实，定期检查。在轨道铺设在轨道梁上后将压轨器螺栓焊接在轨道梁上，压轨器每间隔 500mm 安装一个，压轨器压紧轨道后再测量调整（图 3-107）。也可通过焊接固定压板代替压轨器压实固定轨道。

图 3-106　轨道接头鱼尾板安装示意图

图 3-107　压轨器安装示意图

对于轨道梁的标高、轴线位置、水平度进行复检，合格后方可开始进行轨道放线、安装施工。安装时，起重机将轨道吊至安装位置，然后调整轨道两端自身中心线，与马凳及轨道梁上轴线对准，同时通过预焊的立板对可能弯曲的轨道进行校直，轨道自身全部安入立板内侧即可。然后，使用水准仪对轨道两端、中心点标高及轨道轴线方向进行复测即可。复测合格后，便可通过预装的压轨螺栓进行压轨器安装施工。压轨器压紧轨道后，再次对轨道轴线进行复测，确定符合要求后，焊接固定。轨道铺设好后须在两端安装限位接触板及缓冲止挡板（图 3-108）。

图 3-108　缓冲止挡板安装示意图

铺设好的行走轨道必须满足以下要求：

1）轨道在铺设前应用水平仪对轨道下方的桁架梁高度进行水平测量，纵横方向上的倾斜度不大于 1/1000。

2）轨道与桁架梁可靠地连接，每间隔 500mm 设轨道压板一对，轨道压板与桁架梁焊接一体，使轨道在使用过程中不得移动。

3）轨道接头处必须有钢板垫块支承，不得悬空。

4）轨道压板与桁架梁的焊接应牢固。

5）轨道两端应安装限位接触板及缓冲止挡板。

6）尺寸要满足以下要求：

① 轨道顶面纵、横方向上的倾斜度不大于 1/1000；

② 轨距误差不大于公称值的 1/1000，其绝对值不大于 6mm；

③ 钢轨接头间隙不大于 4mm，与另一侧钢轨接头错开距离不小于 1.5m，接头处两轨顶高度差不大于 2mm。

基础铺设经测量达到使用标准后，即可准备安装。根据塔机部件尺寸及重量准备安装工具并组织安装人员到位。根据现场情况准备安装用的起重机及相应的起重工具。起重机的性能参数根据塔机尺寸及各部件的重量来选用。

(6) 运行轨道梁变形监控

根据本工程钢结构施工组织设计，滑移式塔式起重机安装在 11—12 和 15—16 轴跨轨道车钢梁上，并在其上设置有转换梁（支墩和 H 型钢梁），为保证行走式塔式起重机的安全，需全过程进行测量监控，防止变形过大影响安全。

这里选择每跨跨中的轨道层钢梁和转换梁作为测量监控点，至少每周检测一次，分别与初始数据进行对比，当发现有偏差过大的情况时，应首先让行走式塔式起重机移开变形位置附近，然后采用千斤顶等工具进行矫正处理，必要时可进行适当的加固处理。

3.7　大型临时工程施工技术

1. 钢便桥方案比选

(1) 钢便桥搭设预期目标

杭州东站受到东西广场和南北站场同步施工的影响，物流通道一直是影响制约站房施工进度的关键因素，进入高架层结构施工和后期装饰装修阶段后，由于与站房配套的市政匝道尚未建成，因此需设置上高架层的临时钢便桥通道，据此项目进行了方案设计。

钢便桥设置目的：

为确保高架层作业面彻底打开后的施工物流作保障。

确保该物流通道施工及使用过程中，整体结构安全稳固，施工及使用不影响周边雨棚工程及既有营业线安全。

该通道为临时通道，为统筹配合站房高架层施工的临时性配套措施，需考虑其成本经济性，尽可能减少使用及回收成本。

(2) 前期方案

考虑在站房南侧 Q 轴以东 18—25 轴位置设置进出高架桥物流通道，通过高架桥向高架层疏散物流。该通道上下落差 14.0m，临近 P—Q 轴一侧为铁路既有营业线，为营业线附近通道。所以，施工安全及使用过程中的稳定性直接影响到整条既有营业线的安全。该方案前期方案为：采用回土夯实边坡支护与钢栈桥结合的形式，钢栈桥下设置钢筋混凝土基础，路面采用 150mm 厚 C25 混凝土硬化。如图 3-109 所示。

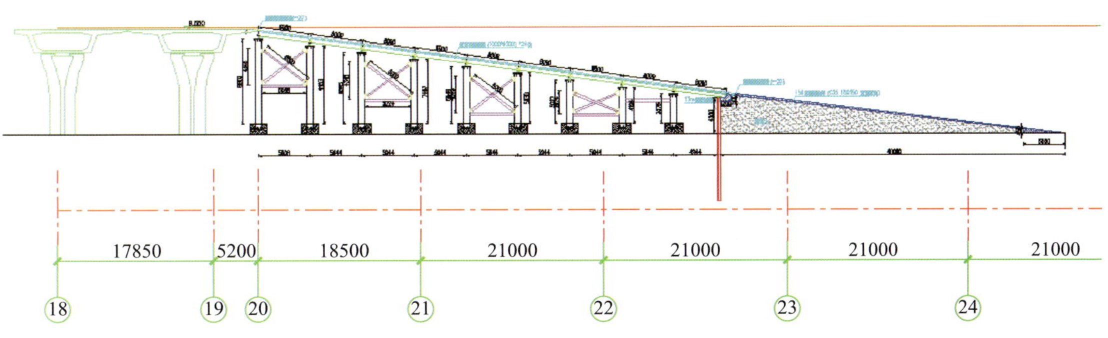

图 3-109　钢便桥南北立面

其中，每排立柱相邻之间采用 [22b 以剪刀撑的形式进行横向连接。剪刀撑与节点板三边焊接。横梁（横桥向）：在 2 排立柱柱顶分别铺设 2I40b 双拼工钢作为钢便桥的横梁，与柱顶盖板采用焊接连接。纵梁（顺桥向）：在横梁上方顺桥向铺设 3 排 2I40b 双拼工钢（间距 2.4m）作为钢便桥的纵梁。纵横承重梁之间夹角设置 30mm 厚的楔形垫铁。桥面板与护栏设计采用在顺桥向纵梁上方满铺 1m×6m 路基箱板，路基箱板接缝处采用 200mm 宽钢板连接。路基板要与纵梁焊接，要求满焊，焊接厚度不小于 8mm。桥面栏杆采用 ϕ48×3.5 普通钢管，高度 1.05m，立杆间距 2.0m（图 3-110）。

(3) 后期贝雷架方案

根据现场条件和工期要求，项目部制定了后期贝雷架方案：考虑在站房南侧 Q 轴以东

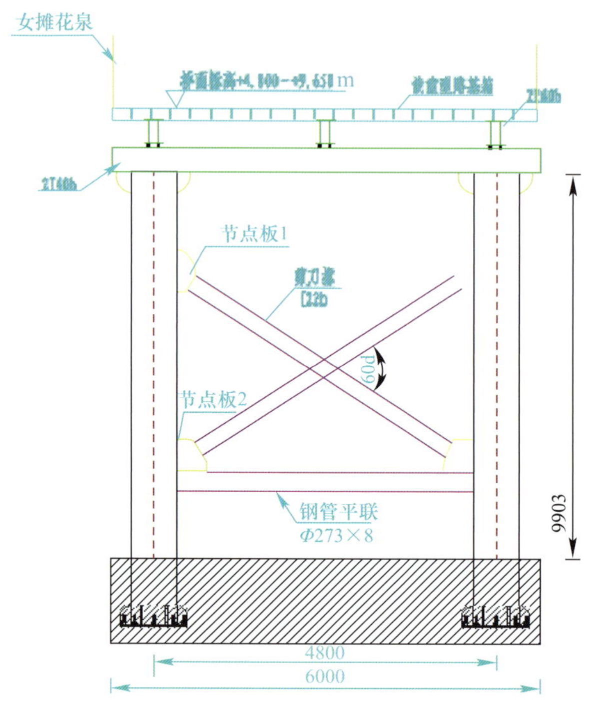

图 3-110　东西立面

20 轴南侧位置架设坡道，坡道宽度 6m，最高点搭设高度 14m，坡道承重架体采用贝雷架，下部浇筑 C30 钢筋混凝土基础。整个架体利用厂商定制的支撑架把所有贝雷片连成一体，同时利用已施工完成的 20 轴钢柱，对架体进行横向拉接，并在根部采用预埋钢筋拉接固定。面层铺设 200mm 高 1500mm×6000mm 路基板，每块路基板由 4 根 18 号工字钢作为加劲肋，双面焊接 1cm 厚钢板作面层（图 3-111～图 3-113）。

(4) 前后方案比较

1）从结构形式上看，前期方案为条形基础预埋钢柱，上部钢墩柱作为承重构件，通过剪刀撑、预埋钢板及焊接工艺加大结构整体性。后期方案为垫层上部采用钢筋混凝土及条形基础结合的形式，同时预埋开口箍筋为贝雷架安装作预埋准备，上部结构采用贝雷架作为承重结构。比较来看，后期方案省去了大量高空焊接工序，贝雷架为装配式，同等用钢量的情况下，后期方案的材料损耗相对较小，采用租赁的方式较经济，同时吊装工艺更趋向单一，较前期方案简单，施工过程中安全隐患较少。

2）从施工工艺上看，两个方案有各自优势。前期方案基础较后期方案不存在波浪形要求，降低了支模的复杂程度。同时，采用钢柱配合剪刀撑的方式相对于贝雷架降低了吊装次数，但是钢柱单件尺寸较大，势必增加吊装难度。后期方案中，贝雷架组装程序相对单一，且焊接作业点较少，降低了操作工人的技术难度的同时也降低了动火隐患。因临近既有线，两个方案在实施过程中都需严密把控，确保作业安全，不至于影响既有营业线运营。

3）最终，从施工安全性、工程整体经济性、结构稳定性，以及后续施工流程及拆除的便捷性四方面考虑，项目部总师办还是确定使用贝雷架作为主要承重结构的后期方案。这一方案的确定也在一个侧面反映出建工在杭州东站站房施工过程中强大的技术团队，为这个站房确保能在 2013 年 7 月份开通打下了坚实的基础。

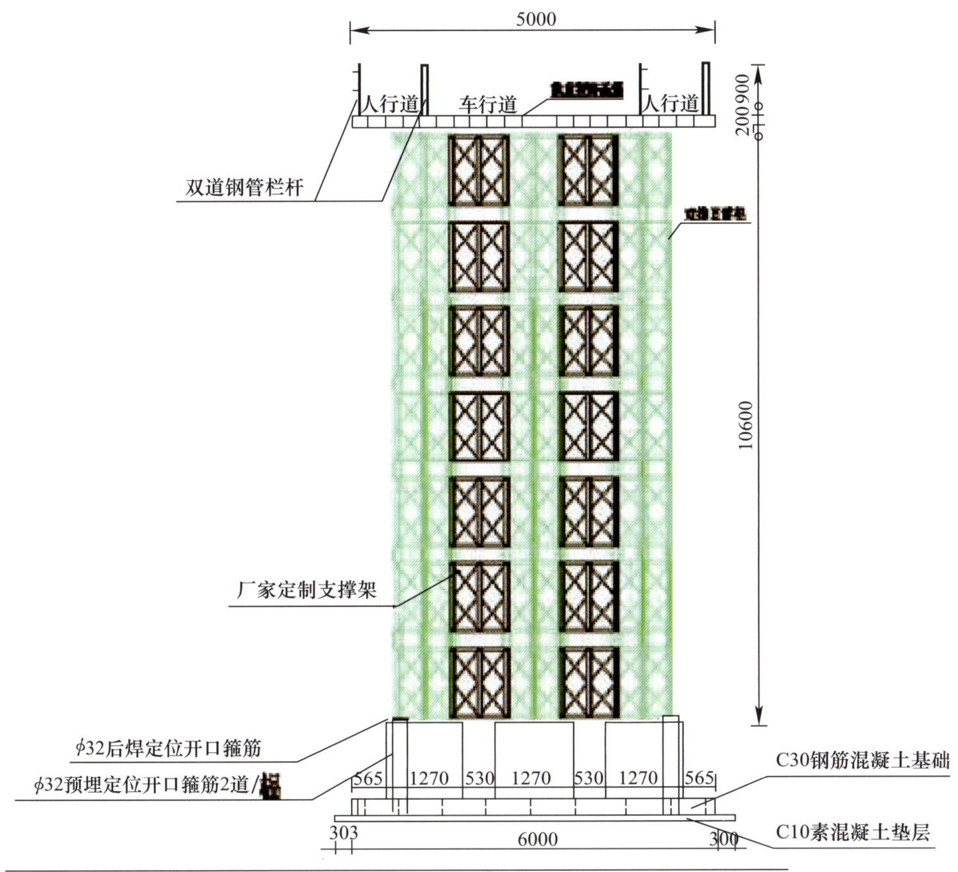

图 3-111 后期方案东西立面

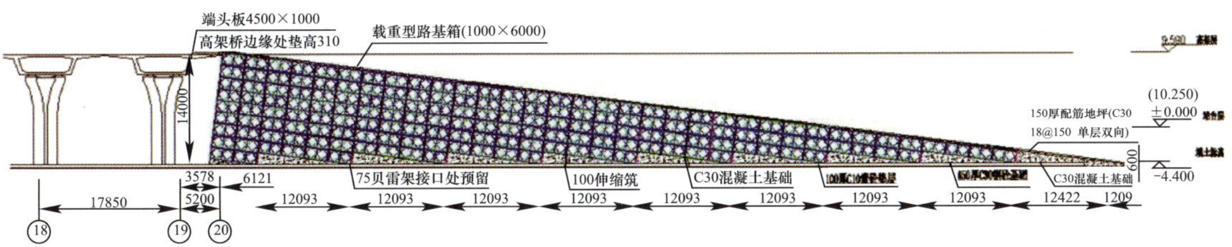

图 3-112 后期方案东西立面

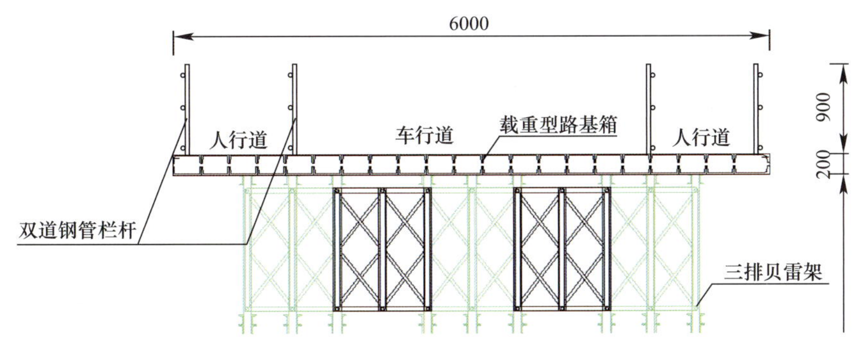

图 3-113 桥面做法

(5) 坡道受力计算

1) 荷载取值

本工程按公路—Ⅱ级汽车荷载进行结构设计，全桥共 9 跨，跨度为 6m，桥宽 6m，坡道面板采用载重型路基箱满铺。基本可变荷载为 50t 材料运输车及消防车辆，其他可变荷载为汽车制动力，按《公路桥涵设计通用规范》JTG D60—2015 采用，取水平制动力为 90kN，恒载为架体自重 270kg/片，面板自重 250kg/m^2（图 3-114、表 3-30）。

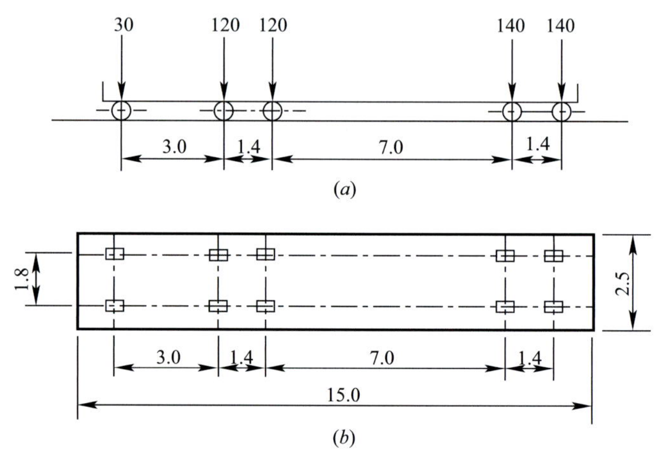

图 3-114 车辆荷载示意图

(a) 立面布置 (m, kN)；(b) 平面尺寸

车辆荷载的主要技术指标 表 3-30

项目	单位	技术指标	项目	单位	技术指标
车辆重力标准值	kN	550	轮距	m	1.8
前轴重力标准值	kN	30	前轮着地宽度及长度	m	0.3×0.2
中轴重力标准值	kN	2×120	中、后轮着地宽度及长度	m	0.6×0.2
后轴重力标准值	kN	2×140	车辆外形尺寸（长×宽）	m	15×2.5
轴距	m	3+1.4+7+1.4			

2) 地基承载力验算

① 恒载计算：

路基板自重：250kg/m^2

贝雷架自重：270kg/片×162 片/(6m×6.12m)＝1191kg/m^2

混凝土基础自重：3000kg/m^2

恒载：250kg/m^2＋1191kg/m^2＋3000kg/m^2＝4441kg/m^2

② 活荷载计算：

汽车轮压 280kN/(6m×6.12m)＝763kg/m^2

③ 地基压力：

P＝1.4×763kg/m^2＋1.35×4441kg/m^2＝7063.55kg/m^2＝70.6kPa

根据地质报告地基承载力为 180kPa，＞70.6kPa，满足要求！

3）路基板承载力验算

从车辆荷载示意图可以看出，当车辆四个后轮处于路基板中心处时为最不利受力状态，故以此为受力模型横向受力进行验算，为简化计算，路基板按两跨连续钢梁考虑，因下部有九排贝雷架支撑，故忽略路基板自重，受力计算如图 3-115 所示。

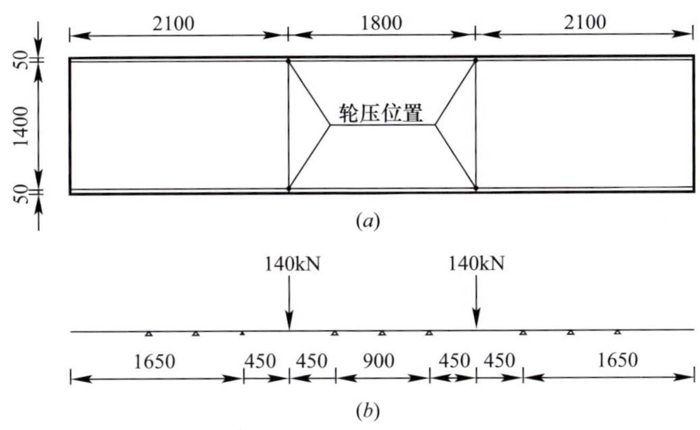

图 3-115　受力计算图

（a）路基板受力平面示意图；（b）路基板受力简图

最大弯矩发生在中间支座处的负弯矩：

$$M_{max}=0.213\times140\text{kN}\times0.9\text{m}=26.84\text{kN}\cdot\text{m}$$

路基板抗弯强度 $M=185.4\text{cm}^3\times4\times145\text{N/mm}^2=107.53\text{kN}\cdot\text{m}\geqslant M_{max}$

抗弯强度满足要求！

最大剪力发生在中间支座处：

$$V_{max}=0.575\times140\text{kN}=80.5\text{kN}$$

路基板抗剪强度 $V=30.74\text{cm}^2\times4\times85\text{N/mm}^2=261.29\text{kN}\cdot\text{m}\geqslant V_{max}$

抗剪强度满足要求！

最大位移发生在跨中：

$f_{max}=0.911\times280\text{kN}\times(1.8\text{m})^3/(100EI)$

$=0.911\times280\text{kN}\times(1.8\text{m})^3/(100\times2.1\times106\text{kgf/cm}^2\times4\times1669\text{cm}^4)$

$=0.11\text{cm}\leqslant l/400=0.45\text{cm}$，满足要求！

4）抗倾覆验算

抗倾覆主要考虑汽车水平制动力影响，当汽车车身与坡道方向倾斜时，将产生水平推动力，当车身位于坡道顶部时，按制动力与坡道垂直时的最不利状态考虑：

倾覆力矩：90kN×14m=1260kN·m

架体自重抗倾覆力矩：1458 片×270kg/片×2.25m=8857kN·m

架体自重抗倾覆力矩远大于制动力产生的倾覆力矩，故架体安全！

(6) 现场施工及拼装技术

钢便桥基础工程于 2012 年 8 月 25 日起开始施工作业，先后工艺顺序为：场地平整施工—垫层及钢筋混凝土基础—阶梯状三角混凝土基础—贝雷架安装—路基板及栏杆安装—拉结措施施作，历时 46d，于 10 月 6 日完成全部工作任务投入使用。

1）前期基地土方处理及基础施工

基底处理用振动压路机静压进行稳压，然后再振动压实，先压边缘，后压中间。之后对阶梯状倒三角条形基础进行封模施工。同时，完成相应的预埋工作（图 3-116）。

图 3-116　钢便桥阶梯形基础

图 3-117　现场贝雷架吊装

2）贝雷架搭设施工

地面拼装→贝雷架吊装→现场加固→高空防护→贝雷架的拆除。

由于本工程工期非常紧，故现场须配备2台25t汽车式起重机进行吊装。起吊点距离组装好的贝雷架端头4.5m。起吊点距离汽车式起重机距离须控制在安全回转半径以内（图 3-117）。每片按操作面上弹出的线就位后，立即用钢管斜撑加固，扣件扣紧，避免贝雷架倾倒伤人。同时每片贝雷架之间必须确保牢固，保证贝雷架不位移，中间加斜撑，防倾覆。两端头及每隔6m必须加设一道剪刀撑。为便于操作，同时作为高空防护用，吊装时在贝雷架空隙间满铺厚木跳板。为确保安全，由于架外边没有任何遮拦物，工人操作时必须系上安全带。

路基箱板与贝雷架进行焊接连接。路基箱板接缝处采用宽200mm，长5800mm钢板焊接连接。然后在两侧安装钢管护栏（护栏包括填土坡道施工区域）。安装完毕后，组织现场施工人员、质检人员、监理人员进行现场检查验收。

后期加强细部几点控制，对起坡点与高架层搭接处及路基板与贝雷架的节点施工质量进行控制确保桥面整体性。同时，在使用过程中设保安岗亭对钢便桥出入车辆进行控制指挥，专设卡口及标示标牌，对载重及速度限制进行明确要求，杜绝过载车辆通行及车辆超速，确保现场使用安全（图 3-118、图 3-119）。

2. 复杂场地条件下大吨位履带式起重机通道多形式加固施工技术

(1) 工程概况

新建杭州东站枢纽是多单体、多单位交叉施工的大型工程，整体工程的物流组织随着

图 3-118　现场钢便桥

工程进展在不断变化着。由于 U 轴以东站房屋盖外挑部分与外立面柱施工受东广场地下室结构施工限制，交通物流组织须考虑材料运输、钢结构吊装等大型机械设备均需通过设置便道进入工作面。因此，在站房 U 轴以东南北两侧各设一条施工物流通道。

图 3-119　在使用过程中安排专人对出入口机械严格把控，确保使用安全

该物流通道中部为 60m 站房和广场联系通道，该区域分隔南北两侧通道，两侧通道在该区域不相连。南北侧通道主要为站房结构柱基础、回填土区域和地下出租车通道上地面的匝道（北）或出租车通道联系通道（南）。通道平面位置和剖面见图 3-120 和图 3-121。

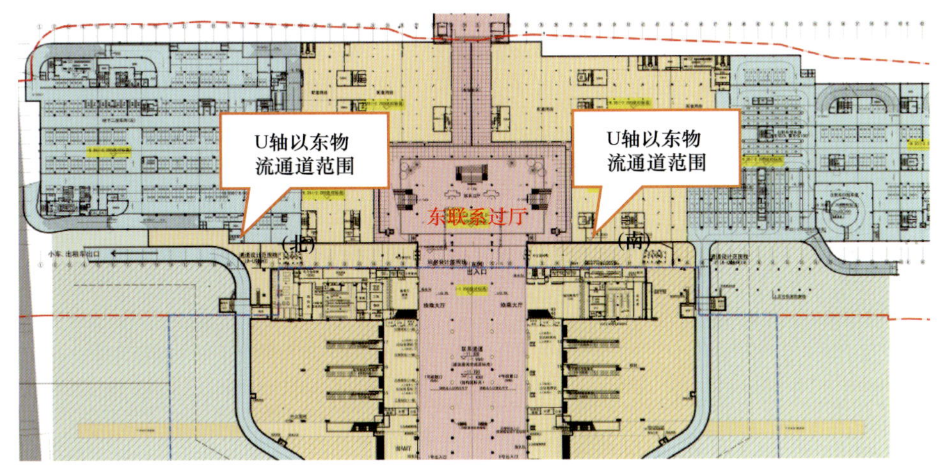

图 3-120　U 轴以东通道平面位置图

(2) 通道加固总体思路

为满足 250t 履带式起重机进行屋盖钢结构吊装的需要，考虑南北两侧各设一条物流通道，长度各为 250m，通道标高需从自然地面的－4.500m 起坡到±0.000m。为解决便

道对已有构筑物或周边工程的影响，该通道加固采用因地制宜的多种方式综合实施。主要以土方回填、钢板桩围护、桩板基础、搭设贝雷架钢便桥等措施，保证大型机械设备通行与施工安全。便道平面图见图 3-122。

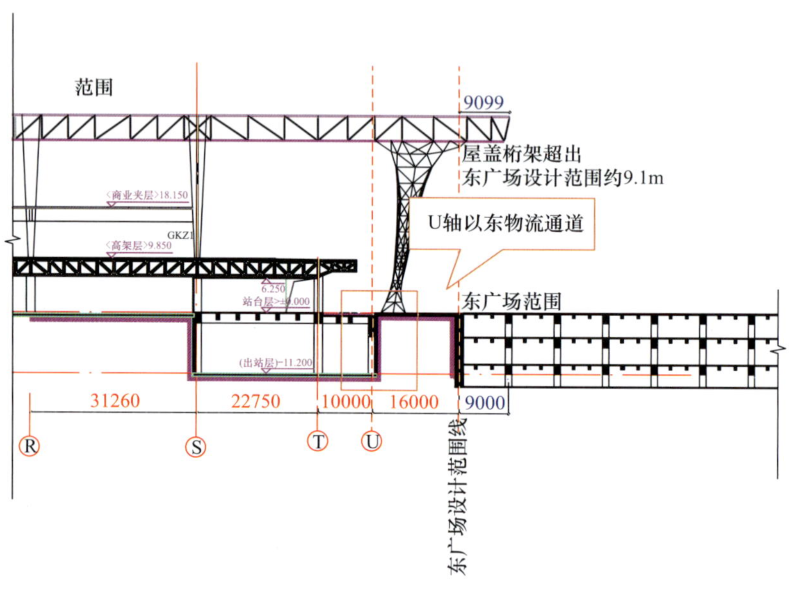

图 3-121　U 轴以东通道与广场剖面图

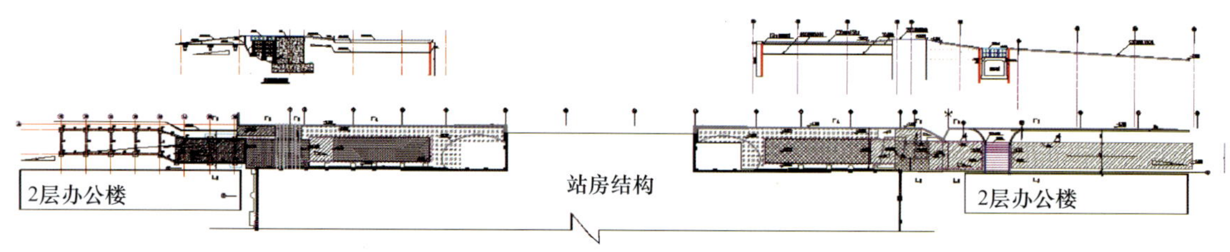

图 3-122　便道平面图

(3) 加固方案的选择

加固方式主要根据场地条件和已有构筑物情况选择，主要分为以下几种加固形式。

1）混凝土便道基础的形式

站房北侧有一条出租车通道上地面的出口匝道，采用箱涵结构。该范围为便道起坡区域，便道标高为−2.800～±0.000m。该出租车通道匝道尚未施工，桩基已经完成。其两侧一边为已完地上构筑物，另一侧紧邻正在开挖的东广场地下室，与自然地面标高差10m，采用钻孔灌注桩支护。由于履带式起重机接地压力为 13.6t/m^2，通过加基坑支护体系的方式不具备可实施性。根据已完出租车通道匝道桩的位置，该区域利用永久结构的桩设置承台底板结构，将出租车通道匝道的桩基接长至地面后施工承台、地梁和底板，避免基坑边坡土体受力。平面图见图 3-123。

为解决起坡问题，在该通道板上设置挡土墙，回填土后浇捣坡道。挡土墙剖面见图 3-124。

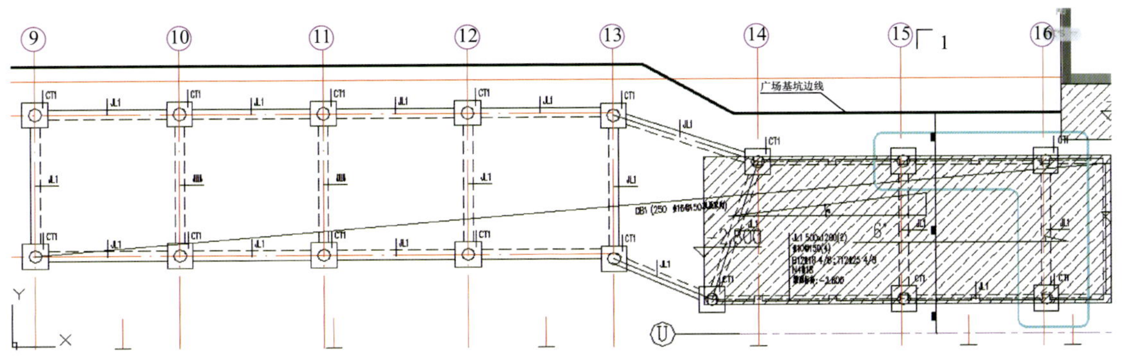

图 3-123　北侧出租车通道区域利用工程桩设置桩板平面图

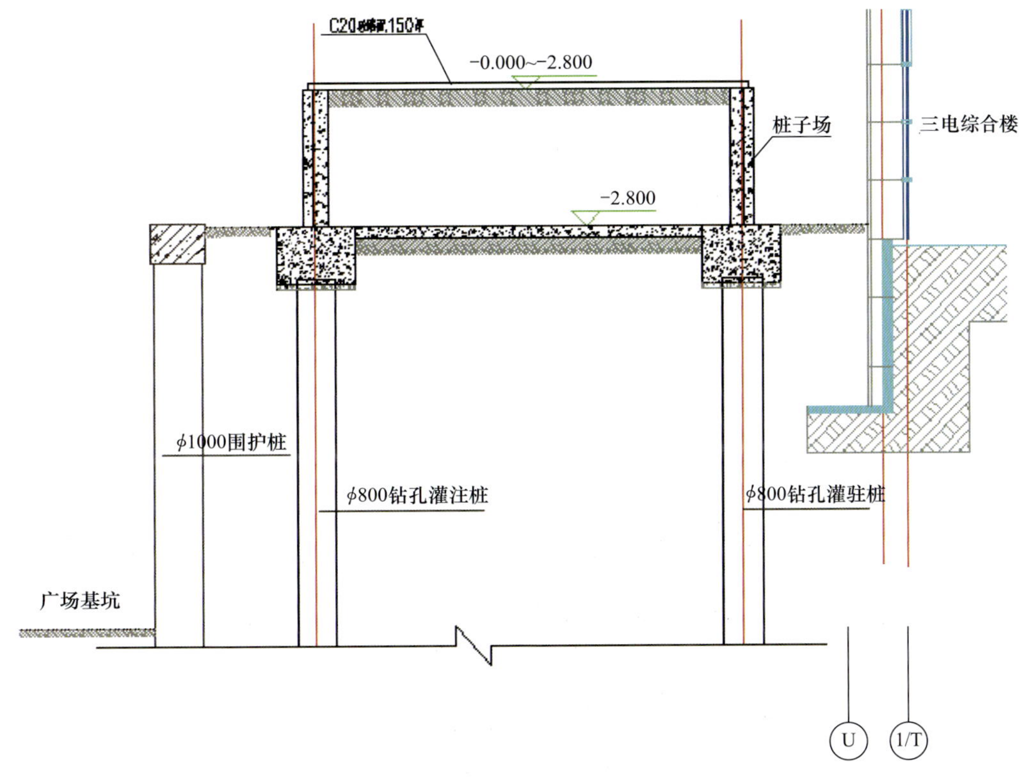

图 3-124　挡土墙起坡剖面图

2）贝雷架便桥跨越基坑的形式

出租车通道匝道采用桩板形式加固后，与门柱基础间仍有 11m 的距离，该范围一侧仍紧邻广场基坑，且该范围围护桩顶标高降低至－6.780～－11.700m。该区域采用贝雷架便桥跨越，一侧落在匝道挡土墙上，另一侧位于门柱基础上。鉴于跨度较大，在中部根据地面标高设置桩承台结构，上部设置贝雷架支撑。贝雷架便桥平面图见图 3-125，剖面图见图 3-126。

3）贝雷架架空加固的形式

北侧出租车通道联系通道横穿便道，位于便道上。该通道宽度为 9m，顶板标高为－6.800m，且无法承担履带式起重机荷载。因该出租车联系通道内兼作站房地下室物流通道，因此不能采用内部加固的形式。故采用在上部架设双层贝雷架桥架空联系通道顶板，贝雷架基础利用 H 型钢搁置在联系通道 1m 厚墙板顶板上，经设计复核，墙板竖向荷载满足要求。两侧便道坡度根据该贝雷架加固后的便道顶面调整。贝雷架架空加固区域平面见图 3-127，剖面见图 3-128。

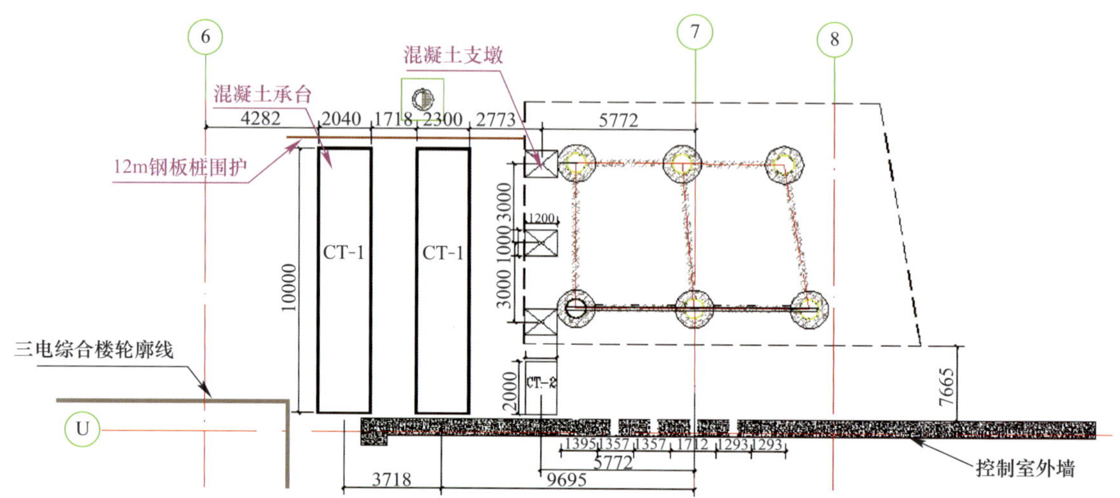

图 3-125　贝雷架便桥基础剖面图

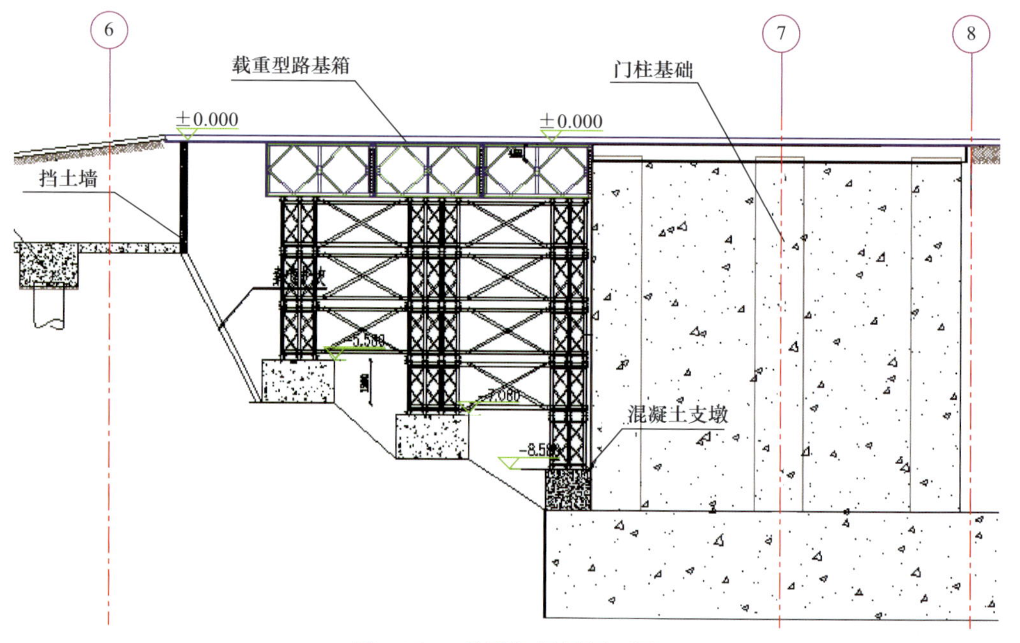

图 3-126　贝雷架便桥剖面图

4）钢板桩加固

门柱基础间的区域为站房和广场地下室间的设计回填区域，常规情况下可回填后直接作为施工便道。但由于该区域广场三层地下室中地下一层和二层墙板厚度较薄，设计表明无法承担履带式起重机停靠作业时增加的土体侧压力。由于从基坑底设置贝雷架便桥工程量巨大，因此另辟蹊径采用回填后设置双排钢板桩对拉的形式，以降低土体侧压力。

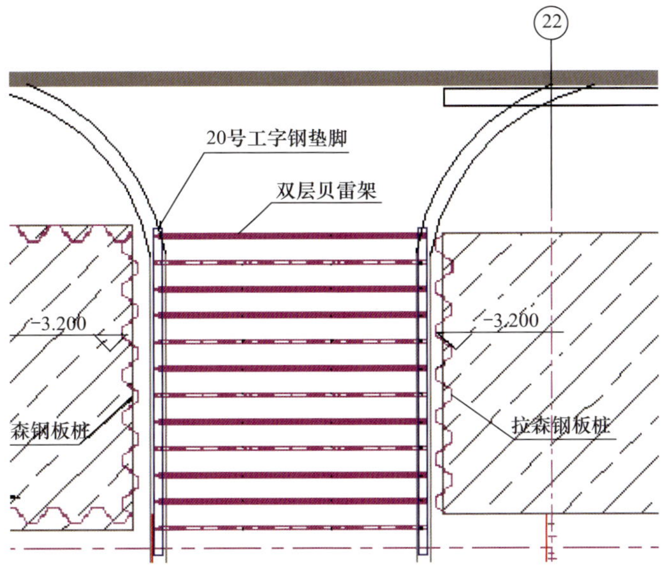

图 3-127 贝雷架架空加固区域平面图

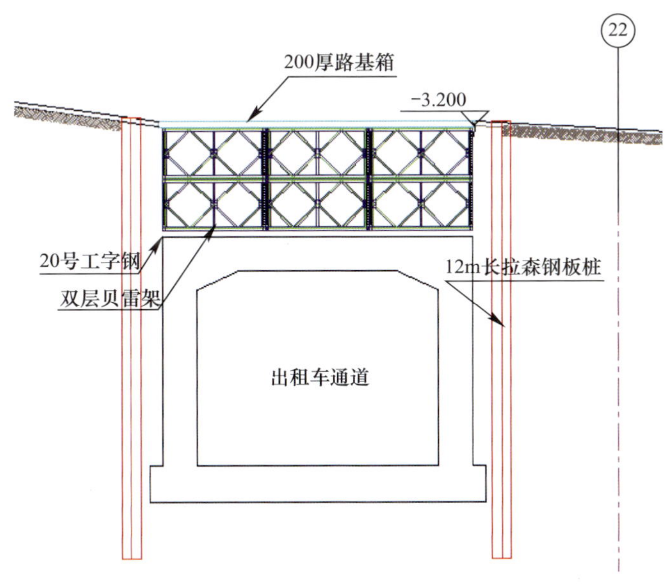

图 3-128 贝雷架架空加固区域剖面图

加固钢板桩采用 12m 长拉森钢板桩，采用 2 道 20 号槽钢作为腰梁，腰梁采用 $\phi20$ 圆钢对拉，间距 1.5m。采用 200mm 厚配筋地坪，并将钢板桩桩顶包入。钢板桩加固平面图见图 3-129，剖面图见图 3-130。

(4) 贝雷架便桥计算

便道加固措施中，钢板桩围护和出租车通道桩板基础安全风险相对较小，通过建模计算，均有较大的富余量。而贝雷架便桥相对风险较大，对该部分计算复核如下。

1）贝雷架设计参数

根据《装配式公路钢桥多用途使用手册》（第 59 页），贝雷架容许内力表和几何特性表，该便道选用双排单层非加强型贝雷架，其容许弯矩为 2246.4kN·m，容许剪力为 490.5kN。贝雷架间距 1500mm。

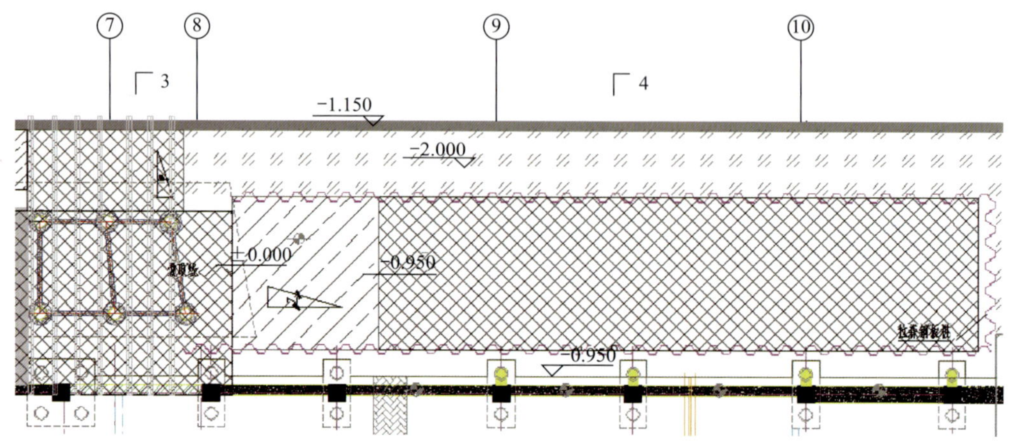

图 3-129 钢板桩加固平面图

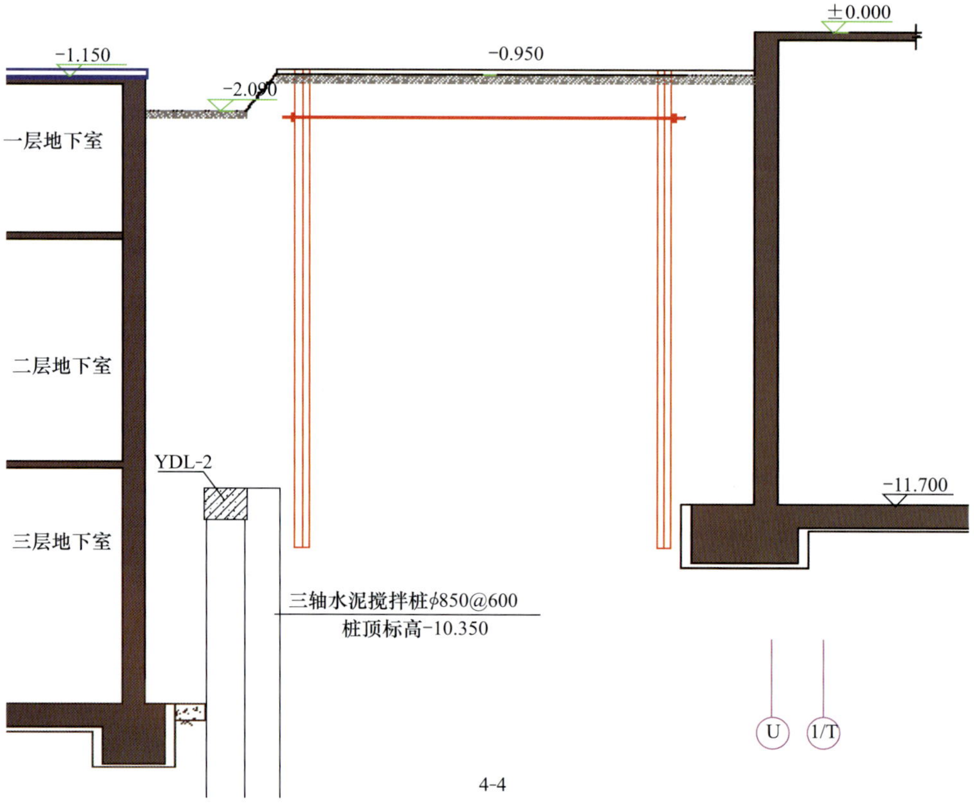

图 3-130 钢板桩加固剖面图

2）支撑主梁设计及受力验算

钢便桥按两跨连续梁受力模型进行计算，由于钢便桥必须满足 260t 履带式起重机的通行，但吊装工况不在贝雷架上完成，主梁最大荷载以履带式起重机通过时的荷载进行验算。

查260t履带式起重机性能参数表，自重210t，履带长度8.2m。

履带式起重机均布荷载：$q_1=2100/2/8.2=128\text{kN/m}$

贝雷架自重：$q_2=270\times6/9=180\text{kg/m}=1.8\text{kN/m}$

路基箱自重：$q_3=3\text{kN/m}$

$$q=1.4\times(q_1+q_2+q_3)=185.9\text{kN/m}$$

根据《建筑结构静力计算手册（第二版）》（第150页）：

弯矩：$M_{max}=0.07ql^2=180.1\text{kN}\cdot\text{m}<2246.4\text{kN}\cdot\text{m}$

剪力：$T_{max}=0.625ql=432.2\text{kN}<490.5\text{kN}$

挠度：$v=5Ml^2/48EI=2.5\text{mm}<l/200=15\text{mm}$

根据计算结果，该贝雷架形式满足要求。

(5) 结论

在大型钢结构工程施工过程中，经常涉及便道和便桥的搭设。杭州东站工程在与东广场结合部的便道设计因地制宜地选择成本节约、施工工期短和安全性有保证的多种加固形式，施工过程中便道稳定性也得到了验证，保证了大型吊装设备和材料的安全顺利进出，也给同类工程的便道设计提供了借鉴。

3. 外倾格构柱复合临时支撑的设计与验算

(1) 工程概况

杭州东站钢结构屋面采用管桁架结构，总重量为2.1万t。屋盖支撑柱采用单轴倾斜69°钢管柱，其东西两侧门柱为4根双轴外倾45°异形格构柱，屋盖结构形式见图3-131。屋盖和斜柱施工过程中均需采用支撑体系保证结构稳定。其中，东西两侧门柱支撑已经进入非站房范围的广场地下室施工范围，支撑体系设置需避免影响广场结构施工。

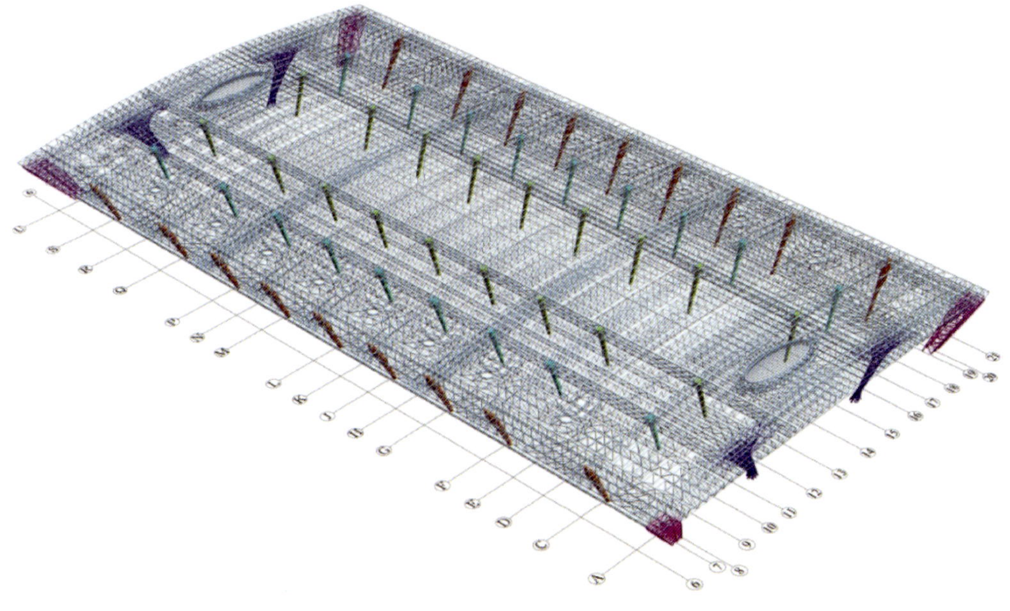

图3-131 屋盖整体结构示意图

(2) 临时支撑体系的布点和选择

1) 临时支撑布点位置

站房结构先于广场地下室结构施工，东西立面四根格构门柱需事先安装，经分析采用垂直临时支撑的形式，支点位于格构柱的主要受力节点位置，临时支撑材料选择截面不小于 $\phi700\times25$ 的钢管。临时支撑布点位置详见图 3-132。

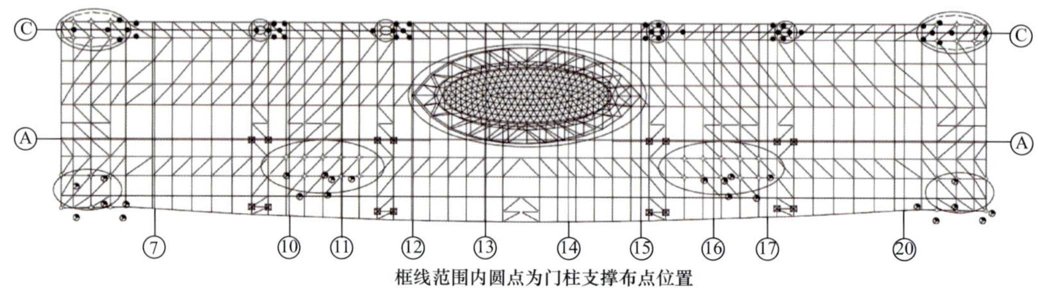

图 3-132 门柱支撑布点图

2) 临时支撑设计形式

由于临时支撑设置时间较长，为保证广场土方和后续结构施工，临时支撑设计成钢格构柱上接钢管柱形式，钢格构柱下设直径 1m 钻孔灌注桩，钢格构柱采用 4L140×10 角钢、560×400×15@800 钢缀板焊接而成，材料为 A3，平面尺寸为 600mm×600mm，长度为 15m，钢格构柱顶标高为－5.25m，钢格构柱与钻孔桩搭接 3m。钻孔灌注桩直径 1000mm，桩长 30m。以 12-4 层圆砾层为持力层。支撑形式见图 3-133。

(3) 格构式临时支撑截面验算

1) 格构柱参数计算

采用∟140×10 角钢，每根格构柱由 4 根∟140×10 角钢组成，采用缀板连接，缀板间距 800mm。∟140×10 角钢参数：$A=27.37\text{cm}^2$，$i=4.34\text{cm}$，$I=514.65\text{cm}^4$，$z_0=3.82\text{cm}$。格构柱见图 3-134。

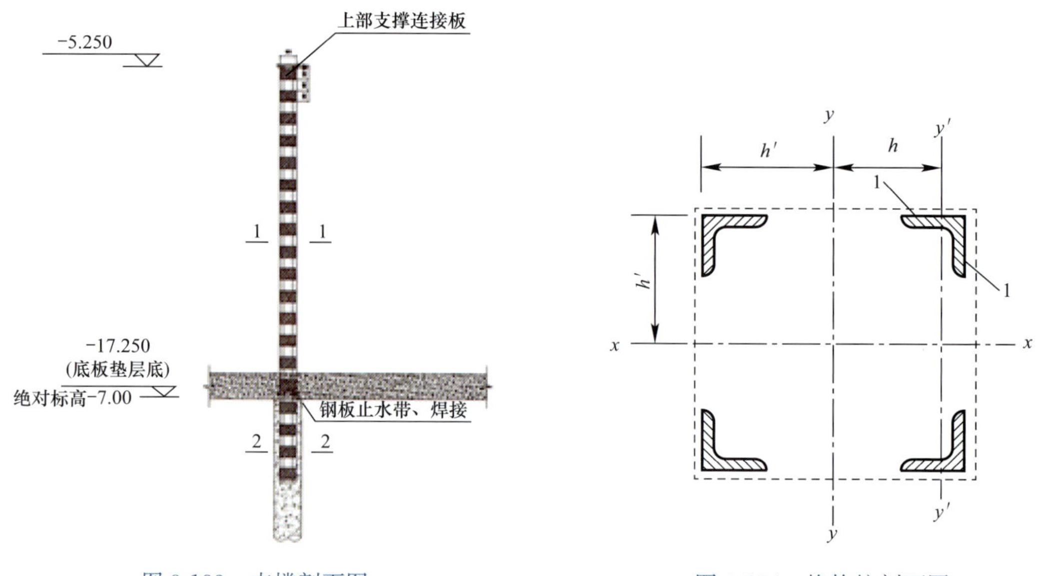

图 3-133 支撑剖面图

图 3-134 格构柱剖面图

格构柱各计算参数为：

$$I_{x1}=\left[I+A\times\left(\frac{b_1}{2}-z_0\right)^2\times 4\right]^4$$

计算得到：$I_{x1}=75551.4\text{cm}^4$

2）格构柱长细比验算

格构柱的长细比计算公式：

$$\lambda=\frac{L_{0x}}{\sqrt{I/(4A_0)}}$$

式中　L_{0x}——格构柱的总高度，取 12m；

A_0——格构柱截面面积，取 109.48cm²。

计算得到 λx=λy=45.6，查表得 $\phi=0.870$

$$\frac{N_{max}}{\phi_x A_n}=105\text{N/mm}^2\leqslant f=215\text{N/mm}^2$$

3）格构柱整体稳定性计算

格构柱在弯矩作用平面内的整体稳定性计算公式为：

$$\frac{N_{max}}{\phi_x A_n}\leqslant f$$

式中　N_{max}——轴心压力计算值，取 $N_{max}=1000\text{kN}$。

计算得强度值为 91.34MPa，不大于设计强度 215MPa，所以满足要求。

(4) 临时支撑在施工过程中的稳定性验算

A、C 轴钢柱临时支撑安装完成后，当 A—C 轴跨屋面结构提升时，对临时支撑受力最为不利，因此这里选择提升过程最不利的情况对整个支撑系统进行复核验算。

每个提升区域分别单独提升，每个提升区域提升时，各个吊点的荷载已有计算，只需将吊点荷载加到主体结构上，即可对主体结构进行受力验算，计算采用 SAP2000 有限元程序，整体考虑。

经分析 A—C 轴跨钢结构主要有三部分需要作提升施工，如图 3-135 所示。

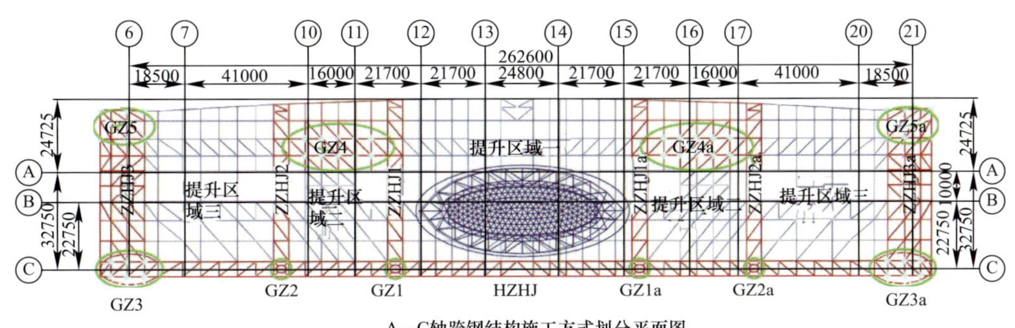

图 3-135　A—C 轴跨屋盖安装整体分区平面图

根据建模计算，提升施工全过程临时支撑应力比均小于 1，满足要求；中部屋盖未施工时，支撑最大受力为 31.5t（图 3-136）；中部屋盖全部提升施工完成后，支撑最大荷载为 51.5t（图 3-137）；屋盖全部施工完成后，支撑受力最大均为 48.5t 左右（图 3-138）。

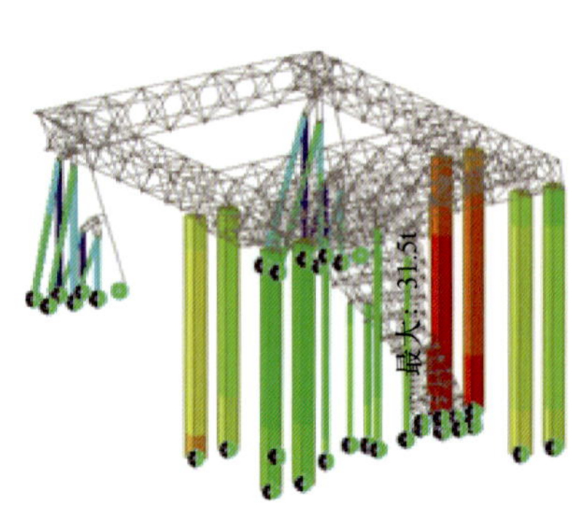

图 3-136　中部屋盖未提升前最大支撑应力情况

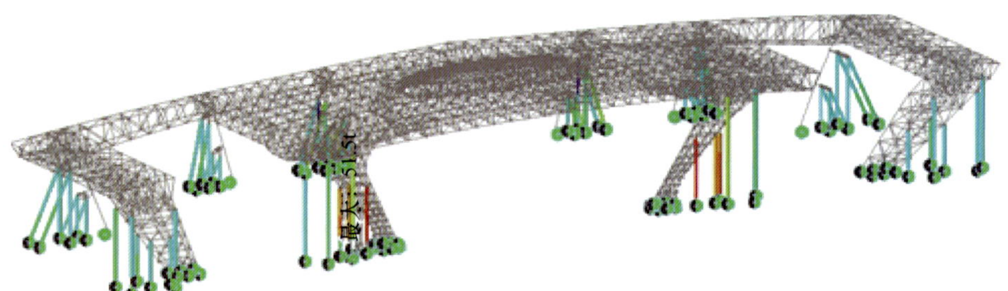

图 3-137　中部屋盖提升完成后最大支撑应力情况

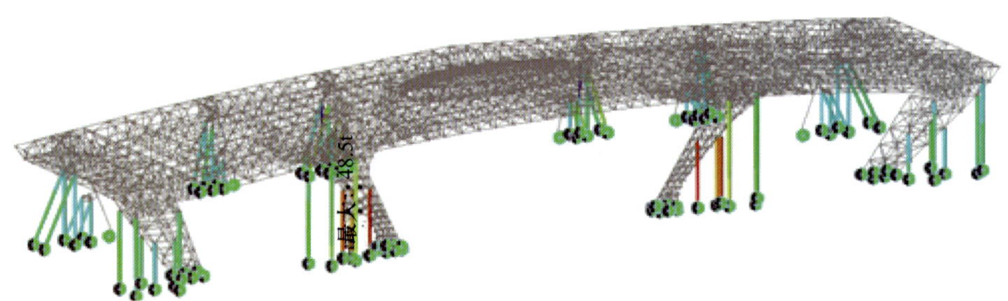

图 3-138　屋盖全部提升施工完成后最大支撑应力情况

(5) 施工监测情况

根据支撑受力计算情况，工程对全部支撑设置了应力监测设备监控支撑内应力变化情况，监测设备每 20min 自动记录监测结果，最后计算平均值。以前文计算书中的支撑为例，支撑应力变化情况见表 3-31、图 3-139。

支撑应力和温度变化情况表　　**表 3-31**

阶段	柱顶桁架吊装阶段								
日期	11.20	11.21	11.22	11.23	11.24	11.25	11.26	11.27	11.28
平均荷载（t）	48.45	56.76	49.42	49.4	52.57	53.35	43.27	36.65	31.43
平均温度（℃）	21.53	21.19	22.68	22.67	19.29	21.72	24.26	26.13	27.57
阶段	中部屋盖桁架提升阶段						屋盖全部完成后		
日期	11.29	11.30	12.1	12.2	12.3	12.4	12.5	12.6	12.7
平均荷载（t）	32.98	54.75	55.25	55.1	54.26	64.82	96.43	102.45	106.43
平均温度（℃）	26.44	20.90	14.00	22.35	22.05	22.75	15.15	14.09	12.17

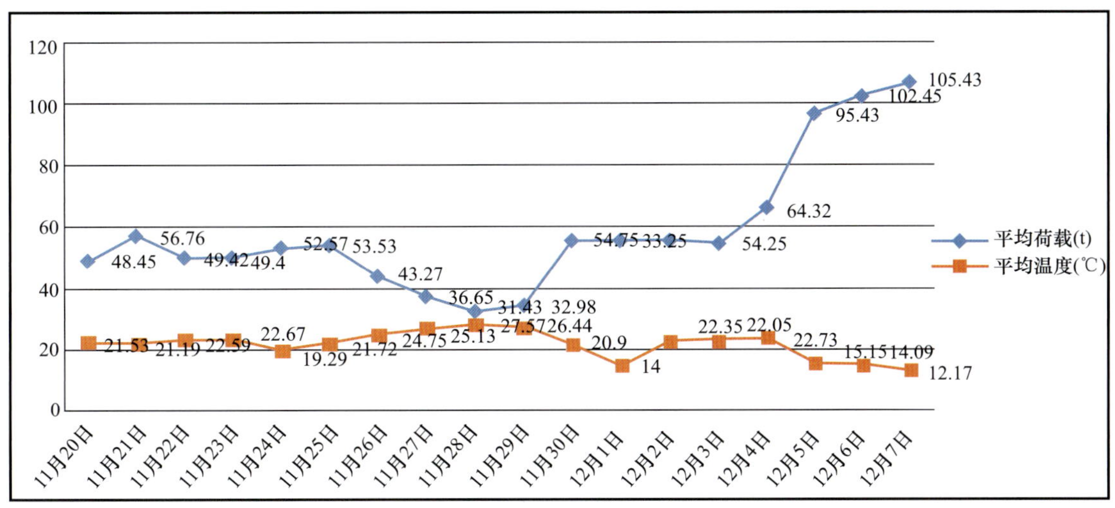

图 3-139　支撑应力和温度变化情况图

由以上数据可知，实测支撑受力情况在中部屋盖提升施工前，支撑最大荷载变化在柱顶桁架吊装阶段中，基本在 31～56t 间徘徊，总体而言，仍大于 31.5t 的计算值。中部屋盖提升施工阶段，11 月 30 日提升，当天提升到位，其荷载自该天开始上升，从 55t 左右上升至 65t。两侧屋盖中一侧提升自 12 月 5 日开始，同样当天提升完成后，支撑荷载从 96t 逐天上升至最大值 106t。以上两侧提升工况均大于计算值，并且超标较大。因支撑设计时，有 2.5 倍以上的安全系数，因此支撑仍保持稳定。

(6) 结论

根据东站屋盖实际现场检测情况来看，本文中未表述的部分支撑实际受力远小于计算值，相对应的是其余部分支撑受力大大增加。支撑受力受到支撑安装、气温、基础形式、结构形式、变形等影响，受力方式存在着重新分配的可能。因此，在设置该类结构支撑时，必须预留充分的安全冗余度，并设置必要的监测手段，以期及时发现超出预期的支撑受力变化情况，以调整或加强支撑设置方案，确保施工安全。

第 4 章　装饰装修施工关键技术

4.1　装饰装修工程简介

1. 工程概况

杭州东站作为重要标志性建筑，以“钱江潮”的建筑形式主题，体现出杭州“精致和谐、大气开放”的城市形象和从“西湖时代”迈向“钱塘江”时代的时代特征。“动车”的外形，塑造了一个充满动感的、具有鲜明时代特征和未来感的新型火车站。

主题：“钱江潮”，延续这一抽象的建筑形式主题，进一步烘托杭州“精致和谐、大气开放”的城市形象。

特色：室内公共空间与建筑外观风格统一、浑然一体、风格鲜明，充分体现空间的简洁大气、高效明了，贵宾接待室等部位则强调稳重大方和地方特色。

手发：抽象出圆润柔和、充满科技感和未来感的构图和符号，以此为母题，采用宇宙白为主色调、太空蓝点缀其中，演化应用到不同的功能空间，使各个功能空间有明确的认知感，空间清晰可读，既层次分明、井然有序，又和谐统一。

经济：尽可能使室内装饰元素成为室内空间的内表皮和功能构件，减少和避免单纯的装饰内容；充分考虑采用和人工照明的结合，具有良好的经济性。

(1) 楼、地面铺设

站房内地面铺设根据站房柱网和外幕墙的模数铺设块材，做到天地对缝，室内外对缝，普遍采用的主要模数为幕墙龙骨分割尺寸 2.15m。

站房室外落客平台地面石材与站房内地面和幕墙对缝，采用水洗火烧面防污染处理。

站台铺面设置安全线地砖、警示盲道砖、火烧板面帽石、光面石材过道等形式，其中基本站台石材厚度为 50mm。站台面两端圆弧应顺应铁路限界，并保证帽石、安全线、盲道的宽度（图 4-1）。

图 4-1　站房地面对缝铺设效果图

(2) 墙面做法

站房内墙主要采用铝板和石材两种材质，对部分外露钢结构柱采用氟碳漆或广告灯箱外包。

同一空间的墙面与地面、吊顶铺设，拼缝均协调一致，相互对应，模数规整统一。

室内墙面石材均采用干挂法施工，卫生间采用陶瓷面砖湿贴，同样做到天地对缝（图 4-2）。

图 4-2　室内墙、地面对缝铺设效果图

(3) 吊顶

候车厅、售票厅、出站厅、换乘大厅等部位吊顶形式采用哑光浅色条形铝板；

站台层股道上方采用深灰色金属网吊顶，卫生间采用铝合金板吊顶；

车道上方室外采用 3mm 厚铝板吊顶；

留缝铝板吊顶上方可见部分需做深灰色吸声涂料。

(4) 隔断

出站厅隔断高度为 2.2m，立柱间距为 2m，与地面铺设石材对缝；

玻璃隔断采用钢化夹层玻璃；

售票厅玻璃隔断立柱做到隔断顶部，不设横向龙骨（图 4-3）。

图 4-3　出站厅、售票厅隔断处理效果图

2. 装修工程难特点

(1) 装修工程量巨大

站房和站场总建筑面积约 32 万 m^2，其中石材地面总计 11.2 万 m^2，主站房外倾玻璃幕墙 2 万 m^2，铝板吊顶 5 万 m^2，条铝板吊顶 5.5 万 m^2。装饰工程量巨大，工期紧迫。

(2) 装修选材和标准控制难

杭州东站作为人流量密集的大型现代化铁路客站，在装修手法选择上需考虑安全性、经济性、文化性、耐用性和易维护性等需求。工程自开工伊始就对站房装修进行了研究讨论，每个区域的装修手法、材料选择和施工工艺均通过了多次反复讨论和样板施工，对涉及安全或首次应用的装修手法，还通过多次召开高水平专家论证会、研究样板实施方案、进行相关试验检测等手段予以研究，确保站房的装修施工质量和满足站房运维需求。

(3) 首创的建筑外表皮装饰手法

站房外立面采用铝板、不锈钢、玻璃幕墙、GRC 板等多种形式，特别是站房主立面门柱外表皮通过优选材料（28 组各类材料样板）、论证结构受力体系（变形、温度应力监测），最终采用不锈钢实现了 2.5 万 m^2 无缝隙光滑双曲面饰面要求，完美地实现了杭州东站充满未来感的造型设计，填补了国内外无缝隙光滑双曲面幕墙的空白。

(4) 光伏一体化屋面

屋面主要由铝镁锰板和采光天窗组成，细部节点多、处理难。直立锁边屋面系统上设有容量 10MW 的光伏电板，年发电约 980 万 kWh，为世界上最大的单体建筑太阳能发电项目。

4.2 室内控制性装修

1. 装饰施工总体思路

装饰装修施工共划分为四个施工区域，站房±0.000m～出站层为第Ⅰ施工区域，站房候车层～站台层为第Ⅱ施工区域，站房候车层、高架层～屋面为第Ⅲ施工区域，室外装饰部分为第Ⅳ施工区域。

装饰装修内容主要包括地面石材、地砖、塑料地板及防静电活动地板；墙面乳胶漆、墙柱面石材、干挂千思板、瓷砖镶贴、吸声铝板网安装；顶棚玻璃棉板、金属条板、金属方板、乳胶漆工程；木质防火门、实木装饰门、铝合金地弹门、防火卷帘门安装以及轻质隔墙、金属扶手带栏杆、栏板、玻璃隔断等分项工程。根据主体结构进度计划安排，装饰工程应在砌体工程和粗装饰工程施工完成后进行；考虑站房工程施工作业面大，根据建筑平面分区和结构施工分区，按照“主体结构→砌筑结构和隔墙安装→地面基层→机电安装→装修基层→装修面层”的主顺序。具体把握如下原则：

1）先主体结构后砌筑和围护结构，根据混凝土结构和砌体、粗装饰工程完成情况，插入进行装饰工程施工。

2）遵照先安装后装饰的施工原则：在吊顶、墙面装修时，会涉及电气、给水排水、空调等专业施工，此时先将专业的管道、线路施工完毕，再作装饰施工，从而不必因为某些原因造成已施工完毕的装饰层再进行拆改工作。

3）先湿作业后干作业的施工原则：在卫生间、大厅、走廊装饰时，会涉及墙地砖、石材的铺贴，这些工作对其他装饰面的施工会造成污染，应提前完成。

4）先基层后面层的原则：即先做装饰面层内部的工作，如地面保温层、防水层，吊顶龙骨，墙面干挂石材基层龙骨等先做，再做装饰面层。

5）施工空间顺序上，由下而上进行粗装修和基层施工，由上而下进行精装修和面层施工。平面方向，条件具备一区、施工插入一区。形成从平面到空间有序交叉作业的施工格局。

6）按照分包管理模式进行施工队伍的设置，组织多个劳务专业队（并分成若干个分队），分别负责出站层和站台层，高架层和室外附属工程的施工。考虑到装饰工期短，八个施工区进行平行施工，施工区内各施工段组织流水作业。

站房工程具体装修施工顺序是：先随结构完成顺序从下而上进行地面出站层、站台层、高架候车层及其夹层的墙面基层、地面、吊顶龙骨的施工；待屋面和外装修完成后进行再进行吊顶面层和其他饰面装修及门窗安装等；达到封闭条件后再进行灯具、洁具及其他易损装饰小品等的安装。

此外，根据全线总体安排要求，四电用房要提前使用，所以要先安排四电用房的装饰施工并提前交付使用。

2. 装饰施工样板实施方案

本工程按照使用功能、结构类型、装饰特点等因素分别在站台层、出站层、进站大厅以及附楼中选取具有典型特点的区域进行样板工程施工。

(1) 出站层

在出站层中分别对出租车通道、出租车通道联系通道、出站厅、联系通道、电梯及楼梯等部位进行样板工程施工。

结合工程实际施工开展情况，选取西站房 C—F 轴/7—13 轴区域作为出站层样板工程施工区域。其中，选取出租车通道 C1 段的 C—F 轴区域作为出租车通道样板工程施工段；选取 3 号出租车通道联系通道作为出租车通道与站房联系通道的样板工程施工段；选取 C—F 轴/7—13 轴区域作为出站厅、联系通道的样板工程施工段；选取该区域内的 D—E 轴间的通道电梯及楼梯作为电梯的样板工程施工段。具体选取位置如图 4-4 所示。

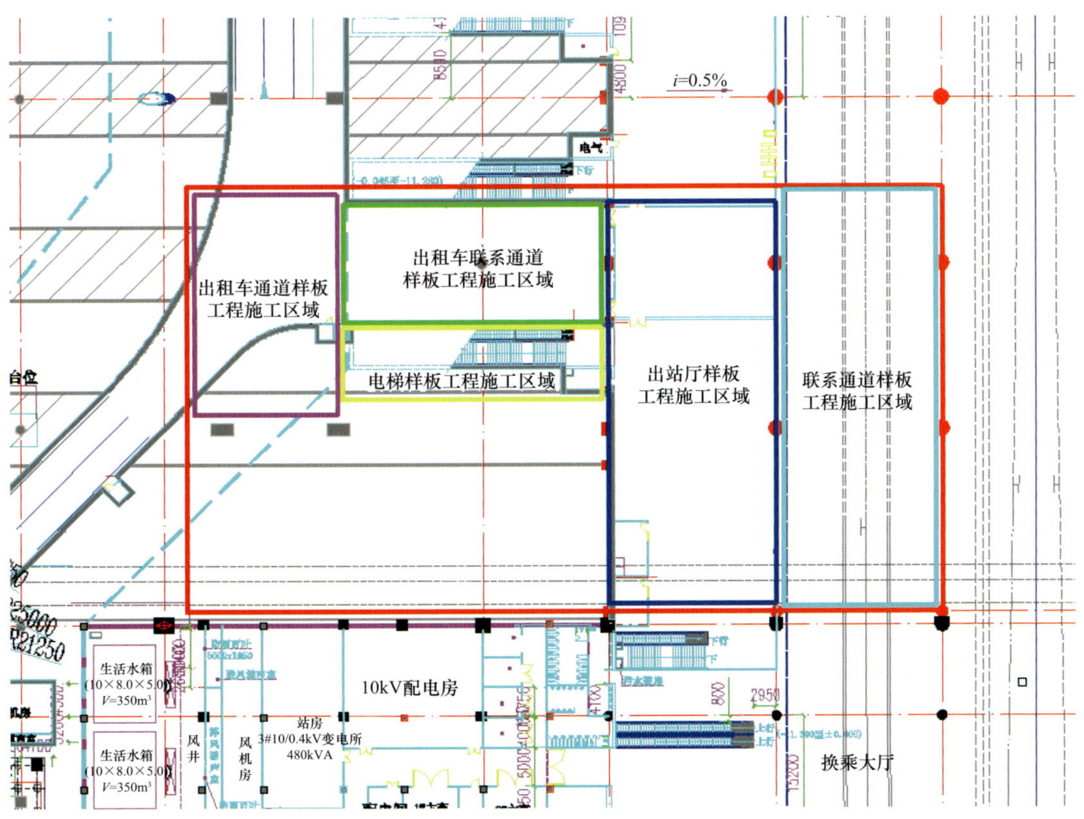

图 4-4　西站房 C—F 轴/7—13 轴区域样板工程施工段选取示意图

出租车通道、出租车通道联系通道样板工程施工概况：

地面：出租车联系通道与上下客平台为1000mm×1000mm×30mm花岗石；出租车行驶车道深色沥青路面；盲道停止块；600mm×600mm花岗石饰面。

墙面：出租车联系通道；干挂花岗石墙面，1000mm×1000mm花岗石。

顶面：出租车联系通道、上下客平台；U形铝垂片，300mm×150mm×1mm铝合金板；出租车行驶车道浅色吸声喷涂；其他装修界面，装修材料详见材料明细表及装饰图纸。

照明灯具：筒灯：圆形，具体规格尺寸参照电力专业图纸要求。灯盘：条形，具体规格尺寸参照电力专业图纸要求。

吸声设计：出租车行驶车道墙面均做成品浅色吸声板。吊顶均喷浅色吸声涂料。

(2) 站台层

站台层中分别对基本站台候车大厅、售票厅、贵宾候车间及卫生间、换乘大厅以及外立面柱进行样板工程施工。

选取西站房14—18轴/A—C轴作为出站层样板工程施工区域。其中，选取14—15轴区域作为基本站台候车厅的通道样板工程施工段；选取15—16轴区域作为售票厅样板工程施工段；选取16—17轴区域作为换乘大厅样板工程施工段；选取17—18轴区域作为贵宾候车间及卫生间样板工程施工段；选取15—16轴区域作为外立面柱样板工程施工段。具体选取位置如图4-5所示。

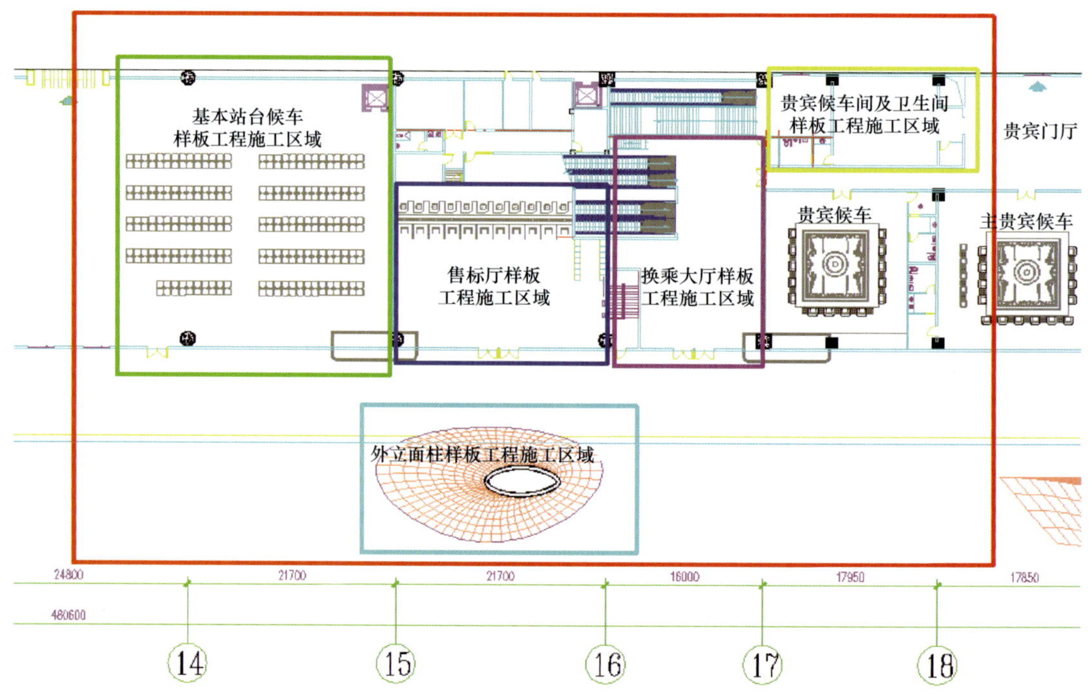

图4-5 西站房14—18轴/A—C轴区域样板工程施工段选取示意图

1) 基本站台候车大厅、售票厅样板工程施工概况

地面：花岗石地面（用于基本站台候车厅、进站厅、商业服务、售票厅、卫生间）。

内墙：花岗石墙面（用于基本站台候车厅、进站厅、商业服务、售票厅、卫生间）。

顶面：铝合金条形吊顶（用于基本站台候车厅、进站厅、商业服务、售票厅、卫生间）。

2）贵宾候车间样板工程施工概况

贵宾候车间的建筑施工设计方案暂时未确定，待设计方案确定后，该选定区域的贵宾候车间将作为样板工程施工段。

3）卫生间样板工程施工概况

地面：陶瓷锦砖卫生间楼面（用于卫生间、清洁间）。

内墙：花岗石墙面（用于基本站台候车厅、进站厅、商业服务、售票厅、卫生间）。

顶面：铝合金 T 形龙骨金属或玻璃棉装饰吸声板吊顶（用于卫生间、办公管理用房、售票部分的内部用房、弱电机房、计算机房、控制室）。

(3) 高架层

在高架层中分别对候车大厅、办公及管理用房进行样板工程施工。

选取西站房 10—15 轴/D—F 轴作为高架层样板工程施工区域。其中，选取 10—11 轴/D—E 轴区域作为办公及管理用房的通道样板工程施工段；选取 12—15 轴/E—F 轴区域作为候车大厅施工段。选取位置如图 4-6 所示。

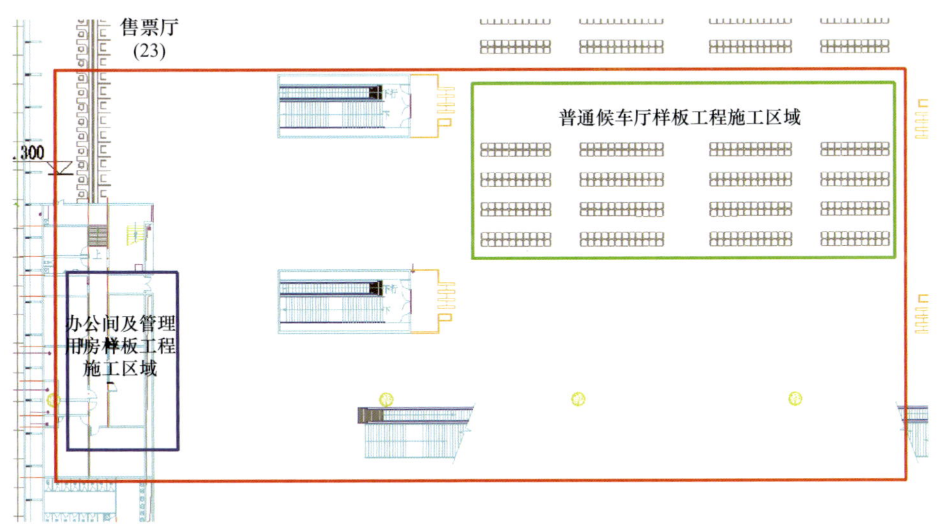

图 4-6　西站房 10—15 轴/D—F 轴区域样板工程施工段选取示意图

1）候车大厅样板工程施工概况

地面：花岗石地面（用于高架层室内大厅、出站厅、地下一层联系通道、基本站台候车厅）。

内墙：轻钢龙骨石膏板隔墙墙面（用于轻质隔墙、隔断）。

顶面：铝合金条形吊顶（用于高架层室内大厅、出站厅、地下一层联系通道、基本站台候车厅）。

2）办公及管理用房样板工程施工概况

地面：陶瓷地砖楼面（用于各类办公及管理用房）。

内墙：水泥砂浆墙面（用于办公管理用房、值班、售票部分的内部用房、没有特殊要求的设备用房）。

顶面：水泥砂浆顶棚（用于没有特殊要求的设备用房）。

(4) 附楼

根据工程实际情况，选取信号楼一层结构中的办公用房、卫生间进行样板工程施工。

选取信号楼一层结构的1/5—4/5轴/1/S轴区域作为附楼的样板工程施工区域。其中，选取1/5—4/5轴/1/S轴的办公间区域作为附楼办公间样板工程施工段；选取1/5—4/5轴/1/S轴的卫生间作为附楼卫生间样板工程施工段。具体选取位置如图4-7所示。

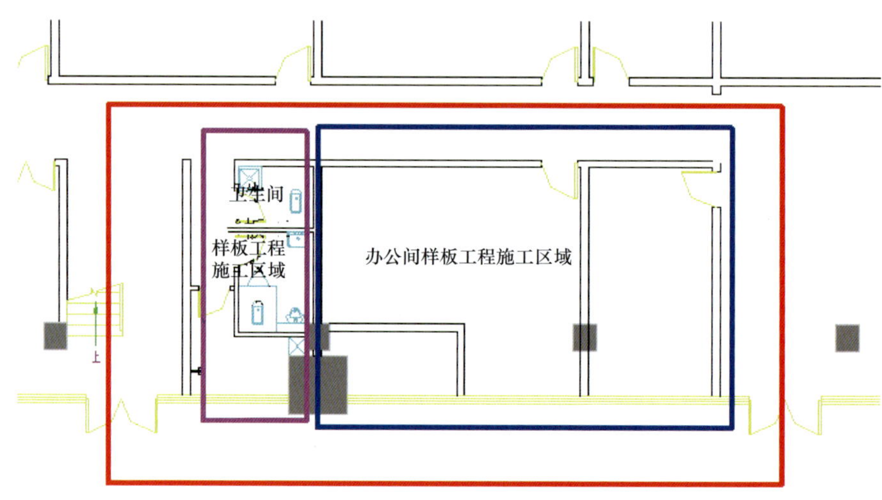

图4-7 信号楼一层结构1/5-4/5轴/1/S轴区域样板工程施工段选取示意图

1）附楼办公间样板工程施工概况

地面：陶瓷地砖地面（用于各类办公及管理用房）。

内墙：水泥砂浆墙面（用于办公管理用房、值班、售票部分的内部用房、没有特殊要求的设备用房）。

顶面：水泥砂浆顶棚（用于没有特殊要求的设备用房）。

2）附楼卫生间样板工程施工概况

地面：陶瓷锦砖卫生间楼面（用于卫生间、清洁间）。

内墙：花岗石墙面（用于基本站台候车厅、进站厅、商业服务、售票厅、卫生间）。

顶面：铝合金T形龙骨金属或玻璃棉装饰吸声板吊顶。

4.3 轨间柱双曲面不锈钢幕墙施工技术

1. 轨间柱装饰概况

新建杭州东站站房南北立面轨间柱各9个，为变椭圆截面椎管斜柱，是屋盖体系的重要组成部分，柱顶采用双曲面不锈钢幕墙，该幕墙系统采用3mm不锈钢板面材，分块拼装，无缝处理，采用$\phi70\times4$、$\phi32\times2$等钢管龙骨兼塑形，整体成型，表面采用VDF氟碳喷涂处理，面板颜色为RAL9003，龙骨体系采用钢管与方管组成龙骨层组件与表皮层连接固定形成的一个装饰幕墙体系。整个幕墙外观呈马蹄莲形状（图4-8、图4-9、图4-12）。

因该幕墙体系为室外柱子的装饰幕墙，主要起大型构件的装饰作用，根据《金属与石材幕墙工程技术规范》JGJ 133—2001 规定，不考虑幕墙系统的保温性能，故在本章施工技术中将不涉及相关构造内容。

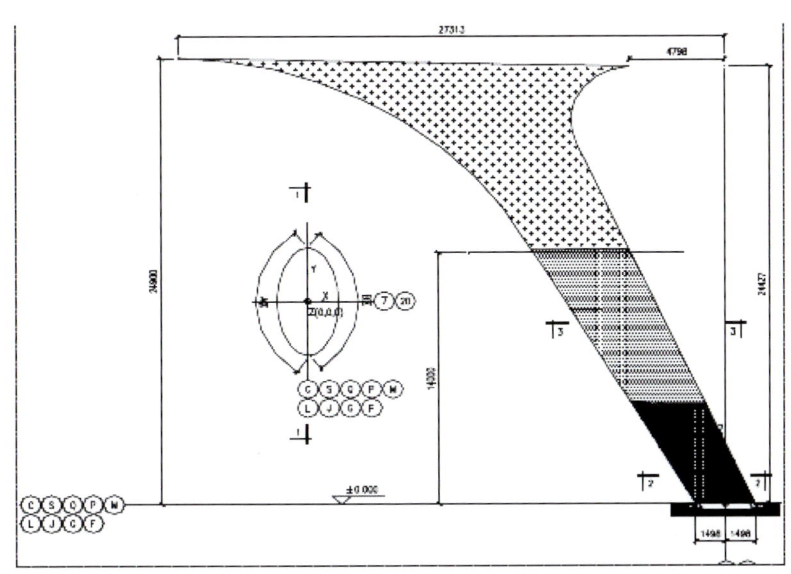

图 4-8　新建杭州东站站房工程轨间柱立面图

2. 幕墙方案的选定

图 4-9　新建杭州东站站房工程轨间柱效果图

在新建杭州东站站房南北立面轨间柱幕墙工程实施前期，我们先后比较了无胶密封烤瓷铝板、无胶空缝氟碳喷涂铝板、注胶氟碳喷涂铝板、玻璃钢等多种幕墙方案，分阶段制作了多个试样，对面板材料特点、观感效果、连接方式的可靠性以及方案的经济性等方面作出综合评价：烤瓷铝板在长期使用过程中不会因胶缝积灰尘造成表面污染而影响外观效果，观感较好，但造价较高；氟碳喷涂铝板与烤瓷铝板相比，氟碳喷涂铝单板的耐腐蚀性能、表面稳定性能仍有差异，在经济性方面，氟碳喷涂铝单板比烤瓷铝板较经济；注胶氟碳喷涂铝板是所有方案中最常用的方案，也是所有金属面板方案中最方便施工的方案，也是最经济的方案，但本方案的缺陷也很明显，那就是接缝效果不理想，在长期使用过程中，胶缝的污染较明显；玻璃钢具有质轻、高强、易清洁、易造型等特点，但其缺点之一是弹性模量较低，刚度不足，且造价很高；氟碳喷涂不锈钢板有较高的塑性、韧性和机械强度，高耐气候性和耐腐蚀性，且抗老化，使用寿命长，采用无缝处理和氟碳喷涂，与主体钢结构采用相同的面层处理方式，色调、材质统一，观感效果佳，且造价较低。综上所述，最终选择了氟碳喷涂不锈钢面板方案（图 4-10）。

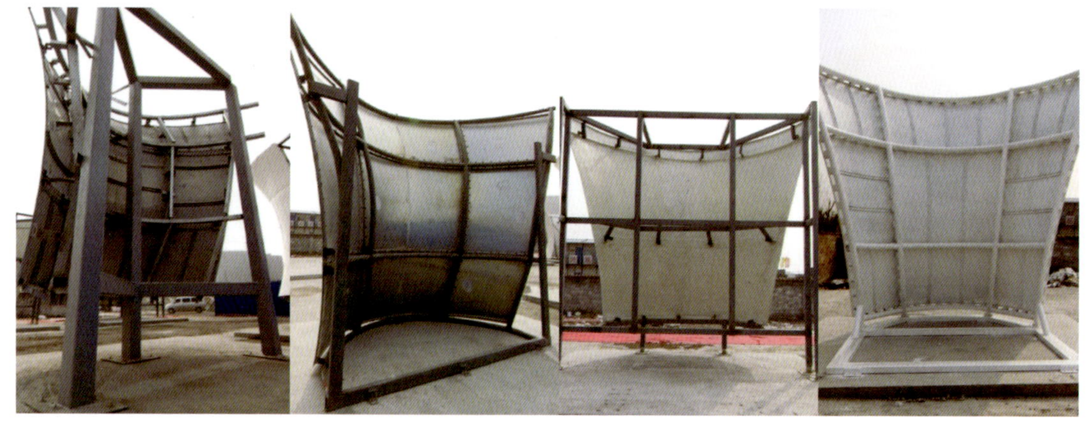

2号空缝氟碳铝板　　6号空缝烤瓷铝板　　9号玻璃钢　　14号注胶氟碳铝板

图 4-10　新建杭州东站站房工程轨间柱幕墙试样照片

3. 双曲面不锈钢幕墙施工技术

(1) 工艺流程

我国现行幕墙制作、安装、验收、保养和维修标准中，还没有专门针对不锈钢幕墙的标准，我们根据不锈钢材料以及不锈钢幕墙无缝设计的特点进行深化设计，通过三维建模与电脑深化将双曲面幕墙结构分解成表皮层与龙骨层，分别对两层的定位、覆板、吊装进行图纸细化，保证了曲面的准确，弧度的顺平。经过分层后，焊接与拼装工作量相对较大的表皮层采用工厂内加工制作，在稳定的环境与优良的设施条件下保证了焊接、拼装质量，又避免了表皮层在现场加工受到的场地局限与天气限制，加快了施工进度。龙骨层在现场焊接制作，结合了现场的结构特点，合理地调节消化施工误差，保证了幕墙结构与主体结构协调统一，表皮层运至现场采用整体分块吊装，通过合理的工序安排，可使双曲面不锈钢幕墙快速、安全、美观地施工完成。最终选定的方案施工工艺流程如图 4-11 所示。

(2) 模型建立

采用 AutoCAD 绘图软件对设计提供的双曲面幕墙数据绘制三维模型，此模型为表皮层定位骨架制作、表皮层吊装、龙骨层施工定位提供翻样图的技术支撑，通过对模型节点、截面细化分解，可形成各部位施工深化图。图 4-12 为本工程轨间柱双曲面幕墙三维模型图示意。

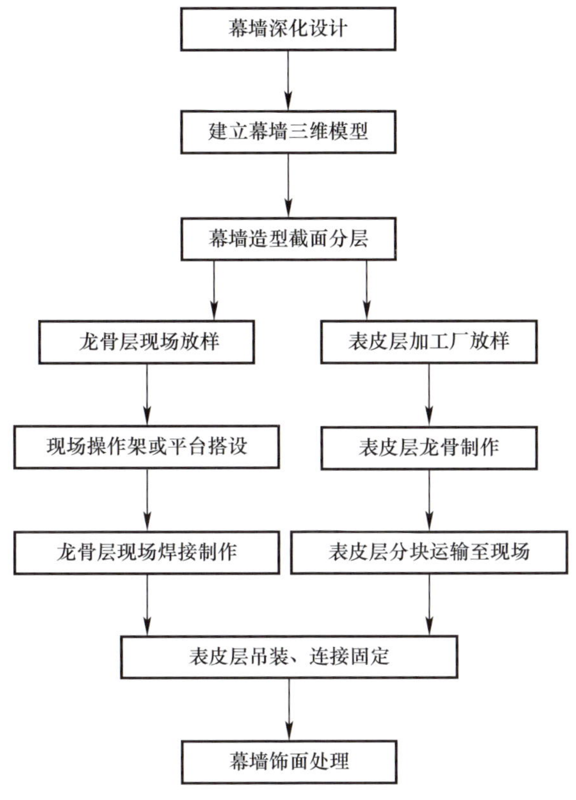

图 4-11 双曲面不锈钢幕墙工艺流程图

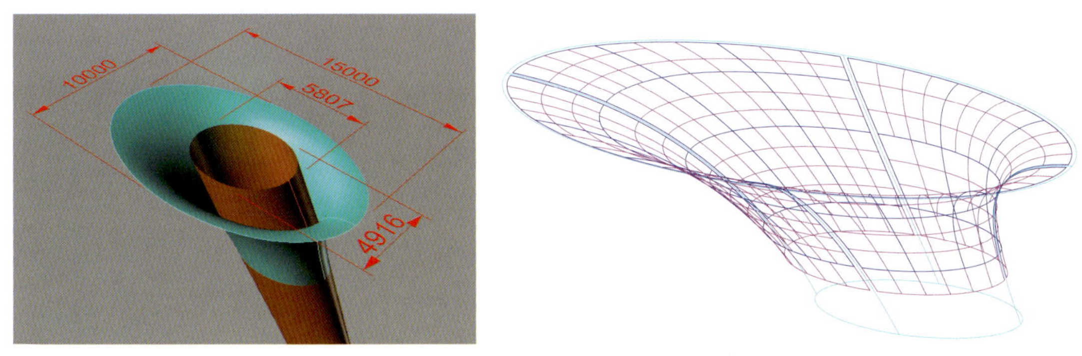

图 4-12 轨间柱双曲面幕墙三维模型图

(3) 结构分解

模型建立后，为保证幕墙曲面的准确性与整体性，根据三维模型的结构，将双曲面幕墙结构分解成表皮层与龙骨层，表皮层由面板与支撑（塑形）龙骨组成，龙骨层由支撑龙骨与连接码组成，表皮层为体现曲面效果与设计理念的最重要部位，为保证质量与成型效果采用工厂化加工，龙骨层采用现场施工的方式。图 4-13 为本工程轨间柱双曲面幕墙截面分层示意。

(4) 双曲面不锈钢幕墙表皮层加工与制作

为保证双曲面幕墙的整体精度，表皮层在工厂内加工成型，后再运至施工现场进行安装，这样既可保证幕墙曲面精度，又可加快施工进度，且加工不受现场场地的限制。

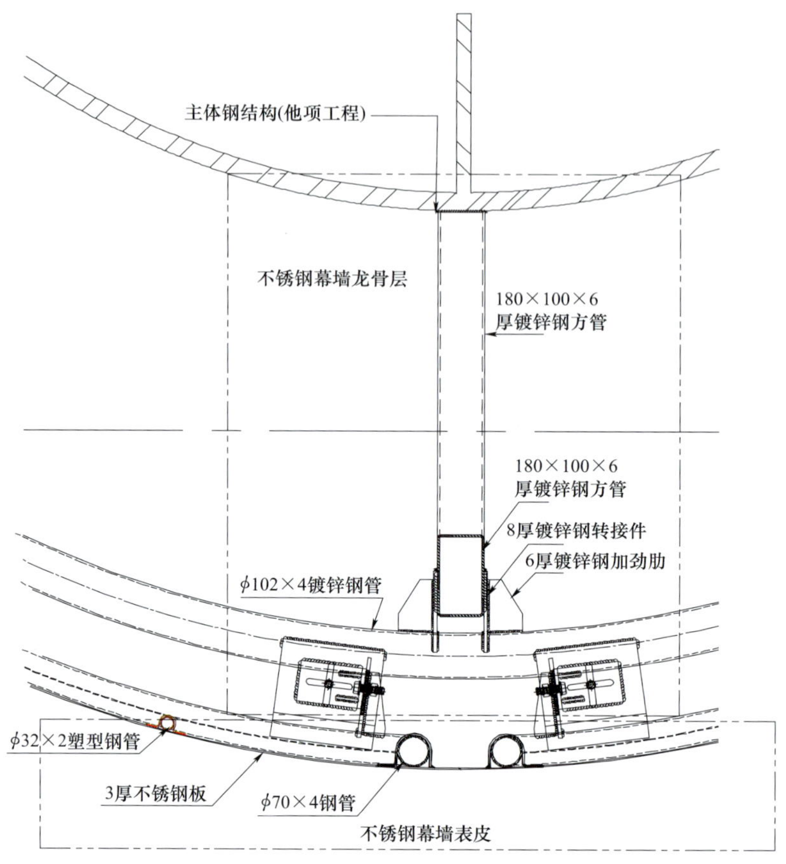

图 4-13　幕墙结构截面分层示意图

表皮层由支撑钢骨架与不锈钢面层组成，支撑钢架采用 70mm×4mm、32mm×2mm 的钢管焊接制成，钢管作热镀锌处理。支撑龙骨兼作塑形作用纵横布置，间距不大于 80cm。支撑（塑形）钢管和不锈钢面板用抱箍连接，抱箍起承载及固定作用，电焊连接，间距不大于 80cm，抱箍宽度为 2cm。

表皮层加工流程如下：施工准备→备料→放样、下料→切割、拉弯成型及开坡口→拼接→焊接→焊接检查→制孔→组装→组装焊接→焊接检查→外观及尺寸检查→打磨、刷漆（焊缝）→表层不锈钢板覆板。

1）放样及支撑钢骨架制作

根据前期幕墙翻样的施工深化图纸，对表面层曲面进行定位、放样。根据幕墙曲面弧度对支撑与塑形的骨架钢管进行拉弯，由特制模具与拉弯机进行，具体步骤：开模，把需要拉弯的模型做好→将拉弯的压力配好→根据钢管大小做钢管两头夹具→把做好的模型在拉弯设备上固定→拉弯的第一件钢管为首样，按图纸要求检验，合格后按首样批量生产。然后根据曲面翻样图先拼装定位骨架。定位骨架由环形龙骨与竖向弧形龙骨组成，按照 900mm 的间距布置，环形龙骨与竖向龙骨采用电焊连接。环形定位龙骨采用 32mm×2mm 钢管制作横梁临时支撑固定，点焊连接，从下向上布置，环形定位龙骨布置完成后开始布置竖向弧形龙骨，采用电焊连接，最后补充其他环形龙骨与支撑构件（图 4-14）。

2）表面不锈钢覆板

图 4-14　支撑（塑形）定位骨架照片

根据深化图对不锈钢板材进行分块，将不锈钢整板切割、分隔成小板块。把不锈钢平板放到外造型骨架上逐一进行锻造：将平板通过后撑面击的方式在支撑（塑形）龙骨上锻造，直至锻造成顺贴的弧形，确保每个组件上的每片不锈钢拼接到位、弧度准确。锻造好的不锈钢板覆在支撑上焊接，板块间采用氩弧焊，焊机为 300A 直流电焊机。氩弧焊机功率输出为 250A。电焊要求不锈钢表面饱满、平整。板块与（塑形）龙骨间采用抱箍点焊连接。图 4-15、图 4-16 为覆板、焊接及表皮层连接示意。

图 4-15　表皮层覆板示意照片

图 4-16　表皮层面板与龙骨连接示意照片

对表皮层进行打磨是确保涂装质量和表面观感质量的重要工序，先采用 80 号砂轮片对不锈钢板间焊缝进行打磨。再采用 120～320 号砂轮片进行表面打磨，从上向下打磨，保证不锈钢板块拼缝平顺（图 4-17）。

(5) 双曲面不锈钢幕墙龙骨层制作

龙骨层采用现场加工的方式制作在主体钢结构上，龙骨层由斜撑龙骨与弧形龙骨组成，与主体钢结构的连接按照设计图纸要求，采用焊接连接。施工流程如下：主龙骨放样、弧形龙骨放样→安装斜撑龙骨→安装弧形龙骨→安装表皮层连接件。图 4-18 所示为龙骨层制作完成后的照片。

(6) 双曲面不锈钢幕墙表皮层安装

为运输和吊装方便，将表皮层分块装车运输，运至现场后再依据深化图纸与模型进行现场组装，再次焊接成型。现场采用汽车式起重机配合捯链的方式吊装表皮层，就位后的表皮层采用栓接的方式连接在龙骨层上。此连接方法采用控制应力收缩的理念，消化应力，减缓或消除大面积不锈钢幕墙无缝设计温度应力变形的影响，详见图 4-19。

图 4-17　表皮层打磨及制作完成示意照片

图 4-18　龙骨层制作完成示意照片

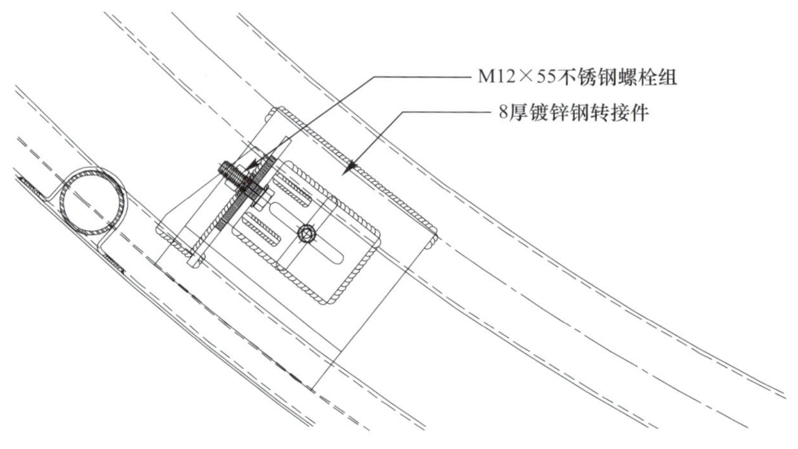

图 4-19　转接件连接示意图

具体操作过程为：板块运至待安装位置下方，先用汽车式起重机进行吊装，当吊装板块吊运至安装位置后，停止汽车车式起重机提升，通过捯链进行提升，来进行板块的精确就位调整，待龙骨层控制点与表皮层控制点均吻合后，开始连接件的栓接，直至连接件安装完成，最后汽车式起重机脱钩。板块安装完毕后，进行板块拼缝的焊接处理，将拼缝不平整的地方进行锻造修整，再进行打磨抛光。焊接采用不锈钢板氩弧焊无缝焊接工艺，焊接口打磨平整拉毛。表皮层吊装示意如图 4-20 所示。

(7) 双曲面不锈钢幕墙饰面处理

双曲面不锈钢幕墙表面采用氟碳喷涂饰面。先把不锈钢表面作抛光处理，保持不锈钢表面清洁干净，再在表面做一层氟碳环氧底漆，然后在局部位置作腻子修补，再打磨，上底漆，再打磨，上中间漆，这样要反复做三到五次直到不锈钢表面平整光滑，再做表面着色工作，最后在表面喷涂一层高分子薄膜，以保证表面油漆不出现粉化、脱落，起抗氧化作用。详细的施工工艺同普通氟碳喷涂施工方案。双曲面不锈钢幕墙完工后的情形如图 4-21、图 4-22 所示。

图 4-20　表皮层吊装示意照片

图 4-21　不锈钢幕墙示意照片

图 4-22　不锈钢幕墙工程完工示意照片

4.4　正立面花篮柱双曲面不锈钢幕墙施工技术

1. 正立面花篮柱装饰概况

新建杭州东站扩建工程东站站房工程东西立面各设两个异形柱，两个四角柱，南北两侧各布置 9 个轨间柱，分别以东西中轴线和南北中轴线对称布置。其中，南北 18 个轨间柱柱顶部分采用双曲面不锈钢幕墙；东西四角柱为平面结构，采用铝板幕墙；东西异形柱为异形管桁架柱，外立面整体采用双曲面不锈钢幕墙。本文的研究对象为东西立面异形柱双曲面不锈钢幕墙体系，该幕墙系统采用不锈钢板面材。龙骨体系包括支撑、塑形龙骨和结构龙骨，其中支撑、塑形龙骨通过几字件与不锈钢面板焊接，结构龙骨焊接在主体钢结构上，支撑、塑形龙骨与面板一起通过连接件与结构龙骨连接，固定在结构上，面板表面采用 VDF 氟碳喷涂处理，面板颜色为 RAL9003（图 4-23～图 4-25）。

2. 幕墙选型与工艺试验

在新建杭州东站站房东西、南北立面柱幕墙工程实施前期，我们先后比较了无胶密封烤瓷铝板、无胶空缝氟碳喷涂铝板、注胶氟碳喷涂铝板、玻璃钢等多种幕墙方案，分阶段

图 4-23　东西立面效果图

图 4-24　东西立面实景图

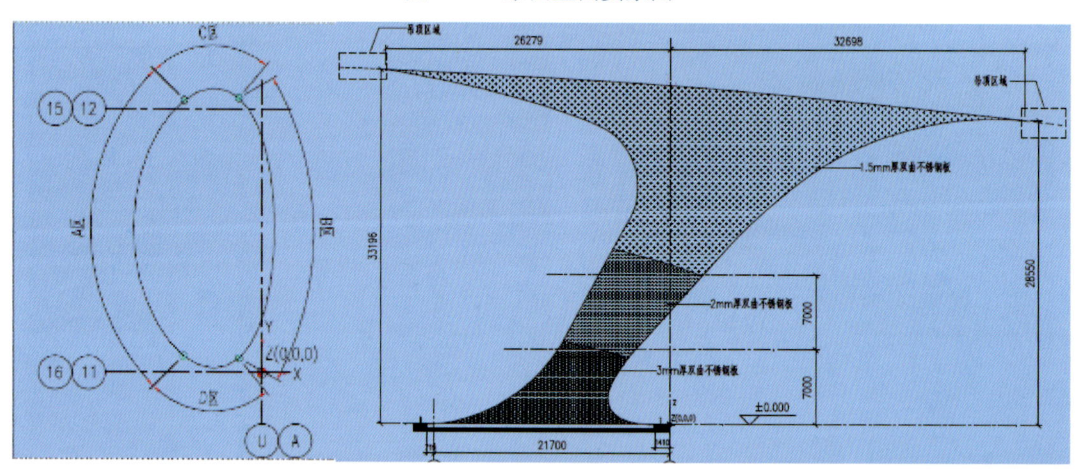

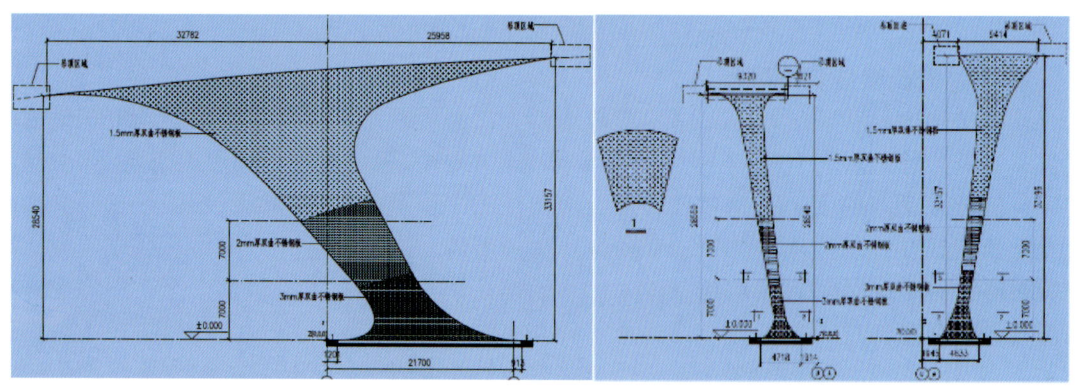

图 4-25　异形柱平面图、立面图（分成 ABCD 四个区）

制作了多个试样，对面板材料特点、观感效果、连接方式的可靠性以及方案的经济性等方面作出了综合评价。氟碳喷涂不锈钢板具有较高的塑性、韧性和机械强度，抗老化，使用寿命长，高耐气候性和耐腐蚀性，采用无缝处理和氟碳喷涂，与主体钢结构采用相同的面层处理方式，色调、材质统一，观感效果佳，且造价较低。

在此基础上，项目部委托同济大学土木工程学院和同济大学建筑设计研究院对东西立面异形柱试验段进行了为期一年的温度效应研究，对现场施工样板体系在春、秋两季进行了应变实测，研究了由温差所导致的不锈钢面板温度应力和龙骨的内力效应，验证了双曲面不锈钢幕墙体系的可行性。采用有限元软件 ANSYS 建立样板段的幕墙面板、龙骨和主体钢结构异形柱计算模型，对其在实测温差工况下的应力、内力及变形进行计算，实测与计算结果对比表明，幕墙面板 Mises 应力实测值较计算值偏大，龙骨轴力结果较接近，各测点的温度效应变化趋势相同，实测与计算结果总体吻合较好。对样板段幕墙体系在极限温差为 40℃的工况作用下的温度效应作了进一步计算，计算结果表明，幕墙面板应力未超过其屈服强度（图 4-26）。综上所述，最终选择了氟碳喷涂双曲面不锈钢面板方案。

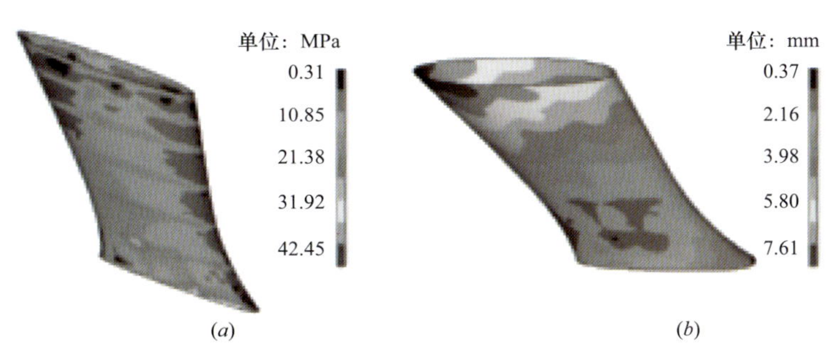

图 4-26　样板段照片及温差 40℃时面板温度效应计算结果
(a) Mises 应力；(b) 位移

3. 双曲面不锈钢幕墙施工技术

(1) 工艺流程

我们根据不锈钢材料以及不锈钢幕墙无缝设计的特点进行深化设计，通过三维建模与电脑深化将异形柱双曲面幕墙结构分解成结构龙骨与支撑、塑形龙骨及不锈钢面板，并就支撑龙骨、塑形龙骨和结构龙骨的定位、覆板、吊装进行图纸细化，保证了曲面的准确，弧度的顺平。支撑龙骨、塑形龙骨及不锈钢面板在场地外加工，采用先进的 Rhinoceros 建模软件对幕墙体系进行全模型、全尺寸建模，确定支撑龙骨、塑形龙骨的准确位置，并将各构件的节点准确位置由三维空间转化到二维平面，进一步地将 1∶1 全尺寸的二维平面图打印出来，用三维定位控制点基布结合标高，准确定位出面板龙骨体系的位置，实现面板体系的平顺、准确、美观。结构龙骨在现场焊接制作在主体钢结构上，结合现场的结构特点，合理地调节消化施工误差，保证了幕墙结构与主体结构协调统一，支撑、塑形龙骨及不锈钢面板制作成型后运至现场采用整体分块吊装，位置校核焊接固定之后进行面板饰面处理，最后成型。最终确定的方案施工工艺流程如图 4-27 所示。

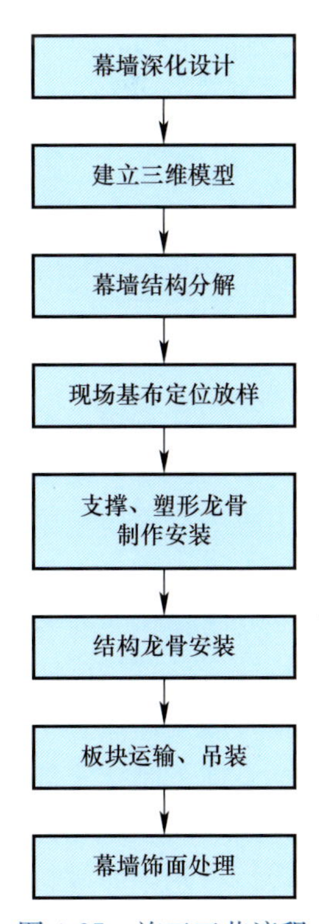

图 4-27　施工工艺流程

(2) 模型建立

采用 Rhinoceros 建模软件，对幕墙体系进行全模型、全尺寸的三维建模，确定各种构件的空间位置，对各构件进行三维放样，为后期加工、安装提供技术条件。本工程立面异形柱双曲面幕墙三维模型图示意如图 4-28 所示。

图 4-28　异形柱双曲面幕墙三维模型图

(3) 结构分解

模型建立后，为保证幕墙曲面的准确性与整体性，根据三维模型的结构，将异形柱双曲面幕墙根据板厚分成上、中、下三个组件，每个组件由结构龙骨和支撑、塑形龙骨及不锈钢板组成，支撑、塑形龙骨及不锈钢面板在场地外加工，加工完成后通过转接件安装在结构龙骨上。本工程异形柱双曲面幕墙结构分解及转接件示意如图 4-29 所示。

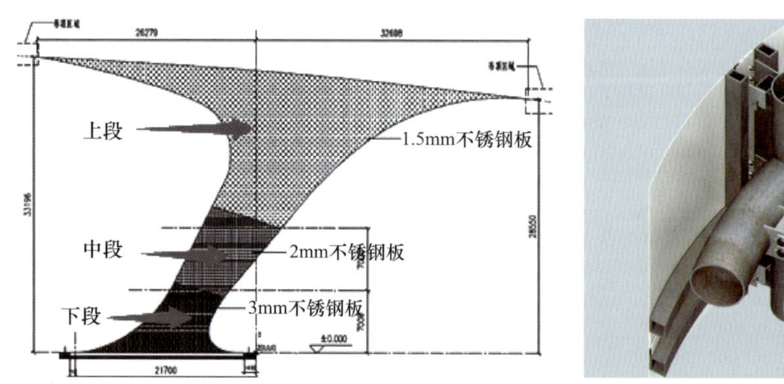

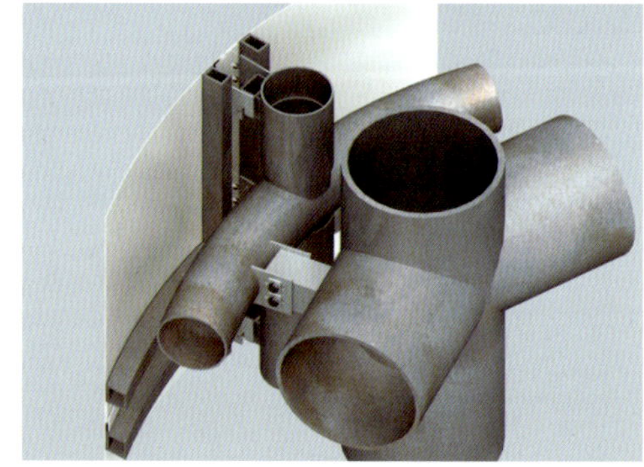

图 4-29　幕墙分段及结构连接示意图

(4) 支撑、塑形龙骨及不锈钢板的加工与制作

为保证双曲面幕墙的整体精度，该部分结构在场外比较空旷的场地进行加工制作，加工成型后再运至施工现场进行安装，这样既可保证幕墙曲面精度，又可加快施工进度，且加工不受现场场地的限制。

支撑钢龙骨和塑形钢龙骨采用 70mm×4mm、32mm×2mm 的钢管焊接制成，钢管作热镀锌处理，间距不大于 80cm。支撑（塑形）钢管和不锈钢面板用抱箍连接，抱箍起承载及固定作用，电焊连接，间距不大于 80cm，抱箍宽度为 2cm。

加工制作主要分以下几个步骤：放线定位→塑形管制作→不锈钢板蒙覆→面板抛毛→饰面处理→板块运输。

首先，通过打印设备将加工图按 1∶1 比例打印，辅助现场放线。采用内引内控法、外引外控法，使用全站仪进行钻石体汇焦点的精确定位放线和施工安装监测。主要包括以下测量步骤：采用内控网和外控网，运用内引内测法外引外测法，使用全站仪、电子经纬仪、激光垂直仪，用坐标法进行测量放线或安装精度质量控制；异形柱各个汇焦点的三维空间坐标测量数据，采用建筑三维模型和电脑技术进行精确计算，保证测量数据精确无误；运用电脑模拟技术对测量方法及测量数据进行仿真模拟测量放线和复核，以保证测量方法和测量数据的正确；根据设计提供的测量放线控制点位，结合电脑三维模型。采用全站仪放空间定位点。通过以上步骤，形成三维定位控制点基布，按照幕墙结构体系 1∶1 打印，铺设在加工场地上，完成坐标 X、Y 的二维平面定位。然后结合支撑、塑形龙骨及面板的三维模型中的标高，即定位坐标 Z，准确定位出幕墙体系中每个结构构件的准确三维坐标（图 4-30）。

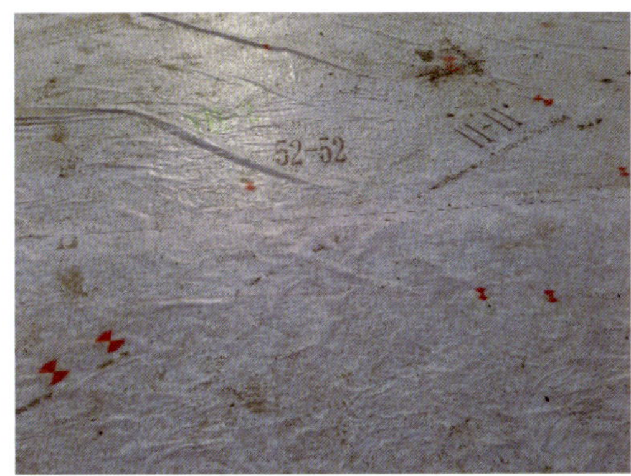

图 4-30　1∶1 三维定位控制点基布

再进行支撑、塑形管制作。因本工程异形柱支撑部位的钢立柱为弧形，在组装前根据弯弧弧度由特制模具与拉弯机进行拉弯。主要步骤如下：开模，把需要拉弯的模型做好→配好拉弯的压力→根据钢件大小做钢件两头夹具→把做好的模型在拉弯设备上固定→拉弯的第一件钢件为首样，按图纸要求检验，合格后按首样批量生产（图 4-31）。

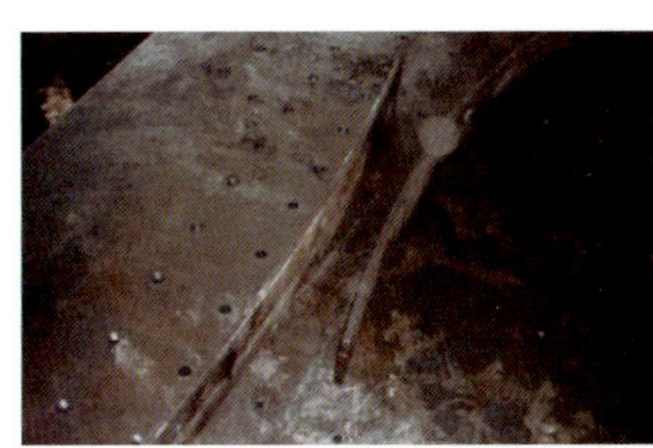

图 4-31　特制模具和拉弯机械设备

待支撑、塑形龙骨骨架加工完成验收合格后马上进行不锈钢板蒙覆，采用先进的 Rhinoceros 建模软件（图 4-32），对样板进行全模型、全尺寸的三维建模，根据前面的放样数据，通过锤锻工艺将不锈钢板蒙覆在塑型钢管上成型，并采用几字码将塑形钢管与面板焊接固定。采用抛毛机具对不锈钢面板进行打磨抛毛，以增加基层与腻子层之间的附着力（图 4-32）。

然后采用环氧漆进行底漆喷涂，增加面板耐腐蚀性能及与面漆的附着力。一般要求控制底漆厚度为 10～15μm（图 4-33）。

图 4-32　上段结构不锈钢蒙覆

图 4-33　中段结构底漆喷涂

采用原子灰对面板进行刮平处理，增加面板的平整度。第一道的要点是“一次到位，填平补齐”。第二道刮灰进一步使表面平整，并将第一遍刮灰的砂眼、缺陷等全部补上。第三道刮灰是解决个别砂眼和局部平整度不够的问题（图 4-34）。

最后，根据运输及现场吊装条件分割板块，采用卡车运抵现场（图 4-35）。

图 4-34　下段结构原子灰刮平

图 4-35　中段、下段结构运输

(5) 结构龙骨安装

根据三维放样要求，经现场测设，对结构龙骨进行精确定位，搭设脚手架，采用焊接方式将龙骨安装至预定位置并固定在主体钢结构上（图 4-36）。

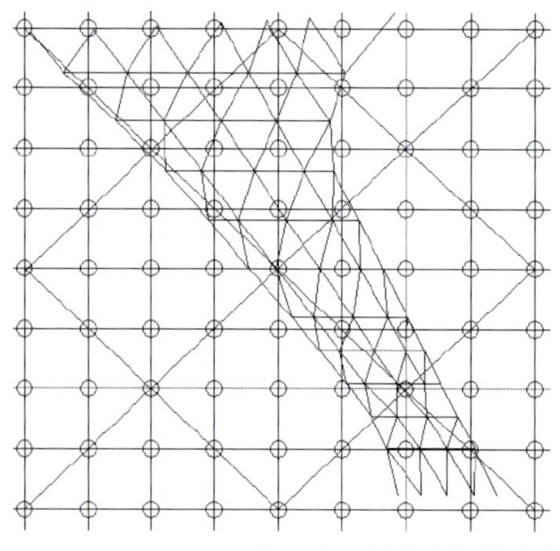

图 4-36　脚手架搭设示意及龙骨安装完成照片

(6) 板块吊装及板面处理

板块吊装采用汽车式起重机将不锈钢板块整体吊装在预定位置，通过转接件将面板与龙骨连接固定。然后进行调节定位，位置校核，焊接打磨，接缝原子灰刮平，中间漆喷涂，氟碳面漆喷涂，最终成型，面层清理后拆除脚手架（图 4-37、图 4-38）。

图 4-37　吊装、焊接、批原子灰照片

图 4-38　东西立面异形柱竣工照片

4. 实施效果

本工程东西立面异形柱双曲面不锈钢幕墙施工技术通过三维建模和深化设计分析，把该双曲面幕墙体系分成支撑、塑形龙骨、不锈钢面板和结构龙骨，并对幕墙体系的定位、覆板、吊装进行图纸细化，特别是在支撑、塑形龙骨制作过程中，采用三维建模定位，打印 1∶1 三维定位控制点基布，将三维空间结构转换至平面，然后通过标高控制，达到三维精确定位支撑、塑形龙骨架体的目的，最终提高了不锈钢幕墙工程质量，加快了施工速度，取得了显著的安全、质量、进度和经济效益。新建杭州东站站房工程已于 2013 年 7 月 1 日正式开通运营，工程质量得到各方认可，社会各界对此评价甚高，反映良好，值得类似工程借鉴。

4.5 太阳能与金属屋面相关施工技术

1. 太阳能概况

利用站房屋顶 70000m^2 及雨棚屋顶 50000m^2 建设 10MW$_p$ 太阳能发电工程，安装 43700 块多晶硅组件。该项目建成后为目前全球最大的光伏单体建筑发电系统。预计平均每年可实现光伏发电 982.338 万 kWh。根据浙江省居民户均年用电量 1560kWh，可满足 6297 户居民的全年用电量；与火力发电相比，预计每年可累计减少标准煤 3281.01t，减少排放二氧化碳 8104.10t、二氧化硫 65.62t、粉尘 32.81t。

2. 太阳能板施工工艺特点

工艺流程：放样定位→夹具安装→下层导槽安装→上层导槽安装→电池组件安装→汇流箱安装→组件接线。

1）在安装电池组件的区域放置铝合金锁夹，配合 M10×50 外六角螺栓＋M10 法兰螺母组合以夹紧彩钢瓦的突起部分，再按图 4-39 将其余铝合金锁夹依次安装好。

图 4-39 夹具安装示意图

注：在装铝合金锁夹时，要保证两片之间平行，不得倾斜。安装铝合金锁夹的横向跨距是 1200mm，竖向跨距为 1500mm。

2）在铝合金锁夹上面铺放铝合金方形导槽 2，其长度方向和铝合金锁夹长度方向垂直，两侧通过铝合金支托用 M8×25 外六角螺栓组合连接固定，再依次将其余部位固定好，铝合金方形导槽 2 的间距为 1500mm（屋面檩条尺寸）。同样，再依次将其余部位固定好（图 4-40）。

3）在铝合金方形导槽 2 上铺放铝合金方形导槽 1，二者互为垂直，铝合金方形导槽 1 铺放间距为 850mm。两侧使用铝合金压块 1 连接固定（图 4-41）。

4）铝合金方形导槽 2 如需加长，以铝合金方形导槽 2 连接条连接，再使用 4 个 M8×60 外六角螺栓组合固定。

5）铝合金方形导槽 1 如需加长，以 2 个铝合金方形导槽 1 连接条连接，再使用 4 颗 M8×60 外六角螺栓组合固定（图 4-42）。

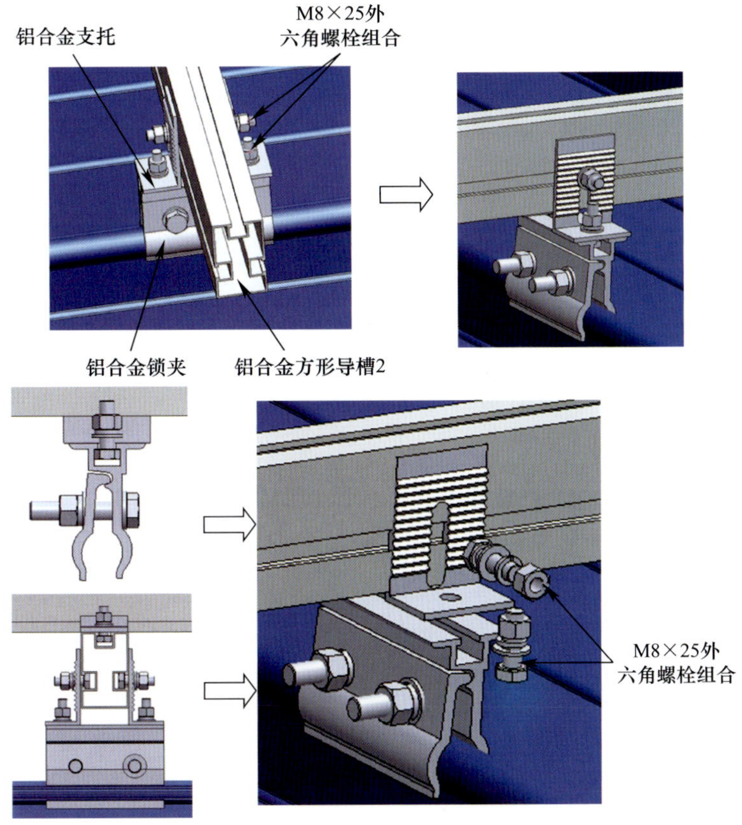

图 4-40　下层导槽安装示意图

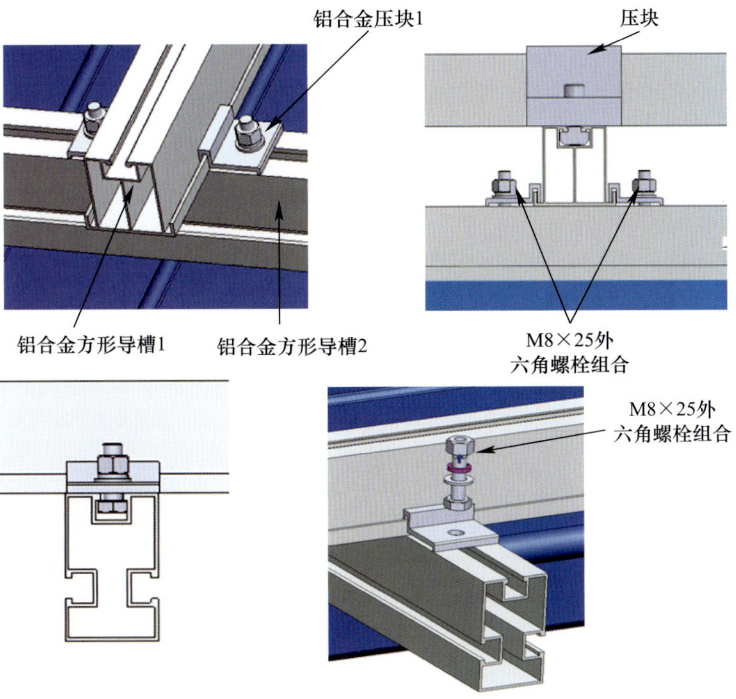

图 4-41　上层导槽安装示意图

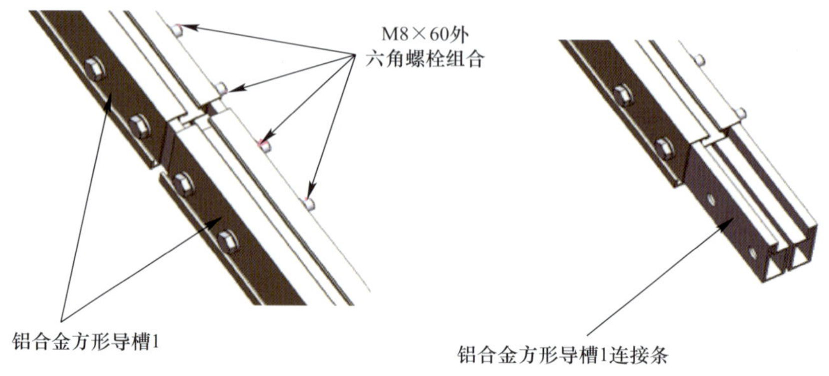

图 4-42　导槽加长连接示意图

6）在铝合金方形导槽 1 上安装电池组件，分别以单侧压块组件和双侧压块组件固定。

① 边缘电池组件使用单侧压块组件，T 形螺母卡进铝合金方形导槽 1 的凹槽内，并用 M8 内六角螺栓拧紧，如图 4-43 所示。

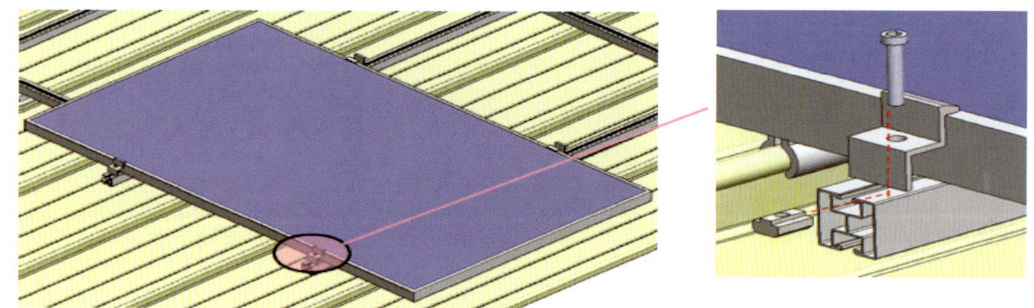

图 4-43　单侧压块组件固定示意图

② 中间电池组件之间使用双侧压块组件，T 形螺母卡进铝合金方形导槽 1 的凹槽内，并用 M8 内六角螺栓拧紧。

7）依次把电池组件铺放完成。

3. 太阳能电池板的安装

(1) 电池板的进场检验

1）太阳能电池板应无变形，玻璃无损坏、划伤及裂纹。

2）测量太阳能电池板在阳光下的开路电压，电池板输出端与标识正负应吻合。电池板正面玻璃无裂纹和损伤，背面无划伤、毛刺等。

(2) 太阳能电池板安装

1）电池板在运输和保管过程中，应轻搬轻放，不得有强烈的冲击和振动，不得横置重压。

2）电池板的安装应自下而上，逐块安装，螺杆的安装方向为自内向外，并紧固电池板螺栓。安装过程中必须轻拿轻放以免破坏表面的保护玻璃；电池板的连接螺栓应有弹簧垫圈和平垫圈，紧固后应将螺栓露出部分及螺母涂刷油漆，作防松处理。并且在各项安装结束后进行补漆；电池板安装必须做到横平竖直，同方阵内的电池板间距保持一致；注意电池板的接线盒的方向。

(3) 电池板安装面的粗调

1）调整首末两根电池板固定杆的位置并将其紧固。

2）将放线绳系于首末两根电池板固定杆的上下两端，并将其绷紧。

3）以放线绳为基准分别调整其余电池板固定杆，使其在一个平面内。

4）预紧固所有螺栓。

(4) 电池板调平

1）将两根放线绳分别系于电池板方阵的南北两端，并将其绷紧。

2）以放线绳为基准分别调整其余电池板，使其在一个平面内。

3）紧固所有螺栓。

(5) 电池板接线

1）根据电站设计图纸确定电池板的接线方式。

2）电池板连线均应符合设计图纸的要求。

3）接线如采用多股铜芯线，接线前应先将线头作搪锡处理。

4）接线时应注意勿将正负极接反，保证接线正确。每串电池板连接完毕后，应检查电池板串开路电压是否正确，连接无误后断开一块电池板的接线，保证后续工序的安全操作。

4. 构、支架安装

1）底部支架安装：先将铝合金支架前后固定在屋面上。前后立柱间距按结构图尺进行校正。将各个铝合金横梁依次固定在固定架上。将光伏板铺放在铝合金横梁上，用单 45 单/双侧压块组合分别将光伏板压紧。要随时随地移位，保证材料在屋面上摆放匀称。

2）构件因尺寸不符或安装孔偏位，难以安装，必须修正。构架组装、吊装过程中，必须保护好防腐层。

3）桥架安装：电缆桥架的型号、规格符合要求。电缆桥架安装水平倾斜偏差和垂直偏差每米在 2mm 以内，总长在 10mm 以内。不同高度的桥架连接过渡应平缓，桥架对接无错边；盖板应固定牢靠，便于拆卸。连接片的螺栓连接紧固，螺母置于槽外。

4）汇流箱安装：汇流箱用螺栓固定在桥架里，固定牢固。

5. 实施效果

鉴于太阳能屋面具有发电效果且更加安全、环保、可靠，因此，有效控制太阳能板的施工质量、克服质量通病，是保证其防护效果的根本保障。杭州东站太阳能屋面顶板通过对屋面施工以及太阳能板原材料、加工以及施工等几方面内容的控制和专项方案的认真实施，其施工质量、经济效益取得了良好的效果，得到了业主、设计、监理等方面的一致好评。

4.6　总结

杭州东站整体造型线条流畅、现代，是全国九大枢纽站房中最有未来感的一个站房，双曲面无缝不锈钢外表皮的创新应用是其装饰表现手法中最为重要的一个组成部分。而全球最大的光伏一体化屋面系统的成功应用，又为本建筑贴上了绿色环保的标签，符合未来新型公共建筑发展的方向。

第 5 章　机电安装施工关键技术

5.1　机电安装工程简介

1. 工程概况

(1) 建筑给水排水

1）生活给水系统

本工程生活用水由车站一侧新风路城市给水管网引入 1 根 *DN*300 给水管，由东广场下宁路城市管网引入一根 *DN*200 的给水管形成环网。站房用水采用 4 台恒压变频水泵供水。生活给水管道采用环氧树脂内外涂塑钢管，$d<100$mm 丝接，$d\geqslant 100$mm 卡箍连接。

2）直饮水系统

本工程站房内设直饮水系统，设备制水量 $3m^3/h$，水箱容积 $4m^3$。直饮水由 1 套不锈钢变频泵组提供。直饮水管道采用薄壁不锈钢管，卡压连接。

3）排水系统

① 污废水系统：本工程室内采用污废水合流的排水系统。本工程室外采用雨、污分流制。室内排水系统采用底层单排及加环形通气管的排水系统，排水立管设伸顶通气管。地下室排水利用潜污泵提升排入室外污水管道。排水管道采用 Q/YXGB01-2003B 型柔性离心铸铁排水管，法兰连接。

② 雨水系统：站房屋面、雨棚采用虹吸雨水排水系统。雨水经虹吸雨水斗收集经主干管及立管排至室外雨水管网和轨间排水沟。雨水管道在钢结构外的采用高密度厚壁聚乙烯管（HDPE），在钢结构内的采用不锈钢管。

4）消防系统

① 消火栓系统：站房内消火栓系统和高架车道消火栓用水由地下 756t 消防水池提供，其他室外消防用水由市政管网直接提供；消防用水量室外 30L/s，室内 30L/s；地下室泵房内设消火栓泵两台，一用一备。屋顶设置 20t 消防水箱。

② 自动喷水灭火系统：水源由地下一层 756t 消防水箱提供。本工程行包房属仓库危险级Ⅱ级，喷水量为 52L/s，站房及其他位置属中危险级Ⅰ级，28L/s。在泵房内设置 3 台水泵，两用一备。

③ 固定消防炮灭火系统：火车站出站通道及二层候车大厅等大空间场所采用固定消防水炮，保护区的任一部位能保证两门水炮的水射流同时到达。泵房设置三台消防炮水泵，两用一备。消火栓、喷淋、消防炮管道采用镀锌钢管，$D\leqslant 70$mm 螺纹连接，$D>70$mm 沟槽式卡箍连接。

④气体灭火系统：在信号楼、出站层、设备层的共 15 个保护区内设置七氟丙烷气体灭火系统。管道采用无缝钢管，小于等于 *DN*80 的丝扣连接，大于 *DN*80 的采用法兰连接。

(2) 建筑电气

1）供电电源

站房内设置 35/10kV 变电站一座，由市政电网引来 2 路独立的 35kV 电源，在站房四角分别布置 1 座 10/0.4kV 变配电所，负责相应区域的 0.4kV 供电。位于站房西南侧室外的信号楼由站房 35/10kV 变电站引出两路独立的 10kV 电源供电，其中一路引自 2T 变压器应急母线段。本工程共设置两座应急柴油发电机房，每个机房设置常用功率为 800kW 的发电机一座，1 号柴油发电机房靠近 1 号变配电房设置，负责 1 号和 2 号变配电房供电范围内的应急电源供电，2 号柴油发电机房靠近 4 号变配电房设置，负责 3 号和 4 号变配电房供电范围内的应急电源供电。

2）照明系统

照明干线以放射式供电为主，在每个分区均至少设置 1 处配电间，由变配电房直接供电到各配电间。除办公分区的末端照明配电箱外，所有现场配电、控制设备均在配电间、控制室、机房内安装，公共场所不安装配电箱、控制箱等电气设备。本工程应急照明包含疏散照明及备用照明，备用照明与一般照明相结合，按一般照明的各 50%两个独立电源交叉供电。所有疏散照明一律采用双电源供电、末端自动切换，并配置 EPS 应急电源系统。应急照明配电线路采用 A 级阻燃耐火低烟无卤型电缆和导线穿钢管敷设。

3）线路敷设

本工程室外部分 10kV 电缆及低压电缆均采用热镀锌钢管埋地敷设，变配电房部分在电缆沟内敷设，引出变配电所外的配电回路，一般低压干线采用低烟无卤辐照交联 A 级阻燃电缆，消防设备低压主干线采用无级氧化镁防火电缆，支干线采用低烟无卤辐照交联 A 级阻燃耐火电缆，除氧化镁防火电缆自带支架安装外，其余电缆在吊顶及设备夹层内沿防火桥架敷设。

4）火灾自动报警系统

本工程为一级火灾保护对象，消防控制室设置在站台层，并设有直通室外的出入口。在站房内各设备用房、办公室、候车厅及其他高度低于 12m 的空间设置点式智能感烟探测器，在其他需采用感温报警的地方设置智能点式感温探测器。为保证提前发现和确认火灾，联合采用线型光束感烟型火灾探测器和线性视频摄像机作为火灾自动探测装置，采用双波段图像型火灾探测器作为消防炮灭火的定位控制。在布线较多的电力及通信（控制）电缆线槽和其他线路敷设密集的部位设置光纤分布式感温探测器接口，在铁路通号专业部分机房设置空气采样极早期火灾探测器，在各主要回路的配电干线上设置剩余电流动作电气火灾监控装置，通过总线联网构成监控系统。消防控制、通信、报警和电源线采用 A 级阻燃耐火型铜芯双绞线沿金属线槽或穿金属管敷设。

5）防雷接地

本工程防雷等级为二类，防雷接地、保护接地、变压器中性线接地、弱电工作接地共用一套综合接地系统，接地电阻不大于 1Ω。其主体建筑利用结构柱、地梁、桩基、承台等内部的主筋连通作自然接地体，并与引下线金属结构焊接连通。利用钢结构和钢筋混凝土内的主钢筋（直径不小于 16mm、根数不少于 4 根）防雷及等电位连接系统的引下线，引下线与屋面接闪器连通，利用屋面复合压型钢板作为接闪器。

(3) 暖通工程

1）冷热源

本工程空调冷源采用地源热泵与分量蓄冷的冰蓄冷相结合的方式，冬季热源由地源热泵系统机组提供，夏季冷源由地源热泵机组与冰蓄冷系统联合供应（内容重复）。共设两个冷冻机房（分别位于出站层的东北角和西南角），各冷冻机房的配置如下：两台电力驱动的地源热泵机组，夏季单台制冷量 2325/1158kW，冬季单台制热量 2330/1170kW，夏季额定工况和规定条件下其性能系数不低于 5.28，夏季空调供回水温度 6/13℃，冬季空调供回水温度 45.5/40℃；两台电力驱动的双工况水冷螺杆式机组，空调工况单台制冷量 1430kW，蓄冰工况单台制冷量 860kW，性能系数 COP 不低于 5.5。冷冻机房夏季总制冷量 7700kW，冬季总制热量 3500kW。相应在站台层设置 4 座循环水量为 400t/h 的超低噪声冷却塔。

2）空调水系统

空调水系统采用一次泵变流量，两管制异程系统。各冷冻机房空调水系统分四个环路：高架层环路，d350；站台层环路，d200；出站层环路，d150；预留环路，d150。两个空调水系统的高架层环路联通，空气处理机组回水管上均设置动态平衡电动调节阀，风机盘管回水管上均设置动态平衡电动两通阀，分集水器间设压差旁通阀。

3）空调、通风系统

① 全空气系统及新风系统：进站大厅、候车厅等采用卧式空调机组，喷口侧送风，散流器顶送、设全热回收新风换气机组。出站层售票附属用房、售票主机房，国铁办公室、磁悬浮办公室、商业办公区，站台层客运、生产、售票用房和高架层办公室新风采用吊装式新风处理机组，接风机盘管的方式。出站层售票厅、站台层 C 区售票和换乘区、A 区商业和换乘大厅采用立式空气处理机组，旋流风口顶送。高架层商业区采用通过空气处理机组喷口侧送方式。站台层的贵宾区新风由 VRV 新风机组提供。

② 工艺设备用房、消防控制室、国安局用房、信号楼、生活楼、公安楼、行包房等采用独立冷热源空调系统。

③ 其他办公等房间，夏季降温、冬季供暖，采用风机盘管系统加新风系统。

4）通风防排烟系统

满足自然通风条件的场所采用可开启外窗进行自然通风，其中高架层大厅两侧外墙设置可开启外窗。一般无外窗的房间和超长内走道采用机械通风系统。设置排烟系统的主要场所：地上大于 300m^2 的无外窗房间；长度超过 20m 的无外窗走廊。防火分区内无可开启外门窗时，采用机械补风送风至火灾发生的防火分区内。所有空调及通风系统风管穿越防火墙及其他防火分隔时均设置 70℃的防火阀，所有排烟风管穿越防火分隔时均设置 280℃的防火阀。吊顶内的排烟风管均采用 30mm 厚的离心玻璃棉板保温隔热。防排烟、采暖、通风和空调系统中的管道穿越隔墙、楼板、防火分区处的缝隙应采用防火封堵材料封堵。

5）管材与保温

空调系统风管采用不燃复合风管；通风、防排烟管道采用镀锌钢板制作；空调采暖供回水管管径 $d\leqslant$50mm 时，采用镀锌钢管，螺纹连接；$d\geqslant$70mm 时，采用无缝钢管，焊接或法兰连接。空调冷凝水管采用镀锌钢管；地源热泵埋地管采用 PE 管；架空管采用无缝钢管，焊接。空调供回水系统采用难燃B1型闭泡橡塑绝热材料保温，保温厚度为：$d \leqslant$ 50mm时为28mm，$d \geqslant$ 70mm时为32mm，$d \geqslant$ 200mm时为35mm；空调冷凝水管保温厚度为16mm；土壤换热器出水集合管保温厚度为32mm；乙二醇水溶液管保温厚度为50mm。

(4) 建筑智能化系统

本工程弱电智能化系统主要包括楼宇自控系统（BAS）、智能照明控制系统、防火漏电系统、视频火灾安全监控系统、智能应急疏散逃生系统和消防炮火灾自动报警系统等。

2. 机电安装工程难特点

(1) 深化设计

本项目系统复杂、功能区域多，管线密集，特别是地下室、机房、设备层、管廊、泵站等部位或区域，通过对全部机电系统优化、参数复核计算、管线协调，尽早发现问题，更详细地标注设备及管线的相对位置，更好地指导现场施工。

施工全过程须采用BIM技术，机电安装提供纳入BIM的总承包工程及相关信息，同步完成总承包工程BIM模型，并协助设计单位深化模型，最终完成竣工BIM模型建设。

深化设计由公司委派设计部负责，由具有丰富设计和施工经验及资历的专业工程师负责工程的深化设计工作，并派员驻现场实施深化工作。

设计部按图纸及技术要求进行具体深化设计，包括提交设计方案、计算资料、详细施工图纸、大样图纸、制配图纸、技术资料等供业主方、设计方及有关单位审批认可。

深化过程中加强与其他专业系统及精装修的配合协调，采用Revit等专业软件进行深化设计。各方在充分沟通协调后制作专业施工图、详图，绘制综合管线布置图、剖面图、预留预埋图、走道、吊顶平面等的综合布置图，同时建立三维模型，绘制三维效果图。对于管线密集部位，采用BIM技术通过三维空间的漫游检查等功能达到满意的设计效果。

深化设计过程中，加强与建筑及其他专业实施单位、设计单位、其他相关单位及设备厂家的配合协调，确保深化工作顺利实施。

建立BIM管理平台，使用正版软件，设置业主、监理、安装、其他专业工程等多个端口，并对BIM管理平台使用者进行使用培训。

竣工时按现场实际状况，更新细部模型，按营运要求完善相关的BIM资料，并做好对站房物管部门的移交及培训工作。

(2) 与建筑、精装修及弱电监控、大空间及泛光照明、附属工程等其他专业实施单位的协调

1）与建筑的协调

实施总承包管理，总包项目部实现所有专业工程人员、组织管理、质量、进度、深化设计、安全、文明施工等各方面的目标。在施工管理的各个主要方面，各方保持一致，统一到总包方的总体部署上。工期目标和主要进度控制节点统一。综合网络进度计划统一。质量目标和创杯计划统一。施工平面的规划和管理统一。安全和文明施工管理统一。对产品保护的要求和措施统一。

2）与精装修的协调

机电系统深化设计阶段充分考虑精装修的意见，确保深化图纸满足精装修对标高、位置等各方面的要求。

在工序交接、交叉施工中做好与精装修的配合。

在系统验收、配合精装二次安装过程中的协调配合。

3）对弱电、大空间及泛光照明、附属工程等专业实施单位的协调配合

汇总各专业实施单位的意见，充分沟通交流后实施深化设计，绘制综合管线布置图、剖面图、预留预埋图、走道、吊顶平面等的综合布置图，同时建立三维模型。

明确各方交界面及接驳口位置，做到统一。

在交叉作业方面的配合协调。

在系统联动调试，消防验收、竣工验收方面的配合协调。

4）与生产厂家的协调配合（包括甲供物料）

在选型、参数、交货时间、包装、运输方面的协调。

在安装方案确定、安装调试时的技术支持。

在售后服务、维护保养方面的技术支持。

5）与当地市政、环保、安保、消防等管理部门的协调

配合业主管理部门与当地政府相关管理部门的协调，完成与各方的接口、检查、检测及验收管理。

6）与设计单位及监理公司的协调

在图纸交底、设计联络、深化设计时与设计单位及监理公司的协调。

在施工阶段定期向设计部门及监理公司汇报，解释说明，听取设计单位及监理公司的意见。

7）与其他标段及既有线路的协调

本项目存在与既有项目、与广场、地铁接口的情况，各方就接口的施工及调试事宜作明确的统筹协调，达到一致，以确保系统可靠运行。

(3) 场内加工预制场地不足

现场办公、设备材料堆场，尽量实施场外预制，减少现场加工量；同时部分安装作业人员的住宿安排自行在场外解决。

场外预制：考虑到施工现场的场地紧张状况，安排大型管道、风管、综合支架等的场外预制。

(4) 材料设备的采供及大型设备吊运

项目设备多，材料品牌及质量要求高，不乏大型设备空调机组、大型水泵、高配柜、10kV变压器、高压柜等，部分元器件要求采用进口产品，因此设备的到货周期对工期影响较大，将采取加强沟通协调、召开多次联络会议，加快深化设计、及时确定设备/系统的参数、保证资金的供应等措施以确保主要设备材料的供应满足工期和质量的需求。

加强与外部及交通管理部门的沟通协调，办理相关手续，按交通管理的要求实施运输。

同时，充分发挥公司集中采购的质量及成本优势，现场利用大型起重机吊装，并将所需的零星材料和小型设备集中装箱搬运。小型设备、材料水平运输采用液压推车，大型设备运输采用特制平车。机组水平运输采用铺设钢板及小坦克的方法吊装到设备机房。室外及屋面的设备直接通过起重机机吊装就位。

对设备材料进场批次、时间、堆放进行统一安排，应尽量科学地排出材料运输的程序及时间，防止出现等料降效的情况，应充分根据工程现场的情况，灵活利用有限的空间进

行材料的装卸、搬运、堆放及管理。

(5) 专业系统复杂，调试工作量大，联动调试组织实施难度大

加强与设计、监理、其他专业系统施工单位及生产厂家之间的沟通协调，确定调试方案及获得审批后实施。

为验证设备性能并使系统保持最佳的工作状态，施工过程中需对机电系统进行测试及调试。本工程大型设备多，系统复杂，机电系统测试及调试技术要求高，调试工作量大。由于各系统之间相互关联，联动调试组织实施难度大。

公司总部支持，成立专门的调试组，负责工程的各项测试及系统调试工作，仔细研究设计图纸和设备性能，制订完善的调试方案。配置先进的调试仪器仪表，采用先进的调试方法。

加强沟通协调，设备/系统的生产厂家参与调试，并现场指导。与设计人员及施工人员一起对实测数据进行分析对比，确定最佳的设备运行参数，达到节能环保的目的。与其他各系统专业单位密切合作与交流，确保了整体系统安全正常运行。

5.2 三冷源制冷系统联合调试策略

1. 工程概况

杭州火车东站是全国九大省会城市巨型车站建设工程的"收官之作"，是亚洲最大的交通枢纽之一。整个东站夏季空调冷源采用地源（土壤源）热泵与分量蓄冷的冰蓄冷相结合的方式，由三方面提供，即冰蓄冷系统、双工况主机供冷系统、地源热泵系统。本文结合各空调系统在实践中的调试经验，对三冷源空调系统的联合调试方法进行阐述。

2. 特点

（1）本工艺汇集目前最成熟的三种冷源系统的调试方案，与传统的单冷源空调系统调试相比，调试程序更复杂、更具专业性。

（2）本工艺提供了三种冷源系统合理的调试顺序和调试经验，提高了调试工作效率，减少了调试工作中的能源损耗，保证了调试工作正确、有序进行。

3. 原理

(1) 基本原理

1）杭州火车东站站房夏季空调冷源采用地源（土壤源）热泵与分量蓄冷的冰蓄冷相结合的方式，优先开启地源热泵系统，夜间冷负荷较低，由地源热泵系统单独供冷。

主要运行原则：优先开启地源热泵系统，冰蓄冷系统根据空调负荷、地源热泵系统的制冷状况并结合杭州市的电价政策，按以下四种工作模式切换运行：双工况主机蓄冰模式、双工况主机与融冰联合供冷模式、融冰单独供冷模式、双工况主机单独供冷模式，确保 7℃的冷水系统供回水温差。

2）根据冷源系统类别的不同，采用相应的专业调试方案。根据施工进度及现场条件，先展开部分设备的试运转及管路系统的试压、冲洗工作。再利用现场临时电源对各分散的空调机组、风机、新风机等设备进行单机试运转检测，利用现场临时水源进行空调水系统的试压和冲洗。待站房 1～4 号低压变电所正式供电后，立即开展空调冷冻机房内各循环水泵、制冷主机、蓄冰装置及室外冷却塔的单机试运转和系统联合调试（图 5-1）。

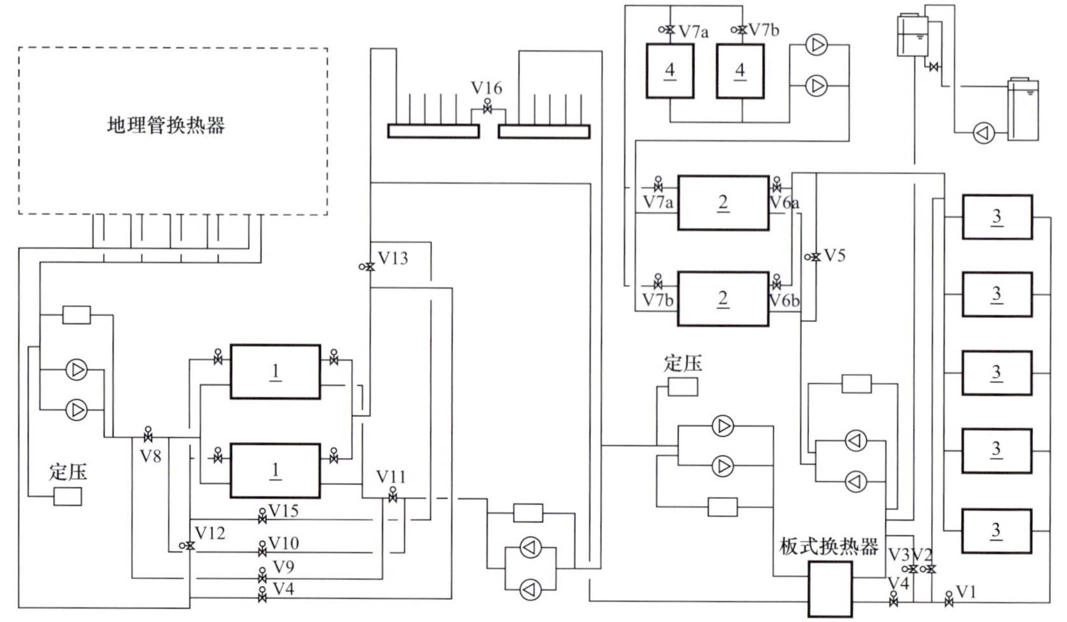

图 5-1　空调冷热源水系统原理图

1—地源热泵机组；2—双工况冷水机组；3—蓄冰盘管；4—冷却塔

3）杭州地处长江中下游地区，属亚热带气候，四季分明，具有明显的夏热冬寒特征。除工艺设备用房、贵宾候车室、消防控制室、国安局用房、信号楼、生活楼、公安楼、行包房等采用独立冷热源空调系统外，本站房其他空调房间均采用集中冷热源的水—空气空调系统。采用中央空调系统的房间夏季最大冷负荷为 16200kW，夏季空调设计日总冷负荷 182750kWh，夏季设计日空调逐时冷负荷详见图 5-2；冬季最大热负荷 8830kW。

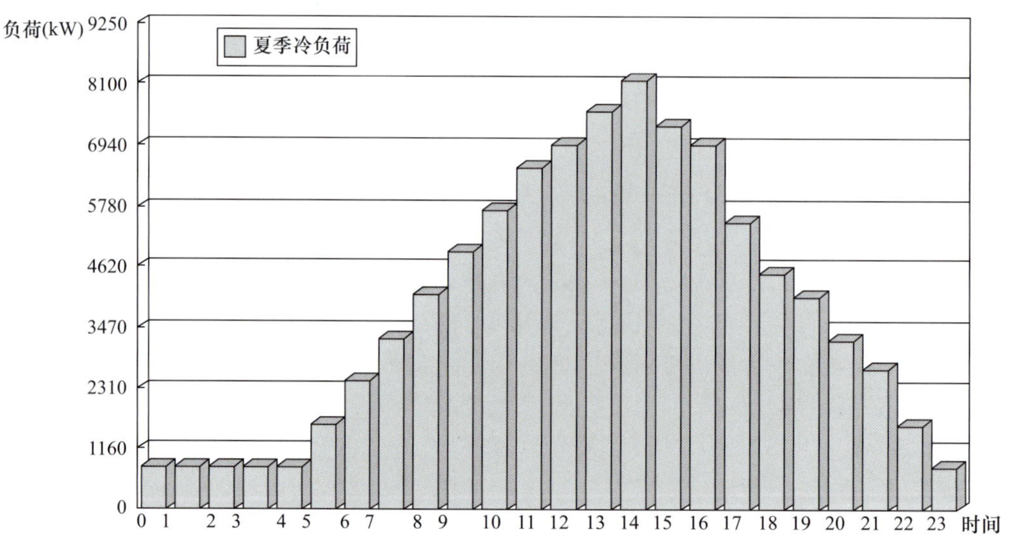

图 5-2　杭州东站夏季设计日空调逐时冷负荷图

4）根据可靠、经济、先进、环保、优先利用可再生能源的原则，结合车站所在区域没有城市热网和设置锅炉房困难的实际情况，设计中冷热源采用地源热泵与串联式分量蓄冷的冰蓄冷相结合的方式；按冬季热负荷选配地源热泵机组、土壤换热器，冬季由地源热泵系统供热，夏季由地源热泵系统与冰蓄冷系统联合供冷。候车室等人员密集的空间，设计中空调末端系数采取按需求供给新风量的控制方式。在室人员多时新风量大，人体发热量也大，冬季空调热负荷相应扣减，其实际空调热负荷为 7000kW，冬季空调配机制热量 7000kW，配机系数 1.0；夏季空调配机制冷量 15400kW，配机系数 0.95。

5）本站房东西长约 470m，为减少空调循环水泵和土壤侧循环水泵的功耗，共设两个冷冻机房，分别设置在出站层东北角和西南角，空调水系统为变流量两管制异程系统，夏季供回水温度 6/13℃，冬季供回水温度 45.5/40℃。各冷冻机房同等配置如下：两台电力驱动的地源热泵机组，夏季单台制冷量 2325/1158kW，冬季单台制热量 2330/1170kW，夏季额定工况和规定条件下其性能系数（COP）不低于 5.28，土壤源侧循环水夏季进出温度 30/35℃、冬季进出温度 8/3℃；两台电力驱动的双工况水冷螺杆式冷水机组，空调工况单台制冷量 1430kW，蓄冰工况单台制冷量 860kW，额定工况和规定条件下其性能系数（COP）不低于 5.5，空调工况供回水温度 7/12℃，蓄冰工况供回水温度－6/－2.6℃，冷却水供回水温度 30/35℃；五台盘管蓄冰装置，单台蓄冷量 2960kWh。各冷冻机房夏季总制冷量 7700kW，冬季总制热量 3500kW。地源热泵机组相应配套设置空调侧循环水泵（变频）、土壤源侧循环水泵（变频）、垂直埋管式土壤换热器等；冰蓄冷系统相应配套设置板式热交换器、空调侧循环水泵（变频）、乙二醇水溶液循环泵（变频）、冷却塔、冷却水泵等。

(2) 冰蓄冷系统运行模式

冰蓄冷系统按主机优先模式设计，在大部分空调使用时间内根据空调负荷的实际情况并结合杭州市的电价政策进行优化控制。在空调负荷逐渐下降的时候，冰蓄冷中央空调系统中蓄冰率逐渐上升，空调系统的运行模式也逐渐向由分量蓄冰转化为全量蓄冰模式。主要运行原则：低谷电开足主机制冰，高峰电不开或者少开双工况制冷主机，并尽可能减少主机的启停次数，确保前一天的蓄冰量能够在次日白天的供冷中全部融完；主机开启时尽可能让其在高负荷率下运行，提高系统效率。结合空调逐时冷负荷分布图及杭州市的电价政策，设计日电力低谷时段（22：00～次日 8：00），系统自动切换到双工况主机制冰模式，双工况主机在制冰工况下满负荷运行，全力制冰；其他时段，系统自动切换到制冷主机与融冰联合供冷模式，根据空调负荷、全天负荷预测及电力峰谷情况开启制冷主机及蓄冰装置提供建筑物需要的冷量。

(3) 地源热泵系统运行模式

冬季冰蓄冷系统退出运行，开启地源热泵系统，提供建筑物需要的热量。夏季地源热泵系统与冰蓄冷系统联合运行，提供建筑物需要的冷量；夜间低谷电期间冰蓄冷系统切换到制冰模式时，地源热泵系统单独供冷，此时冷负荷较低，只需开启一台地源热泵机组即可满足夜间冷负荷的供应。

在一个运行周期内，通过调整夏季期间冰蓄冷系统与地源热泵系统运行时间达到冬季从土壤总吸热量与夏季对土壤总放热量基本平衡的目的。

4. 施工工艺流程及操作要点

(1) 空调系统调试工艺流程

施工准备→管路系统充水试压、冲洗→单系统试运转→系统联合试运转→资料整理并编制调试报告。

(2) 操作要点

1) 管路系统充水试压、冲洗

因各楼层区域内的管道试压已按系统分段进行，但为了安全起见，先宜将整个管路系统的主干及各支路阀门全部关严，在系统充水前，先按空调水系统冲洗示意图，将主干管道的末端管路连通，而且将最低点与最高点均设置泄水阀与放气阀，以便杂质聚集于冷冻机房集分水器底部；在充水时应缓慢开启各路系统的阀门，目的是防止杂质随水流进入支路或末端设备的盘管，测试点设在管网的最高点与最低点各一处，以便系统试压时的准确核对。对管网注水时，应先将管网内的空气排净，并缓缓升压，达到试验压力后，稳压10min，压力降不大于 0.02MPa，再将系统压力降至工作压力，目测管网无泄漏和无变形。

管道试压完毕，即用市政自来水加水泵运转连续循环冲洗，观察集分水器及各分支排出水质，清浊度、透明度、色泽与进水比较基本一致，直到水质化验合格为止。冲洗污水以排污水泵排放至室外。

2) 单系统试运转

① 地源热泵系统试运转

根据设备的技术要求，现场密切配合厂家保证外部设备可靠有效工作。冷冻水泵、冷却水泵、冷却塔、空调末端装置设备已完成单机试运转与调试。机组启动当天，具有足够的负荷满足调试需求，使电气系统工作正常。

正常运转 8h，读取供回水温度并作记录。压缩机渐渐减速至完全停止的过程中，注意倾听是否有异常声音从压缩机或齿轮箱中传出。

② 冰蓄冷系统试运转

冰蓄冷系统调试包括双工况主机蓄冰模式、双工况主机单独供冷模式、融冰单独供冷模式、双工况主机与融冰联合供冷模式四种工况的单独调试。调试包括：测试载冷剂的流量、压力、温度符合设计要求，测试系统实际蓄冷量和释冷达到设计要求，测试蓄冷速率和释冷速率达到设计要求，测试主机及各设备运行参数，测试系统运行期间空调供回水的温度、压力。

双工况主机蓄冰模式工况调试：首次制冰需将蓄冰罐内的常温水降至0℃并完成制冰，制冰工况调试大约需要 12h；开启确保为先各阀门到位、水泵先开启然后开主机的次序；在蓄冰槽内水降温的过程中，蓄冰槽的液位会出现下降，调试人员应随时观察蓄冰槽内的液位，当蓄冰槽内温度约为 4℃时（乙二醇回主机温度约 3.5℃）通过补水或排水将液位调整到 0 液位；在制冰过程中，注意观察板换乙二醇进出口温度以及板换裸露部分结露与结霜现象，确保板换温度高于 0℃，防止板换结冰；当乙二醇进入板换的阀门没有关死时可能会出现板换结冰现象，导致板换损坏，解决办法是调整阀门或开启冷冻水泵以防止板换结冰；制冰过程中，调试人员应不大于每隔 0.5h 记录下主机运行参数、蓄冰装置进出口温度、蓄冰量变化等主要运行参数；调试完毕依次关闭主机、水泵与阀门。

双工况主机单独供冷模式工况调试：先开启部分或全部末端，确保各阀门、各水泵、主机依次开启，在运行过程中，观察随着负荷变化，主机是否能自动加减载，是否能提供稳定的出水温度，调试人员应不大于每隔 0.5h 记录下主机运行参数以及分集水器各运行参数，调试完毕依次关闭主机、水泵与阀门。

融冰单独供冷模式工况调试：先开启部分或全部末端，确保各阀门、各水泵依次开启，在运行过程中，观察随着负荷变化，蓄冰装置旁通阀是否能自动调节，保证提供稳定的出水温度，调试人员应不大于每隔 0.5h 记录下蓄冰装置运行参数、板换运行参数以及分集水器各运行参数，调试完毕依次关闭水泵与阀门。

双工况主机与融冰联合供冷模式工况调试：先开启部分或全部末端，确保各阀门、各水泵、主机依次开启，在运行过程中，观察随着负荷变化，蓄冰装置旁通阀是否能自动调节，保证提供稳定的出水温度，调试人员应不大于每隔 0.5h 记录下主机运行参数、蓄冰装置运行参数、板换运行参数以及分集水器各运行参数，调试完毕依次关闭主机、水泵与阀门。

3）系统联合试运转

空调系统联运试验是在单机试验合格的基础上进行的，同时也是对前期安装质量的综合检查和考核，是最终产品能否达到设计指标、能否满足业主要求的体现，空调试调是一项综合性较强的技术工作，需多种专业如专业空调及自控系统的密切配合和相关工种协同工作。

系统联合试运行的步骤：

① 联合试运行基本步骤：

根据通风与空调系统联合试运行基本要求，施工单位编制联合试运行施工方案，经审查批准后实施→根据通风与空调系统设备单机/单系统试运转与调试内容梳理并完成设备单机试运转并全数合格→空调各系统完成单项试验并全数合格→具备系统联合试运行的基本条件后，进行检测与控制系统的检验、调整与联动运行；系统风量的测定和调整；空调水系统的测定和调整；变制冷剂流量多联机系统联合试运行与调试；室内空气参数的测定和调整；防排烟系统测定和调整等→整理数据，出具调试报告。

② 系统联合试运行的内容：

a. 检测与控制系统的检验、调整与联动运行。

b. 系统风量的测定和调整：

风系统风量平衡流程：

熟悉图纸、确定系统调试单元→绘制风管系统单线草图→编制调试用表→测试并调整风口风量→测试并调整干管风量→复测并调整风口风量→标识并确认。

系统风量的测定和调整包括通风机性能的测定、风口风量的测定和系统风量的测定和调整。

c. 空调水系统的测定和调整：

水系统风量平衡流程：

熟悉图纸、确定系统调试单元→绘制水 P 系统单线草图→编制调试用表→测试并调整干管水量→测试并调整末端机组水量→标识并确认。

首先进行各系统循环介质加注排气，在确认系统充满循环介质后开启循环泵。主干管上设有流量计的水系统，可直接读取冷热水的总流量。一般可采用便携式超声波流量计测定空调冷热水及冷却水的总流量以及各空调机组的水流量，应按仪器要求选择前后远离阀门或弯头的直管段。当各空调空气处理机组等末端设备水流量与设计流量的偏差大于20%时，或冷冻（热）水及冷却水系统/埋地管换热水系统总流量与设计流量的偏差大于10%时，需进行平衡调整。

d. 变制冷剂流量多联机系统联合试运行与调试。

e. 室内空气参数的测定和调整：

室内空气参数测定包括空调房间的干、湿球温度的测定，室内噪声的测定等。

f. 试运转的重点、难点：

本工程的空调调试重点为风系统的风量平衡和水系统的水量平衡。

由于部分空调机组（44台）位于站场上方，考虑到现阶段站场接触网已全部带电，本工程的空调调试的难点主要涉及既有线的施工，站场上方的空调机组单机调试及系统调试需要重点施工，同时考虑到调试期间可能出现的漏水现象，项目部应组织人员进行现场维护，采取接水装置临时防护。施工应根据联调联试要求，严格执行要点计划的申报、审批；配备足够的防护员、驻站驻所联络员；调试期间遵守通道管理，严格执行登、消记工作。在站场上方调试应特别注意人员、工具的坠落对接触网、轨道的破坏，并编制相应的应急预案。

g. 在系统联合试运行时，应该严格执行《通风与空调工程施工质量验收规范》GB 50243—2016；《建筑给水排水及采暖工程施工质量验收规范》GB 50242—2002；《电气装置安装工程电气设备交接试验标准》GB 50150—2016；《风机、压缩机、泵安装工程施工及验收规范》GB 50275—2010；《制冷设备、空气分离设备安装工程施工及验收规范》GB 50274—2010；新建杭州东站扩建工程暖通相关图纸设计要求以及有关国家和行业规范和标准。

h. 调试期间工序复杂，工种繁多，专业交叉现象严重，针对这一情况，安排24h不间断值班，以保证通风空调设备成品不受损害。

i. 进行联合调试的工作人员须熟悉本工程的全部设计资料，领会设计意图和状态参数，掌握系统中设备、部件的工作原理、运行程序，理清送回风系统、供冷系统、供电系统、自控系统的全过程，并了解多种阀门、调节装置、检测仪表所在位置。

j. 进行调试人员的技术培训，组织人员熟悉图纸及现场，掌握测量设备的性能及使用要求。调试前进行技术交底，交底必须到班组各成员，并形成交底记录。

k. 调试人员须严格遵守已审批的安全技术操作规程，按照规定的操作流程实施调试工作。调试现场树立安全标志和警示牌并不得擅自拆动，电气设备和相关线路必须连接恰当，绝缘良好，导线禁止暴露在潮湿情况下使用。

l. 调试中所涉及的电子设备、工具应符合设计以及国家节能标准、环保要求。调试现场所用仪器设备、工具均应明确标识、放置整齐。调试中产生的废弃物应存放在指定地点，便于统一回收处理。及时清理建筑垃圾，严禁随地丢弃。

4）资料整理并编制调试报告

① 通风空调工程概况。

② 电气、设备、自控等单体试验与测试、信号、联动保护装置的试验调整数据。

③ 系统风量调整结果。

④ 空气品质测试记录（温度、湿度、气流速度等）。

⑤ 对空调系统是否达到设计要求，空气品质的评价和分析。

5. 实施效果

三冷源空调系统调试技术以科学统筹、合理规划的方法论对调试过程各个环节实施了科学的管理、控制、监控。通过分析各个冷源系统的特点实现人员配比合理化，调试操作程序化、明晰化。

杭州东站的空调系统自 2013 年 8 月火车东站开通后运行至今，经历夏冬两季的实际使用和微调，到目前为止系统运行稳定，整体制冷/暖效果基本满足设计和建设单位的期望，受到广大市民的一致认可。

5.3　大跨度空间钢结构工程虹吸雨水系统的施工技术

1. 工艺特点

（1）新建杭州火车东站为大跨度空间钢结构建筑，虹吸雨水系统施工采用排水立管敷设在异形钢结构柱内的“管中管”同步施工、钢结构屋面下水平管支吊点与钢结构同步预制加工的方式进行安装施工。

（2）钢网架下雨水管支承采用与钢梁连接焊接、抱箍连接两种形式。支撑点焊接做到和钢结构网架预制同步，避免现场二次焊接对钢结构承重和外观的影响。屋面雨水沟采用不锈钢等金属制作，雨水沟与金属屋面采用焊接或其他固定方式，确保结合紧密，符合设计要求。

（3）为保证建筑立面的完整、协调，与传统的虹吸雨水管道敷设相比较，排水立管全部设置在钢结构柱内，实现了全新的“管中管”设置理念。节约了大量的管道敷设空间，屏蔽了管道水流噪声；对于高大空间的钢结构大型公共建筑，保证建筑整体立面装饰效果统一、协调，增强了立体感，进一步体现了设计理念。

立管与结构柱（管中管）的同步施工，分段水压试验，避免了在结构柱内施工的安全风险，提高了作业施工质量和施工工效。水平管网支撑点与结构梁同步预制，减少在钢桁架上的施工作业量，避免高空焊接作业，降低作业风险。

2. 工艺原理

讲求先谋后施的施工理念，充分重视前期的设计深化、施工策划，在严密、细致、充分的方案论证和专业间协调配合基础上，根据设计深化在结构柱柱内环形肋板上的管道开孔及支架焊接，在网架钢梁工厂化制作期间进行管道支撑点的焊接，避免现场高空气割、电焊对结构的影响以及降低高空作业风险；立管管道安装与结构管柱分段安装同步进行，分段试验；分段柱节运至现场进行雨水管地面预制安装，根据设计深化确定管段（带法兰）长度，支架采用环形抱箍临时固定以便调节；雨水管随柱节整体吊装，在柱节电焊固定后调整管道进行对接，支架永久固定并作满水试验，保证管道连接、固定可靠；根据椭圆锥管柱的分段（上、中、下节柱）吊装步骤，管道逐段安装、试验，直至上节柱吊装完成，管道出柱与水平管对接。减少高大空间二次搭设脚手架费用和时间，提高安全系数，缩短工期。

水平管支撑点先设计，确定支撑点的位置及形式，与结构施工单位沟通，将管道支撑点标注在结构预制加工图上，由结构加工单位进行工厂化预制加工，机电管道施工在预制现场进行位置及形式的负荷和标号。

3. 施工工艺流程及操作要点

（1）施工工艺流程（图 5-3）

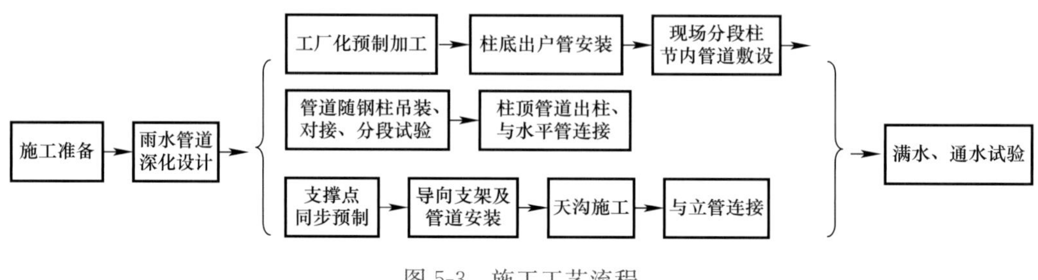

图 5-3　施工工艺流程

（2）施工操作要点

1）施工准备

① 技术准备

技术准备流程：建立施工管理组织→组织图纸会审→确定技术方案→图纸深化→模板设计、样板试验→形成方案。

组织相关技术管理人员熟悉包括钢结构、给水排水图纸在内的所有该部位的施工图纸；掌握柱内雨水管的技术要点、图纸及安装技术要求；了解椭圆锥钢管柱分段施工的技术特色和施工配合要点；充分理解领会“管中管”雨水系统的设计意图。施工前各级管理人员和作业班组应充分领会掌握二者的技术特点，不锈钢管材的技术要求，了解异形钢结构柱变截面的特性，以利于柱内雨水管道的排布。

建立柱内雨水管施工管理协调组织机构：以机电技术负责人为组长，钢结构技术负责人携钢结构专业技术人员提供结构施工方面的技术支持，在制模及样板段施工前邀请设计、甲方、监理和施工各专业（给水排水、土建各专业施工员），进行会商确定施工方案，解决工序衔接，搭接方面的关键点、难点，从而确定施工方案。

在确定方案之后，成立深化设计小组，对变截面椭圆锥钢管柱和柱内雨水管排布进行电子版排布，模拟实物安装效果图；组织建设各方评估确定在样板段满足结构安全、排水效果、施工安全和大面积施工效果后，确定实施方案再行施工。

② 施工条件准备

柱内雨水管安装实施方案已经论证并经样板试验确定，管道、配件等各类安装材料到位质量合格，焊机、检测设备到位并性能完好，对作业人已经进行安全和质量技术交底。

2）深化设计

根据椭圆锥钢管柱深化设计、倾角方向、不同标高的截面尺寸、柱内环向肋板的位置尺寸、雨水管进出钢柱的标高确定柱内管道的整体走向，并以此确定环向肋板上的开孔定位尺寸、支架设置位置，包括进出管道的平面定位。

根据钢结构的设计要求、钢管柱分节的尺寸、柱内空间尺寸确定雨水管的分节尺寸。雨水管的分节尺寸以不影响上节柱的吊装和满足柱内管道连接的操作空间为准。上、下节柱内雨水管尺寸需同时考虑管道进、出钢柱的弯管尺寸（图 5-4、图 5-5）。

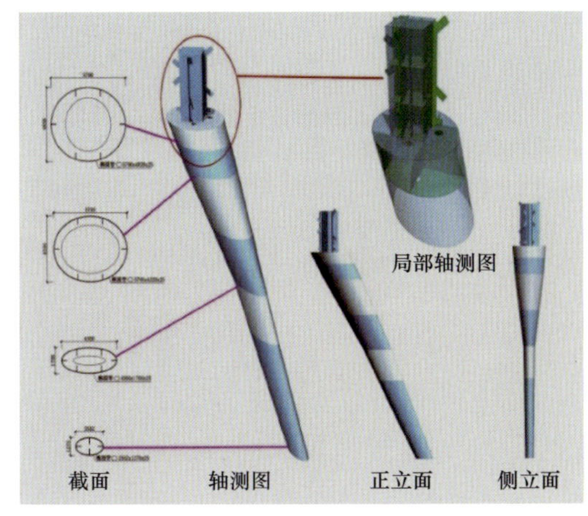

图 5-4 椭圆锥钢管柱结构图

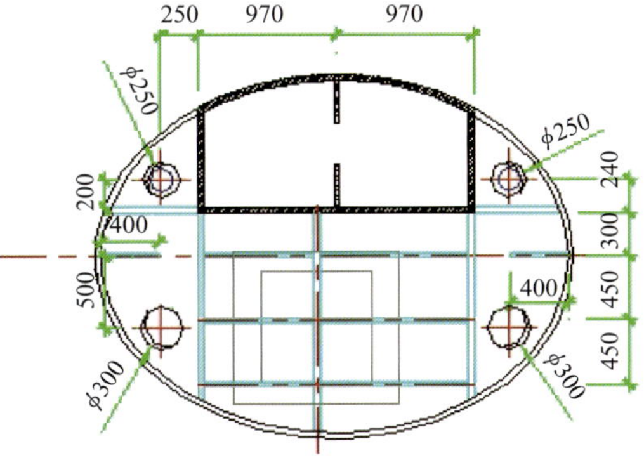

图 5-5 柱内环向肋板截面图

3）工厂化预制

分节的钢管柱均在钢结构厂家工厂化制作。根据深化设计结果，管道进出钢柱开孔、柱内环向肋板上的开孔、柱内雨水管的支架焊接在工厂化制作期间同步完成。项目部会同监理进行制作现场蹲点监造，严格复核各类制作尺寸，为后续管道安装创造条件（图 5-6）。

图 5-6 椭圆锥钢管柱的预制

4）柱底出户管安装

现场复核管道出户开孔位置、标高，根据深化设计结果现场确定出户管立管部分的倾角、安装位置，作为立管的起点确保管道延伸与钢柱的延伸、柱内环形肋板的开孔相吻合。根据确定的倾角制作出户弯管，管道采用 4mm 厚不锈钢管道，焊接连接。利用钢结构柱内预先安装管道水平托架，将焊制好的不锈钢弯管从预留洞内穿出并在托架上固定，下出水口焊接法兰，留作进排水沟的管道对接，上口不锈钢管焊接不锈钢法兰对接，与上节柱吊装时雨水管连接。管道安装完毕后再次复核水平出户管标高、立管部分安装位置、立管倾角，复核无误后进行管道固定并作满水试验（图 5-7）。

5）现场分段柱节内管道敷设

钢结构分节柱运至现场，复核柱内环向肋板尺寸、肋板上开孔尺寸、支架设置位置，根据深化设计确定分节柱上、下口处管道的中心位置并作标记。

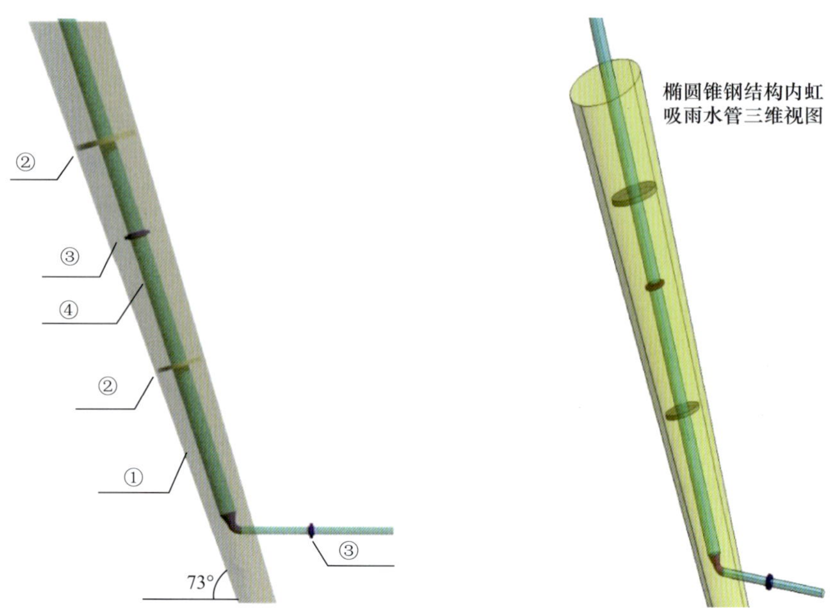

图 5-7　钢柱内不锈钢虹吸雨水管安装三维图

1—椭圆锥钢结构柱；2—柱内环向肋板；3—管道连接法兰；4—柱内不锈钢雨水管

根据确定的雨水管分节尺寸现场预制管道，管道两端焊接法兰并确保焊接可靠，如遇穿越环向肋板处法兰暂不安装。

将预制完成的管段穿引至分节钢管柱内，并依据分节柱上、下口处管道中心标记调整管道位置，管道与支架作临时固定（临时固定必须牢固，防止管道随钢柱起吊时脱落）。管道穿越环向肋板预留孔处待临时固定后焊接法兰。

6）管道随钢柱吊装、对接、分段试验

管道安装完毕后，随钢管柱整体吊装。吊装过程中严密监视柱内管道状况，发现管道滑动等异常状况立即停止提升。上、下节钢管柱对接固定后，操作人员从上节柱上口腔孔进入钢管柱内部，实施柱内管道对接。对接时松开临时固定的管道，调整管道下口法兰的标高及螺栓孔位置，使其与下节管道的上口法兰正确对接。

每节管道对接完毕后立即进行满水试验，因本工程不锈钢虹吸雨水管安装在钢柱内部，安装完成后存在钢结构内部空间小、施工人员进入钢柱内检修困难、攀爬危险性大等一系列问题，所以在施工中必须加强过程控制，加大分段不锈钢虹吸雨水管闭水试验的力度，以管段满水后 1h 内液面不下降为准，确保每段钢柱内的不锈钢虹吸雨水管的施工质量（图 5-8）。

满水试验符合要求并经监理检查验收后，对管道进行永久固定。同时复测管道上口标高并与设计深化结果相比较，以实际标高为准，如有偏差立即微调设计深化，便于确定再上一节管道的预制尺寸。

7）柱顶管道出柱、与水平干管连接

上节柱吊装并完成柱内管道对接后，进行出柱弯管的施工。首先复测管道上口及出柱管道预留孔的标高尺寸，确定出柱弯管的立管长度，根据确定的管道倾角预制弯管。预制弯管时确保立管下口法兰的螺栓孔与柱内管道上口法兰的螺栓孔一致，水平管段法兰暂不安装。

图 5-8　分段虹吸雨水试水试验

将预制完成的弯管与柱内钢管连接固定。水平段管口伸出柱外并焊接法兰，便于与柱外雨水干管连接。

8）网架支撑点的焊接

核对屋面网架支撑点的焊接在钢结构加工厂进行，同时针对深化图进行逐一核对（同时与网架编号复核），待网架安装完毕后，对网架支撑点进行拉线找直，然后安装导向杆、支架抱箍。水平虹吸雨水管的安装与常规虹吸雨水管的安装类同，此处不作赘述。

9）满水、通水试验

单路雨水管（包括柱内立管、水平干支管）安装完毕后进行系统的满水、通水试验。试验根据规范及设计要求进行，试验前清除天沟内杂物，检查确定系统吊支架设置完好。

柱底出户管法兰用盲板封堵，对管路系统注水直至雨水斗上口，检查液面下降及管路系统接口的渗漏情况，以 1h 内液面不下降，接口无渗漏为合格。

满水试验合格后打开出户段法兰盲板，放水对管路进行冲洗，确保管路畅通。

4. 质量控制

(1) 不锈钢管道施工质量要求

1）不锈钢管的焊接两管端必须垂直于管中心轴线；端面平整光滑、无毛刺；对口不得有间隙；焊缝应无错边。

2）不锈钢管的焊接质量为自熔全焊透焊缝，管内外焊缝平整光滑，焊波整齐美观。焊缝如有凹凸部分，最多不准超过管壁厚度的 10%。

3）不锈钢管焊焊缝应焊趾整齐，焊波均匀，焊缝宽度基本一致，焊缝如有宽窄，应不超过±0.008in（即±0.2mm），管内焊缝表面宽度为外缝表面宽度的 60%左右。

4）不锈钢管内焊缝及热影响区不应有氧化变色。

5）不锈钢管内、外焊缝表面不准有气孔、裂纹等任何焊接缺陷。

6）上下段虹吸雨水管法兰连接时，法兰应垂直于管道中心线，两个法兰的表面应相互平行，紧固螺栓的方向一致，紧固后螺栓端部宜与螺母齐平。

(2) HDPE 管道施工质量及安装要求

HDPE 管道热熔连按应按下列步骤进行：

1）热熔工具接通电源，到达工作温度指示灯亮后方能开始操作。

2）切割管材，必须使端面垂直于管轴线。管材切割一般使用管子剪或管道切割机，必要时可使用锋利的钢锯，但切割后管材断面应去除毛边和毛刺。

3）管材与管件连接端面必须清洁、干燥、无油。

4）用卡尺和合适的笔在管端测量并标绘出热熔深度，热熔深度应符合规范和设计要求。

5）熔接弯头或三通时，按设计图纸要求，应注意其方向，在管材和管材的直线方向上，用辅助标志标出其位置。

6）连接时，无旋转地把管端导入加热套内，插入到所标志的深度。同时，无旋转地把管件推到加热头上，达到规定标志，加热时间必须满足热熔工具生产厂家的规定。

7）达到加热时间后，立即把管材与管件从加热套与加热头上同时取下，迅速无旋转地直线均匀插入到所标刻度，使接头处粘接均匀牢固。

(3) 管道支架安装

管道支架安装严格遵守室内塑料排水管道安装工艺标准，见表 5-1。

HDPE 管道支架最大间距表 **表 5-1**

管径（mm）	50	63	75	90	110	125	160	200	250	315	355
水平管（m）	1.0	1.1	1.2	1.35	1.55	1.75	2.0	2.25	2.5	2.5	2.5
立管（m）	1.0	1.0	1.0	1.2	1.5	1.5	1.5	2.0	2.0	2	2

5. 实施效果

1）杭州火车东站施工完毕通车后，经历了 2013 年台风和多次暴雨的洗礼，整个虹吸雨水系统运行良好，排水效果达到设计要求。

2）本工艺中虹吸雨水管道隐蔽在钢结构中，既节省了建筑空间，又不影响系统使用功能。在保持整体建筑的美观性的同时钢结构又起到保护作用使 HDPE 管不易受到损坏、变形，延长了整个虹吸雨水系统的使用寿命。

3）与传统工艺分析对比（表 5-2）。

工艺分析对比 **表 5-2**

对比项目	本工艺	传统工艺	分析对比
工艺要点	提前预制、同步施工，避免柱内及高大空间施工	结构柱及网架施工完毕后需搭设脚手架，柱内空间狭小不利于排管，增加工时	前者定位准确，利用异形钢结构柱内部同倾角敷设，无须二次搭拆脚手架，既节约柱外空间，又避免管路系统噪声对室内环境的影响，一举多得
经济效益	在柱、网架预制时同步施工，既节约工时，又提高工效。且避免脚手架二次搭设及高空焊接，提高安全系数	预留、安装管道分阶段进行，人工投入大	前者避免了高空及狭小内空间焊接，提高了工序质量

第 6 章　地铁区间施工关键技术

6.1　地铁区间工程简介

1. 工程概况

杭州地铁 1 号线工程火车东站站 A 区位于杭州市江干区彭埠镇新风村，向西为地铁闸弄口站，向东为地铁彭埠站。本次施工的 A 区为 4 号线盖挖区间（左线起点里程 K21＋294.54，右线起点里程 K21＋301.6，终点里程 K21＋538.499），位于既有火车东站站房及国铁站场下方。场地原自然地坪为 5.500m，主体结构为两层单跨现浇钢筋混凝土箱形结构，采用盖挖逆作法施工。地下一层为杭州地铁 1 号线火车东站站与站前西广场联络通道，地下二层为杭州地铁 4 号线轨道层（图 6-1、图 6-2）。主体通道长度 236.85m，标准段宽 14.05m，基坑底部标高为－17.204～－23.533m，围护结构采用地下连续墙围护形式；基坑顶板标高为黄海高程－1.800m，中板底标高为黄海高程－10.750m，底板底标高为黄海高程－17.204～－21.425m，西段端头井位置底板底标高为－23.533m，局部最低位置集水井底板标高－25.033m；地下二层设置一道钢支撑，钢支撑底标高为－15.160～－18.710m。

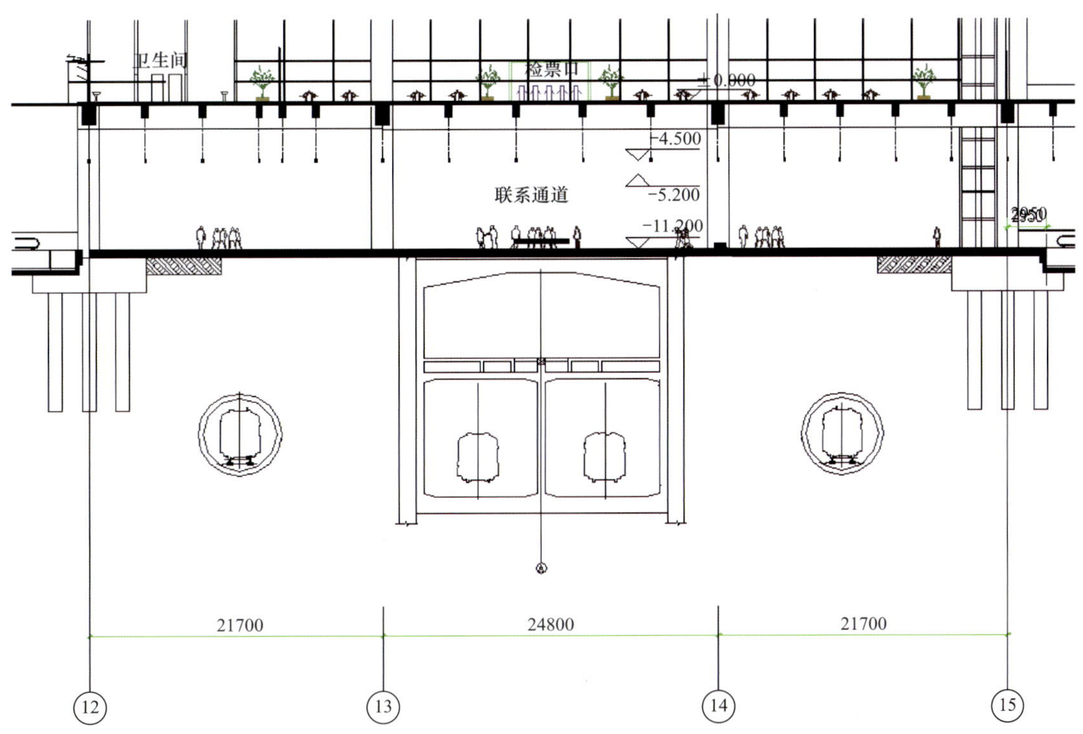

图 6-1　结构剖面图

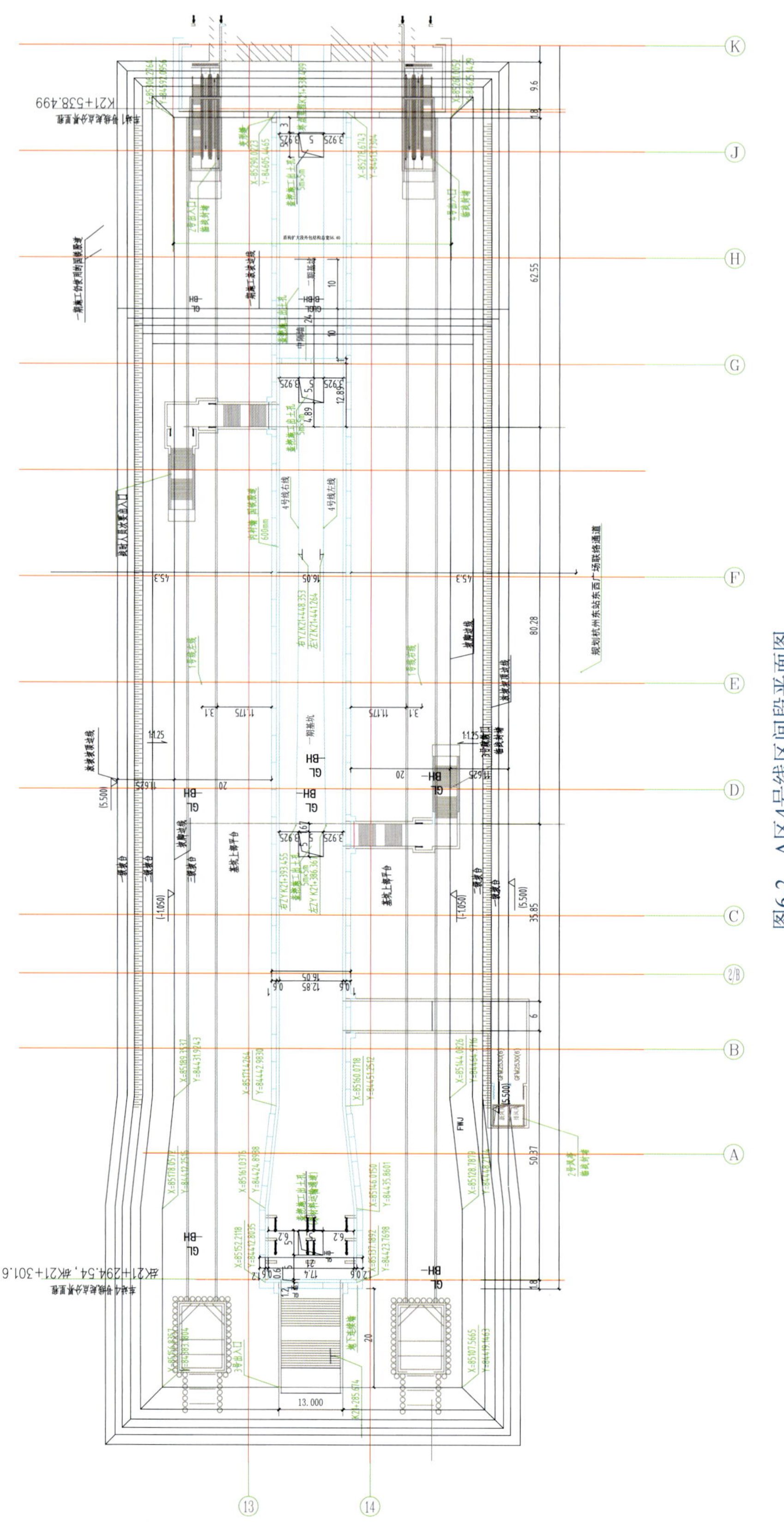

图6-2 A区4号线区间段平面图

2. 地质情况

岩土分层及其特性：勘探表明，火车东站站地面下 0～15m 左右为一套钱塘江晚期沉积的粉土、粉砂层；15～42m 左右为一套海进时期沉积的饱和软土层；42～51m 左右为一套河流相沉积的粗颗粒圆砾层，其中圆砾层顶部有厚约 1.5m 的细砂（局部分布），其下为一套中生界侏罗系（J3）凝灰岩。各地层分布情况如下：

①$_1$ 杂填土：黄灰色，湿，松散，含较多块石、砖块及混凝土块等建筑垃圾，块径分布不等，最大超过 30cm。以黏质粉土充填。层厚 0.30～3.50m，层顶高程 5.030～7.110m。

①$_2$ 素填土：灰色，湿，松散，含氧化铁，少量砖瓦碎屑、植物根茎。黏质粉土性。层厚 0.20～2.30m，层顶高程 3.150～6.000m。

①$_3$ 淤泥质填土：灰色，湿，松散，含大量有机质，具臭味。层厚 0.50～3.10m，层顶高程 3.790～4.700m。

③$_2$ 砂质粉土、黏质粉土：灰色，湿，稍密，含少量氧化铁及云母屑。摇振反应迅速，切面粗糙，无光泽反应，干强度低，韧性低。层厚 0.70～6.10m，层顶高程 1.450～5.260m。

③$_3$ 砂质粉土：灰色，湿，稍密～中密，含少量氧化铁及云母屑。摇振反应迅速，切面粗糙，无光泽反应，干强度低，韧性低。层厚 0.70～5.50m，层顶高程－0.930～3.910m。

③$_5$ 砂质粉土：灰色，湿，稍密，含少量氧化铁及云母屑。层厚 0.90～5.70m，层顶高程－1.560～2.300m。

③$_6$ 粉砂夹砂质粉土：绿灰色，很湿，稍密～中密，含少量氧化铁及云母屑，局部夹砂质粉土薄层。层厚 1.50～12.00m，层顶高程－5.310～0.370m。

③$_7$ 砂质粉土夹粉砂：灰色，湿，稍密，含少量氧化铁及云母屑。摇振反应迅速，切面粗糙，无光泽反应，干强度低，韧性低。层厚 0.60～7.20m，层顶高程－10.000～－3.390m。

④$_3$ 淤泥质黏土：灰色，饱和，流塑，含有机质，少量腐殖物及云母屑，夹较多粉土薄层，层理清晰，具灵敏度。无摇振反应，切面较光滑，光泽反应强，干强度中等，韧性中等。层厚 1.50～7.90m，层顶高程－12.420～－7.570m。

⑥$_1$ 淤泥质粉质黏土：灰色，饱和，流塑，含有机质，少量腐殖物及云母屑，夹粉土薄层，层理清晰，具灵敏度。无摇振反应，切面较光滑，光泽反应强，干强度中等，韧性中等。层厚 1.80～7.40m，层顶高程－17.550～－12.890m。

⑥$_2$ 淤泥质粉质黏土：灰色，饱和，流塑，含有机质，少量腐殖物及云母屑，夹粉土薄层，层理清晰，具灵敏度。无摇振反应，切面较光滑，光泽反应强，干强度中等，韧性中等。层厚 2.50～8.85m，层顶高程－23.000～－17.590m。

⑧$_1$ 淤泥质黏土：灰色，饱和，流塑，含有机质，少量腐殖物及云母屑，层理清晰。无摇振反应，切面较光滑，光泽反应强，干强度高，韧性中等。层厚 2.20～7.80m，层顶高程－27.620～－21.820m。

⑧$_2$ 灰色黏土：灰色，饱和，流塑～软塑，含有机质，少量腐殖物及云母屑，层理清晰。无摇振反应，切面较光滑，光泽反应强，干强度高，韧性高。层厚 3.40～8.20m，层

顶高程－32.410～－27.180m。

⑪ 粉质黏土：灰绿、灰黄色，饱和，可塑，夹少量粉细砂薄层。无摇振反应，切面较光滑，干强度高，韧性中等。层厚0.40～3.20m，层顶高程－38.390～－34.370m。

⑫$_2$ 粉细砂：浅灰绿色，很湿，中密，含云母、腐殖物及贝壳屑，局部夹少量砾石。层厚0.30～2.00m，层顶高程－38.710～－35.760m。

⑫$_4$ 圆砾：灰黄，很湿，中密，卵石含量约20%～25%，直径约2～6cm；圆砾含量约30%～35%，直径约2～20mm，卵砾石成分以砂岩为主，亚圆形；砂以中粗砂为主，并夹少量黏性土。合金钻进尺每米约7～8min。层厚0.50～4.90m，层顶高程－39.190～－36.670m。

⑬$_2$ 粉质黏土：灰绿色，饱和，可塑。无摇振反应，切面较光滑，干强度高，韧性中等。层厚0.30～1.20m，层顶高程－38.990～－38.200m。

⑭$_1$ 粉细砂：灰色，很湿，中密，以粉细砂为主，局部夹少量砾石。层厚0.50～1.80m，层顶高程－39.890～－38.860m。

⑭$_2$ 圆砾：杂色，很湿，中密～密实。含卵碎石约25%～30%，粒径为2～6cm，圆砾含量约35%～40%，粒径约0.2～2cm，卵碎石、圆砾以砂岩为主，呈亚圆形，质地坚硬。其余以细砂、中砂及粗砂等充填。钻机钻进时有跳动，并伴有响声，干钻难钻进，合金钻进尺每米约15～20min局部勘探点未揭穿，最大揭示厚度8.30m，层顶高程－42.020～－37.590m。

㉒$_1$ 全风化安山玢岩：灰绿色、紫红色，岩石已风化成土状，母岩成分与结构模糊不可辨。层厚0.20～0.90m，层顶高程－47.350～－44.780m。

㉒$_{21}$强风化安山玢岩：灰绿色、紫红色，母岩成分与结构已大部破坏，岩芯呈碎块状。合金钻进尺每米约20～25min。层厚0.70～3.80m，层顶高程－48.490～－45.740m。

㉒$_{22}$强风化夹中等风化岩块安山玢岩：灰绿色、紫红色，母岩成分与结构已大部破坏，岩芯呈碎块状。夹有20%～40%不等的中等风化岩块，金刚钻进尺每米约35～40min。层厚0.40～2.60m，层顶高程－50.890～－44.200m。

㉒$_{31}$中等风化安山玢岩：灰绿色、紫红色，斑状结构，基质具交织结构，矿物成分以斜长石为主，角闪石、黑云母各少量，母岩成分与结构清晰，节理裂隙发育，锤击声黯，强度一般，室内饱和抗压强度约6～9MPa，岩芯呈碎块状、短柱状。金刚钻进尺每米约30min。最大揭示厚度4.60m，层顶高程－52.490～－48.210m。

㉒$_{32}$中等风化安山玢岩：灰绿色、紫红色，斑状结构，基质具交织结构，矿物成分以斜长石为主，角闪石、黑云母各少量，母岩成分与结构清晰，节理裂隙较发育，锤击声脆，强度高，室内饱和抗压强度约28～116MPa，岩芯呈碎块状、短柱状。金刚钻进尺每米约40～50min。最大揭示厚度5.60m，层顶高程－50.800～－44.900m。主要分布在场地东南侧及西南侧。

3. 地下水情况

场地地下水主要为第四系松散岩类孔隙潜水和孔隙承压水，深部为基岩裂隙水。

(1) 潜水

拟建场地浅层地下水属孔隙性潜水，主要赋存于表层填土及③$_2$～③$_6$层粉土、粉砂中，由大气降水和地表水径流补给，地下水位随季节变化，勘探期间测得钻孔静止水位埋深 0.70～2.50m，相应高程 4.220～3.700m。根据区域水文地质资料，浅层地下水水位年变幅为 1.0～2.0m，多年最高地下水位约埋深 0.5～1.0m，建议抗浮水位取高程 5.000m。根据杭州市类似工程经验及场地环境，地下水流速较小。

(2) 承压水

工程区孔隙承压含水层主要分布于深部的⑫$_2$ 层细砂、⑫$_4$ 层圆砾和⑭$_2$ 层圆砾中，水量较丰富，隔水层为上部的淤泥质粉质黏土、淤泥质黏土、黏土和粉质黏土（④、⑥、⑧、⑩层）。

经实测承压水头埋深在地表下 6.34m，相应高程为－1.23m。承压含水层顶板高程约为－38.180～－36.210m。

(3) 基岩裂隙水

赋存于强风化、中风化基岩中，含水量主要受构造和节理裂隙控制，基岩裂隙水水量一般不大。

4. 工程难特点

(1) 与国铁施工交叉作业，工期紧张，交通物流困难

由于该地铁区间段的施工工期直接关系到整个国铁站房的施工工期，并处于施工主线上，因此其在完成地连墙盖板前，工期压力十分巨大，若具备正式施工条件，在一期施工段需在 20d 时间内完成国铁站房 E—G 轴区间地连墙，并立即进行地基加固，在开挖施工完成盖板后才能提供国铁底板作业面，并且后续地铁暗挖施工和结构施工需待国铁完成过站通道地下室顶板后方能具备施工作业条件。二期施工需待国铁完成第一次转线后方能具备围护施工条件，并待国铁完成地下结构后方能进入地下室进行后续盖挖和结构施工工作。

并且由于该区间段有 2 个疏散通道和 1 个风井，均在站房底板以下，因此在进行站房底板施工前需完成该部分结构施工，对整体工程工期造成了较大的影响。

车站施工土方外运约 7.5 万 m^3，其中明挖出土约 4 万 m^3，盖挖出土约 3.5 万 m^3，并且由于受到国铁老东站 8/9 股道既有线的影响，需分两段实施，外部受到国铁站房、站场施工及站前广场施工的制约，因此在有限的工期、有限的开挖工作面、出土道路的多变性等情况和该区间段位于国铁站房底板下等因素制约下，出土问题是基坑开挖乃至整个车站能否按时交付的关键。

(2) 控制地表沉降及地连墙变形，确保既有线安全

A 区地铁区间段施工受到既有线的影响，先期只能施工 1—10 轴区块，在 10 轴以东设置中隔墙临时封堵支护，在该中隔墙以东约 20m 即为既有铁路线。基坑施工过程中需特别注意对既有铁路线的保护。由于该区间段位于国铁站房内，因此国铁围护体系与地铁围护体系需综合考虑，在完成国铁围护封闭后，进行降水施工，并严格按照铁路线标准指导施工检测工作。

(3) 正线桥通行情况下下部盖挖施工

由于在盖挖施工阶段，国铁站房已经完成地下结构，并且上部将有铁路线正常通行，此期间将存在两个安全隐患：

1）火车运行振动对围护体系和土方开挖的影响；

2）地铁盖挖施工周期将持续 1 年多以上，期间将不停对基坑进行降水，由此是否可

能引起水土流失或沉降而影响站房基础的稳定。

(4) 盖挖部分土方开挖及外运

本工程由于受到国铁站房第一次转线及施工场地的要求，该区间段采用了盖挖逆作法，该方案的优点在于可以尽早提供国铁工作面，减少对国铁站房施工的影响，且其结构水平位移小，结构板作为基坑开挖的支持，节省临时支撑，受到外界环境气候影响小。

但该方案缺点也同样明显，由于该区间段净空狭小，只有12m，土方开挖十分困难，并且在完成第四次开挖后需设置两道钢支撑，该部分钢支撑需人工吊装，并由于高度受限，第五层土方开挖基本需采用人工开挖，效率将十分低下。出土由于受到上部国铁站房施工的影响，因此也存在很大的难度。在结构施工上盖挖法板墙接头多，混凝土浇捣困难，需进行防水处理，工效低，速度慢。

6.2 既有线下盖挖逆作法地铁车站施工技术

1. 结构特点及工艺流程

本工程主体结构为两层单跨现浇钢筋混凝土箱形结构，采用盖挖逆作法施工。外部围护结构地下连续墙作为叠合墙结构的一部分与内衬墙共同组成竖向主体结构。地下连续墙施工完毕后，再按照顶板→中板→地下一层内衬墙→地下二层钢支撑施工→底板→地下二层内衬墙的施工顺序进行施工（图 6-3）。

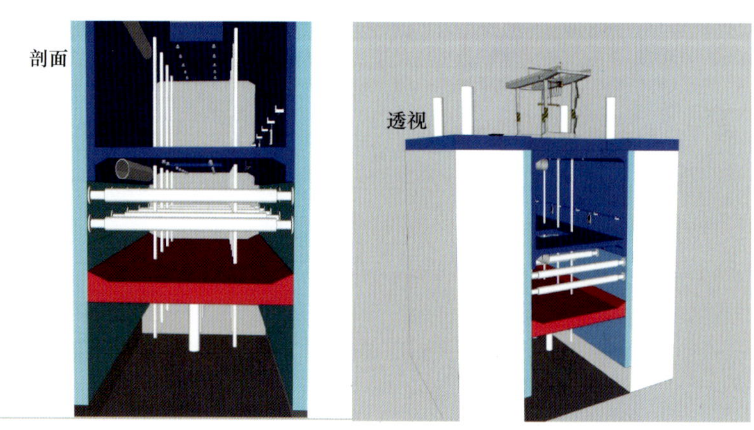

图 6-3 结构施工三维图

2. 施工特点与难点

1）逆作法施工工艺的特点，结构钢筋由上至下进行连接。因内衬墙、暗柱为后作，内衬墙主筋施工时，需同时与上下层结构板（梁）进行连接，施工难度大。

2）根据盖挖逆作法的工艺特点，板梁结构为先浇混凝土，其下的内衬墙结构为后浇混凝土，由于混凝土收缩、下沉等原因，两者之间的水平施工缝易于产生微裂缝而难以密实，因此，内衬墙的混凝土浇捣及施工缝的处理是施工关键。

3. 盖挖逆作施工工艺

土方开挖→地连墙处理→地模、砖胎膜垫层施工→板（梁）钢筋制作→板（梁）混凝土浇捣→混凝土养护→下层土方开挖→地连墙处理→地模、砖胎膜垫层施工→内衬墙钢筋连接→板（梁）钢筋制作→板（梁）混凝土浇捣→混凝土养护。

(1) 土方开挖

自上而下进行，边挖边检查槽宽，开挖至每层结构底标高 10cm 后，沿地连墙开挖墙板插筋深度 0.8m 的土方，并进行修坡清底（图 6-4）。

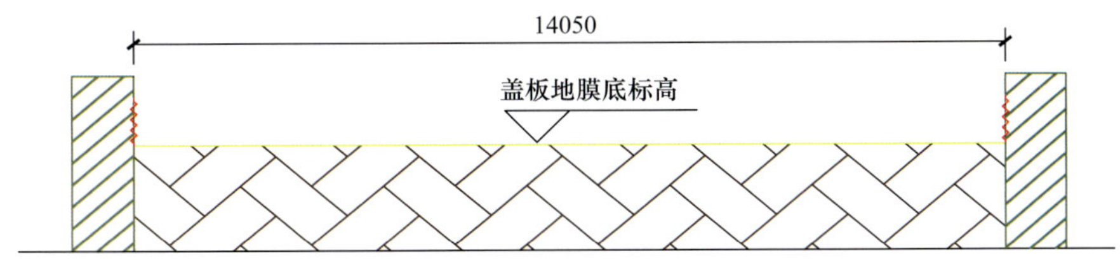

图 6-4　土方开挖至结构底标高

(2) 地下连续墙处理

对地连墙内墙进行凿毛处理，要求将原地连墙内墙表面的混凝土浮浆全部凿除（图 6-5），同时将拉结筋凿出（图 6-6），拉结筋缺失的需通过植筋方式补足墙拉筋（图 6-7）。地连墙内侧喷涂水泥基渗透结晶型防水涂料（图 6-8）。并在内衬墙、中隔墙土方二次开挖至加腋底 800mm，侧壁留出 120mm 厚砖胎膜砌筑面，诱导缝部位超挖 1500mm，宽 500mm，放置外贴式橡胶止水带，黄砂回填密实。

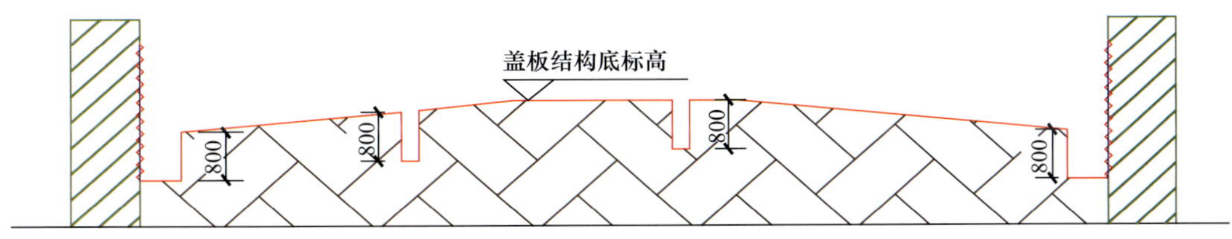

图 6-5　地连墙内墙凿毛

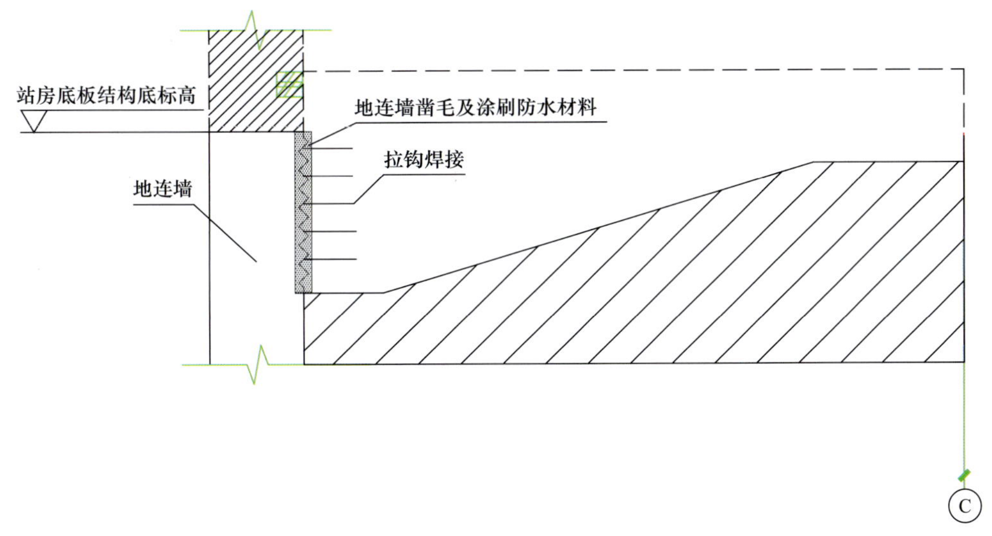

图 6-6　凿出拉结筋

图 6-7 植筋

图 6-8 喷涂防水涂料

(3) 地模、砖胎膜垫层施工

1）顶板土方开挖至板底标高下 10cm 处，利用地模作为顶板、梁结构模板（图 6-9），表面无拼缝，不会发生漏浆现象而形成蜂窝麻面。根据地质勘察报告，顶板施工地层为素填土和砂质粉土，不需要对地层进行处理，但要注意基坑内降水情况。

2）顶板地模施工用人力夯机将原地面夯实后，用 10cm 高槽钢作为边模浇筑混凝土地模（图 6-10），根据加腋变坡点的位置划分地模施工段，地模采用 C15 细石混凝土浇筑，表面按照顶板加腋坡度收面抹光，待地模强度达到 50%后在涂刷脱模油两道，以确保板底混凝土面光滑，且易脱模。

图 6-9 地模施工

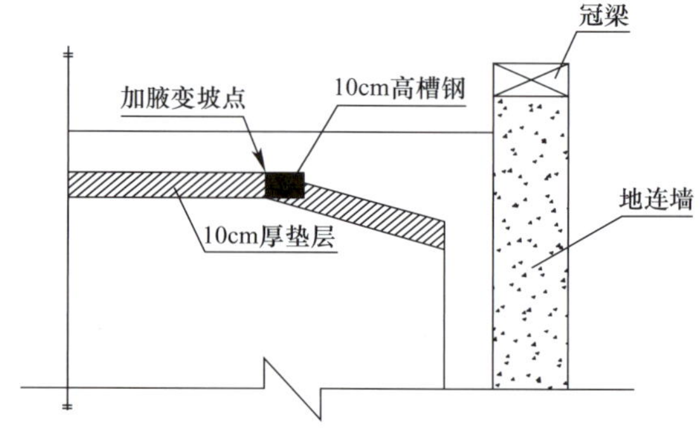

图 6-10 槽钢做边模

3）内衬墙侧模采用砖胎模与木模相结合的方式（图 6-11）。沿地连墙开挖墙板插筋深度 0.8m 的土方，底部做 10cm 厚垫层，砖胎模砌筑高度自垫层起 70cm，自垫层起 0.2m 处开始砖胎模采用边砌边抹的方式直至砖胎模顶，且在抹灰面层上加涂脱模油。

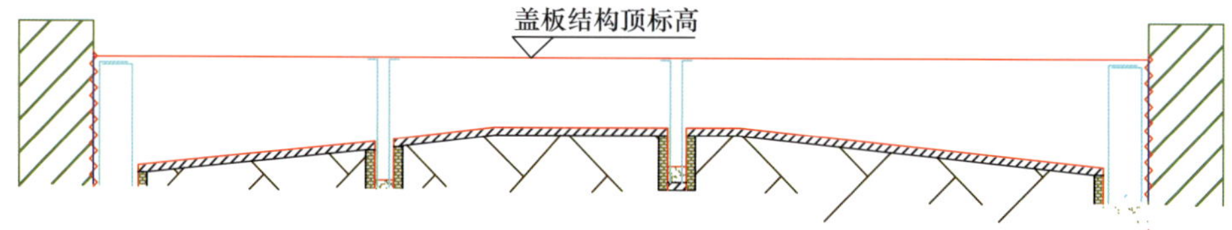

图 6-11 内衬墙侧模施工

(4) 钢筋制作

1）顶板钢筋上层钢筋两端应与地连墙钢筋接驳器相连，保证其锚固长度。中间采用双边焊焊接牢固，焊接长度不应小于 $6d$。

2）顶板和内衬墙的钢筋采用墙板钢筋做好套丝并进行保护后，沿地连墙开挖墙板插筋深度 0.8m 的土方，绑扎定位制作好的钢筋。钢筋接头按 100％留置，下端应先制作好套丝，涂刷黄油并外套塑料套管保护。钢筋下放至垫层面，并及时回填黄砂 200mm 夯实后浇水压实、整平，保证结构混凝土成型质量。待开挖后只需凿除垫层，凿毛原混凝土界面后即可用套筒连接墙板钢筋进行下一步结构施工（图 6-12）。

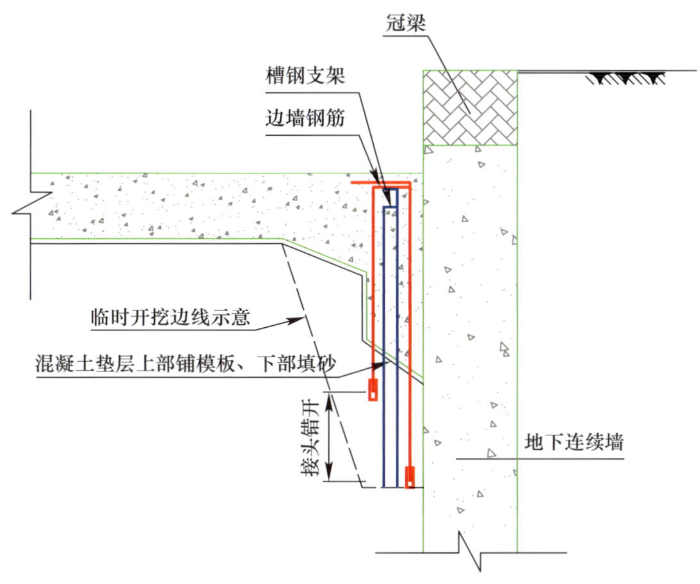

图 6-12　内衬墙钢筋上部连接节点图

3）中板或底板结构施工前，需将上层内衬墙主筋下挂锚入至中板或底板内，内衬墙主筋上部与上层板预留的内衬墙主筋接驳器连接，内衬墙主筋不得有绑扎或焊接接头。

4）对于中板下内衬墙和中隔墙施工均按照此节点原则进行。

(5) 内衬墙混凝土浇筑

1）采用盖挖逆作的工程，竖向结构内衬墙混凝土浇筑采用浇筑假牛腿及二次振捣工艺，在浇筑的内衬墙上部设置特制的斜向模板，以保证假牛腿顶面高出施工缝 20cm；同时为防止钢板止水带内侧混凝土浇捣不密实，水平结构板混凝土浇筑前在止水带内侧每 1.2m 预留直径 100mm 浇捣孔（图 6-13），辅助浇捣。内衬墙混凝土浇筑至各层板内衬墙接槎下约 30cm，停止灌注混凝土，待混凝土不再下沉为止，在混凝土初凝前继续进行剩余牛腿处施工；内衬墙混凝土强度达到 2.5MPa，拆除接槎处的模板，人工凿除牛腿混凝土，混凝土凿至距内衬墙边缘 2cm 处，最后用同强度等级砂浆把剩余内衬墙面抹平；在内衬墙混凝土强度达到设计要求后，进行内衬墙二次回填注浆。

2）内衬墙混凝土浇筑采用浇筑假牛腿及二次振捣工艺，在浇筑的内衬墙上部设置特制的斜向模板，以保证假牛腿顶面高出施工缝 20cm；同时为防止钢板止水带内侧混凝土浇捣不密实，中板混凝土浇筑前在止水带内侧每 1.5m 预留直径 200mm 浇捣孔，辅助浇捣。内衬墙混凝土浇筑至各层板内衬墙接槎下约 30cm，停止灌注混凝土，待混凝土不再下沉为止，在混凝土初凝前继续进行剩余牛腿处施工；内衬墙混凝土强度达到 2.5MPa 后，拆除接槎处的模板，人工凿除牛腿混凝土，混凝土凿至距内衬墙边缘 2cm 处，最后用同强度等级砂浆把剩余内衬墙面抹平；在内衬墙混凝土强度达到设计要求后，进行内衬墙二次回填注浆。

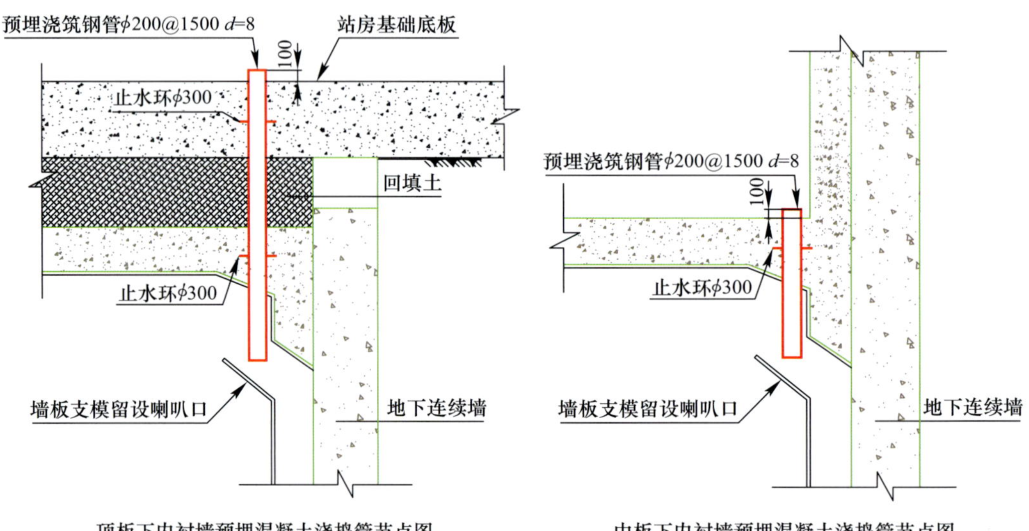

顶板下内衬墙预埋混凝土浇捣管节点图

中板下内衬墙预埋混凝土浇捣管节点图

预埋浇筑钢管ϕ200@1500 d=8

100

止水环ϕ300

中隔墙

墙板支模

中板下中隔墙预埋混凝土浇捣管节点图

图 6-13　各节点浇捣口做法

(6) 施工缝防水做法施工

本施工段施工缝留设需在内衬墙、顶板与附属结构接口处留设水平纵向施工缝（图 6-14）。内衬墙施工缝做法：

1）内衬墙施工缝的位置是在结构楼板腋板下方 500mm。

2）在施工缝位置设置中埋式镀锌钢板止水带。镀锌钢板止水带的宽度为 30cm，厚度为 3mm。

3）在施工缝上侧设置注浆导管，注浆导管间距按 6m 间距排布，导管距背水面 10～15cm，注浆导管在结构内穿行 20～30cm 后再引出结构表面（图 6-15）。

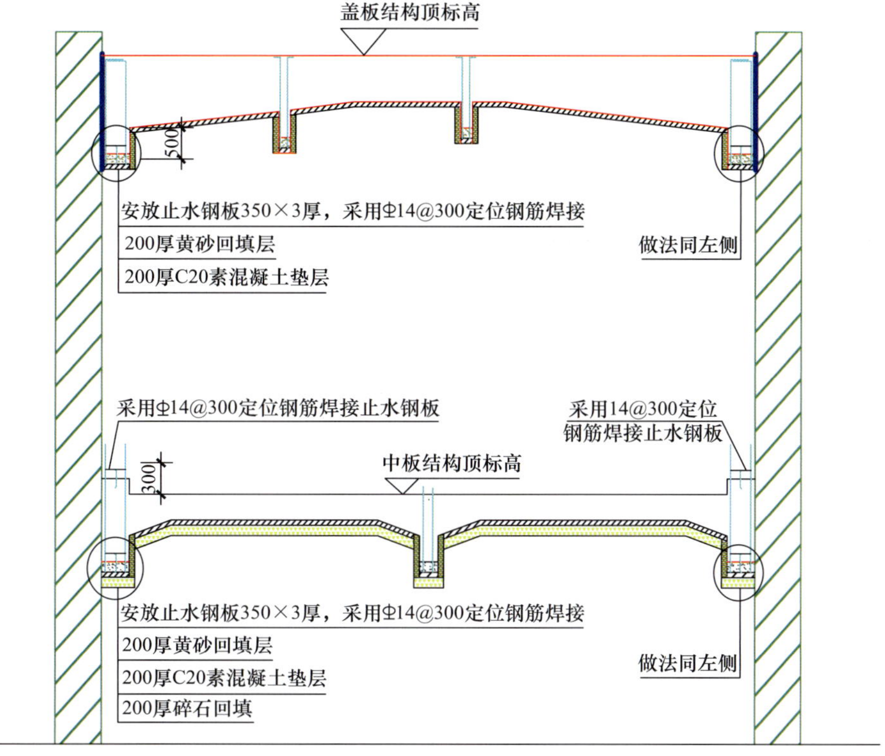

图 6-14　内衬墙施工缝做法

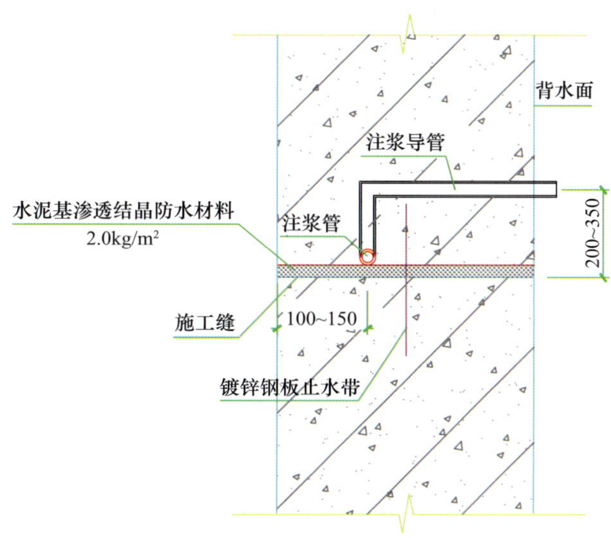

图 6-15　施工缝注浆管做法

4. 实施效果

逆作法作为国家推广应用的《建筑业 10 项新技术（2010）》中的一项，其所具有的节地、节材、环保、施工效率高、施工总工期短等特点，已使其越来越多地在地铁、建筑密集群中应用。如何将逆作法施工工艺规范化、流程化，使工艺质量得到可靠的保证，满足国家规范及设计要求，仍有许多值得探讨研究的地方。杭州地铁 1 号线火车东站站工程 A

区的盖挖逆作法施工经验，为同类工程提供了借鉴经验。

6.3 既有建筑物内盖挖法施工土方开挖组合技术的研究与应用

1. 工程地质情况

岩土分层及其特性：勘探表明，火车东站站地面下0～15m左右为一套钱塘江晚期沉积的粉土、粉砂层；15～42m左右为一套海进时期沉积的饱和软土层；42～51m左右为一套河流相沉积的粗颗粒圆砾层，其中圆砾层顶部有厚约1.5m的细砂（局部分布），其下为一套中生界侏罗系（J3）凝灰岩。

场地土层自上而下有：杂填土、素填土、淤泥、砂质粉土、砂质粉土、砂质粉土、粉砂夹砂质粉土、淤泥质粉质黏土、淤泥质粉质黏土、淤泥质粉质黏土、淤泥质黏土、黏土、粉质黏土、细砂、圆砾、圆砾、强风化凝灰岩、中风化凝灰岩。

火车东站站A区顶板下0～8m之间即地下一层以粉砂土为主；8～25m之间即地下二层以淤泥质粉质黏土为主（表6-1）。

火车东站站A区场地土层结构表　　表6-1

层号	层土名称	物理性质指标			渗透系数		固结快剪（峰值）	
		含水量	天然重度	孔隙比	垂直	水平	凝聚力	内摩擦角
		W_0	γ	e	K_v	K_H	c	ϕ
		%	kN/m^3	—	cm/s	cm/s	kPa	°
①1	杂填土	—	(17.0)	—	(4.00E-03)	(5.00E-03)	—	—
①2	素填土	—	18.7	0.811	(6.50E-04)	(8.00E-04)	—	—
③2	砂质粉土	29.4	18.8	0.820	4.00E-04	6.00E-04	3	23.0
③3	砂质粉土	28.5	18.9	0.797	9.00E-04	1.50E-03	3	29.0
③5	砂质粉土	27.7	18.9	0.792	1.00E-03	2.00E-03	2	27.8
③6	粉砂夹砂质粉土	27.0	19.0	0.761	2.00E-03	3.00E-03	2	30.0
④3	淤泥质黏土	47.7	16.9	1.347	8.50E-07	4.00E-06	12	9.8
⑥1	淤泥质粉质黏土	37.0	17.6	1.080	5.00E-07	4.00E-05	14	10.5
⑥2	淤泥质粉质黏土	39.1	17.4	1.135	6.00E-07	5.00E-06	15	11.0
⑧1	淤泥质黏土	42.7	17.0	1.248	2.00E-07	4.00E-07	17	10.0
⑧2	黏土	47.4	16.7	1.384	3.00E-07	5.00E-07	19	11.7
⑩2	粉质黏土	29.5	18.3	0.903	6.00E-07	3.00E-06	21	13.0
⑫1	粉砂	20.5	19.6	0.617	4.00E-03	6.00E-03	1	30.5

2. 土方开挖难点

1）本工程由于采用盖挖逆作法施工，结构楼板即作为围护结构支撑，仅预留6个出土口，作业面狭小，场地布置极为关键。

2）本工程施工场地是在既有建筑物内施工，场地条件受到极大限制。

3）盖挖逆作法下，土方水平运输无法使用大型机械。

4）地下二层土方为淤泥质粉质黏土，含水量达到40%左右，机械设备行走困难。

3. 研究方法

地下连续墙及顶板施工完成后再对下层土方进行开挖。在暗挖阶段设计留设了六个预留出土口，出土口尺寸为 9000mm×5000mm。为保证每日的土方出土量，必须分段进行土方开挖及结构施工，计划将土方开挖分成七个区段，采用“小节拍、快流水”的作业方式，每个区段采用不同组织措施同时进行土方开挖作业及运输。

4. 施工方案优选

(1) 设备选择优化

为满足盖挖逆作的需要，盖板以下土方开挖采用盖挖法施工的土方均采用门式起重机、传送带、滑臂式挖掘机和小型挖掘机配合挖土，型号选择为 MG16t-15m 双梁门式起重机、定制 CS80-60 传送带、住友 SH200 滑臂式挖掘机、PC200 中型挖掘机及日立 ZX50U-2 型挖掘机。每个区段采用不同设备机械结合的方式进行土方开挖（表 6-2）。

设备比较表　　表 6-2

机械设备	型号规格	数量	使用部位	优缺点分析
门式起重机	MG16T-15m	2	基坑内土方及材料垂直运输	在盖挖工况下只能用于垂直运输，且运输速度慢，出土量为 50m³/工日
传输带	CS80	6	基坑内土方及零星材料垂直运输与水平运输	可实现连续不间断运输，运输量大。但移动不便，对场地要求较高
滑臂式挖掘机	LX40	6	基坑内土方及材料水平短驳运输；钢支撑吊装	运输速度适中，驳运距离可达 16m
普通挖掘机	PC200、ZX50U-2	10	基坑内土方及材料水平短驳运输	运输速度快，灵活，但驳运距离较短，需接力运输

(2) 土方转运平台优化

为实现地下二层土方大开挖，在 3、5 号出土口位置设置混凝土结构堆土平台（图 6-16、

图 6-16　堆土平台作业三维视图

图 6-17），堆土平台顶面相对标高为－7.300m，混凝土结构平台搁置在地连墙上，此堆土平台的设置特点：

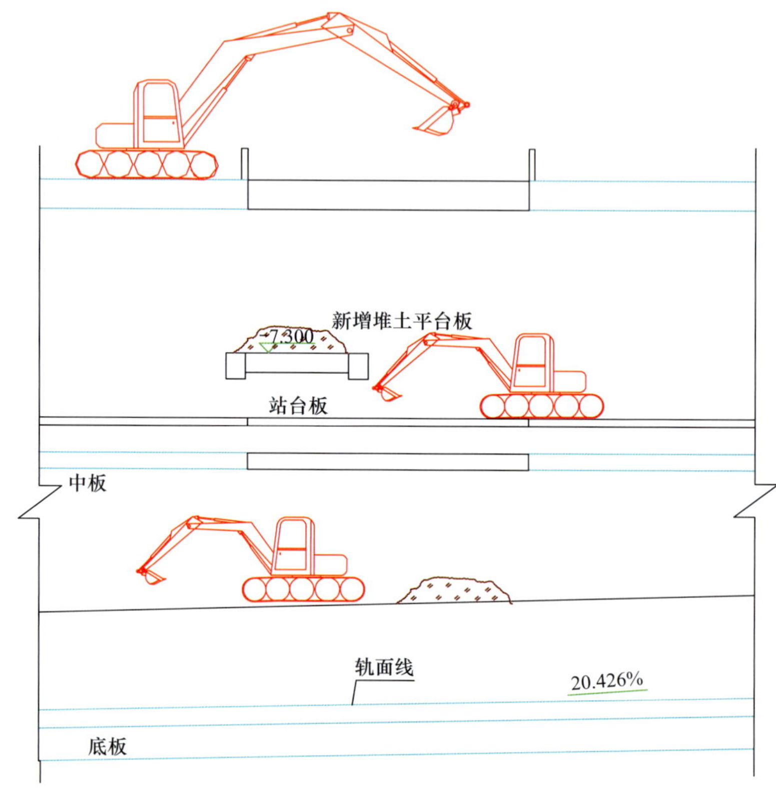

图 6-17 堆土平台作业纵向剖面图

1）形成大开挖的形式，出土快速。

2）可作为后期结构施工的卸料平台。

3）主体结构施工完毕后，需将平台凿除，并将建筑垃圾清运出场。

(3) 土方开挖垂直运输布置

根据场地条件，在基坑内，通过挖掘机接力的方式将每层土方驳运至出土口位置。再通过每个出土口配备相应机械设备进行土方的垂直运输装车外运（表 6-3、图 6-18）。

各出土口配备相应机械设备表 表 6-3

位置	用途	垂直运输方式	备注
1 号出土口	封闭	—	
2 号出土口	土方运输	SH200 滑臂式挖掘机运土	
3 号出土口	土方运输	普通挖掘机接力	通过堆土转换平台进行挖掘机接力运输
4 号出土口	土方运输	龙门式起重机运土	保证材料运输的前提下，进行辅助运土工作
5 号出土口	土方运输	普通挖掘机接力	通过堆土转换平台进行挖掘机接力运输
6 号出土口	顶板封闭、中板土方出土口土方运输	传送带运输	传送带通过中板出土口将地下二层土方运输至 5 号出土口

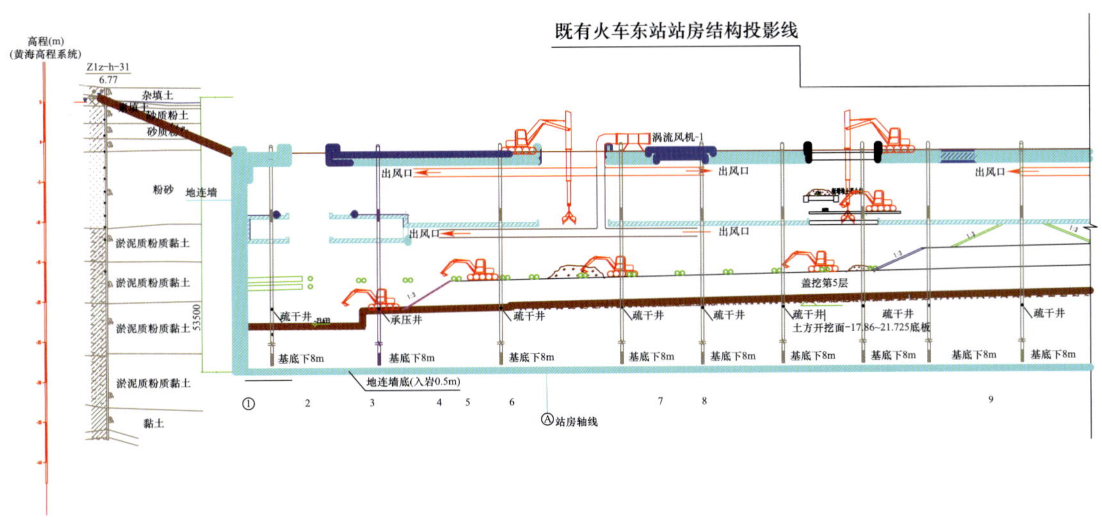

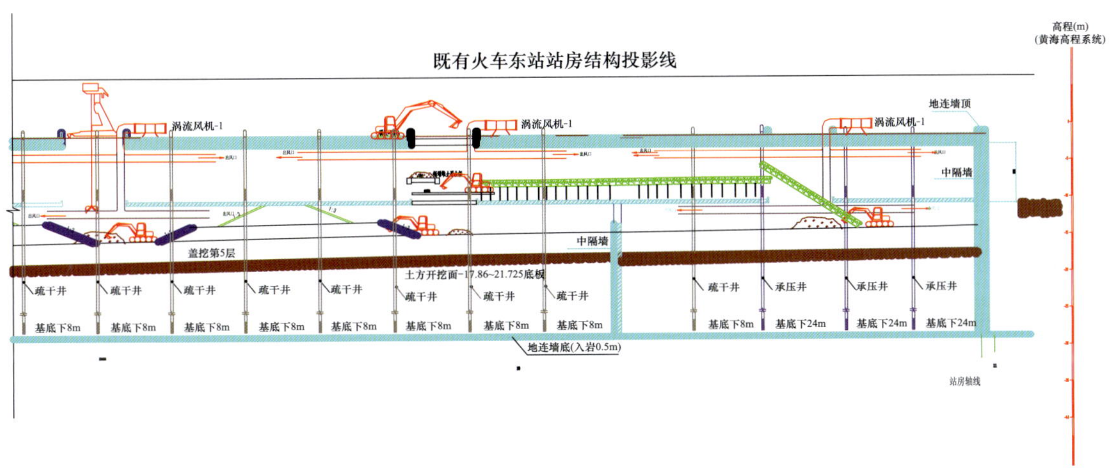

图 6-18　挖土组合工况

5. 实施效果

根据地铁车站结构特点和既有建筑物内现有场地条件，通过利用各种机械设备组合分段同时进行土方开挖作业，最大限度地利用了出土口资源，确保了土方运输的快速、高效完成。同时，设置土方转运平台作为地下二层钢筋堆放配料场地等，充分缓解现场用地紧张的现状，显示出极大的综合经济效益。故本次土方工程组合式挖土方案，达到经济、快速、安全出土的目的。

6.4　既有建筑物内盖挖逆做施工区域物“三通”及流运输组织的应用

1. 概况

杭州地铁 1 号线火车东站站 A 区位于杭州国铁东站枢纽工程内出站通道下方，东西向长 238m，南北向宽 16m，结构共 2 层。地下一层为地铁 1 号线火车东站站与西广场间人行通道，地下二层为地铁 4 号线轨道层。周边有多家施工单位，场地状况极其复杂。东面为地铁 1 号线火车东站站 B 区工程以及中建三局施工的东广场项目；西面为火车东站站前西广场项目；南面及北面为火车东站扩建项目。复杂多变的周边，导致物流进出极其困难，物流运输的布置至关重要。

考虑到工程的施工特殊性，在狭小的空间内“三通”（排水、供电、通风）及运输物流组织将对工程的质量、安全、工期、造价等起到决定性的影响。因此，合理、科学地布置“三通”和施工运输，使地铁盖挖逆作基坑施工程序化、合理化，既提高了工程的质量，也控制了施工中的安全事故，保证了工期、造价，使工作达到事半功倍的效果。

2. 施工难点

1）由于国铁站房施工场地限制，机械进出基坑均较为困难，需严格选择相应机械设备以满足基坑内物流运输的需要；

2）受既有国铁站房轨道层空间层高限制，基坑外运输设备起吊高度必须在 6.5m 以下，龙门式起重机、汽车式起重机等设备起吊高度受到较大影响，龙门式起重机需采用非标定制。

3. 物流运输组织

(1) 施工部署

本工程考虑到施工特殊性，由于上部有站台层结构，机械进出基坑均较为困难，土方开挖阶段出土计划采用传送带方式完成，因此将一次性投入多段共计 450m 长传送带、两台龙门式起重机组织物流运输（表 6-4）。

运输机械设备表 **表 6-4**

机械设备	型号规格	数量	使用部位	优缺点分析
龙门式起重机	MG16T-15m	2	基坑内土方及材料垂直运输	在盖挖工况下只能用于垂直运输，且运输速度慢，出土量为 $50m^3$/工日
传输带	CS80	6	基坑内土方及零星材料垂直运输与水平运输	可实现连续不间断运输，运输量大。但移动不便，对场地要求较高
滑臂式挖掘机	LX40	6	基坑内土方及材料水平短驳运输；钢支撑吊装	运输速度适中，驳运距离可达 16m
普通挖掘机	PC200、ZX50U-2	10	基坑内土方及材料水平短驳运输	运输速度快，灵活，但驳运距离较短，需接力运输

(2) 机械设备选择

1）龙门式起重机

根据工程的实际情况和现有的设计图纸，工程共设立 2 台龙门式起重机，龙门式起重机型号为 MG16T-15m（图 6-19），采用非标定制。龙门式起重机导轨沿基坑两层地连墙布置，导轨位置置于地连墙上部正中，在地连墙上部混凝土结构施工时，预埋导轨预埋件。龙门式起重机主要负责结构钢筋、模板等材料设备的垂直运输（图 6-20、图 6-21），以及土方的垂直运输施工。龙门式起重机在盖板结构施工前安装，至工程竣工后拆除。龙门式起重机基本性能：因本工程施工区间在国铁站房下部，受空间限制龙门式起重机最大高度为 6.85m（图 6-19），净横向宽度 22.8m，额定起重量为 16t（表 6-5）。

2）传送带

输送皮带采用多层橡胶带，带宽为800mm。工作面皮带由3个滚筒组成的槽形托滚架承托，回带由平托滚承托。槽形皮带机配有防止皮带跑偏的槽形和平行调心滚筒，弹簧清扫器和空段清扫器。槽形皮带机可以实现35°的倾斜提升输送，在基坑中传送带角度设置为24°。支架采用国标槽钢和角钢制作。

图 6-19　定制龙门式起重机规格

传送带布置共分以下几段：

①地下一层：

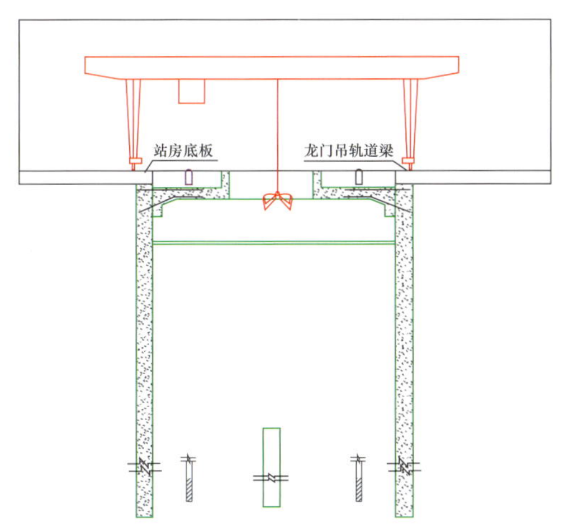

图 6-20　采用抓斗可进行土方的运输

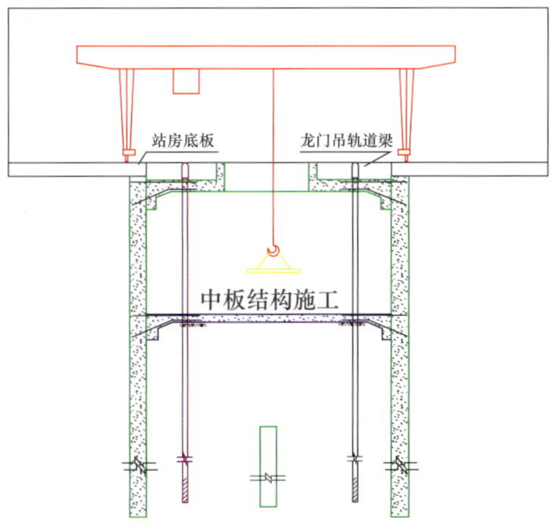

图 6-21　材料的运输

定制龙门式起重机尺寸表　　**表 6-5**

起重量	t	5					10				
跨度	m	18	22	26	30	35	18	22	26	30	35
L1（mm）		6706			8706		7006			9006	
L2（mm）		7012			9412		7012			9312	
L3（mm）		8080			10080		8380			10380	
L4（mm）		1197			1167		1417				
L5（mm）		655	675	745			745				
C1（mm）		5000			7000		5000			7000	
C2（mm）		5000			7000		5000			7000	
C3（mm）		—					—				
C4（mm）		—					—				
H（mm）		12942			13942		135979			14597	
H1（mm）		10000			11000		10000			11000	
H2（mm）		1000					2000			1000	
H3（mm）		—					—				
H4（mm）		—					—				

续表

<table>
<tr><td>H5（mm）</td><td>9447</td><td>9347</td><td>9297</td><td>10097</td><td>9897</td><td>9777</td><td colspan="2">9677</td><td>10277</td><td>10177</td></tr>
<tr><td>H6（mm）</td><td>7177</td><td>7077</td><td>7027</td><td>7827</td><td>7627</td><td>7507</td><td colspan="2">7407</td><td>8007</td><td>7907</td></tr>
<tr><td>H7（mm，min）</td><td colspan="5">700</td><td colspan="5">1300</td></tr>
<tr><td>H8（mm，min）</td><td colspan="5">—</td><td colspan="5">—</td></tr>
<tr><td>H9（mm）</td><td colspan="3">9600</td><td colspan="2">10660</td><td colspan="3">10210</td><td colspan="2">11210</td></tr>
<tr><td>H10（mm）</td><td colspan="2">577</td><td colspan="3">660</td><td colspan="5">660</td></tr>
<tr><td>B（mm）</td><td colspan="2">8021</td><td colspan="3">8583</td><td colspan="2">8583</td><td colspan="3">9083</td></tr>
<tr><td>B1（mm）</td><td colspan="5">1800</td><td colspan="5">1800</td></tr>
<tr><td>B2（mm）</td><td colspan="2">606</td><td colspan="3">608</td><td colspan="5">608</td></tr>
<tr><td>B3（mm）</td><td>3880</td><td>3800</td><td>4050</td><td colspan="2">4100</td><td colspan="2">4100</td><td colspan="3">4400</td></tr>
</table>

a. 从地下一层土方开挖部位水平运输至地下一层出土口部位，需 90m 长传输带；

b. 从地下一层出土口位置垂直运输至盖板以上，需 20m 长传输带；

c. 从盖板出土口水平运输至站房外卸土点汽车外运，需 100m 长传输带。

②地下二层：

a. 从地下二层土方开挖部位水平运输至地下二层出土口部位，需 100m 长传输带；

b. 从地下二层出土口位置垂直运输至盖板以上，需 40m 长传输带；

c. 从盖板出土口水平运输至站房外卸土点汽车外运，需 100m 长传输带。

4. 施工通道设置

因本工程位于国铁站房基坑下，进入盖挖区的基坑内需根据开挖深度、开挖区域在顶板出土口位置设置人员专用上下通道，不得与材料通道共用一个出入口，因此根据施工区段的不同及考虑到楼梯高度的可调节性和安全性，计划在每个施工段各设置 1 座回转型爬梯，节约所占空间。爬梯落地面积直径 1200mm，支撑立柱采用外径 25cm 壁厚 8mm 圆钢，外涂防火防腐涂料，踏步采用 5mm 厚花纹钢板，长 80cm、外边宽 29.5cm、内宽 5cm，踏步高度 16cm；栏杆扶手立柱作为施工及安全通道，确保人员上下基坑的安全和快速，爬梯通行原则上按照先上后下实行（图 6-22）。

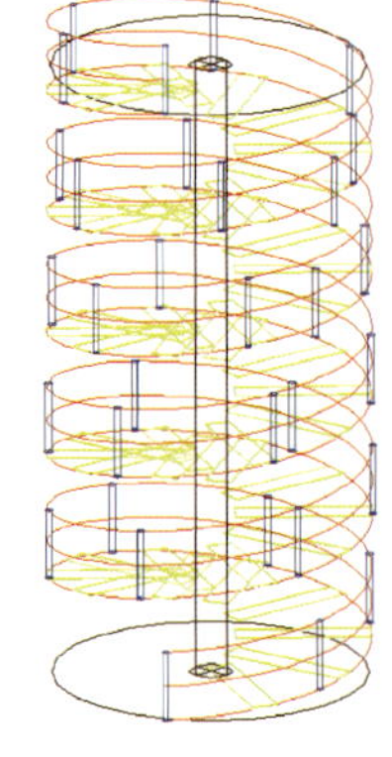
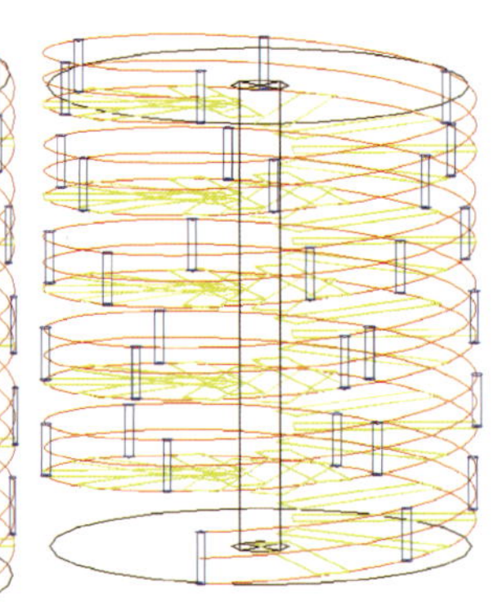

图 6-22　旋转爬梯布置图

5. “三通”布置

(1) 通风

本区间基坑的施工作业环境的污染源不大，主要污染为：

1）柴油铲车作业时排放的尾气；

2）运输机械行走过程中扬起的灰尘；

3）工人施工作业时产生的废气。

根据计算，坑内需要的最大供风量由维持坑内最小风速来决定，取其最大供风量为 1080m³/min。

根据工程水平施工段和竖向两层结构等情况，风机每施工段需布置 2 台，分别满足一层和二层通风的需要，共计 4 个施工段，因此需布置 8 台 T35-11 型风机进行全过程的通风工作。根据以上通风机工作风量和工作风压的计算，选取了 T35-118 号轴流风机（图 6-23、表 6-6、表 6-7）。风管采用镀锌薄钢板硬质方形风管，风管截面尺寸 1.2m×1m。

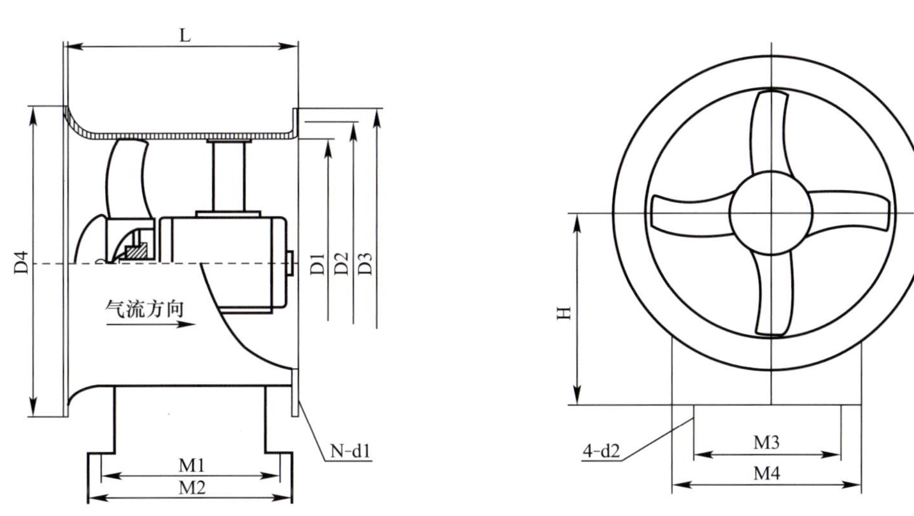

图 6-23　风管技术参数

T35-11 型轴流通风机外形尺寸（mm）　　**表 6-6**

机号	D1	D2	D3	D4	M1	M2	M3	M4	H	L
8	810	850	890	900	380	475	720	770	550	560

T35-11 型轴流通风机技术参数表　　**表 6-7**

风机型号	机号	转速（Rpm）	叶片角度	风量（m³/h）	全压（Pa）	功率	重量（kg）
T35-11	8 号	1450	15	19235	310	2.2	125

(2) 动力和照明线路

基坑内所有动力及照明线路均采用暗管铺设，在浇筑结构混凝土前提前预埋临时管线，防止因明线外露造成的安全隐患的发生。基坑内采用照明和动力电分开设置的配电方式，基坑照明采用 36V 低压照明，手提作业灯为 12～24V。选用的导线截面应使线路末端的电压降不得大于 5%（36V 及 24V 线）。

固定的电线路应使用绝缘良好的胶皮线架设，施工地段的临时电线路采用普通电缆；竖向使用铠装电缆。照明和动力线路安装在同一侧时，分层架设。电线悬挂高度距人行地面的距离不应小于 2m。

(3) 排水

工程土方开挖施工时正值雨季，大气降水量丰富。本工程地势又位于整个东站枢纽工程最低点，需特别注意排水顺畅。排水的关键点一是顶板面的排水，防止地表水流入基坑内；基坑内因是在一个较为封闭的环境内作业，除基底承压水外，其他来水量不大，但应注意地连墙是否有渗漏水，以及主体与疏散通道、风道接口位置的来水。本基坑排水采用集水箱蓄水后统一外排的方式。盖挖逆作法土方开挖前分别于每个施工段各准备一个1500mm×1500mm×1000mm的铁制集水箱。每一施工段内集水井将水统一排入集水箱后，再由集水箱统一外排至总排水沟后进行统一外排（图6-24）。

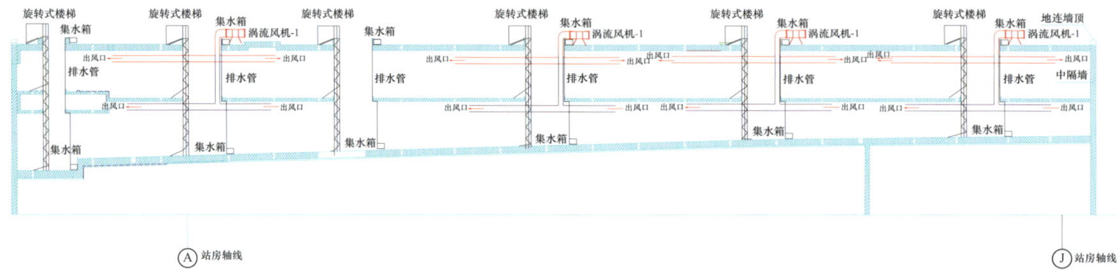

图6-24 基坑内“三通”布置剖面图

1）地面排水。先把地表整平，略带坡度，沿顶板两侧东西走向用砖砌两道排水沟，沿排水沟隔30m设一个集水井，放置水泵排水，将雨水排向基坑外。出土口位置设置1000mm高C35混凝土翻边，宽度300mm，使地面雨水、施工用水不流入基坑。

2）通道口排水。所有通道均位于地下一层，在将通道连通时，地下一层底板（中板）已施工完成。在地连墙外侧，附属通道两边砖砌集水井，放置水泵排水。

3）坑底排水。在每施工段两端临时设置集水井，表面抹水泥砂浆，放置水泵排水。

4）降水井排水：降水井内抽水至最近处集水箱，经集水箱排至室外管网。

5）集水井内水泵设置：因地下一层基坑内均为砂质粉土，积水含泥量大。为防止水泵、水管堵塞，需在集水井内放置无砂混凝土管或穿孔波纹管外包密目网过滤，再将水泵放置其中。无砂混凝土管或波纹管底部封闭，顶部高出集水井顶面50cm。

6. 实施效果

通过科学地布置“三通”和施工运输，使地铁车站施工程序化、合理化，既提高了工程的质量，也控制了施工中的安全事故，保证了工期、造价，使工作达到事半功倍的效果。

6.5 总结

杭州东站是为数不多的几个地铁与站房同步施工的枢纽站房之一，而地铁东站站采取的明挖施工，直接导致了站房既有线的多次转线，极大地影响了工程整体工期。地铁区间段的设计方案在多方努力下，改为采用盖挖逆作法进行施工，虽然自身施工难度加大，但东站站房的工作面得以打开，西广场施工得以提前介入，因此对杭州东站总体工期的控制极为有利，实际提前工程工期一年以上，取得了很好的经济和社会效应。

第 7 章　智慧建造配套技术

7.1　智慧建筑技术应用概况

1. 工程特点

杭州火车东站主站房平面尺寸 284.7m×514.8m，建筑面积 155569m^2，地下 3 层（包括地铁站厅层、站台层），地上 2 层（另设高架夹层），规模体态大，同时涉及和多种交通方式、多种建（构）筑物的对接。这对于工程的方案优化、实时监管和工程量统计等工作都提出了很高的要求。引入智慧建造配套技术能为工程提供很好的技术支撑，辅助工程顺利地开展。

2. 智慧建造技术应用点

(1) BIM 技术应用

1）施工工序模拟

在杭州火车东站进行施工准备阶段，就开始着手进行整个项目的施工工序的推演。通过建立杭州火车东站建筑信息模型，结合施工工期、现场场地状况、既有线及周边环境等因素，对工程的施工工序进行了综合模拟，并根据模拟的情况对施工工序进行针对性优化与调整（图 7-1）。

2）施工方案模拟

杭州火车东站地铁区间施工时采用盖挖逆作的施工工艺，在方案前期策划阶段就引入 BIM 技术，对地铁区间施工段进行建模，通过对施工方案的三维展示使技术人员能更加形象、直观地理解方案实施过程中需要控制和解决的重点及难点，并通过专题会议，分析和讨论施工方案中存在的问题，对地铁区间施工方案进行优化与调整（图 7-2）。

3）交叉工作面施工协调

杭州火车东站站房雨棚吊装阶段，站房雨棚和正线雨棚吊装的工作面发生交叉。为确保两个交叉工作面工作都顺利完成，在施工前运用 BIM 技术对交叉工作面的工作进行工况模拟，对交叉工作面之间的吊装顺序进行优化。在满足施工工期和不增加额外费用的前提下，确保了吊装工作的顺利完成（图 7-3）。

(2) 实时监管

1）现场视频监控

杭州火车东站工程建设规模大，施工段划分多，对于现场管理难度高。引入视频监控系统可很好地作为现场动态监管的延伸方式，确保工程施工过程的全程监控，保证工程的施工质量（图 7-4）。

2）结构安全施工实施监测系统

杭州火车东站工程正线桥部分区间与地铁 1 号线区域重合，为确保地铁混凝土顶板结

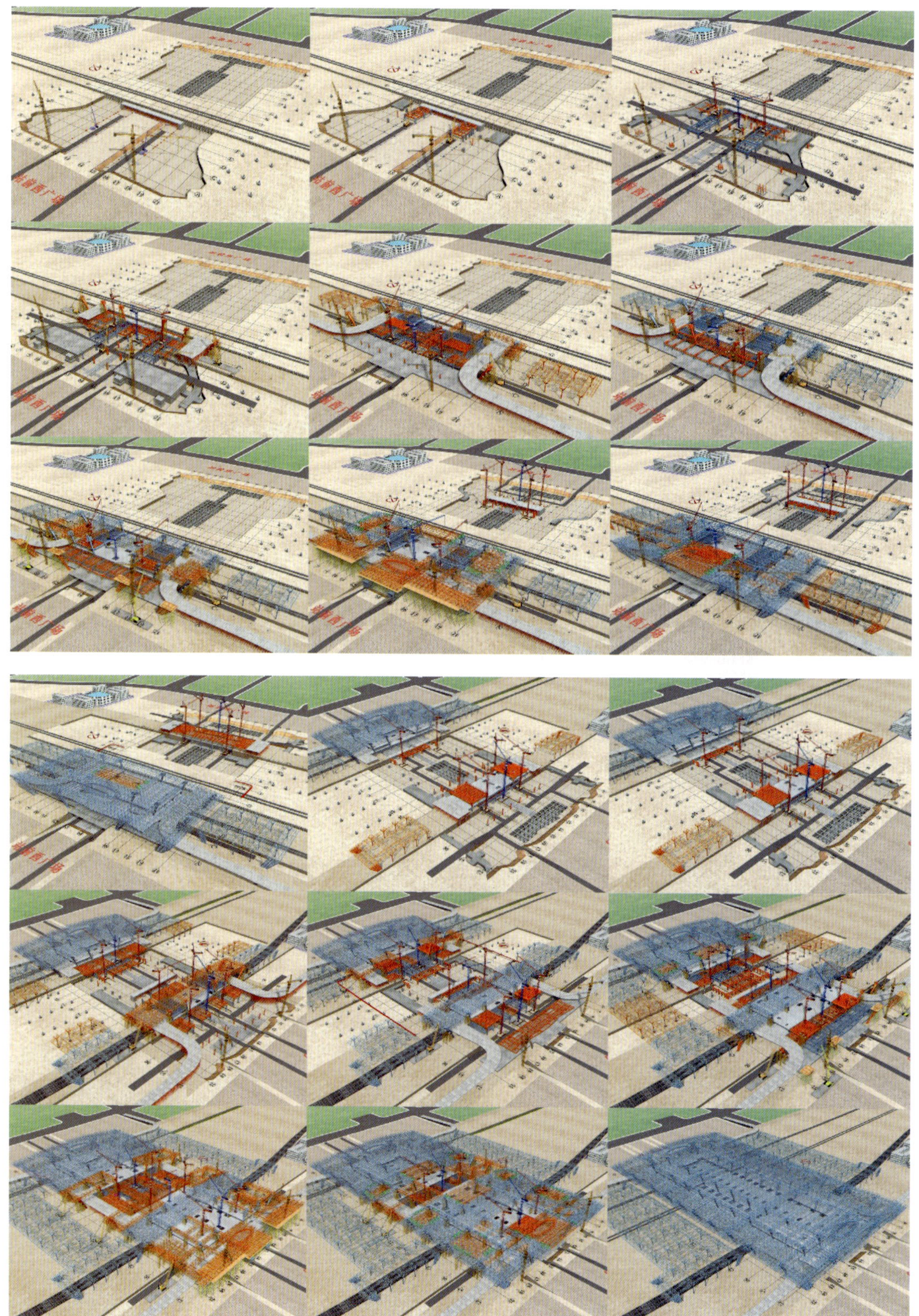

图 7-1　杭州火车东站施工流程

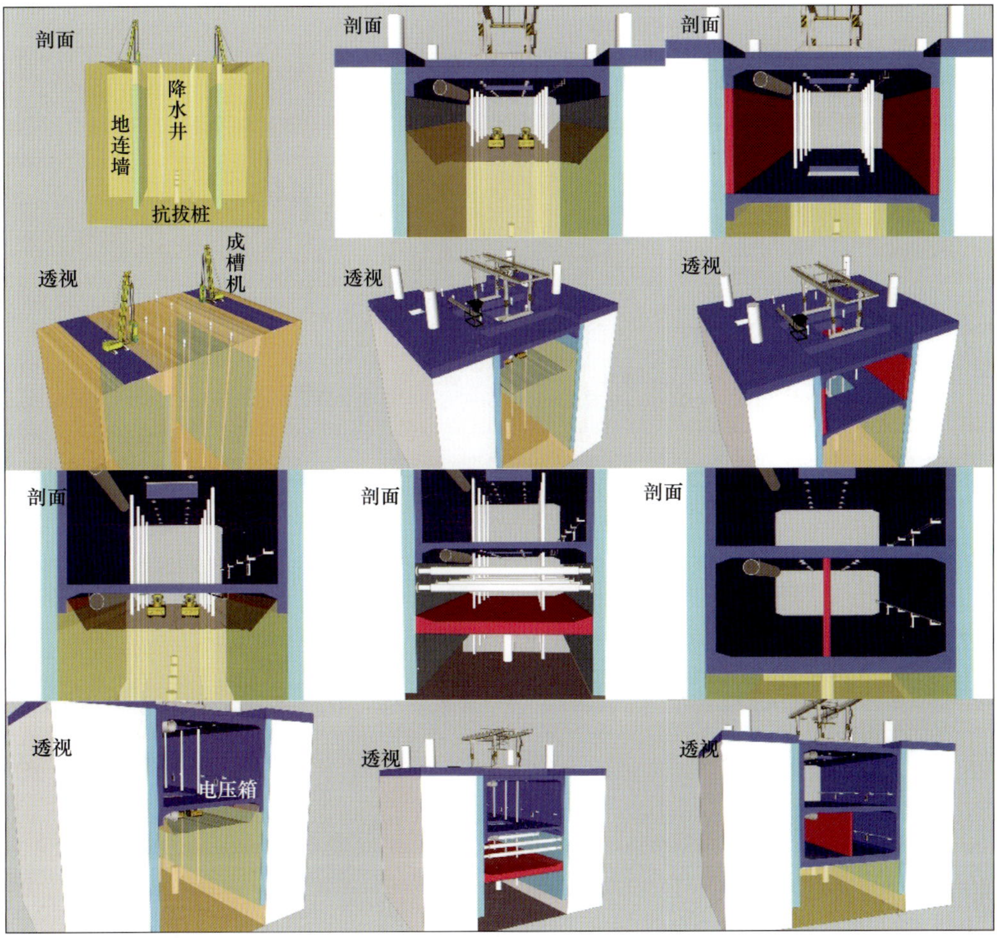

剖面 地连墙 降水井 抗拔桩 剖面 剖面
透视 成槽机 透视 透视
剖面 剖面 剖面
透视 电压箱 透视 透视

图 7-2　杭州火车东站地铁区间施工模拟

图 7-3　雨棚吊装方案模拟（一）

图 7-3　雨棚吊装方案模拟（二）

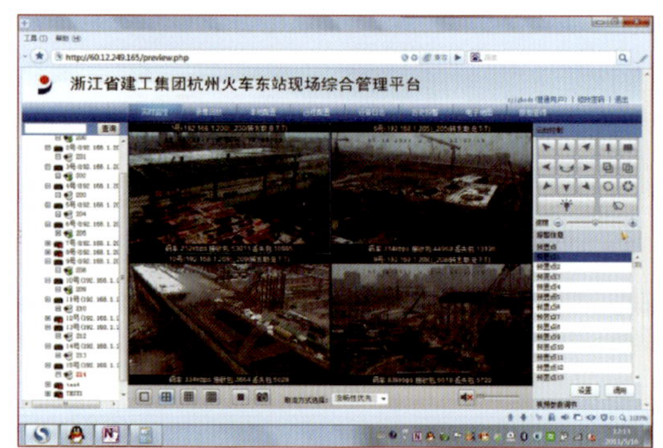

图 7-4　现场视频监控系统（一）

图 7-4　现场视频监控系统（二）

构安全，决定放弃在地铁顶板上搭设满堂脚手架施工正线桥的方案，而采用在结构柱上加设牛腿，再在牛腿上通过架设钢梁和贝雷架来搭设支撑平面，然后在支撑平面上搭设满堂脚手架的方式来进行正线桥施工。但是由于站房和地铁 1 号线共用结构柱，在正线桥施工过程中为确保结构柱受力均衡，决定对结构柱进行结构安全监测（图 7-5）。

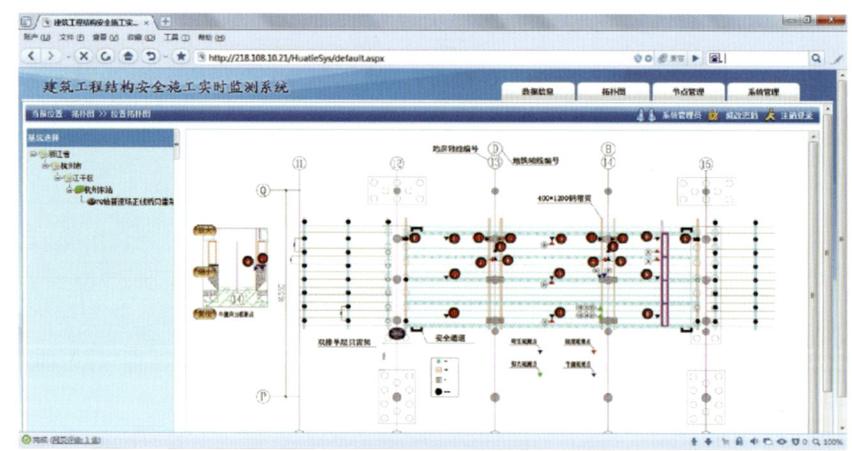

图 7-5　结构安全施工监测系统（一）

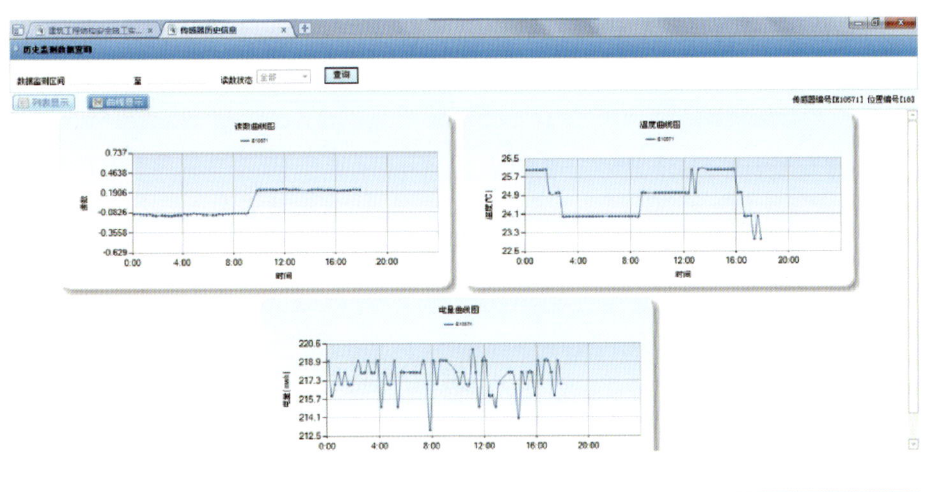

图 7-5 结构安全施工监测系统（二）

(3) BIM 施工技术集成系统

杭州火车东站工程建筑规模大，涉及建筑耗材的种类多、用量大。用传统方式进行工程量统计和质量资料录入与查询不仅需要耗费大量的人力、物力和时间，而且还容易出错。为此我们成立了专门的课题小组针对这些问题进行研究与开发。研发出的 BIM 施工技术集成系统在实际应用中对工程量统计和质量资料录入与查询效率提升显著。这项研究成果申报的国家级课题也顺利通过验收（图 7-6、图 7-7）。

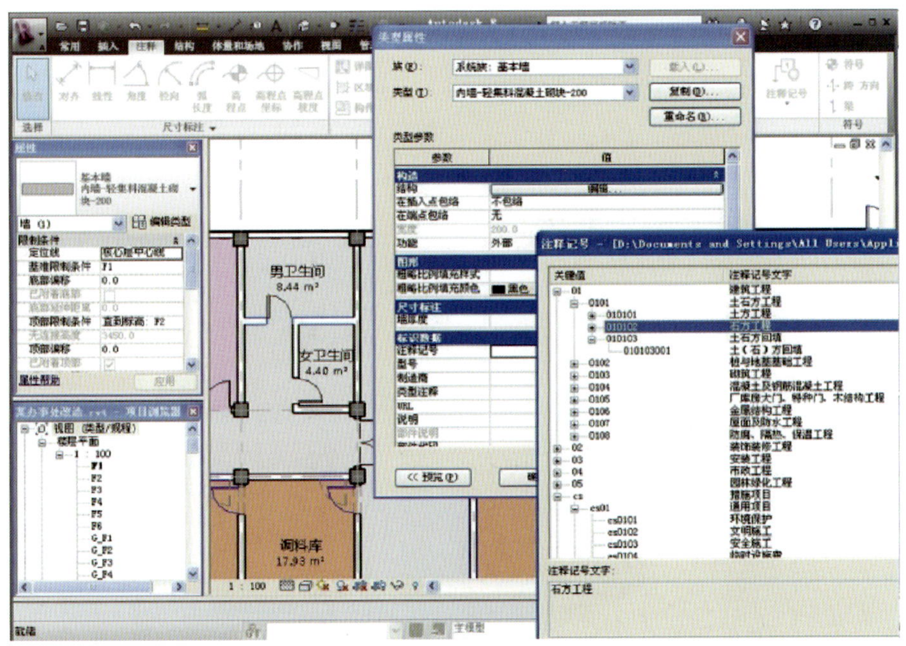

图 7-6 工 程量统计（一）

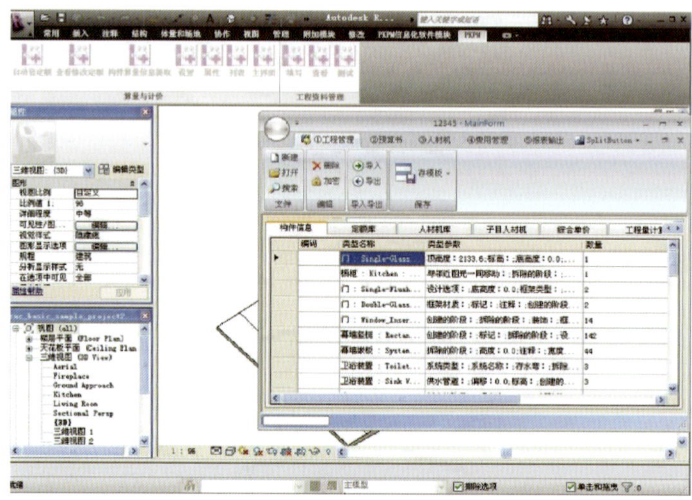

图 7-6　工程量统计（二）

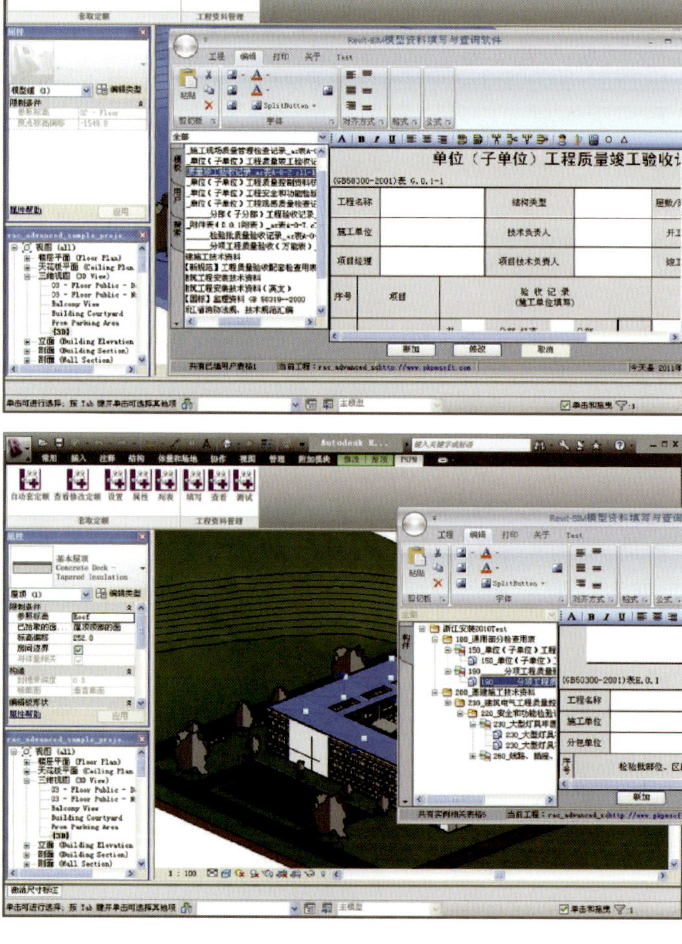

图 7-7　资料录入与查询

7.2　钢结构试验和实时监测

1. 杭州东站站房钢结构工程概况

杭州东站主站房平面尺寸 284.7m×514.8m，建筑面积 155569m^2，地下 3 层（包括地铁站厅层、站台层），地上 2 层（另设高架夹层）。钢结构主要包含地下部分、高架候车层和屋盖三大部分。地下部分包括大直径钢管柱，还有轨道层大截面焊接 H 型钢钢骨、纵横梁格；高架候车层采用大量大跨度型钢桁架，夹层中采用大量型钢梁；屋盖支撑体系包括复杂的变椭圆截面椎管柱以及东西两端巨型格构式钢柱，屋盖系统主要为管桁架结构体系。钢结构屋盖具有结构体系复杂、支承条件复杂、节点构造复杂等显著特点，因此存在较大的技术难度，其中站房钢屋盖整体受力性能和节点性能是该工程的关键问题。

施工过程中，地下层钢柱、轨道层纵横钢梁、高架层桁架等均采用现场吊装，其中高架层部分大跨度钢桁架以及夹层部中部分大跨度异型钢梁采用分段吊装；屋盖支撑钢柱采用分段吊装，屋盖中部分桁架采用现场吊装，中间的大跨度桁架以及高架上方的“鱼眼”则采用整体提升安装，少部分桁架在高空补缺。整个屋盖钢结构体系多样、竖向刚度变化大、构件应力复杂，并且施工阶段多、各类安装方法混杂，每个阶段边界条件、外界荷载及环境温度都不相同，伴随着施工过程中结构从局部到整体、从不完整到完整的过程，其构件施工应力变化极难把握。因此，对于本项目而言，有效的现场状态监测与评估具有重要的意义。

2. 试验和监测目的

我公司与浙江大学空间结构研究中心合作，利用先进的试验技术与监测技术，对火车东站大型钢结构的结构模型及典型节点进行试验研究，并对钢结构施工全过程进行跟踪监测。通过结构整体模型试验全面了解复杂结构体系的受力性能和整体稳定性，通过节点足尺试验深入了解复杂节点的弹塑性受力性能与破坏机理，为大型结构及复杂节点的有限元分析结果提供可靠验证。通过对大型钢结构施工全过程的跟踪监测，重点研究该类结构在施工过程中的应力变化，研究温差对结构应力、伸缩缝的影响，以及火车通行对结构振动的影响。本项目研究不仅将为杭州东站建设提供直接依据和参考，还将发展大型复杂钢结构的试验与施工安全监控技术，为同类大型铁路客站钢结构工程的施工与监测提供依据和典范，从而提升重大工程建设的技术水平。

3. 主要研究内容及研究方法

(1) 主要研究内容

1）研究大型钢结构模型的试验技术与方法；

2）研究复杂钢结构节点的试验技术与方法，对不同位置的典型关键节点进行足尺试验，并进行若干典型节点的插板对比试验；

3）研究站房钢结构在施工过程中的部分重要受力构件，如变截面锥形钢柱、巨型格构柱及主次桁架跨中部位的应力应变变化规律，分析吊装、提升等施工方案对其应力变化的影响，并对其进行跟踪监测；

4）研究站房钢结构在施工过程中的气候温差对结构应力应变的影响，温度变化对伸缩缝的变形影响，并对其进行跟踪监测；

5）研究站房钢结构在吊装、提升等施工工况及环境因素影响下的结构振动规律，并对其进行跟踪监测。

(2) 研究方法

通过理论分析、模型试验、局部足尺试验与现场实测相结合的研究方法，实现对大型结构及复杂节点的受力性能与破坏机理的深入认识，实现大型结构在施工过程中的受力性态分析、跟踪、监测，揭示此类结构吊装、提升、温差、振动等各类施工因素与外界环境可能引起的损伤、演化机理及共性规律，发展类似大型空间钢结构的试验技术与施工安全监控技术。

4. 结构模型试验

(1) 模型设计

试验原型在屋盖结构纵向截取有代表性的单元，涵盖结构横向一排钢管格构式斜柱和中间两排变椭圆截面钢斜柱。模型缩尺比 1∶20，缩尺后试验模型的平面尺寸为长 14.241m×宽 6.564m。为模拟实际结构中高架层对屋盖结构受力性能的影响，模型的高架层采用钢结构平台来代替。试验模型图和实物图分别见图 7-8 和图 7-9。

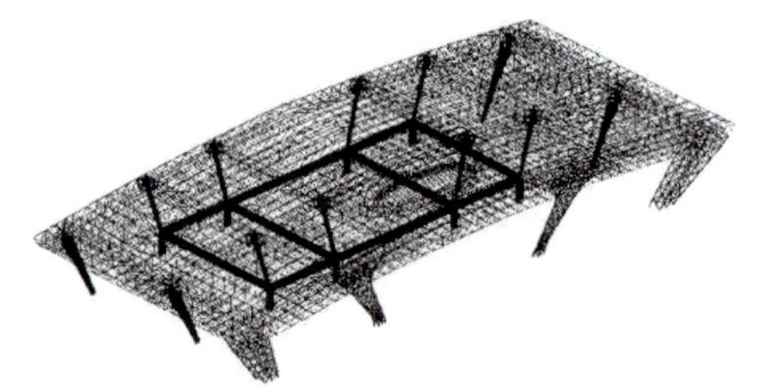

图 7-8　试验模型图

图 7-9　试验模型实物图

(2) 测点布置

模型试验的测试内容主要包括应变测试（包括屋盖交叉桁架、钢管格构柱、变椭圆截面斜柱等）和节点位移测试。综合考虑结构特点、测试仪器数量、结构对称性等因素，共布置应变测点 185 个（其中，单向应变片数量 173 个，应变花数量 12 个）、位移测点 22 个。其中，桁架部分的应变测点及结构位移测点布置分别见图 7-10 和图 7-11（1～9 号为水平位移测点，其余为竖向位移测点）。

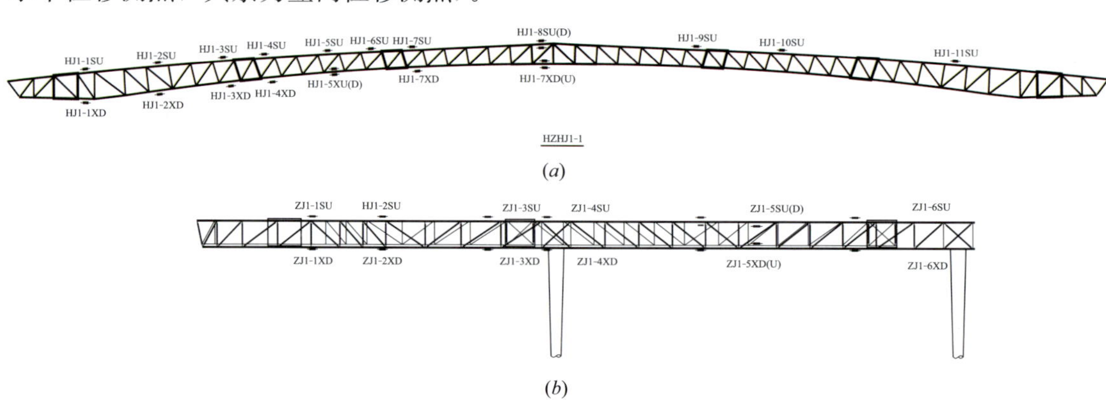

图 7-10　应变测点布置方案

(*a*) 横向主桁架；(*b*) 纵向主桁架

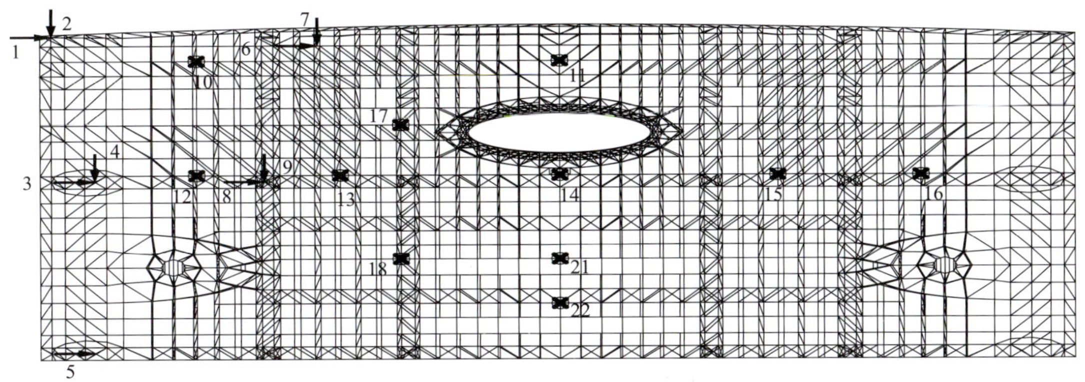

图 7-11　位移测点布置方案

(3) 全跨加载试验

为了解屋盖结构在全跨均布荷载作用下的受力性能，进行了全跨加载试验，并采用有限元软件 ANSYS 对其进行了分析。

试验过程分四级加载，第一级通过标准重量沙袋加载，施加 1.3kN/m^2 的均布面荷载；第二级至第四级通过标准重量钢板砝码加载，每级施加 1.3kN/m^2 的均布面荷载（图 7-12）。

(a)

(b)

图 7-12　全跨加载试验加载图

(a) 第一级加载；(b) 第四级加载

图 7-13 给出了部分桁架测点的荷载-应力曲线，可见随着荷载的增加桁架杆件应力基本线性增大，卸载后残余应力很小。图 7-14 为 HJ2 各跨跨中上弦测点的应力分布图，可以看出 HJ2 各跨跨中上弦杆上表面测点的应力分布具有良好的对称性。上部桁架的测试结果表明，屋盖部分的上部交叉桁架在加载完成后的最大压应力在 60～70MPa 之间，最大拉应力在 80～90MPa 之间，分别出现在 ZJ1 跨中位置的上弦杆上表面和下弦杆下表面。比较桁架杆件的轴向应力与弯曲应力可以发现，大部分杆件的受力以轴向力为主。

在 9 个水平向位移测点中，第 1、3、9 号测点位移较大，最大值为 4.15mm，体现为 TZ1 柱顶的外推；在 13 个竖向位移测点中，第 21、22 号测点位移较大，最大值为 5.94mm。从试验结果可以看出，椭圆斜柱和格构斜柱的柱顶均出现 X 正向位移与 Y 负向位移，这也从侧面反映了柱子存在双向受弯。图 7-15 为 HJ2 各跨跨中节点的位移分布图，其中测点 14 处于中间跨跨中，测点 12、13 与测点 15、16 处于完全对称的位置，可见全跨均布荷载作用下结构位移呈现出良好的对称性。

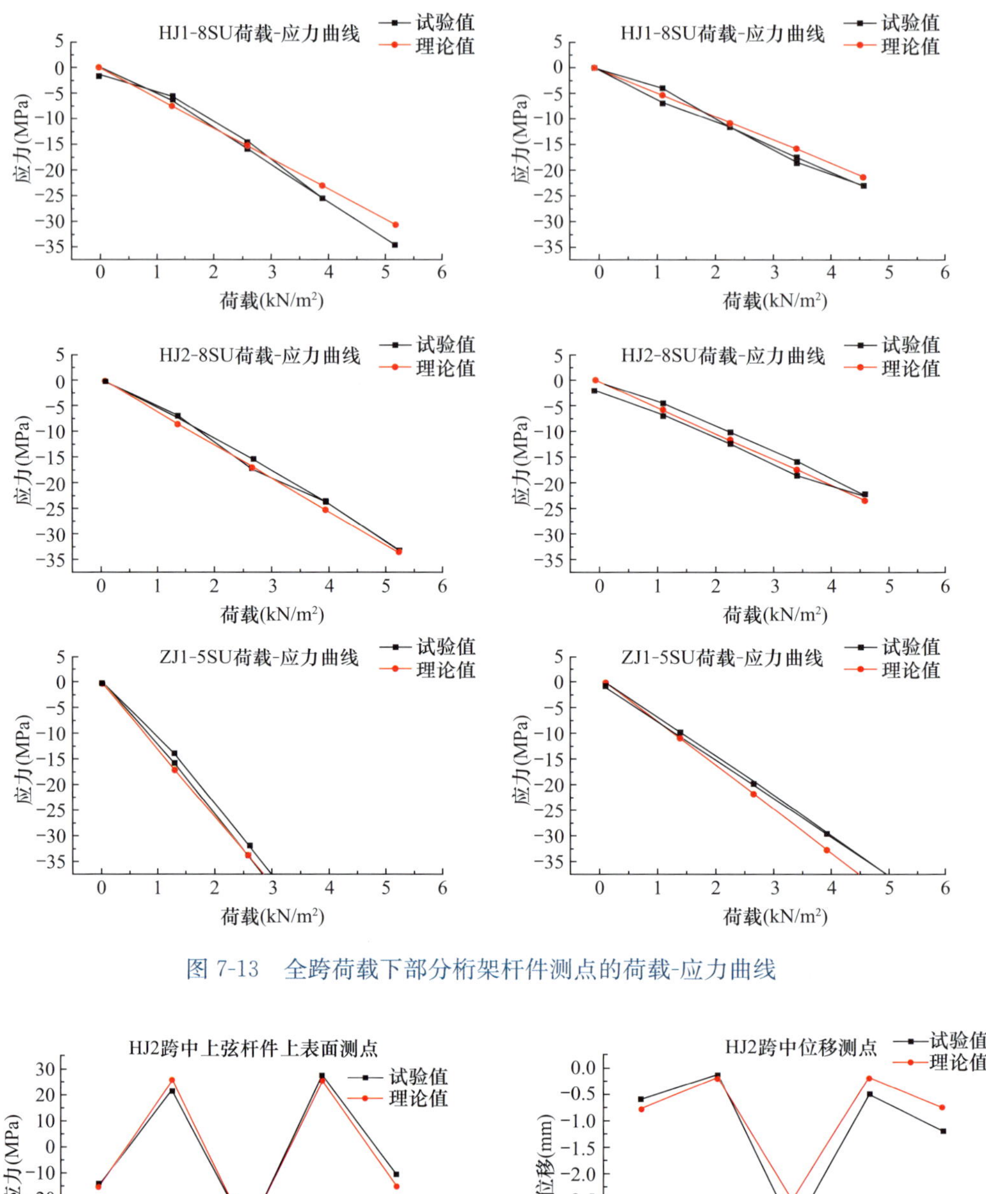

图 7-13　全跨荷载下部分桁架杆件测点的荷载-应力曲线

图 7-14　全跨荷载下 HJ2 各跨跨中上弦杆上表面测点的应力分布

图 7-15　全跨荷载下 HJ2 测点的位移分布

(4) 半跨加载试验

本次试验还进行了半跨均布荷载作用下的结构静力性能试验，并进行了有限元模拟。半跨加载试验在沙袋作为重力补偿的基础上进行，试验过程分三级加载，每级通过 20kg 标准钢板砝码加载，准确施加 1.95kN/m^2 的均布面荷载。图 7-16 为模型半跨加载试验的部分加载图。

(a)

(b)

图 7-16　半跨加载试验加载图

(a) 加载整体；(b) 加载局部

图 7-17 给出了部分桁架测点的荷载—应力曲线，可见随着荷载的增加桁架杆件应力

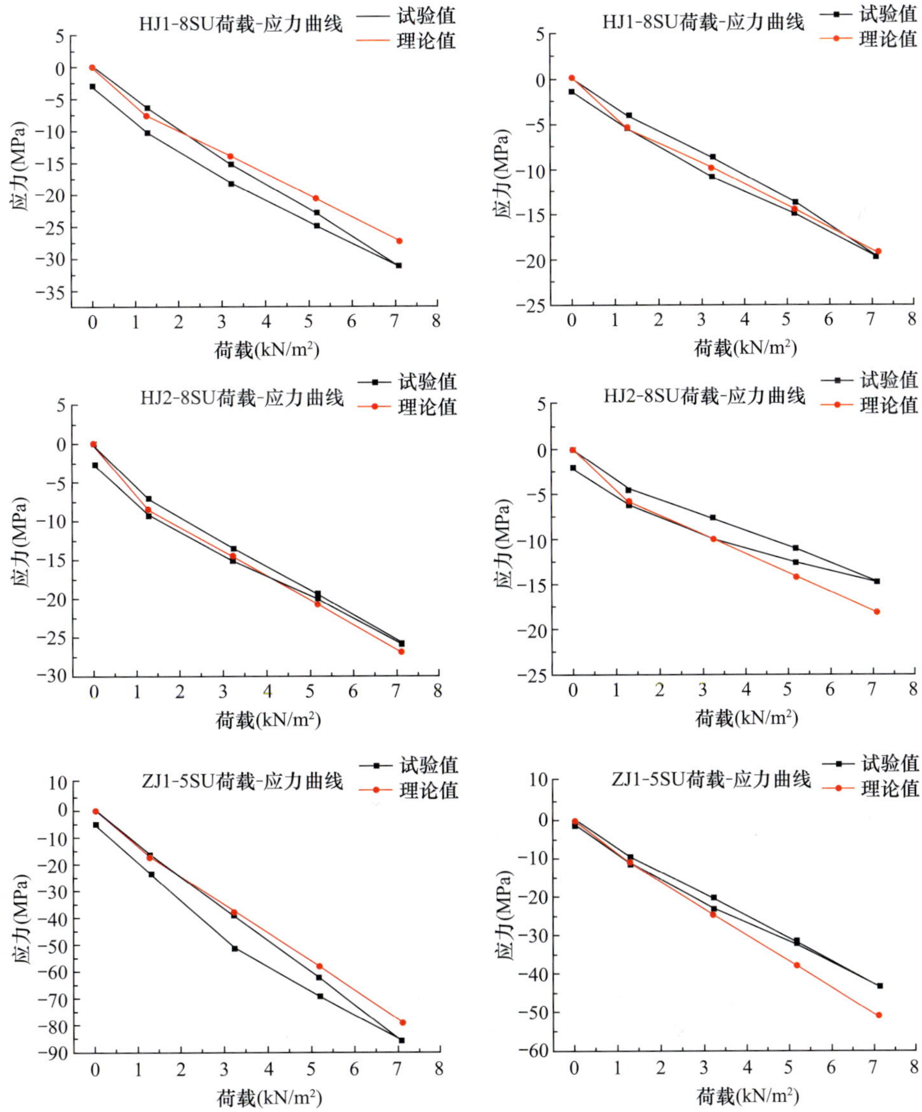

图 7-17　半跨荷载下部分桁架杆件测点的荷载—应力曲线

基本线性增大，卸载后残余应力很小。图 7-18 为 HJ2 各跨跨中上弦测点的应力分布图，可以看出桁架直接受荷一侧的测点应力明显大于另一侧对称位置上的测点应力。加载完成后，桁架中的最大应力值出现在直接受荷载一侧的 ZJ1 跨中位置的上弦杆上表面和下弦杆下表面，其压应力最大值为 85.7MPa，拉应力最大值为 82.1MPa。加载完成时交叉桁架大部分杆件的轴向应力明显大于弯曲应力，即杆件主要受轴向力作用。

水平位移测点中，第 1、3 号测点的位移较大，最大值 5.01mm，表现为 TZ1 柱顶的外推；竖向位移测点中，第 18、21、22 号测点的位移较大，最大值 5.15mm。椭圆柱和格构柱顶均有 X 正向位移与 Y 负向位移，反映柱子存在双向受弯。图 7-19 为 HJ2 各跨跨中节点的位移分布图，可以看出桁架加载侧出现向下变形，非加载侧则出现上拱，表现出半跨荷载下结构变形的典型特点。

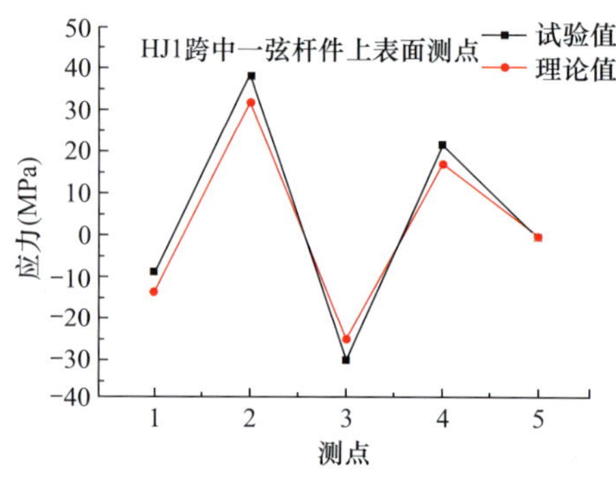

图 7-18 半跨荷载下 HJ1 各跨跨中上弦杆上表面测点的应力分布

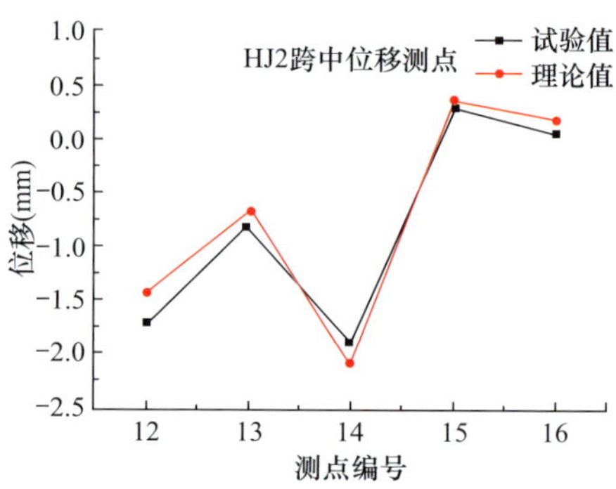

图 7-19 半跨荷载下 HJ2 测点的位移分布

(5) 局部加载试验

为更好地揭示单层椭球面网壳、钢管格构式斜柱、变椭圆截面钢斜柱等重要局部构件的受力特性，在提高构件应力比的条件下分别进行了构件的局部加载试验（图 7-20）。试验结果表明，局部加载试验可以反映局部重要构件在整体结构中的受力性能，采用局部加载试验来深入研究各构件在实际荷载条件下的受力性能是合理、可行的。限于篇幅，本章不再给出具体试验结果。

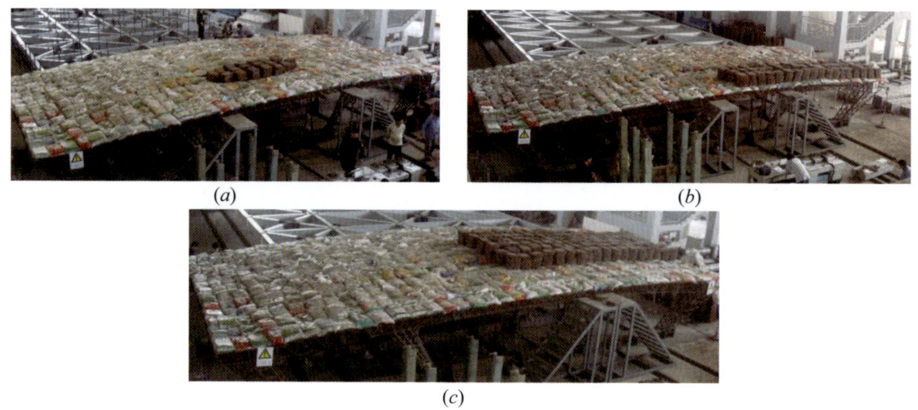

图 7-20 局部加载试验加载图

(a) 单层椭球面网壳局部加载；(b) 钢管格构柱局部加载；(c) 变椭圆截面钢斜柱局部加载

(6) 试验结论

对杭州火车东站主站房大跨度屋盖结构进行了整体结构模型试验及节点试验并进行了有限元分析，得到如下主要结论：

1) 在全跨加载、半跨加载和局部加载试验的整个加载过程中，结构基本处于弹性工作阶段，整体结构具有良好的受力特性。

2) 全跨荷载试验中，上部交叉桁架、格构式斜柱的大部分杆件内力以轴力为主，弯矩很小，说明结构受力合理，能较好地利用杆件截面；格构式斜柱和变椭圆截面斜柱存在双向受弯，受力情况复杂。

3) 半跨荷载试验结果表明，本工程大跨度屋盖结构对半跨荷载不敏感，应力、位移试验结果均表现出半跨荷载作用下结构受力的典型特点。

4) 局部加载试验能反映各重要构件在实际荷载作用下的受力特性，用局部加载试验来研究各构件在实际荷载作用下的受力特性是可行的。

5. 节点试验

(1) 模型设计

在单层网壳、格构斜柱、屋盖桁架等不同位置选取典型的关键节点类型 7 种，进行静力加载试验。试验节点三维图如图 7-21 所示。由于格构斜柱荷载较大，故对 Joint2、Joint3 节点进行缩尺模型试验，缩尺比为 1∶2，其余节点均进行足尺试验。

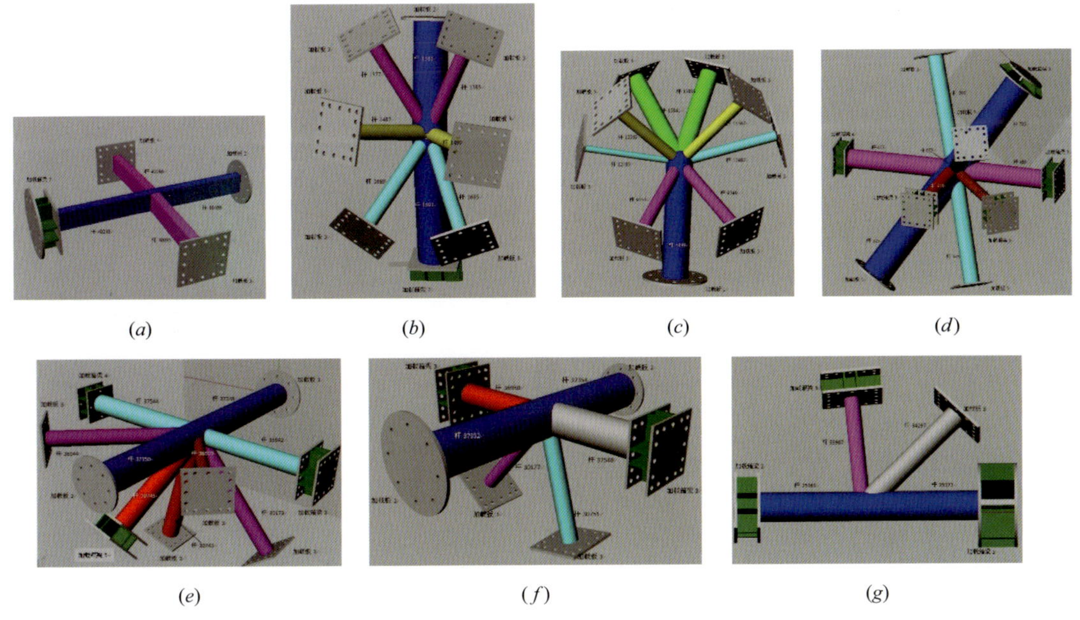

(a)　(b)　(c)　(d)　(e)　(f)　(g)

图 7-21　试验节点三维图

(a) Joint1 节点；(b) Joint2 节点；(c) Joint3 节点；(d) Joint4 节点；(e) Joint5 节点；(f) Joint6 节点；(g) Joint7 节点

(2) 试验加载装置和加载制度

节点试验在浙江大学结构实验室“空间结构大型节点试验全方位加载装置”(图 7-22) 上进行。该装置为球形自平衡反力架，可灵活实现对不同方向、不同夹角杆件的拉、压加载，用于空间关系复杂且各不相同的空间节点试验十分方便。对各节点加载至节点破坏或加载值至少达到设计值的两倍。加载过程中根据各节点杆件的轴力进行比例加载：在试件各部分出现塑性应变之前，每级荷载为设计荷载的 0.2 倍；在加载达到设计荷载的 1.8 倍之前，每级荷载为设计荷载的 0.1 倍；之后每级荷载为设计荷载的 0.05 倍，直到加载结束。

图 7-22　节点试验装置全景

(3) 试验测点选择及布置

在各杆件的跨中位置沿杆件圆周方向均匀布置 4 片单向应变片，在节点相贯区应力较为集中的区域布置三向应变花。限于篇幅，这里仅以 Joint2 节点为例给出测点示意图（图 7-23），测点编号中 P 开头表示单向应变片，H 开头表示应变花。

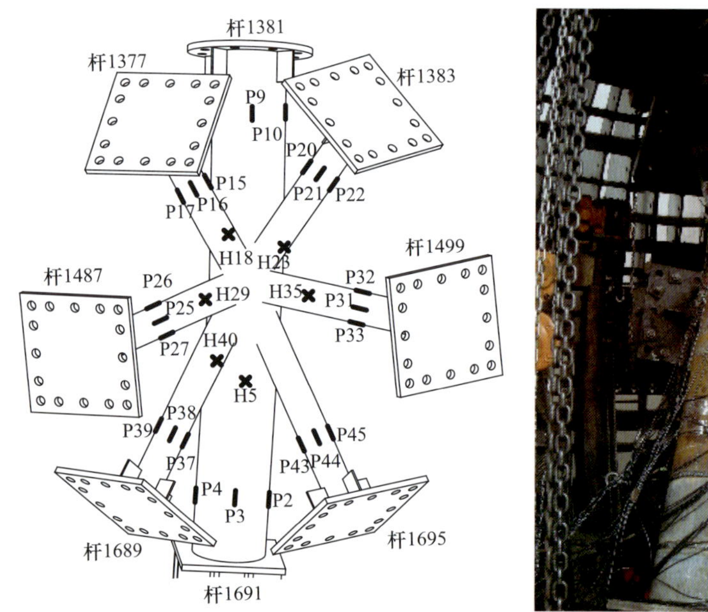

图 7-23　Joint2 节点应变测点示意图

(4) 主要试验结果

Joint1、Joint4、Joint5、Joint6、Joint7 等 5 个节点均为足尺试验，试验过程也十分类似。在加载的初始阶段，各测点的应变数据基本随荷载的增大呈线性增长趋势，表明试件处于弹性阶段；随着荷载的继续增加，部分测点（主要是节点相贯区的部分测点）进入塑性；5 个试件分别加载至设计荷载的 4.0、2.0、2.0、2.0、2.5 倍时，由于加载设备能力所限，为确保试验安全而停止加载。加载结束时，5 个节点的外观均未发现肉眼可见的明显变形，连接焊缝也均未发生破坏，节点尚可继续承载。

Joint2、Joint3 两个节点均位于格构斜柱上，由于杆件内力大，进行了 1∶2 缩尺试验。Joint2 节点可简化为空间 KT 型节点（图 7-21*b*），当试验加载到节点设计荷载的 1.75 倍时，主管节点区域变成鼓形（图 7-24），节点丧失承载能力，破坏模式为主管节点区塑性破坏。

图 7-24　Joint2 试件破坏图

Joint3 节点连接杆件较多且杆件间的几何关系十分复杂，因此主管上设置了一个焊接空心半球节点以方便与其他杆件的连接（图 7-21*c*）。当试验加载到设计荷载的 1.4 倍时，半球节点产生明显凹陷变形（图 7-25），试件丧失承载能力，Joint3 节点的破坏模式为焊接半球节点的塑性破坏。应该指出，由于 Joint3 节点中的两根主要受力杆件夹角过小（杆件 15839、15841，见图 7-21*c*），试验时通过分配箱梁对这两根杆件施加竖向荷载，与实际结构中荷载沿杆件轴向的情况有所不同。有限元分析结果表明，由于加载方式改变所产生的杆端弯矩会导致节点承载力降低约 15%。若试验中能实现杆件的轴向加载，试验破坏荷载将提高 15%左右，即达到设计荷载的 1.6 倍以上。

图 7-25　Joint3 试件破坏图

综上，7 个节点的试验结果表明，各类节点均具有良好的承载能力及足够的安全储备，由于所选取的试验节点代表了杭州东站主站房大跨度屋盖中的节点不利受力情况，因此该工程的节点设计安全、可靠。

(5) 试验结论

所选取的试验节点代表了杭州东站主站房大跨度屋盖中的节点不利受力情况，试验结果表明各类节点均具有良好的承载能力及足够的安全储备，节点设计安全、可靠。

6. 结构性能监测

(1) 基于无线传感技术的监测系统

对于传统的结构有线监测技术而言，随着工程结构的面积、高度及跨度越来越大，需要布置大量的线缆来传输信号，由此引发的安装、检测和排除线缆故障等工作比较繁重和困难，甚至在一些大型的复杂结构以及一些可动结构上，布设线缆难以实现。开发的一整套基于无线传感技术的新型监测系统有效地解决了这一问题。

1）基于无线传输的通信网络

这一监测系统主要以无线通信技术为基础。整个无线监控网络系统的整体运行过程可简单描述为：各类监测测点相互之间形成智能网络，将采集到的数据通过接力点（路由节点）传输至基站节点，然后由基站节点经 USB 或串口传输给现场服务器，现场服务器通过 3G 无线网络接入 Internet，由互联网传送至远端计算机，进入程序进行处理分析，理论上终端可位于互联网延伸所至的任意地方（图 7-26）。

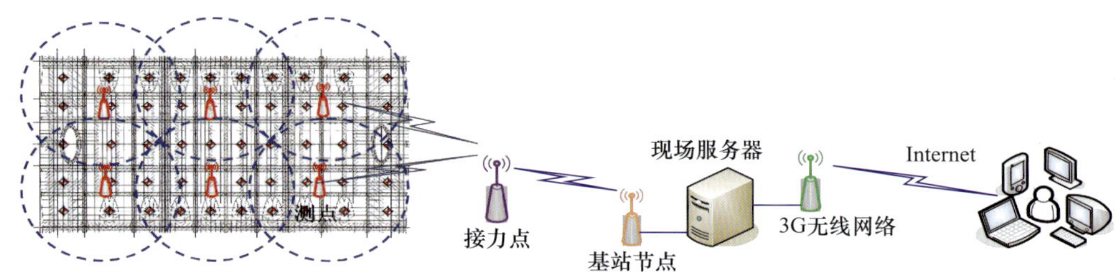

图 7-26　杭州火车东站无线传感网络

2）针对站房结构体系的软件监测系统

杭州东站站房钢结构监测测点多，数据量大，经过长期积累，必将形成海量数据。针对该工程施工监测开发专业的健康监测系统，该系统包括数据采集、数据处理、数据显示以及实时短信预警等功能。其中，数据显示模块可以是数值、图形、时程曲线等多种方式实时显示工程施工过程中各部位钢构件应力值、变形值以及结构振动加速度等参数（图 7-27）。

(2) 测点布置

为了有效地获得结构在施工阶段的真实受力情况，参考理论计算结果，找出结构的关键及敏感部位，布设监测点。本次监测工作的范围主要集中在结构几个较为关键的受力部位，将其简要划分为核心部位与重要部位两个层次，核心部位主要包括跨度较大的屋盖主次桁架跨中部位、施工过程中出现较大应力的桁架、变截面钢柱的受力最大部位以及格构柱的主要承力构件；重要部位包括变截面钢柱的其余部位、一般主次桁架的跨中部位、支撑柱与屋盖桁架的连接部位以及“鱼眼”天窗。监测的参数包括应力应变、温度、振动加速度以及伸缩缝的变形。经测点优化分析后，主要布置概况如表 7-1 所示。

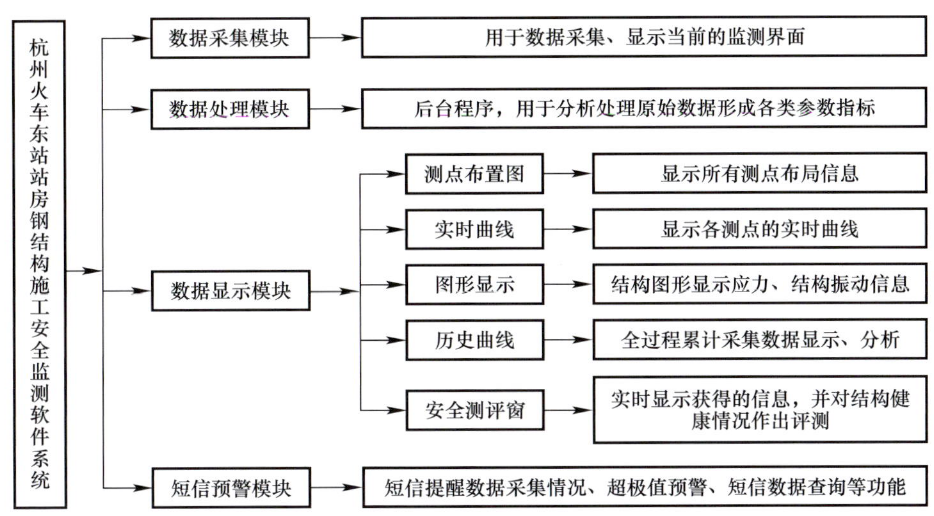

图 7-27　杭州火车东站站房钢结构施工安全监测软件系统

测点布置表　　**表 7-1**

序号	测点类型	监测部位	传感器数目	测点标记	传感器总计
1	应力应变测点（温度测点）	变截面椎管柱脚	30×4=120		348
		变截面椎管柱与夹层钢梁交接处	12×4=48		
		变截面椎管柱柱顶十字梁	8×4=32		
		屋盖桁架	19×4=76		
		天窗	2×4=8		
		格构柱	16×4=64		
2	加速度测点	屋盖	18×1=18		28
		高架层	10×1=10		
3	变形测点	屋盖分缝处	6×1=6		6

1）应变测点布置（图 7-28）

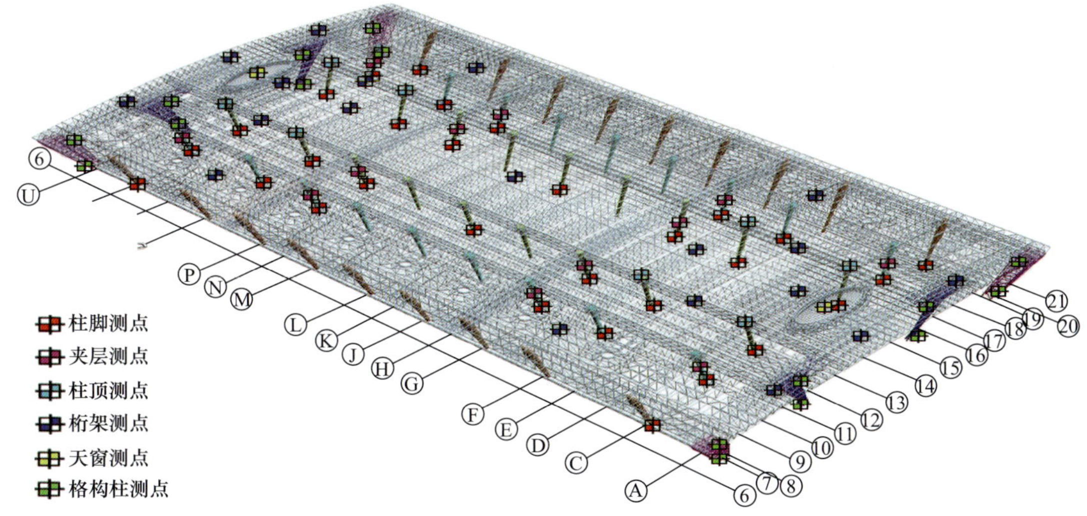

图 7-28　应变测点布置图

考虑到主体结构自身的受力特点和施工因素的影响，应力应变测点主要布置在屋盖桁架、变椭圆截面椎管柱、巨型格构柱以及天窗。根据不同构件的受力特性，每个测试部位安装 4 个传感器测点，以全面把握构件的弯矩、扭矩与轴力。主体钢结构应力应变测点总数为 348 个（施工完成时所有测点数）。

① 屋盖主桁架及跨度较大的桁架：主要考虑施工过程中屋盖分块整体提升以周围主桁架为着力点，结构体系随施工在不断转换，提升时产生动力荷载，这将使施工阶段的受力与成型后的受力不一致。同时，屋盖结构中部分桁架体量及跨度巨大，跨中应力大，需要在跨中等部位布置应力应变测点。

② 变椭圆截面椎管柱：主要考虑变椭圆截面椎管柱从高架层楼面贯通至屋盖，中间还有商业夹层，吊装或提升使得钢柱荷载越来越大，甚至会骤然增大，故柱脚成为监测的主要对象。根据结构设计计算结果，对于支撑夹层钢结构的椎管柱，在夹层钢梁与椎管柱交接处，柱子弯矩特别大，产生了整根椎管柱中的最大应力。与此同时，为了保证椎管柱与桁架梁的连接节点强度，柱顶节点采用了一种特殊的构造，柱顶搁置了由两根钢管交叉形成的十字梁，是大跨度桁架梁支座部分的重要受力构件。

③ 巨型格构柱：考虑到两端巨型格构柱为整个屋盖结构的关键支撑结构，形状怪异，节点复杂，计算难以模拟，故柱脚以及拐角复杂节点成为主要监测部位。

2）振动加速度测点布置

振动加速度测点主要布置于屋盖桁架下弦和高架层桁架下弦。其中，屋盖桁架测点用于测试屋盖体系在强风、噪声、施工机械振动、屋盖提升动力荷载以及高速列车经过振动等作用下产生的动力响应；高架层桁架测点用于测试施工期间频繁承受施工器械、人员移动、高速列车经过振动以及运营期间候车人群荷载等作用下的动力响应。主体钢结构振动加速度测点总数为 28 个（施工完成时所有测点数）（图 7-29）。

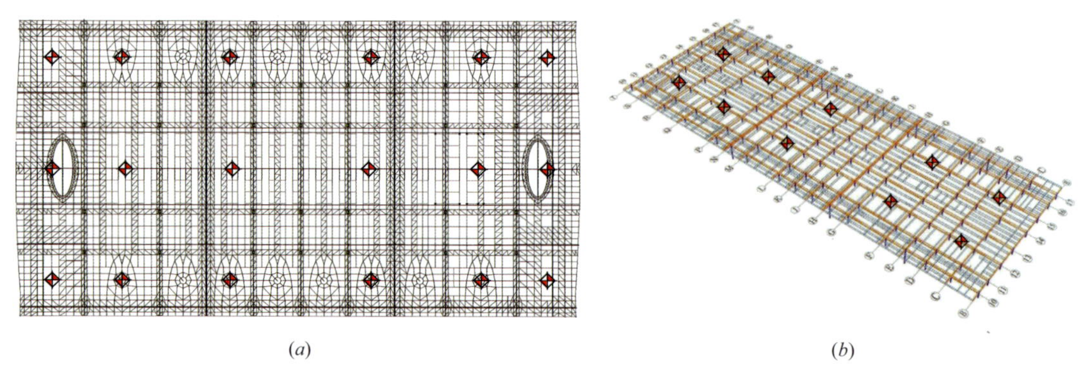

(a)　　(b)

图 7-29　振动加速度测点布置

(a) 屋盖桁架加速度测点；(b) 高架层桁架加速度测点

3）变形测点布置

考虑到屋盖桁架体系平面面积超过 15 万 m^2，季节温度变化、内外温差以及施工因素均会对结构产生较大附件应力和变形，设计时将屋盖体系分成三大块，设置两条伸缩缝。为了更进一步地掌握温度对结构整体变形的影响，在分缝处设置变形测点，监测变形缝的宽度变化。每条变形缝内各设置 3 个变形测点，沿变形缝全长均匀布置，共 6

个。根据站房钢结构目前的施工进度，总计安装应力应变测点（温度）120 个，振动加速度测点 6 个。

(3) 监测结果

针对站房钢结构的施工特点，记录了自监测系统正式运行（2011 年 9 月）以来日常的监测数据，同时跟踪记录了屋盖分块提升过程中相关部位的监测数据。监测数据保存在杭州火车东站站房施工过程健康监测档案中，可随时调出查看历史变化情况，可以从短期及长期的角度掌握整个结构的变化情况。

1）屋盖分块整体提升实测数据分析

针对 FG 轴线中间区域屋盖桁架整体提升，跟踪分析了相关监测部位的应力变化。以变截面椭圆钢柱脚测点 58 和主桁架测点 57 为例，分析结果如图 7-30、图 7-31 所示，可以看出整体提升对柱脚产生 25MPa 的应力变化，对桁架产生 65MPa 的应力变化。同时，由于桁架的不平衡提升，对柱脚应变变化影响很大，对桁架本身影响相对较小。

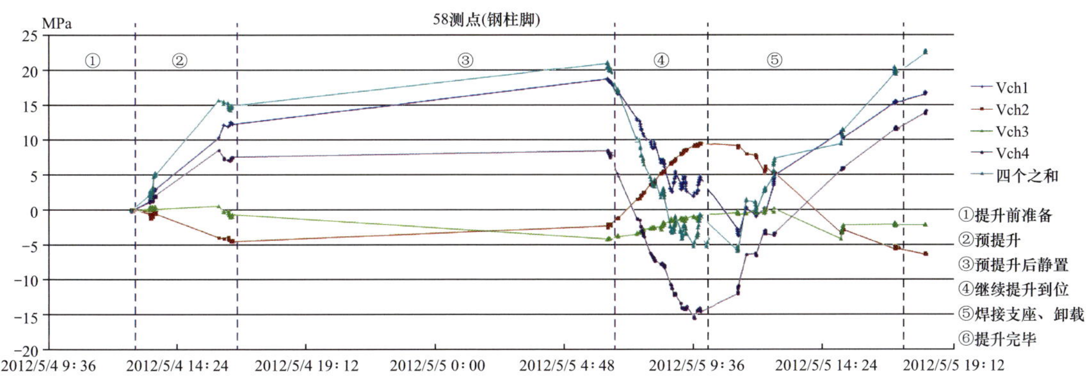

图 7-30　分块提升钢柱脚应力变化曲线

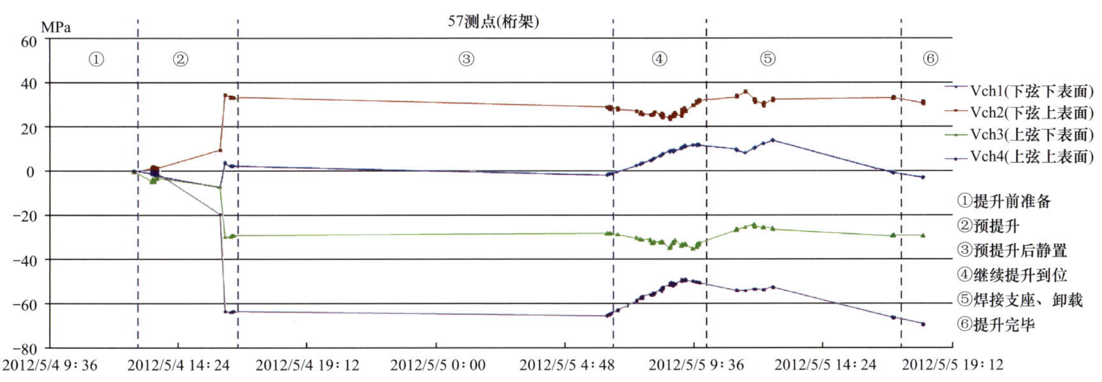

图 7-31　分块提升钢桁架应力变化曲线

2）关键构件施工全过程实测数据分析

对于结构的关键性构件，跟踪分析其施工全过程的应力变化规律。以测点 65 为例，分析结果所示，重点关注其近期应力变化规律和整个施工历史期间应力变化规律，可以看出其主要与温度相关性比较明显，说明结构施工期间，内力受温度影响显著（图 7-32、图 7-33）。

图 7-32　典型关键构件最新应力数据曲线

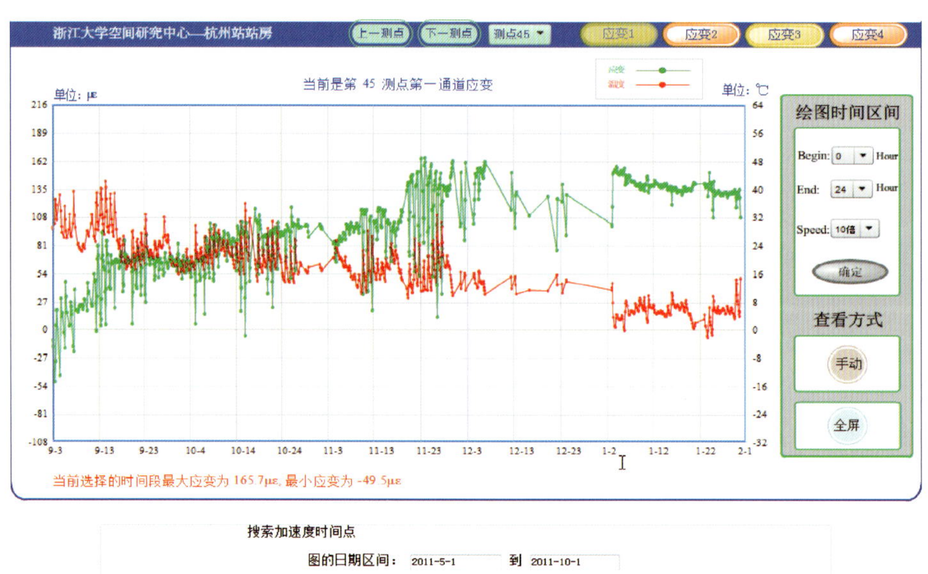

图 7-33　典型关键构件长期历史应力数据曲线

(4) 监测结论

1）对各类型的测点，分别选取不同监测部位的数据，体现受力部位的关键性与空间分布上的全面性。

2）屋盖分块整体提升实测表明，整体提升期间，由于桁架的不平衡提升，对柱脚应变变化影响很大，对桁架本身影响相对较小。

3）对整个结构的关键性构件的内力实测表明，在整个施工期间，结构内力与温度相关性比较明显，说明影响结构构件内力的关键因素是温度变化。

7.3　正线桥监测系统

1. 工程概况

新建杭州东站扩建工程东站站房位于杭州市江干区，站区周边有沪杭甬高速、德胜快速路、艮山东路、环站北路、环站南路、机场路等城市道路。站房位于新风东路以东、天城路以南、下宁路以西、新塘路以北所围合的区域。站房建筑共 3 层，地下一层为出站层，地上为站台层和高架层。站房主体建筑东西进深 463.45m，南北面宽 143.6m，站房主体最高点距地面 39.6m。站房总建筑面积为 155569m^2（地下建筑面积为 67438m^2，地上建筑面积为 88131m^2）。杭州东站作为重要标志性建筑，以"钱江潮"的建筑形式主题，体现出杭州"精致和谐、大气开放"的城市形象和从"西湖时代"迈向"钱塘江"时代的时代特征。"动车"的外形，塑造了一个充满动感的、具有鲜明时代特征和未来感的新型火车站。

2. 方案选择和案例分析

(1) 方案一：采用传统读数记录

首先选择监测的对象是碗扣式支模架体系，以记录上方混凝土浇捣前、浇捣过程中和浇捣完成后的支模架体系关键部位承受荷载的数据。

1）案例 1：出租车通道混凝土浇捣（图 7-34、图 7-35）

实施时间：2011 年 2 月 14 日～2011 年 2 月 18 日

监测对象：出租车通道 B 区联系通道（9-11 轴/E 轴）2100mm×2600mm 梁

应用设备：应力监测盘，应力读数器

梁中1号点

梁边2号点

梁底3号点

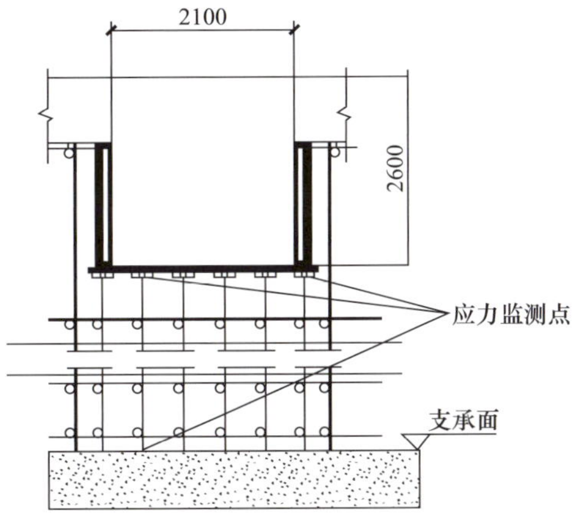

剖面图

图 7-34 案例 1 三处应力点监测图

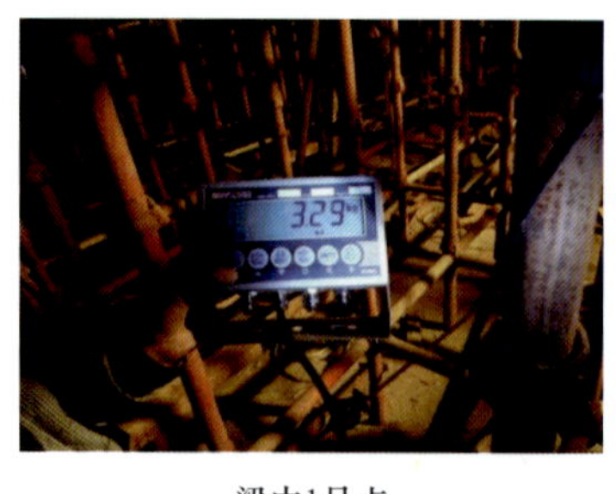

梁中1号点

梁边2号点

梁底3号点

图 7-35　案例 1 支模架应力监测初始应力读数

注：上图的初始值在读数时，单位是 10^2kg。

由表 7-2 可见，3 个监测点的数据在两边墙板浇筑时较初始数据有所减小；随着上部混凝土的浇筑，荷载不断增大，各点读数也呈正比例增大，直到该区域的混凝土浇捣完成。

案例 1 应力监测数据表　　**表 7-2**

时间		混凝土浇筑状态	梁中（kg）	梁边（kg）	
			1 号点	3 号点	2 号点
2 月 14 日	14：00	初始（无浇筑）	3.29	0.75	2.7
2 月 17 日	9：00	初始（两边墙板有浇筑）	0.09	0.54	2.4
	12：30		0.1	0.62	2.38
2 月 18 日	9：00	梁混凝土浇筑 1/4	7.09	6.85	13.75
	14：00	梁混凝土浇筑 3/4	9.97	9.6	20.12
	16：30	梁混凝土浇筑完成	11.79	11.56	23.42
	18：00	出租车 B 区联系通道浇筑完成	12.53	12.19	27.76

产生的疑问是为何初始（两边墙板有浇筑）较初始（无浇筑）的数据有所减小

分析原因是在两边墙体浇筑时，荷载集中在结构的两边两个端点上，这样就对中间未浇筑的钢筋产生了一个向上的弯矩，监测点布置在大梁的下方位置，随着大梁受到向上的弯矩作用，下方的碗扣式脚手架承受的弯矩减小，读数也随之减小。之后随着顶板上的荷载增大，读数按正比例增大，并在整个区域浇筑完成后达到最大值。

2）案例 2：C-F 轴纵横梁格混凝土浇捣

实施时间：2011 年 2 月 21 日～2011 年 2 月 25 日

监测对象：C-F 轴纵横梁格 E 轴/15-16 轴 1800mm×2400 梁

应用设备：应力监测盘，应力读数器

整个纵横梁格构体系均采用碗扣式脚手架支撑，在 E 轴/15-16 轴间的 3/4 跨处布置了 3 个监测点（图 7-36），监测点布置在梁模板顶托处并用 3 个伞形销反向垫在双钢管下，目的是为了增大受力面，减小混凝土浇筑和振动棒振捣时对监测点的影响，提高数据的准确性。布置如图 7-37、图 7-38 所示。

由表 7-3 可见，在 2 月 23 日 14：20 时，3 个监测点的受力分别达到最大值。此时的 1 号监测点受到的力为初始状态的 5.6 倍，2 号监测点为 6.7 倍，3 号监测点为 11.7 倍。可见在浇捣过程中，梁底边侧受到的竖向荷载最大。在混凝土浇筑过程中，下方的支持体系承担了上部所有的竖向荷载，而浇筑时还同时产生了横向荷载，此时在边角处的加固不牢固，就会产生漏浆的现象，严重时产生炸模。所以，在浇筑过程中做好对梁底边侧的加固非常重要。

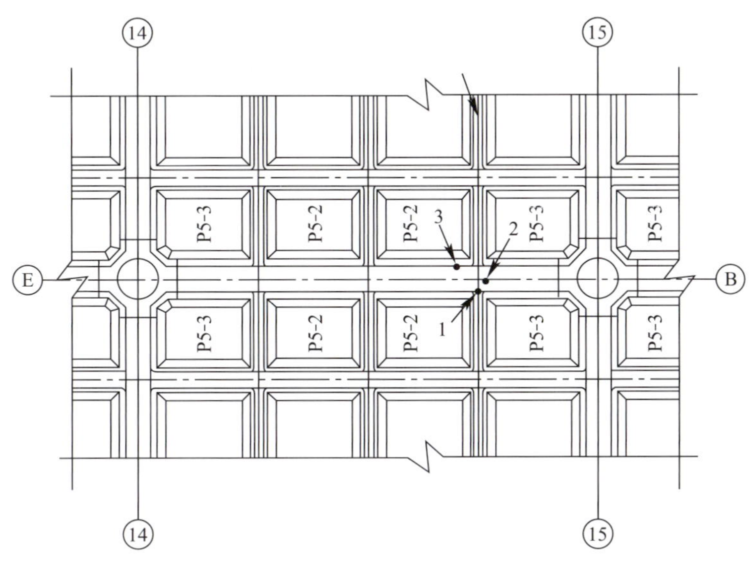

图 7-36　监测点平面位置布置图

监测1号点

监测2号点

监测3号点

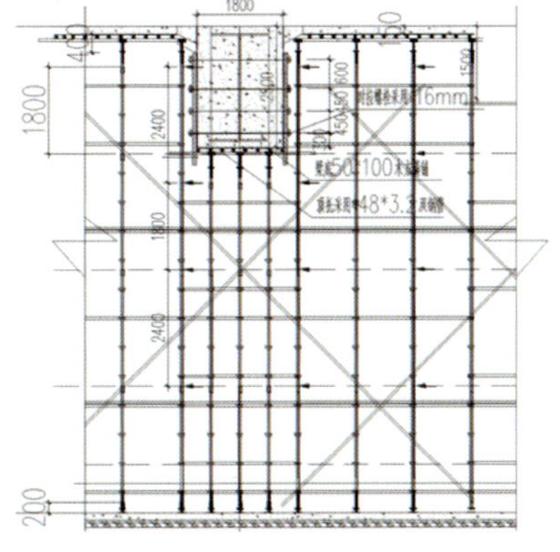

剖面图

图 7-37　案例 2 三处应力点监测图

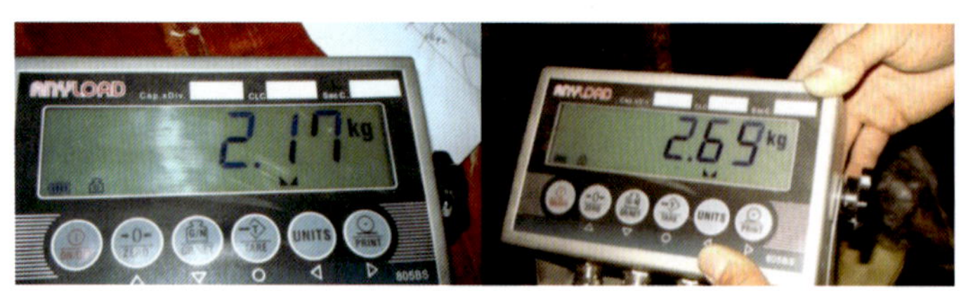

1号点　　2号点　　3号点

图 7-38　案例 2 支模架应力监测初始应力读数

注：上图的初始值在读数时，单位是 10^2kg。

案例 2E 轴线浇筑过程中 3 个受力监测点数据记录表　　表 7-3

时间		混凝土浇筑状态	监测点（kg）		
			1 号点	2 号点	3 号点
2 月 21 日	16：08	初始（无浇筑）	269	217	234
2 月 22 日	14：23	A 边 1/2	412	694	936
	16：30	A 边完成，B 北 9/25	300	434	1819
2 月 23 日	6：40	A 边完成，B 北 9/25	255	331	1634
	10：23	B 北 1/2，B 南 2/5	295	296	1607
	10：58	B 北 3/4，B 南 3/5	299	278	1586
	14：20	B 北完成，B 南 4/5	1507	1462	2738
	17：30	B 北完成，B 南 4/5	263	237	1483
2 月 24 日	8：40	浇筑完成	206	203	1246
	15：55	浇筑完成	247	226	1347

3）分析利弊

以上两个案例，均采用了传统读数的记录方式。现将在实施工程中出现的两个难点讲述如下。

① 安装监测设备的时机选择

采用的设备可以看作公斤秤的缩小版，它只能准确测量竖向荷载，当选择作为以上两个案例中作为搭设在碗扣式支模架顶托和底托位置的测量仪器时，要最大限制地减小误差，反映出数据的准确性，就需要在搭设支模架时一并安装。因为支模架是在模板之前安装的，这就增加了准确控制需要监测部位的难度。但如果在支模架搭设完成后安装应力监测盘，就大大降低了数据的精确度，误差较大。

安装在支模架上的应力监测盘一般有安装在顶托处和底托处两种形式。安装在支模架底托处的监测设备的最佳时机在支模架定位前，此时安装可以使用伞形销垫在应力监测盘和地面之间，再将支模架的底托安装在应力监测盘之上；而安装在支模架顶托处的监测设备的最佳时机在支模架搭设完成之后和上部模板搭设之前，需要在监测部位定位后，将应力监测盘安装在顶托和用来支撑上部模板的钢管之间，可以用伞形销增大受力面。

② 读取具有代表性数据的控制

因为施工现场的各种制约因素较多，要确保监测部位混凝土浇筑时的状态和读数的吻合度，就需要监测人员之前的配合。一般需要 2～3 名技术员配合完成一次读数，1 名技术员在浇筑部位附近观察状态，用对讲机与另外 1～2 名进入支模架下方的技术员联络，当混凝土监测部位达到特征状态时进行读数，从而保证数据的实时性和稳定性。

从以上难点可知，采用传统读数记录监测数据的方式对人为因素的依赖性更高。现场混凝土浇捣过程中，浇捣时间是无法控制准确的，技术员根据商品混凝土车到达时间和泵送时间来被动调整读数时间。因为无法保证 24h 在场，混凝土浇筑过程中的完整数据无法全部记录，只能通过浇筑时读取几个特征时间来取值分析，对数据的系统性分析不够完善。

推荐此套监测设备在较小结构上应用，浇捣时间短，控制数据较为方便，也更为经济。但不适合浇捣大跨度大面积混凝土时的结构监测。

(2) 方案二：采用无线应力监测记录数据

在采用方案一中传统读数的应力监测记录方式后，针对反映出的难点问题，技术部与中电五十二所合作，对东站站房两个重难点部位采用了无线应力监测技术（图 7-39、图 7-40）。

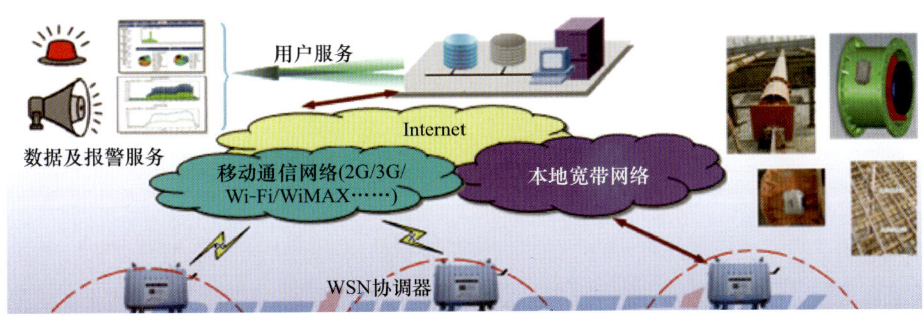

图 7-39　无线自组网式工程施工安全实时监测系统

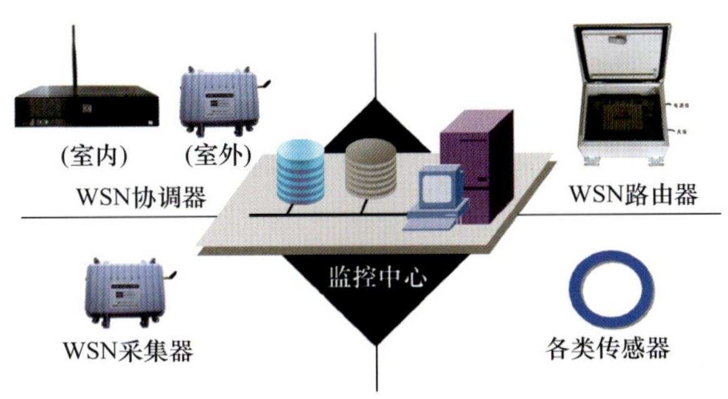

图 7-40　系统原理

系统采用无线传感网技术将分布式布置的各个监测点信息汇总后，由 WSN 协调器通过以太或者移动网络（3G/GPRS）上传到监控中心管理软件。监控中心管理软件可以对各个监测点信息实现共享，实时分析监测点的状态信息并根据预设的报价阈值产生报警。

1）案例 3：浙赣正线桥贝雷架

实施时间：2011 年 5 月 12 日～2011 年 8 月 3 日

监测对象：P-Q 轴/12-15 轴地铁顶板上浙赣正线桥贝雷架支撑体系

应用设备：表面应变计、100mm 位移计、WSN 采集器、WSN 路由器、WSN 协调器、室外设备安装箱、监控中心 WEB 软件

① 监测位置

位于 12-15 轴与 P-Q 轴地铁范围内，浙赣正线桥下的贝雷架根据承重的方式分为纵向的四排双层贝雷架与空腔板下的双排双层贝雷架。而 13 与 14 轴上的六根混凝土柱将贝雷架分为三跨连续梁和三跨简支梁（图 7-41）。

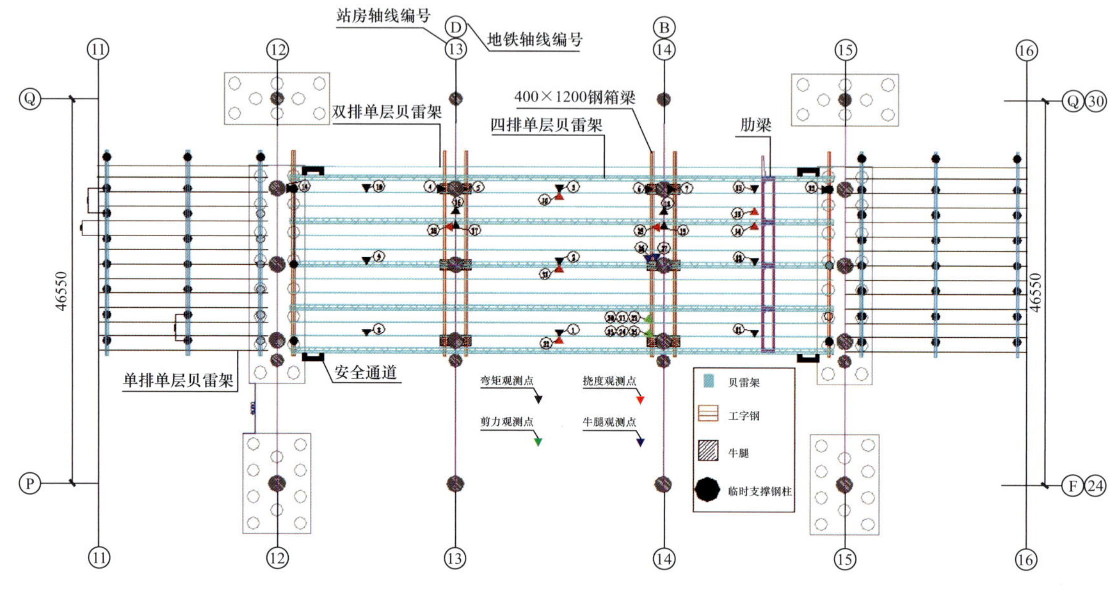

图 7-41　平面布置图

在该区域一共设置 29 个监测点：其中弯矩观测 19 个点，剪力观测 6 个点，牛腿观测 2 个点，挠度观察 2 个点。

② 实施过程

选点：首先在整个浙赣正线桥贝雷架施工平台下，选择设计值较大的位置。经研究选择了简支梁跨中正弯矩最大处，连续梁形式正负弯曲最大处，钢梁挠度最大处，牛腿拉压应力最大处，剪力最大处。

安装：

弯矩监测点安装：将应力计两段的紧固件用电焊焊接在选定监测位置处，采集器固定在测点旁，并连接信号发射天线（图 7-42）。

位移监测点安装：在监测点下方搭设钢管脚手架，将 100mm 位移计竖直固定在钢管脚手架上，并与焊接在钢梁底部的固定器对齐，并连接采集器与天线。

牛腿监测点安装：监测点安装在混凝土表面。用 10mm 钻孔机在拉区混凝土面和压区混凝土面钻孔，然后放入 10mm 膨胀螺栓，用固定器固定后，安装上应力计，并连接采集器与天线（图 7-43）。

剪力监测点安装：除安装在贝雷架上的位置不同，具体安装方法与弯矩监测点安装相同。

主控点安装：主控点安装在 2 号塔式起重机下的电箱上，保证电力供应的相对稳定，并安装两组天线，实现 3G 网络的对接，将采集的数据通过 3G 网络发往主控中心（图 7-44）。

图 7-42　弯矩监测点安装

图 7-43　牛腿监测点安装

图 7-44　主控点安装

路由器安装：因为主控点最大支持的接入点为 30 个，一旦监测点超过 30 个就需要接入路由器（最大支持接入点也为 30 个），这样就保证了监测点没有上限的限制。在整个浙赣正线桥贝雷架施工平台共布置了 29 个监测点，考虑到需要新监测点接入，我们将其中 11 个监测点信号接入了路由器，并将路由器安装在 12/P 轴附近能保证电源供应稳定的临时用电箱上。

WEB 监控中心管理软件调试：完成现场设备安装后，登录 WEB 界面，对安装的设备参数进行调试，将相应监测点位移动至位置平面拓扑图相应处，计算书上每个监测点的设计值作为上下限设置后，取 90%的设计值为警报值，一旦某个监测点超过警报值，WEB 平台将通过设定的手机号码向相关技术人员发送报警短信。图 7-45～图 7-47 所示是完成调试后的界面。

传感器编号	设备位置	类型	读数	读数比例	温度	电量比例	采样时间	压力报警状态
E10761	01	应变计	0.46 (MPa)	0.23%	32 (℃)	100 (%)	2011-6-13 14:51:27	读数正常
E10315	02	应变计	-5.60 (MPa)	2.83%	31 (℃)	100 (%)	2011-6-13 14:51:31	读数正常
E10358	03	应变计	-6.08 (MPa)	3.07%	33 (℃)	100 (%)	2011-6-13 14:51:35	读数正常
E10606	04	应变计	-2.03 (MPa)	1.20%	31 (℃)	100 (%)	2011-6-13 14:51:43	读数正常
E10551	05	应变计	-2.82 (MPa)	1.66%	30 (℃)	100 (%)	2011-6-13 14:51:39	读数正常
E10367	06	应变计	1.09 (MPa)	0.64%	36 (℃)	100 (%)	2011-6-13 14:51:47	读数正常
E10462	26	应变计	-1.25 (MPa)	6.20%	31 (℃)	100 (%)	2011-6-13 14:51:51	读数正常
E10561	08	应变计	3.38 (MPa)	1.71%	31 (℃)	100 (%)	2011-6-13 14:52:19	读数正常
E10730	16	应变计	-4.42 (MPa)	2.23%	33 (℃)	100 (%)	2011-6-13 14:52:11	读数正常
E10765	17	应变计	-3.63 (MPa)	1.83%	32 (℃)	100 (%)	2011-6-13 14:52:15	读数正常
E10571	18	应变计	-1.64 (MPa)	0.83%	33 (℃)	100 (%)	2011-6-13 14:52:03	读数正常
E10749	19	应变计	-7.38 (MPa)	3.73%	34 (℃)	100 (%)	2011-6-13 14:52:07	读数正常
E10604	10	应变计	2.94 (MPa)	1.48%	31 (℃)	100 (%)	2011-6-13 14:52:31	读数正常
E10316	14	应变计	-2.31 (MPa)	1.36%	31 (℃)	100 (%)	2011-6-13 14:52:23	读数正常
E10780	27	应变计	6.09 (MPa)	30.21%	32 (℃)	100 (%)	2011-6-13 14:52:35	读数正常
E10722	09	应变计	-1.09 (MPa)	0.55%	33 (℃)	100 (%)	2011-6-13 14:52:27	读数正常
E10772	07	应变计	3.99 (MPa)	1.86%	32 (℃)	100 (%)	2011-6-13 14:51:55	读数正常
E10331	11	应变计	-1.75 (MPa)	0.83%	35 (℃)	100 (%)	2011-6-13 14:52:39	读数正常

图 7-45 实时数据

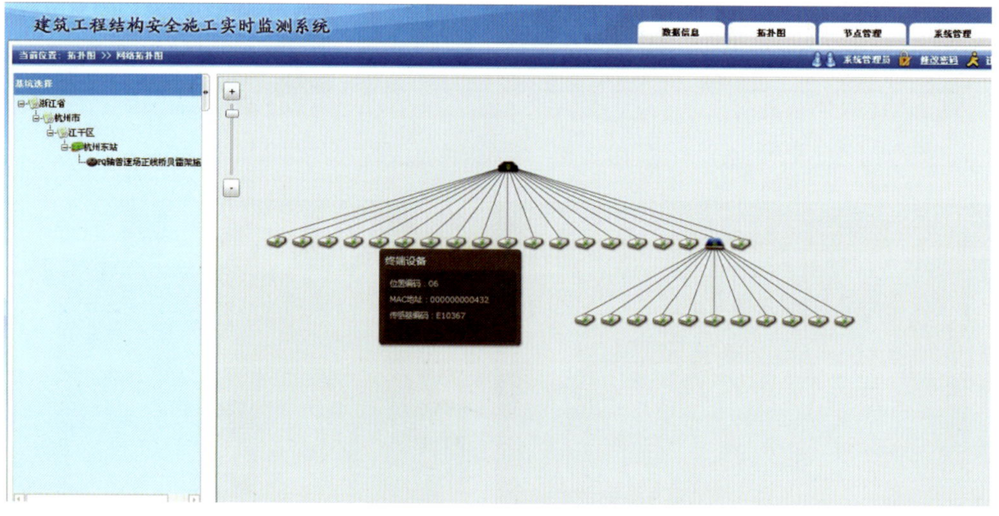

图 7-46 网络拓扑图

由图 7-47 可知，当终端采集设备显示绿色时，表示读数正常；显示红色时，表示读数高于报警值，技术人员须立即现场去查看对应点位，排除潜在危险；终端采集设备为黑色时，说明对应信号源出现故障导致设备不在线，技术人员需要去现场对相应设备进行检查。

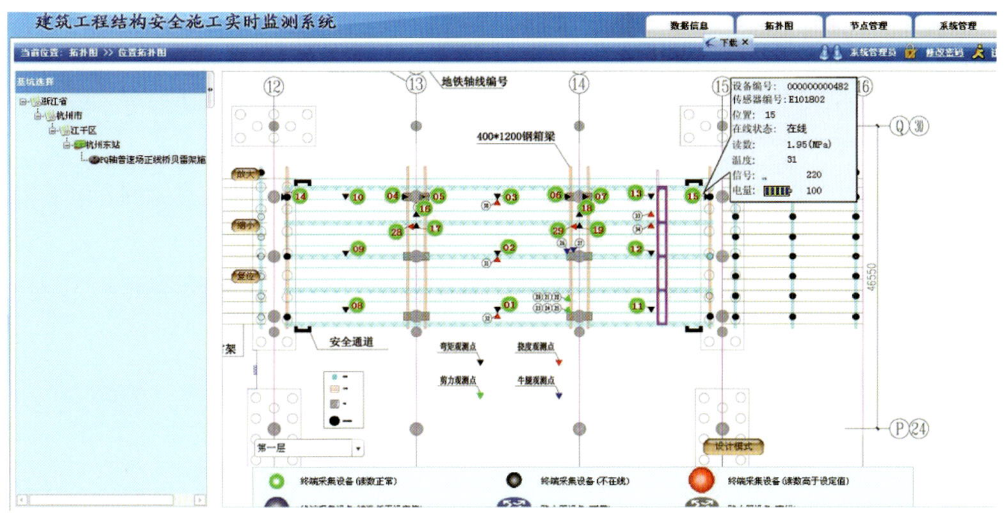

图 7-47　位置拓扑图

需要查看个别点位信息时，将鼠标移至点位上，在悬停窗口会显示设备当前读数和设备电量等即时信息。若需要查看更详细信息可点击点位进入列表查看。对该施工平台，设定数据读取为 15min/次，也可根据施工需要增大或缩小读取频率。

③ 支模架应力监测数据计算表

表 7-4 反映了 29 个监测点位的信息，最右侧一列的设计值是每个监测点设定参数的上限值。

29 个监测点位支模架应力监测数据表　　表 7-4

位置号	构件	受力形式	位置	容许应力(MPa)	设计最大应力(MPa)
1	双排双层贝雷架	简支梁	13-14 轴跨中底部	273	174.24
2	四排双层贝雷架	简支梁	13-14 轴跨中底部	273	139.65
3	双排双层贝雷架	简支梁	13-14 轴跨中底部	273	174.24
4	钢梁	连续梁	13 轴左侧贝雷架下	188.5	66.1
5	钢梁	连续梁	13 轴右侧贝雷架下	188.5	66.1
6	钢梁	连续梁	14 轴左侧贝雷架下	188.5	66.1
7	钢梁	连续梁	14 轴右侧贝雷架下	188.5	66.1
8	双排双层贝雷架	简支梁	12-13 轴跨中底部	273	133.4
9	四排双层贝雷架	简支梁	12-13 轴跨中底部	273	106.92
10	双排双层贝雷架	简支梁	12-13 轴跨中底部	273	133.4
11	双排双层贝雷架	简支梁	14-15 轴跨中底部	273	133.4
12	四排双层贝雷架	简支梁	14-15 轴跨中底部	273	106.92
13	双排双层贝雷架	简支梁	14-15 轴跨中底部	273	133.4
14	钢梁	连续梁	12 轴右侧贝雷架下	188.5	66.1
15	钢梁	连续梁	15 轴左侧贝雷架下	188.5	66.1
16	双排双层贝雷架	连续梁	13 轴跨顶部	273	129.99
17	四排双层贝雷架	连续梁	13 轴跨顶部	273	104.18
18	双排双层贝雷架	连续梁	14 轴跨顶部	273	129.99

续表

位置号	构件	受力形式	位置	容许应力(MPa)	设计最大应力(MPa)
19	四排双层贝雷架	连续梁	14 轴跨顶部	273	104.18
20	双排双层贝雷架	连续梁	14 轴左侧钢梁正上	273	210
21	双排双层贝雷架	连续梁	14 轴左侧钢梁正上	273	210
22	双排双层贝雷架	连续梁	14 轴左侧钢梁正上	273	210
23	双排双层贝雷架	简支梁	14 轴左侧钢梁正上	273	210
24	双排双层贝雷架	简支梁	14 轴左侧钢梁正上	273	210
25	双排双层贝雷架	简支梁	14 轴左侧钢梁正上	273	210
26	混凝土牛腿		14 轴跨中牛腿正中	32.4	22.4
27	混凝土牛腿		14 轴跨中牛腿边侧	32.4	22.4
位置号	构件	受力形式	位置	容许挠度(mm)	设计最大挠度(mm)
28	钢梁	连续梁	13 轴左侧钢梁 1/4 处	23	4.93
29	钢梁	连续梁	14 轴左侧钢梁 1/4 处	23	4.93

④ 应力监测数据表（表 7-5）

案例 3 应力监测数据表　　表 7-5

	7 月 6 日 21：00 前		浇捣时间 7 月 6 日 21：00～7 月 8 号 3：00			7 月 8 日 4：00～9：00		7 月 8 日 15：00 后	
位置号	顶板浇捣前(MPa)	达到设计百分值	顶板浇捣时特征值(MPa)	顶板浇捣时最大值(MPa)	达到设计百分值	浇捣完成混凝土初凝(MPa)	达到设计百分值	浇捣完成混凝土终凝(MPa)	达到设计百分值
1	23.04	13.22%	28.54	28.95	16.62%	28.66	16.45%	29.24	16.78%
2	16.54	11.84%	24.21	24.98	17.89%	25.56	18.30%	27.09	19.40%
3	32.14	18.45%	45.91	46.64	26.77%	47.25	27.12%	47.11	27.04%
4	13.95	21.10%	26.46	27.10	41.00%	25.91	39.20%	25.39	38.41%
5	8.72	13.19%	16.55	16.77	25.37%	15.67	23.71%	14.76	22.33%
6	16.55	25.04%	27.61	28.66	43.36%	29.75	45.01%	27.19	41.13%
7	15.55	23.52%	20.91	21.30	32.22%	20.91	31.63%	20.40	30.86%
8	24.68	18.50%	25.77	25.93	19.44%	25.60	19.19%	25.44	19.07%
9	19.35	18.10%	20.47	20.63	19.29%	20.63	19.29%	22.67	21.20%
10	16.16	12.11%	20.83	21.11	15.82%	20.41	15.30%	19.77	14.82%
11	11.00	8.25%	14.38	15.33	11.49%	13.34	10.00%	15.50	11.62%
12	42.58	39.82%	48.60	49.49	46.29%	46.26	43.27%	49.09	45.91%
13	43.96	32.95%	86.56	91.84	68.85%	73.00	54.72%	75.11	56.30%
14	15.83	23.95%	25.51	25.66	38.82%	22.39	33.87%	19.58	29.62%
15	13.52	20.45%	15.52	17.40	26.32%	22.11	33.45%	21.30	32.22%
16	9.47	7.29%	11.53	11.90	9.15%	11.30	8.69%	11.15	8.58%
17	29.65	28.46%	35.90	37.93	36.41%	37.40	35.90%	39.58	37.99%
18	49.33	37.95%	55.90	56.15	43.20%	56.62	43.56%	59.09	45.46%
19	25.55	24.52%	27.99	29.54	28.35%	28.68	27.53%	31.35	30.09%
20	未在线	未在线	未在线	未在线	未在线	未在线	未在线	未在线	未在线
21	16.15	7.69%	19.40	19.69	9.38%	18.31	8.72%	19.06	9.08%

续表

位置号	7 月 6 日 21：00 前		浇捣时间 7 月 6 日 21：00～ 7 月 8 号 3：00			7 月 8 日 4：00～9：00		7 月 8 日 15：00 后	
位置号	顶板浇捣前（MPa）	达到设计百分值	顶板浇捣时特征值（MPa）	顶板浇捣时最大值（MPa）	达到设计百分值	浇捣完成混凝土初凝（MPa）	达到设计百分值	浇捣完成混凝土终凝（MPa）	达到设计百分值
22	−16.01	−7.62%	−20.05	−21.10	−10.05%	−20.21	−9.62%	−20.45	−9.74%
23	−12.45	−5.93%	−15.56	−15.73	−7.49%	−15.23	−7.25%	−15.83	−7.54%
24	−13.43	−6.40%	−16.70	−16.90	−8.05%	−15.57	−7.41%	−16.10	−7.67%
25	11.72	5.58%	16.40	16.51	7.86%	13.55	6.45%	14.46	6.89%
26	−10.64	−47.50%	−11.02	−11.46	−51.16%	−11.12	−49.64%	−13.84	−61.79%
27	−37.15	−165.85%	−39.78	−40.19	−179.42%	−37.36	−166.79%	−36.36	−162.32%
位置号	顶板浇捣前（mm）	达到设计百分值	顶板浇捣时特征值（mm）	顶板浇捣时最大值（mm）	达到设计百分值	浇捣完成混凝土初凝（mm）	达到设计百分值	浇捣完成混凝土终凝（mm）	达到设计百分值
28	1.24	25.15%	1.30	1.30	26.37%	1.20	24.34%	1.24	25.15%
29	1.36	27.59%	1.56	1.62	32.86%	1.47	29.82%	1.49	30.22%

注：上表直接数值取自 WEB 监控中心管理软件实时数据平台，通过 Excel 筛选的每个时段最大值。其中，20 号监测点出现故障，所以上表显示为未在线状态。

⑤ 数据分析

a. 根据不同时间段分析

7 月 6 日 21：00 前为第一时间段，正线桥顶板混凝土开始浇捣前，此时间段中最大值，即代表正线桥底板混凝土浇捣时的最大值。

7 月 6 日 21：00 至 7 月 8 日 3：00 为第二时间段，即正线桥顶板混凝土浇捣过程中数据的最大值。

7 月 8 日 4：00 至 9：00 为第三时间段，即正线桥顶板混凝土浇捣完成后混凝土初凝时间段的数据最大值。

7 月 8 日 15：00 后为第四时间段，即混凝土终凝时间后的数据最大值。

由表 7-5 可见，通过数值和百分比可见各监测点在四个时间段数值呈凸形曲线，因为随着混凝土顶板的浇捣开始，模板支撑体系上部的荷载增大，各监测点的数据也随之增大，当浇捣完成后混凝土初凝直至终凝，部分荷载传递到混凝土柱上，模板支撑体系上部的荷载就随之减小。表 7-5 数据很好地反映了四个时间段凸形曲线生成的过程。

b. 根据监测点所处不同部位分析

a）弯矩监测点：共 19 个点

选定的弯矩类型有正弯矩（9 个点）和负弯矩（10 个点）两种。

其中，正弯矩监测点全部布置在简支梁形式上，双排双层贝雷架（6 个点）和四排双层贝雷架（4 个点）。

布置在双排双层贝雷架上的监测点为 1、3、8、10、11、13 号点。其中，13 号点产生的应力最大，3 号点产生的应力其次。从应力设计最大值来看 3 号点设计值为 174.24MPa，13 号点为 133.4MPa；但在整个混凝土浇捣过程中，3 号点最大值为

47.25MPa，13 号点为 91.84MPa，实际产生的最大值都在设计值范围内，13 号点的设计值却大于 3 号点。这说明在施工过程中，各点产生的应力的实际值与施工因素有关，特别是在浇捣混凝土时，与浇捣混凝土的方向有关。混凝土的浇捣方向是从 Q/15 轴开始向对角方向浇捣此时位于 14—15 轴跨中底部的 13 号点这块区域受到的荷载就相对较大，但自始至终没有超过设计值的上限，这也证明了设计值的准确性。

布置在四排双层贝雷架上的监测点为 2、9、12 号点。其中，12 号点在整个混凝土浇捣过程中产生的应力最大，为 49.49MPa，9 号点其次，为 25.93MPa，原因与 13 号点相同。横向对比 12 号点与 13 号点，2 号点与 3 号点，可以看出采用四排双层贝雷架产生的应力正好约为采用双排双层贝雷架产生的应力的 1/2 左右，这也从侧面反映出了数据的准确性。

其中，负弯矩监测点有在钢梁顶部（6 个点）和贝雷架顶部（4 个点）两种，全部产生于连续梁形式上。

布置在钢梁顶部的为 4、5、6、7、14、15 号点。从表 7-5 可知在 6 号点位置产生的应力最大，6 号点处于整个支撑体系的 Q 轴边侧，位置靠近跨中的 13—14 轴中间。跨中是弯矩最大处，6 号点最靠近跨中，混凝土的浇捣方向是从 Q/15 轴开始向对角方向浇捣，这些因素决定了 6 号点产生最大值。

布置在贝雷架顶部的为 16、17、18、19 号点。从表 7-5 可知，18 号点产生的应力最大，原理同 6 号点。

b）位移监测点：2 个点

两个位移监测点 28 号与 29 号点分别布置在 13 轴左侧钢梁 1/4 处和 14 轴左侧钢梁 1/4 处。两个位移监测点均在顶板浇捣时达到最大值，并分别达到设计百分值的 26.37%和 32.86%。横向对比 28 号和 29 号点，每个时间段的 29 号点的位移值均大于 28 号点，主要是由混凝土的浇筑方向决定的，混凝土浇捣是由 Q/15 轴开始的，靠近浇捣点的 29 号点也较大，与该区域弯矩监测点同理。

c）剪力监测点：6 个点（图 7-48、图 7-49）

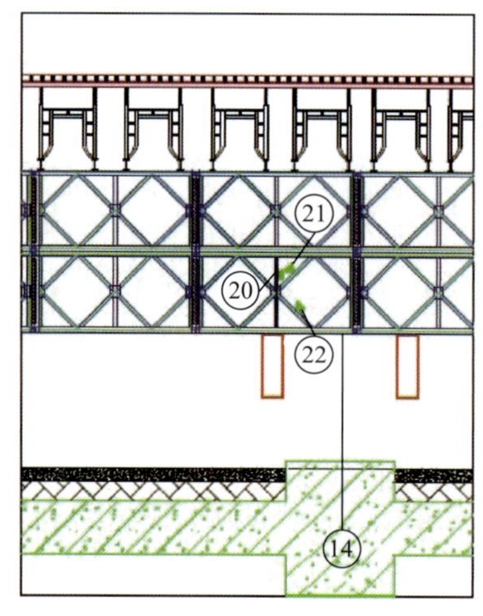

图 7-48　双排双层贝雷架连续梁剪力观测点

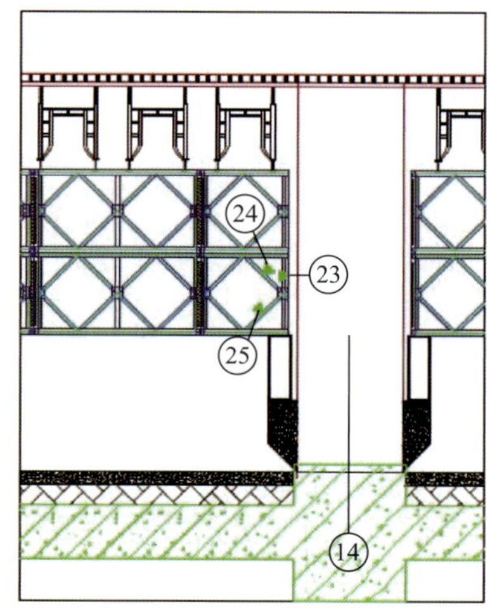

图 7-49　双排双层贝雷架简支梁剪力观测点

其中，20、21、22 号为双排双层贝雷架连续梁上的监测点，23、24、25 号点为双排双层贝雷架简支梁上的监测点。其中，20 号点与 23 号点布置在贝雷架桁架的竖杆上，其余四个点布置在桁架的斜杆上。观察 6 个点的数据，22 号点在顶板混凝土浇捣时，达到最大值，仅达到了设计值的 10.05%，其余各点在各个时间段均未超过设计值的 10%。由实际数据可知，在混凝土浇捣过程的各个阶段，在贝雷架桁架竖杆和斜杆上的应力值远小于上下斜杆产生的应力值。

d）牛腿监测点：2 个点（图 7-50）

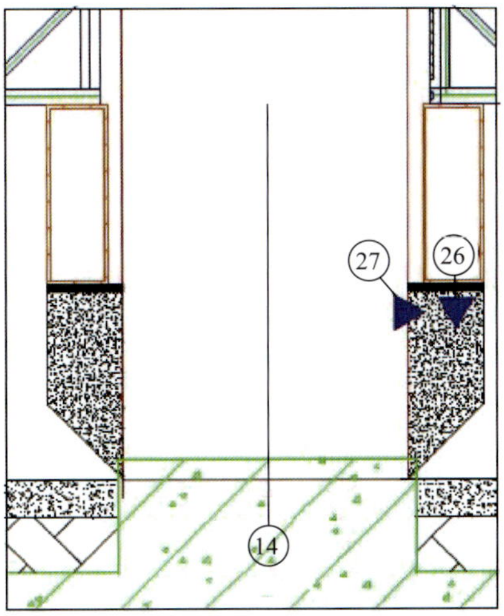

混凝土的牛腿监测点，相对于以上三种监测点，是最难控制的一种监测点。布置在贝雷架和钢梁上的监测点可以用点焊的方式将两端的紧固器焊接在被测位置上，监测点与结构形成很好的统一性，与被测点的统一性越好，振弦式应力计产生的误差就越小，读数值也就越准确。

图 7-50　牛腿应力观测点

而混凝土牛腿的固定是依靠打入牛腿的膨胀螺栓来固定紧固器的，监测点与牛腿的统一性不是非常高，这就导致了数据产生一定的误差。26 号点布置于钢梁正下方的受压区位置，受到上部荷载传到矩形钢梁上传递下的荷载，并在混凝土终凝后达到最大值，到达设计值的 61.79%。27 号点布置于近 14 轴受拉区一侧，在混凝土浇捣时达到最大值 40.19MPa，并且达到了最大设计值的 179.42%，牛腿采用的为 C50 混凝土，设计值是 22.4MPa，容许值为 32.4MPa。读数值超出了容许值 7.79MPa，产生这种超过容许值读数的原因有误差的因素在，但实际值超过设计容许值的可能性也是存在的。

这就引申出一个问题，为何混凝土没有破坏？因为在设计混凝土的标准容许值时赋予了 0.5 的安全系数，等于混凝土的极限强度可以达到 64.8MPa，而且牛腿是钢筋混凝土结构，其破坏形式是塑性破坏。如果按极限强度来计算，最大值达到了极限强度的 62.02%。

数据反映出牛腿承受了巨大的荷载，该施工平台下，牛腿最大受力为 6027.76kN，牛腿也是特别制作的，该牛腿是两侧均匀受力的，为了避免因受压偏心过大而破坏。监测点挑选的牛腿是 14 轴/P-Q 轴中端受力最大的牛腿，在整个施工工程中，经观测，牛腿受拉处产生了几条细小的裂缝，与数据反映出的实际情况符合。

2）分析利弊

优点 1：保证数据记录的完整性

本次的浙赣正线桥施工平台施工的全过程对下方贝雷架支撑体系重点部位产生的影响都有完整的数据记录。每个点位设定读数频率是 15min/次，若无外界条件干扰的情况下，一天可读数 96 次，29 个监测点每天可获得 2784 次数值。在 2011 年 5 月 12 日～2011 年 8 月 3 日这段施工时期 83d 时间内，共获得 20 多万次的读数值，这是以传统的人工读数方式无法做到的。海量的数据也为各个监测点的分析提供了理论基础。这样的数据量是采用方案一中的传统读数方式完全无法比拟的。

优点 2：体现了数据记录的实时性

每次的数据读取，读数时间精确到秒。技术员所要做的只是记录施工工序的时间，读数这个环节只要保证主控点的供电稳定，读数完全智能化。而查看数据时只需要一台能够连接互联网的电脑，用账号登录静态网站查看即可，支持远程查看和读取数据。

优点 3：提高了施工过程的安全性

系统支持短信报警功能，将每个点位的相应的应力设计值取 90% 为报警值设定入在 WEB 监测平台的设备参数。一旦某个监测点受到的应力超过报警值，短信报警功能就会启用，将出现报警的点位和实时读数内容以短信形式发送给相关技术人员，杜绝安全隐患的发生。这对施工单位来说是尤为重要的功能，这样在施工过程中是主动地发现安全隐患并排除，而不是被动地去弥补已经发生的安全事故。

难点 1：对监测设备的维护

整个区域监测设备布置在浙赣正线桥施工平台下，贝雷架支撑体系下与地铁顶板上的区域内堆土凹凸不平，导致有些监测点的设备的位置伸手就可以触碰到，在施工现场的人员复杂，出现过几次采集器天线被破坏的情况，导致几个监测点出现未在线的情况，只能手动更换天线予以解决。还有阴雨天气对设备的影响，虽然设备采用了防水设计，但一旦雨水附着在设备表面，还是会对设备读数造成间接的影响，主要是因为温度的变化会产生温度应力，对振弦式应变计有一定的影响，增加一定的误差值。在整个监测过程中，最为重要的就是主控设备收取和发送给采集器的信号，采集器内的电池以 15min/次的发送频率可以使用 2 年，而主控设备需要现场电力的直接提供，所以必须保证主控设备的供电连续不间断。在实施监测过程中，雷雨天气对现场电力供应的影响非常大，经常会出现跳闸的现象，要保证数据的稳定，需要监测人员与现场电力管理人员的相互配合。

难点 2：安装过程较为复杂

每个监测点对安装过程的依赖性较高。用来固定振弦式应变计两段的固定器需要用电焊焊接，现场使用的电焊机需要接电箱，电焊机与焊枪的连线也有固定的长度，29 个监测点分散在施工平台下方各个部位，电焊固定器的时间很短，而每次调整电焊机位置往往需要花费较长的时间。在安装位移监测点时，需要在监测点正下方搭设一个固定基础，如监测点部位与下方土平面高差较大，就大大增加了搭设的固定基础和安装位移计的难度。固定连接应变计和位移计的采集器需要安装人员攀爬支模架，将其固定在监测点附近，保证仪器不会跌落。

3. 结语

采用传统读数记录监测数据的方式对人为因素的依赖性更高。现场混凝土浇捣过程中，浇捣时间是无法控制准确的，技术人员根据商品混凝土车到达时间和泵送时间来被动调整读数时间。因为无法保证 24h 在场，混凝土浇筑过程中的完整数据无法全部记录，只能通过浇筑时读取几个特征时间来取值分析，对数据的系统性分析不够完善。推荐在浇捣时间较短的小结构上应用，控制数据较为方便，也更为经济，但不适合浇捣大跨度大面积混凝土时的结构监测。

无线应力监测技术适合在大跨度大面积的结构施工过程中实行全程监测，从案例 3 中可以反映出，无论对保证数据采集的实时性和完整性，还是对提高施工过程中结构的安全性来说，与传统的读数方式相比都有了质的飞跃。管理人员可以远程查看每个监测点的数据来判断安全情况，在整套监测系统能够正常运行的状态下，能够对所要监测的结构做到智能化监测。一旦系统设备受到外界条件干扰，大范围的控制对人工操作具有较大的依赖性，这说明无线应力监测技术还处于一种不断改进与优化的阶段，如果能将外界因素对监测设备的影响降低到最小，并增强设备安装的简便性，这样新技术在安全事故多发的建筑业应用范围将会更大，并形成规范。

结　束　语

铁路杭州东站工程自 2009 年 10 月 26 日开工，至 2013 年 7 月 1 日全站一次开通，完成了 16.5 万延米大直径嵌岩钻孔桩、120 万 m^3 土方开挖、8 万 t 钢筋、32 万 m^3 混凝土、7.8 万 t 钢结构。工程投入运营至今，日均接送旅客 16 万人次，最高峰日接送旅客 40 万人次。历经台风、大雪、春运等考验，结构安全可靠，沉降稳定，无渗漏，室内环境、饮用水等检测均达标，使用功能满足要求。

工程设计先进合理，先后荣获中国钢结构金奖、全国优秀质量管理小组、上海铁路局标准化样板工地、中国建筑业 BIM 邀请赛最佳 BIM 拓展应用奖、住房和城乡建设部科技示范工程、浙江省建设科技进步奖、詹天佑奖、鲁班奖等荣誉。